Gaea

沙林傑

肯尼斯・斯拉文斯基——著
葉佳怡——譯

J. D. Salinger

A LIFE

KENNETH SLAWENSKI

沙林傑

J.D. Salinger: A Life

目次

獻給我的母親——

引言

我建立了一個以沙林傑的生平與作品為主要內容的網站，網站規模日漸擴展，也一直維持著合理流量，但每天透過網站寄來的電子郵件並不會太多。因此，當我在二〇一〇年一月二十八日檢查信箱，發現不只有三、四封信件，而是整整五十七封信件一起吶喊著要我趕快打開時，你們能想像我有多驚訝。但也是幾個小時後，我才找到面對這些信件的勇氣。僅僅瞄過最後幾封信，就完全知道發生了什麼事，也知道自己將會如何記住這一天。那個消息透過最赤裸、最醜惡的標題瞪視著我，上頭寫著：安息吧，J．D．沙林傑。信件標題應該直接寫「流沙」才對。

或許我該前情提要一下。在我經營這個網站期間，一直都在書寫、修訂這本書，以確保在某天出版時，能夠真實、公正且不煽情地陳述沙林傑所經歷的人生，同時藉此表達對他的作品的敬意。七年之後，我總算完成了這項任務，其實我才在一週前把最後一章寄出。在這七年的時光中，我徹底沉浸在沙林傑的一切當中：他的寫作、人生哲學，甚至是與他人生相關的最瑣碎細節。作為寫作主題的沙林傑，已成為時時陪伴著我的夥伴。而他現在走了。

我或許能暫時不理會那些信件，但不能丟著網站不管。我的最後一篇貼文發布於三個星期之前，當時是為了祝賀作家的九十一歲生日（結尾還祝他長命百歲），現在看來卻彷彿在嘲弄著現實中發生的事。為了對作家的過世發表些什麼，我在腦中到處搜尋應該早已準備好的致敬話語，卻發現連思考都感到困難。無計可施之下，面對這位早已熟稔的作家，我勉強寫出了一段心情，但算不上悼文。我記得霍爾頓·考菲爾德覺得那些在艾利墳前獻花的虛僞人士噁心，因爲當天空下起雨來，獻花對他們來說，又突然變得不那麼重要了。我很清楚，沙林傑本人不相信「死亡」這個概念。我該做的是致上敬意，比起悲痛，更該表達的是感謝。沙林傑應當獲得讀者的認可，我希望其他人跟我一起這麼做。

我仍不確定有沒有把這段文字寫好。尤其與沙林傑死後收到的無數精巧紀念文字相較，這段話顯得蒼白無力，但卻是我誠實、眞心的感受。那不是對死者的悼念，而是邀請大家一起致意；也不是向回憶中的沙林傑致意，而是向沙林傑的內在本質致意。我將這段話收錄於下，提供給現在或未來的任何時候，想要向這位作家致敬的人參考：

> 去閱讀。探索吧，無論你是第一次或第二十次讀《麥田捕手》。去讀《九個故事》、《弗蘭妮與祖伊》、《抬高屋梁吧，木匠；西摩傳》。重新感受沙林傑的作品，向這位將自己深深銘印於所有作品中的作家致敬。沙林傑這個人或許離開了，世界因此顯得更爲空寂，但他會永遠活在自己創造的故事裡，且繼續透過筆下的藝術創作活躍在此刻及未來，正如他曾走在紐約的一條條大道上，或在新罕布夏的樹林間漫步一樣。

肯尼斯·斯拉文斯基

二〇一〇年三月

01 桑尼

一次大戰改變了一切。隨著一九一九年落幕，人們驚覺一個煥然一新的世界出現了，其中充滿許諾，也充滿變數。數十年來未曾受到挑戰的舊有生活方式、信念與各種假設，不是遭到質疑，就是被掃進角落。槍聲才在幾個星期之前安靜下來，舊世界卻已被摧毀殆盡，其中矗立著一個準備擔下領導責任的新國家。而在這片國土上，沒有任何城市比紐約更爲焦急、更蓄勢待發。

就在和平到來的第一年第一天，米莉安·吉利許·沙林傑（Miriam Jillich Salinger）生下了一個兒子。他的姊姊多莉絲（Doris）在六年前出生，此後米莉安經歷了多次流產。

這個孩子也是差點就保不住了。所以對米莉安和索羅門·沙林傑（Solomon Salinger）而言，迎接兒子來到這個世界的心情除了喜悅，也算是鬆了一口氣。他們將他取名爲傑洛姆·大衛（Jerome David），但打從他出生的那天起，就暱稱他爲桑尼（Sonny）【譯註】。

桑尼出生在一個中產階級的猶太家庭中，這個非傳統的家庭野心很大。沙林傑家的祖先來自一個名爲蘇達爾加思（Sudargas）的小村，是俄羅斯帝國時期位於今波蘭及立陶宛交界的猶太聚落，

譯註：Sonny一字也有年輕人、小夥子的意思。

根據記載，這個家族至少從一八三二年開始，就定居在此。不過沙林傑一家並不耽溺於傳統或鄉愁，桑尼出生時，他們與過往世界的連結幾乎已完全斷離。桑尼的父親健壯又有衝勁，決心走自己的路。他是典型的移民第二代，決意斬斷與出生地的連結，因為他認定那是個落後的世界。只是當時的索羅門並不知道叛逆其實是他們的家族傳統。沙林傑一家的每一代，都是自行其道，很少留戀過去，且總是一步步往高處爬。正如桑尼之後回顧時所發現的，他的祖先都有一項驚人嗜好，就是喜歡接受如同「從極高處跳進一小盆水中」的挑戰，而且還每次都能命中目標。

桑尼的曾祖父海曼・約瑟夫・沙林傑（Hyman Joseph Salinger），為了跟大戶人家結為親家，從蘇達爾加思搬到了較富裕的小鎮陶拉格（Taurage）。之後J・D・沙林傑以曾祖父的形象，創造了小丑索索（Zozo）這樣一個永垂不朽的角色，還將他尊奉為家族的大家長，另外也曾表示覺得對方的靈魂始終照看著自己。海曼・約瑟夫一輩子都待在俄國，於曾孫出生前九年過世。沙林傑只能透過照片認識他，同時窺見另一個世界：畫面中的年邁農民充滿貴族氣息，挺拔的身軀裹在一襲黑色長袍中，下巴上的白鬍子流瀉而下，臉上挺立著一個大鼻子——沙林傑承認，這項特徵每次都會讓他因恐懼而打起寒顫。

桑尼的祖父賽門・F・沙林傑（Simon F. Salinger），也是個野心勃勃的人。在饑荒發生的一八八一年（陶拉格倒是倖免於難），他離開家人，移民到美國。抵達美國沒多久，就在賓州的威爾克斯—巴里市（Wilkes-Barre），跟一名同樣是立陶宛移民的女子費妮・卡普蘭（Fannie Copland）結婚。這對夫妻後來搬到俄亥俄州的克里夫蘭市，在當地一個移民社區找了間公寓；一八八七年三月十六日，費妮生下了桑尼的父親索羅門。索羅門在他們存活的五個孩子當中排行第二【註二】。

一八九三年，沙林傑一家搬到肯塔基州的路易斯維爾市定居，賽門並到當地的醫學院就讀。此時在俄國接受的宗教訓練發揮了作用，讓他得以靠著擔任猶太牧師的收入貼補學費。待取得醫學院學位，賽門就離開了牧師的講道壇；短暫回到賓州之後，一家人搬到這趟遷徙之旅的終點：芝加哥市中心，還在離庫克郡立醫院（Cook County Hospital）不遠處開了間診所。桑尼非常了解他的祖父，《麥田捕手》的讀者也一樣。沙林傑醫師經常到紐約拜訪兒子，而他就是霍爾頓．考菲爾德（Holden Caulfield）【譯註】祖父的原型。這個討人喜歡的老傢伙，經常在搭公車時大聲唸出招牌上的字，搞得霍爾頓很難爲情。賽門．沙林傑在一九六〇年過世，幾乎快要活到一百歲。

□

在《麥田捕手》的開場，霍爾頓．考菲爾德拒絕與讀者分享父母的過去，而且嘲笑任何如「他們有多忙，和他們生下我之前都在忙些什麼之類的描述，就是那些《塊肉餘生記》式的廢話」。

註一：根據索羅門的出生證明，這年費妮的年紀是二十二歲，賽門是二十六歲。這兩位家長的出生地都登記為「俄羅斯的波蘭人」，因為當時立陶宛是俄羅斯帝國的一部分。在這份文件中，沙林傑的住址登記在克里夫蘭的山丘街（Hill Street）七十二號，這個地址目前已經不存在了。

譯註：本書中有關《麥田捕手》及《九個故事》的角色名稱及引文，皆有參考（或針對本書中行文語順改寫自）麥田出版於二〇一九年一月推出的版本，特此感謝。（《麥田捕手》的譯者為施咸榮及祈怡瑋，《九個故事》的譯者為黃鴻硯。）

「我父母呢，」他解釋，「如果我說了任何跟他們有關的私密小事，他們應該都會腦溢血吧。」霍爾頓對父母的事避而不談，其實是直接複製了沙林傑父母的態度。索羅門和米莉安很少談論過去，尤其不跟孩子們談，而這樣的態度在沙林傑家創造出一種神祕氛圍，使得多莉絲和桑尼漸漸變成不愛談論私事的人。

沙林傑一家堅決保護隱私的態度，也引來各種傳言。多年來，有關米莉安及索羅門的故事反覆遭人胡謅渲染。一開始是一九六三年，文學評論家華倫・法蘭屈（Warren French）在《生活》（*Life*）雜誌上，不停宣稱米莉安有蘇格蘭—愛爾蘭血統。隨著時間過去，認為沙林傑母親擁有「蘇格蘭—愛爾蘭」血統的說法，逐漸變成她其實出生於愛爾蘭的科克郡；於是，沙林傑父母最常被談及的一種故事也隨之出現：米莉安那對被大家認定為愛爾蘭天主教徒的父母，當初堅決反對她跟身為猶太人的索羅門結婚，導致這對愛侶在毫無選擇下私奔了。而在得知女兒的反叛行徑之後，他們再也沒跟她說過話。

這些說法都沒有任何事實根據，但在米莉安於二〇〇一年過世時，就連沙林傑的姊姊多莉絲也深信自己的母親出生在愛爾蘭，也相信外祖父母是故意拒絕承認與他們姊弟之間的祖孫關係。

事實上，無論是米莉安的家庭，還是她與索羅門之間的婚姻，就算沒有加油添醋的傳言，本身也夠令人痛苦了。而他們試圖對孩子們隱瞞過去，則更加劇了這種痛苦，不但招致他人捏造故事，也讓孩子們迷惘；他們嘗試壓制多莉絲和桑尼與生俱來的好奇心，結果導致孩子們聽信了他人捏造的故事。

桑尼的母親出生於一八九一年五月十一日，當時的名字是玫莉・吉利許（Marie Jillich），地點是在愛荷華州大西洋市的一座中西部小鎮【註一】。她出生時登記的母親是奈莉，父親是喬治·萊斯特·吉利許二世（Nellie and George Lester Jillich, Jr.），兩人的年紀分別爲二十歲和二十四歲，根據紀錄顯示，她在六個存活的孩子當中排行第二。玫莉的祖父母喬治·萊斯特·吉利許一世（George Lester Jillich, Sr.）和瑪莉·珍·班奈特（Mary Jane Bennett），是定居在愛荷華州的吉利許家族第一代。喬治一世是德國移民的孫子，從麻塞諸塞州移居到俄亥俄州，並在這裡跟妻子相識後結婚。他曾在南北內戰中，於第一九二俄亥俄州志願步兵團短暫服過役，一八六五年返家後，瑪莉·珍就生了玫莉的父親。喬治一世後來成爲成功的穀物商人，一八九一年更成爲吉利許家族中的翹楚，法蘭克【編註】也跟著他走上這一行。

雖然玫莉堅稱自己的母親奈莉·麥可馬宏（Nellie McMahon）是一八七一年出生於堪薩斯州，而且是愛爾蘭移民的後裔，但是根據四份聯邦人口普查（分別登記於一九〇〇、一九一〇、一九二〇和一九三〇）的資料，她來自愛荷華州的機率較高。根據家族中流傳的說法，玫莉是在一九一〇年認識索羅門，就在吉利許家族農場附近舉辦的一場鄉村市集中（這個說法沒有可信度，因爲這座

註一：根據社會福利及人口普查紀錄，沙林傑的母親是在一八九一年出生，但米莉安本人常堅稱自己出生於一八八二年。

編註：喬治一世和瑪莉·珍有兩個兒子，分別是法蘭克·吉利許（Frank Jillich）與喬治二世（George Lester Jillich Jr.）。

農場根本不存在）。當時在芝加哥電影院擔任經理的索羅門，身高大約一百八十公分以上，身上帶有一絲大都會的世故氣息，家人叫他「索利」（Sollie），朋友則叫他「索爾」（Sol）。剛滿十七歲的玫莉，美貌驚人，白嫩的肌膚和一頭紅髮，與索羅門的橄欖色肌膚形成強烈對比。兩人立刻陷入熱戀，索羅門更是打從一開始就決定和玫莉結婚。

後來迅速發生了一連串事件，不但令人心碎，也導致玫莉和索羅門在一九一〇年的春天結婚。沙林傑家族的地位，從賽門之後就一直穩定提升，相較之下，吉利許家卻愈顯艱困。玫莉的父親在前一年過世，母親因無法穩定維持家庭的財務狀況，決定帶著最小的孩子搬到密西根州定居，後來更在當地再婚。玫莉沒跟著母親搬走，一方面因爲年紀大了，一方面也因爲她已跟索羅門交往。事後證明，她跟索羅門旋風式的戀愛與婚姻，可說是機緣巧合，因爲桑尼在一九一九年出生時，玫莉的母親奈莉也過世了。或許正因爲這段失去雙親的經歷，讓玫莉不想向自己的孩子談起他們。她決定不留戀過去，全心投入和丈夫一起展開的全新人生。由於這時候她的家人只剩沙林傑一家，爲了尋求接納，她信奉了猶太教，還將名字改成摩西姊姊的名字：米莉安【譯註】。

在賽門及費妮看來，玫莉的皮膚如牛奶般滑嫩，頭髮又是紅褐色，看起來「比較像愛爾蘭人」。這座城市中有數千個合適的猶太女孩，他們作夢也沒想到索羅門會帶一個來自愛荷華的非猶太裔紅髮女孩回家。不過，他們還是接納了米莉安這個新媳婦，而她也很快就搬進他們位於芝加哥的家。

之後米莉安跟著索羅門在電影院工作，負責售票及擬定優惠專案。然而，儘管兩人如此努力，電影院的營運還是不順利，最後被迫停業，這對新婚夫妻只好開始到處找工作。索羅門很快就在

J·S·霍夫曼聯合公司（J. S. Hoffman）找到工作，這是一家從歐洲進口起司和肉品的公司，品牌名稱爲霍夫可（Hofco）。索羅門寄託於電影院的希望落空後，發誓絕不能再失敗，因此全心投入新公司的工作。一九一二年十二月多莉絲出生，他的奉獻也有了回報，被晉升爲霍夫曼公司位於紐約分部的總經理，而根據他冷淡的說法，就是成爲「一間起司工廠的經理」。

由於索羅門升官，沙林傑一家必須搬到紐約，落腳在西一一三街五百號的一間舒適公寓，靠近哥倫比亞大學和聖約翰神明大教堂（Cathedral of St. John the Divine）。雖然索羅門此刻從事的工作就是販售火腿系列商品——簡直是最不守猶太戒律的食物【編註】——以及起司，但他仍想辦法維繫沙林傑家的傳統，將事業推上超越前一代的高峰，並對此感到無比自豪。不過，由於他將工作視若生命，一九一七年三十歲時，頭髮已全部「變成鐵灰色」。

□

一九二〇年代的美國，可說是無與倫比的繁榮，紐約市更是耀眼奪目。當時的紐約，是美洲（或甚至世界）的經濟、文化及知識中心，紐約價值觀不但透過廣播傳送到整片美洲大陸，更透過各式出版品將其內化到數百萬人心中。紐約的街道掌握許多國家的經濟命脈，而其廣告業及市場也

譯註：摩西的姊姊Miriam在中文常譯為「米利暗」。

編註：猶太教飲食禁忌中包含不可食豬肉。

形塑了一整個世代的慾望及品味。在天時地利下，沙林傑家族日漸茁壯。

從桑尼出生的一九一九年，一直到一九二八年，索羅門和米莉安搬了三次家，每次都是搬到曼哈頓更為富裕的區域。桑尼出生時，他們住在百老匯街三六八一號，那是一間位於北哈林區的公寓。在那年結束之前，他們又搬回原本居住的區域，地址是西一一三街五一一號。接著是一九二八年，他們更是野心勃勃地搬到西八十二街二一五號，距離中央公園只有幾個街區。這套公寓還附有完整的傭人住處，沒過多久，索羅門和米莉安也雇用了一名居家女僕，是名叫作潔妮．柏奈特（Jennie Burnett）的英國女子。在桑尼的成長過程中，生活愈來愈舒適，再加上社會地位逐漸提升的父母對他溺愛有加，過著如溫室般的日子。

對於社會地位較高的人而言，若想在一九二〇年代飛黃騰達，宗教及族裔漸漸成為重要條件。尤其在紐約，一個人能否獲得敬重，家世和新教信仰是體面的指標。然而，當沙林傑家族在上流世界浮沉一段時間之後，卻開始感覺到整個氛圍逐漸變得不具包容性，最後甚至感到不自在。

也因此，他們在教養桑尼和多莉絲時，並沒有展現出強烈的宗教及種族情懷，兩人從未強迫孩子上教堂或猶太教堂，家裡除了猶太逾越節之外，也過聖誕節。後來沙林傑所塑造的角色也都有類似背景，無論是格拉斯（Glass），還是坦南邦（Tannenbaum）家族，都能讓人輕易辨識出他們半基督教半猶太教的家庭背景，霍爾頓．考菲爾德也會說他的父親「曾是天主教徒，但拋棄了信仰」。

米莉安非常寶貝這個兒子，或許是因為很辛苦才生下他，作為年少時感覺被遺棄的自我補償，總之米莉安非常溺愛他。桑尼是不可能做錯事的。這讓索羅門試圖教訓兒子的立場變得為難，因為他還得小心避免引發妻子的怒火，而那怒火可凶猛了。根據大多數人的描述，只要家裡出了問題，最後通常都以米莉安的決定為依歸，於是桑尼幾乎過得無拘無束。

沙林傑在母親的關愛之下成長茁壯，一輩子都跟母親很親近。他甚至在《麥田捕手》裡題詞說「獻給母親」。她始終相信兒子註定要成為傑出之人，而沙林傑自己後來也開始這麼認為，兩人之間藉由這樣的連結所產生的情感相當特別。就連沙林傑成年很久之後，也還會跟母親透過信件互通八卦，他會在信中以尖酸刻薄的語調揭露他人的軼事。即使是在戰爭期間，米莉安依然很享受剪下雜誌上有關電影明星的報導、在邊緣塗寫上自己的評論，再寄給兒子的過程。而身處前線的沙林傑，則會花上好幾個小時閱讀這些剪報，同時作著跟好萊塢及回家有關的白日夢。以這種方式彼此強化之後，米莉安和她的傑洛姆擁有相似的幽默感，強大的親密情感連結，也常將他人排除在外。因為他的母親是如此了解他，又全心相信他的才華，於是他開始期待別人也能以類似的態度回應自己，對於那些可能質疑自己，又或者跟自己觀點不同的人，變得沒什麼耐心。

其中一個質疑沙林傑的人就是他父親。隨著社會地位提升，索羅門開始認同周遭同儕的價值觀，而這些人大多都是生意人或證券經紀人，因此，他悄無聲息地淡化、隱藏自己身為猶太移民後裔的背景。一九二〇年，也就是他自稱「起司工廠」經理的那年，他對人口普查員表示自己的父母在俄國出生。到了一九三〇年，他又有不同的說法，他對記錄員表示自己是在食品業工作的佣金商人，而父母在俄亥俄州出生。顯然，對於索羅門而言，在通往成功的路上試著融入大家，並沒有錯。有些人或許會認為這些是他兒子將會繼承的虛構天賦，但事後證明，索羅門代表的正是他兒子所輕蔑的一切價值觀，他所擁有的也正是會被沙林傑未來筆下角色批評為虛偽、牆頭草，還有貪婪的特質。

更糟的是，索羅門始終不能了解兒子的志向，他不懂桑尼為何不能實際一點。沙林傑很小就表示想成為演員，當時儘管母親默許，索羅門卻大表反對。接著，當沙林傑表示想當作家時，他又表現出輕蔑的態度。毫不令人驚訝的是，沙林傑長大後覺得父親見識短淺又感情遲鈍，兩人之間的關係也很緊張。多年之後，桑尼最好的朋友賀伯·考夫曼（Herb Kauffman）回想起曾經有一次，他到沙林傑家中吃飯，當時還是青少年的桑尼，和索羅門當場吵了起來：「索爾（對索羅門的暱稱）不過是不希望兒子當作家。」根據他的觀察，他認為沙林傑看待父親的方式不太公平。

或許是因為索羅門的堅持，每年夏天，桑尼都會被送去距離紐約很遠的緬因州森林深處參加「棚屋夏令營」（Camp Wigwam）。如果索羅門是希望透過營隊訓練，讓桑尼懂得服從的精神，那他就大錯特錯了。創立於一九一〇年的棚屋夏令營，遵循多元模式，強調平等看待孩子們的體能及藝術創作才華。桑尼在這樣的環境中如魚得水。營隊紀錄顯示，他在體育及其他團體活動中都表現優異，但尤其被營隊中的戲劇課程深深吸引。一九三〇年，十一歲的傑洛姆（營隊中有人叫他桑尼，有人叫他傑洛姆）參與了好幾場營隊的戲劇演出，在兩齣戲劇中擔任演員，還被稱為「最受喜愛的營隊演員」。這項榮耀導致他之後對戲劇的多年熱愛。沙林傑的體格非常突出，比其他孩子來得高，根據營隊在一九三〇年的團體照片，調皮的他把身上襯衣撕得像泰山身上的衣服一般，身高也確實是鶴立雞群。

沙林傑沉浸在這所有的關注當中，很享受棚屋夏令營的生活。他在夏日森林裡的童年回憶，總是快樂又耀眼。而在往後的人生當中，這些回憶讓他不停地透過故事回溯，把筆下的角色送去一個又一個的營隊，就為了在類似的環境中尋求慰藉【註】。

□

一九三〇年，美國發生了經濟大蕭條，紐約也不再是個機會之地。原本光鮮亮麗的商業及活力景象消失了，取而代之的是排隊領取救濟品及絕望的場面。如果索羅門和米莉安在十年前踏入上流社會的表現可謂之出色，那放在這個年代簡直就是讓人瞠目結舌。沙林傑一家不畏瀰漫整座城市的貧窮氛圍，持續累積財富，提升自己的社會地位。一九三二年，他們又搬了一次家，事後看來這是最後一次搬家：他們跨越中央公園，搬到了高級的上東區，一間位於卡內基山的奢華公寓中，就在九十一街口的公園大道一一三三號。在紐約這個區域等級差距甚大的城市，住的地方就是價值的象徵，而沙林傑一家的這個新家，正是他們獲得成功的縮影。這棟頗富盛名的建築，奢華又舒適，能直接看到中央公園，散步就能抵達公園中的動物園和大都會博物館。沙林傑一家對他們的新家太自豪了，因此往後多年，他們的專屬信紙信頭甚至沒印上家族姓氏，而是印上了住處地址。

在他們搬到公園大道一一三三號之前，桑尼上的一直都是西區的公立小學，但是住在公園大道上的這些成功生意人，才不會把兒子送去公立小學。這些孩子受的都是私立教育，通常都是在離家

註：棚屋夏令營在成立幾乎一個世紀之後仍在運作，狀態與沙林傑參加時相比也沒什麼不同。其中仍有那間讓西摩・格拉斯在〈哈普沃茲16，1924〉中迷戀上護理師的醫務室，另外，霍爾頓・考菲爾德在〈充滿保齡球的海洋〉中不滿抱怨的傳統，也就是由家裡給「零用錢」的習慣，目前仍持續著。

很遠但聲名遠播的寄宿學校。沙林傑家也希望兒子跟隨潮流，但又不希望他搬走，因此把他送去他們熟悉的一所西區學校就讀：位於西六十三街上的麥克伯尼學校（McBurney School）。

相較於公立學校，在麥克伯尼學校就讀確實比較高級，但跟沙林傑鄰居孩子讀的那些了不起的預備學校相比，還有一段距離。更引人注目的是，這所學校的擁有者是基督教青年協會（Young Men's Christian Association，YMCA），也就是說，當時十三歲的桑尼，直接在結束猶太成年禮（Bar Mitzvah）之後，加入了基督教青年協會。

就讀麥克伯尼學校期間，桑尼參加了兩場學校的戲劇演出，對戲劇的興趣也變得更加強烈。他也是擊劍隊的隊長，但後來宣稱裝備在地鐵上遺失了。

他也開始寫作，投稿學校的報紙《麥克伯尼人報》（*The McBurnian*）。學業方面，他經常在課堂上表現出心不在焉又無聊的模樣，眼神也常望向窗外，穿越整座中央公園，又或者是去附近的自然史博物館參觀。他的成績在班上幾乎墊底，只能說低空飛過。就在一九三二到三三年的那個學年度，他的代數拿了六十六分、生物七十七分、英文八十分，拉丁文則是六十六分。一九三三到三四學年度的成績更糟了：英文七十二分、幾何學六十八分、德文七十分，而拉丁文則是七十一分。若是在公立學校，拿這種分數不會怎樣，但是在私立學校，學生的平均分數會影響學校拿到的贊助金，因此這種分數就讓人難以接受了。儘管為了提升成績，他在那年夏天去了曼哈西特學校（Manhasset School）補習，麥克伯尼學校的行政主管仍然決定一九三四學年度不再讓他入學。

桑尼不只被麥克伯尼學校趕出來，和基督教青年協會的關係也跟著崩解，事後證明，這也是他童年階段最後一次和正式的宗教組織產生關聯。隨著父母的社會階級逐漸提升，桑尼和多莉絲的成長環境變得跟宗教愈加形同陌路，到了一九三〇年代中期，這家人已經不再展現出跟宗教的任何連結。多莉絲在一九三五年結婚時，儀式就在沙林傑家的客廳舉行，出席證婚的不是猶太牧師或基督教牧師，而是知名的人權運動改革家約翰．洛夫喬伊．艾略特博士（Dr. John Lovejoy Elliott），他也是紐約倫理文化協會（New York Society for Ethical Culture）的會長。

□

一九三四年九月，桑尼即將滿十六歲，而他的父母意識到他的人生正走上一個十字路口。雖然不想承認，但他們知道兒子需要一個比家裡更有紀律的環境，畢竟家裡有一個過度寵溺的母親，父親又受到母親的強力掌控，桑尼顯然得去寄宿學校。桑尼自己想學表演，但索羅門不答應：大蕭條的陰影仍未遠去，兒子可不能當什麼演員。結果桑尼去讀了軍事寄宿學校。

或許大家會覺得，索羅門是爲了懲罰桑尼被麥克伯尼學校退學，才決定把他送走，但根據各種跡象顯示，是沙林傑一家選擇了福吉谷軍事學院（Valley Forge Military Academy），是他們家共同做出的決定。桑尼很可能也同意去這間軍校就讀，而且沒有因此表現出會讓我們聯想到霍爾頓．考菲爾德的抗議或不滿情緒。之所以做出這個結論，邏輯很簡單：米莉安不可能強迫她的兒子去做他不願意的事，而索羅門也不敢反抗太太。

在跟軍校聯絡之後，索羅門決定不陪兒子參加入學訪談。他缺席訪談的作爲，常被當成是這對父子關係已經惡化的證據，但索羅門之所以沒出席，背後卻還有一個更令人不安的原因。大蕭條對美國猶太人社會地位產生的效應令人害怕。一九三〇年代，美國跟其他地方一樣興起了反猶風潮；

許多美國人把經濟崩盤的原因歸咎於貪婪的銀行家，也因此把憎恨的眼光投向猶太人，畢竟他們當中有許多人在這個領域大獲成功。這樣的敵意長期累積，導致猶太人在社會各個層面遭到邊緣化或排除。就連教育界也不例外。大部分的大學跟私立學校，都盡可能將申請入學的猶太學生人數減到最低。索羅門無疑意識到這類政策的存在。於是，在福吉谷軍事學院的入學訪談當天，索羅門待在家裡，只讓皮膚白皙又一頭紅褐色頭髮的妻子出席。沒有跡象顯示索羅門曾試圖否定自己的宗教，但是在這樣一個場合，他選擇不成為別人檢視的焦點，以免損及兒子的入學機會。在兩人一路顛簸不平的關係當中，沒有什麼能比索羅門那天的缺席，更能表現出他對兒子的愛。

九月十八日星期二，當桑尼和姊姊及母親抵達福吉谷軍事學院時，三人都拿出了最好的表現。隔週的星期六就是預定入學日，他們必須讓校方留下好印象，更何況，麥克伯尼學校已經把沙林傑的在學紀錄送來，他們給這位候選學生的評語是注意力「不集中」，還在十八人的班級中將他排為第十五名。根據麥克伯尼學校的評估，他的智商有一百一十一，但表示他儘管能力絕佳，卻不認識「產業」這個詞。這份報告最後的結論指出，他「在跟我們相處的最後一個學期，嚴重受到青春期的干擾」（原文如此）。幸運的是，與其他更有錢、更時髦的軍校相比，福吉谷軍事學院還在發展中，所以無論入學申請者的注意力「不集中」與否，他們都不太想拒絕願意付錢的新成員，所以接受了桑尼的申請。兩天之後，鬆了一口氣的索羅門，在曼哈頓弗蘭克林街的辦公室中，寄送了五十美金的註冊費給軍校，另外附上一張感謝面試者的字條。他將麥克伯尼學校寫的報告內容銘記在心，在一九三四年九月二十日的一封信件上，他向軍校的一位主管查普林·威爾德瑪·伊凡·魯坦（Chaplin Waldemar Ivan Rutan）表示：「傑洛姆會好好表現……你會發現他的學習興趣絕佳。」

一九三四年，傑洛姆加入了三百五十位軍校生的行列，除了是這個講求紀律的軍校部隊的一分子，也等於開始服役，而且必須嚴格遵守每日的時程安排。軍校生必須早上六點起床，開始一整天的陣式操練、課程、聽講，和無止盡的行軍。所有活動都得集體行動，而且必須確實遵守時間表。軍校生都是多人同寢，一起在餐廳用餐，也得依照規定在星期日上教堂參加禮拜。晚上十點準時熄燈結束一天的作息。這一切例行公事都受到嚴格監督，並得確實遵照學校強調責任、榮耀和服從的軍事風格，違背規定者會受到嚴厲的懲罰。而福吉谷軍事學院的規定可多了：所有軍校生的個人物品都必須依照規定擺放；制服必須隨時穿在身上，且要一塵不染；在未經允許的情況下離校是嚴重的過失；禁止女性進入校園；軍校生必須有家長的親筆允許信才能抽菸，宿舍中絕對禁菸。

在此之前，傑洛姆享受的是備受母親寵愛的生活，從沒打算認眞讀書，就算偶爾被迫面對幾條規則也從不當一回事，現在卻進入了這樣一個各項規定都沒得商量的軍事世界，對他來說委實是巨大的衝擊。而令這段轉換期更加難熬的，是許多軍校生不喜歡他。當時的沙林傑是個又瘦又乾的青少年（根據學校的照片顯示，穿著軍制服的他顯然非常不自在，而且永遠站在後排），很多人還覺得他表現出一種紐約人的勢利。另外還有一些軍校生之所以討厭他，是因爲他比大多數人晚兩年入學，免去了新生被使喚的時期。生平第一次，他孤身一人，又沒有家人支援，因此只能靠挖苦人及故作冷漠來自我保護，但這種態度可不受人歡迎。

沙林傑很快就適應了環境。他拋棄了桑尼這個暱稱，也拒絕被稱爲傑洛姆。現在他就只是傑瑞．沙林傑，說話辛辣有趣，有一小群軍校生總圍在他身邊打轉，其中幾位之後會成為他最忠誠的朋友；有幾位年紀較大的軍校生，包括威廉．費森（William Faison）和賀伯特．考夫曼（Herbert Kauffman，又稱賀伯），一直到沙林傑畢業後很久都還跟他保持聯絡。沙林傑的兩位室友李察德．岡德（Richard Gonder）和威廉姆．迪克斯（William Dix），都成了他的密友。幾十年後，沙林傑回憶起迪克斯時，說他是「最棒、最親切的人」，而岡德則開心地回憶起自己和沙林傑之間的種種妙事，還描述傑瑞是「姿態甚高，但很有愛心的人」。

在書寫《麥田捕手》的時候，沙林傑顯然以福吉谷軍事學院為原型，描寫霍爾頓．考菲爾德讀的預備學校；小說出版以後，讀者也始終想透過霍爾頓這個角色，探索沙林傑的性格。傑瑞和霍爾頓有許多相似特性，他們都嘲笑學校的虛假作態，也看不起那些制定每日作息規則的「古板人士」。沙林傑就跟霍爾頓一樣，都喜歡打破規則，就算只是溜出校園幾個小時，或是躲在宿舍裡抽菸都好。這兩個男孩都喜歡模仿別人，也喜歡面無表情地嘲諷別人和講笑話。不過，儘管沙林傑在福吉谷軍事學院表現出許多和霍爾頓相似的特質，但不同之處也不少。

他會不定期受邀到英文老師家喝下午茶，這類會面無疑讓他在《麥田捕手》中寫出了霍爾頓拜訪史賓塞教授（Professor Spencer）的橋段，但現實中當然沒有被迫聽人生大道理，也沒有談到有關埃及人的作業。

不過真的有位名叫阿克萊（Ackley）的軍校生，和沙林傑同時進入福吉谷軍事學院就讀。就在小說出版後，阿克萊最好的朋友激動地為他辯護，憤怒地表示他的好友跟書中所述一點也不像。

書中不幸的角色詹姆斯．凱索（James Castle），似乎也真有其人。沙林傑有一位同學表示，在他入學之前，確實有一位軍校生從學校的窗戶墜落身亡。關於他爲何墜樓的疑點顯然並未釐清，但這場悲劇立刻成了校園傳說。

福吉谷軍事學院的創辦人貝克上校（Colonel Baker），在書中化身爲潘西中學（Pencey）的校長，兩人也有各種神似：都非常熱衷於募款，還在星期天爲軍校生家庭舉辦了一種類似波坦金村（Potemkin village）【譯註】的矯情活動。貝克上校的衣著總是漿得很挺，上頭全是跟軍事相關的華麗裝飾，應該很容易成爲傑瑞刻薄嘲笑的對象。不過，多年之後，沙林傑曾幾次尋求貝克的幫助及建議，而貝克讚許沙林傑的說法，也比其他人更令人信服。

沙林傑在福吉谷軍事學院表現良好。無論內心多麼不想屈服於這個地方的權威，軍校確實給了他能專心學習的必要紀律。他的成績大幅提升，還有了一小群密友。他開始參與校園活動，包括校內的各種運動比賽，還有非常令人難以想像的：合唱團。沙林傑在這裡參加的各種社團及團體，之後都對他很有幫助，包括法語社、士官社（Non-Commissioned Officers' Club）、新生派遣隊（Plebe Detail，一種軍校生團體）、航空社，還有在預備軍官訓練團（Reserve Officers' Training Corps）服役兩年的時光，都在他的二戰軍旅生活中發揮作用。此外，雖然沙林傑很不想承認，但或許正是這些經驗確保他活過了那幾年。

譯註：波坦金村是一種政治術語，代表政治性的門面活動。

儘管沙林傑做到了一名軍校生應盡的所有義務【註二】，他眞正感興趣的仍是戲劇和文學。除了必須參與的活動之外，沙林傑還參加了兩個團體，其重要性遠勝過其他所有的社團及團體：一個是戲劇社「面具及馬刺」（Mask and Spur），另外他還參與了軍校年刊《交叉軍刀》（*Crossed Sabres*）的編輯工作。

他在麥克伯尼學校時，就是因爲演戲，才讓原本充滿敵意的教職員不得不對他有了一絲欽佩；此後，演戲就一直能讓他感到自在，因此在被流放到福吉谷軍事學院之後，也急著想重拾演戲的樂趣。因此，就算他是出於義務參加了其他社團，但絕對是抱持著堅定信念加入了「面具與馬刺」。這個社團中還有另外十八個菜鳥演員，沒有一個比他更有才華；他也參與了社團所有的戲劇演出。無論受歡迎與否，大家都同意沙林傑是個天生的演員。他有個同學回憶表示，即便是在舞台下，「他講話的方式都很做作，彷彿正在朗誦莎士比亞的台詞。」軍校年刊中就有大量的這類照片，照片中的沙林傑身穿全套戲服，模樣顯然非常開心，正對著鏡頭無聲地比手畫腳。

沙林傑常說，他是在福吉谷軍事學院成爲作家的。根據朋友們的回憶，即便是熄燈之後，他還是會躲在被子底下塗寫個不停。他在這間學校的兩年期間，擔任了年刊的文字編輯，出現在年刊內的頻率很高。事實上，若是翻閱一九三五或三六年的《交叉軍刀》，幾乎每一頁都會看到傑瑞·沙林傑。他幾乎出現在每個社團及每場戲劇演出的照片中，年刊編輯的合照中也常出現他的身影。他的個人照在一九三六年的年刊中甚至占了半個頁面。甚至有人懷疑傑瑞也參與了年刊的美術排版工作，因爲裡頭出現的照片畫面幾乎都能用作《麥田捕手》的插圖，包括教堂、足球賽裡歡呼的群眾，甚至還有一名年輕人騎在騰躍的馬上。不過沙林傑對《交叉軍刀》最了不起的貢獻是他的文字作品，幾乎每一頁都能讓人聽到他的聲音：諷刺、觀察力敏銳，又充滿友善的機智。在一個稱爲「班級預言」的單元中，沙林傑預見某位軍校生之後「會和聖熊甘蒂（Mahatmi Ghandi）【譯註】一起玩脫衣撲克牌」，而他自己則是會寫出一齣偉大的戲劇。

□

沙林傑在福吉谷軍事學院連續讀了兩年，一九三六年畢業時，似乎已找到了人生方向。無論他在入學時懷抱著怎樣的恐懼，他在這間軍校中對自己才華的探索，已到了待在紐約不可能達到的程度。儘管早熟又表現出尖酸刻薄的模樣，但傑瑞似乎眞的對這地方產生了感情。透過《交叉軍刀》，他在畢業時留了一份禮物給學校，我們能藉此看到他對這間學校的眞心，包含眞摯的溫暖及隱約的嘲諷。沙林傑也爲一九三六年班寫了班歌，福吉谷軍事學院直到現在都還會唱這首歌：

在這最後一日，別藏起眼淚

註一：一九三六年春天，由於完美遵從福吉谷軍事學院的信條及課程要求，沙林傑得以在畢業之前及時被晉升為見習上校（cadet colonel）。

譯註：聖雄甘地的英文為Mahatma Gandhi，沙林傑只是拿這個名字改寫成Mahatmi Ghandi來搞笑，又或者是單純的拼字錯誤。

你不必爲哀傷感到羞愧
再不用於灰色列隊中行軍
再不用戰事演習
四年已歡樂過去
難道能留下過往時光嗎？親愛的？
那就珍惜這些飛逝的日子吧
你在這兒的日子已不多

最後的閱兵，我們的心低沉
我們看著這些，就在眼前的——
軍校預備生，我們還在這兒
而很快就要換成他們了
雖然還要一段時日，但不遠了，
他們能享受的年歲也不多了。
哎，他們很快會知道最後一次閱兵
爲何我們淚眼迷濛

燈光暗了，軍號響起，

那是我們永難忘懷的曲調
現在微笑的年輕傢伙呀
我們帶著遺憾分開
道別之後，各奔前程
踏上尋找成功之路
我們的形體離開了福吉谷
我們的心仍留在此處

□

一九三六年秋天，沙林傑在紐約大學的華盛頓廣場校區入學，由於學校位於格林威治村（Greenwich Village），沙林傑又回到了公園大道，也回到了當初送他去軍校所要避開的環境。遠離軍校充滿紀律的生活之後，他很快又對一切感到無聊，注意力也再次變得渙散。

乍看之下，對沙林傑而言，華盛頓廣場校區似乎是個理想環境，這裡是紐約大學的主要校區，校園品味及思潮都非常前衛，而且以鎔鑄學術及藝術精神聞名。大家都說沙林傑應該要在這裡大放異彩才對——或許他本來也有這樣的打算，不過由於大學城內瀰漫的波希米亞氛圍，非但沒有提供沙林傑發揮才能的機會，反而還導致他注意力極度難以集中。事後證明，對沙林傑來說，與校內課堂相比，周遭滿滿的劇院、電影院和咖啡館更是迷人得難以抗拒。我們很難確定他在選修的課程中實際上了幾堂，只知道在第二學期收到期中成績時，他顯然已無法通過及格門檻，之後就驟然離開了學校。

沙林傑從紐約大學輟學後，父親曾試圖為他指點人生方向。索羅門是個實際的男人，因自己在起司及肉品進口產業獲得豐盛的回報，所以也想讓沙林傑參與其中。當然，傑瑞完全沒想要跟隨父親的腳步，索羅門只能半哄半騙。在向兒子表示他的「正規教育已經正式結束」之後，「破綻百出」【註二】地假裝是為了讓兒子精進法文和德文，提供他去歐洲旅遊的機會。因為期待兒子能在旅途中對進口事業產生興趣，索羅門安排他以霍夫可品牌合作夥伴的口譯員身分，去波蘭和奧地利洽公。這位夥伴應該就是名叫歐斯卡．羅賓森（Oskar Robinson）的出口商，是波蘭最富有的人之一，還以「培根之王」聞名全歐洲。沙林傑同意了，事實上他也沒有選擇的權力。無論他之前有過什麼選項，現在都因為成績沒過關而消失了。所以，在一九三七年四月初，沙林傑踏上歐洲，後來在那裡待了一年。

在倫敦和巴黎短暫停留之後，他到了維也納，並在那裡的猶太區待了十個月。他很快就喜歡上自己寄宿的那個猶太家庭，也和那家的女兒體驗了生平第一次認真的戀情。我們對沙林傑在奧地利的「家人」所知甚少，只知道在他心中，這家人就是純潔及正直的理想化身。沙林傑常憶起他們，而且將他們理想化的程度一次比一次強，還會以老家為例，對照他在維也納所擁有的幸福生活。之後他也曾對厄尼斯特．海明威談起這家人的女兒，描述她的純真之美。他在戰後意志消沉時，也曾回到維也納探詢她的下落而未果。一九四七年，他將她與其家人寫成一個永久流傳的故事：〈我認識的一個女孩〉（A Girl I Knew）。

就在沙林傑於奧地利追求愛情時，贊助他歐洲之行的波蘭人歐斯卡．羅賓森在維也納的賭場中因心臟病過世，據稱當時他正在輪盤桌上大贏特贏。於是，沙林傑被往北送到一個名叫比得哥什（Bydgoszcz）的小鎮。羅賓森在那裡有座肉品包裝工廠，他就住在工廠裡一間專供客人居住的公寓中，也因此接觸到父親進口事業中較為基層的部分【註二】，比如必須在日出以前起床，到城市中的屠宰場和農人一起勞動。每天早上，沙林傑都要拖著沉重的腳步去宰殺豬隻，那些豬隻都要送去美國做成「罐裝野餐火腿肉」。跟他一起工作的是「屠宰師傅」領班，對方非常喜歡拿槍射燈泡、射膽敢飛過自己眼前的鳥，還會朝尖聲號叫的豬隻上方鳴槍。傑瑞很快就意識到，無論肉品出口商的生活有多少面向，豬都是最主要的元素。若要說沙林傑在波蘭學到什麼教訓，那便是他不適合父親身處的這個行業。

一九四四年，根據沙林傑的說法，為了讓他進一步見習家族事業，他的父母「（把他）拖去」波蘭「屠宰豬隻」。一九五一年，《紐約客》（*New Yorker*）的編輯威廉・麥克斯威爾（William Maxwell）認為，雖然沙林傑對父親試圖為他解決問題的手段深惡痛絕，然而「無論是好是壞，沒

註一：沙林傑在此處的推測是，他的父親之所以從未提起要去波蘭的事，可能是因為那會讓沙林傑心生疑慮。

註二：波蘭對於跟沙林傑之間產生的關聯感到自豪。當地目前有計畫每年在比得哥什辦活動紀念他，還要在他工作過的地方（現在是購物中心）立一座雕像。據《克拉科夫郵報》（*Krakow Post*）的報導，二〇〇九年已選定了一個要在一小片麥田中佇立的雕像設計。

有任何經歷是對小說作者沒有幫助的」。此外，沙林傑在歐洲的歲月則必須放在時代脈絡裡解讀。沙林傑住在奧地利和波蘭時，到處都能感到威脅迫近，這種氣氛一定對這名胸懷大志的年輕作家產生了深刻影響，即便是他最美好的回憶，也難免染上憂傷的氣息。

待在歐洲的沙林傑，正好遇上了歷史的關鍵時刻。一九三八年的歐洲，正加速衝向第二次世界大戰。他住在維也納時，奧地利納粹正以殘暴的手段崛起，不管犯過什麼罪的納粹暴徒，都被從牢中釋放，在維也納的大街小巷造成恐慌。路人只要被懷疑是猶太裔，就要被迫在眾人的嘲笑及圍觀下刷洗水溝，而猶太人的家或做生意的地方，都會遭到四處掠奪的暴徒洗劫。由於目睹了這些惡夢般的場景，比起個人苦難，沙林傑更爲維也納的寄養家庭感到擔心。他自己可以離開這個危險之地，但這個家庭無處可去。就在沙林傑回到紐約的家之前，德國軍隊已進入維也納，而奧地利也不再以國家形式存在。到了一九四五年，沙林傑的所有奧地利家人都已在大屠殺中遇難。

沙林傑抵達波蘭時，這個國家的情勢就和之前危機四伏的奧地利一樣緊繃。由於受到強敵環伺，波蘭籠罩著一種沉重的不安氣息，在目睹了奧地利的一切之後，他無法對這樣的氣息視若無睹。沙林傑在忙著宰殺豬隻的幾年間認識了一些人，而他們當中很少有人活過之後那幾年。

一九三八年三月九日，沙林傑在南安普敦搭上「法蘭西島號」（Ile de France）返回美國。由於再次回到父母位於公園大道上的安穩住處，又遠離了歐洲的緊繃情勢，讓他覺得回家實在是件開心的事。不過，麥克斯威爾之後的觀察提出了一項再眞實不過的觀點：沙林傑的歐洲之旅，爲他人生造成的影響或許不如父親預期，回到美國的他也沒比之前更有目標，但他遇到了那些與自己生活風格差異甚大的人，發現他們的人生總是充滿了掙扎及苦難，因此也開始懂得欣賞那些之前被他認定是生活在不同世界的人。後來幾年，沙林傑會在二次大戰中於德國作戰，而這種態度也在那段期間表現得特別明顯。一九三七到三八年住在歐洲期間，沙林傑逐漸開始對德國文化、德文，還有德國人有所認識，也開始懂得如何分辨哪些是值得敬重的德國人，哪些是納粹。

□

那年秋天，沙林傑在烏爾辛納斯學院（Ursinus College）註冊就讀，學校位於賓州鄉間，距離福吉谷軍事學院不遠。雖然位於沙林傑熟悉的地區，這間學校的風格卻跟他完全不搭調。烏爾辛納斯學院的主要出資者是德國歸正教會（German Reformed Church），沙林傑的許多同學都是德裔賓州人。烏爾辛納斯學院的學生必須佩戴名牌，在校園裡遇見時必須好好打招呼。這是一個與世隔絕的小世界，與他於曼哈頓上東區接觸到的複雜背景相當不同。

由於他來自紐約，又出身優渥的猶太家庭，在這個獨立的小社群中造成了非常大的效應。沙林傑在烏爾辛納斯學院的許多同學，後來都聲稱對他沒什麼印象，甚至有些人提起他時口氣既陰沉又憎恨。這些人通常都是沙林傑的男同學。至於對沙林傑留下美好印象的，全都是女性（或許這也能解釋那些男同學為何想到他就一臉不悅）。沙林傑開始在烏爾辛納斯學院讀書時已經二十歲，已是帶有一抹淘氣微笑的英俊年輕人。他的身高將近一百八十八公分，體格修長，在人群中很顯眼。手指很長，不過上頭有尼古丁留下的污漬，指甲也被咬得參差不齊。膚色帶有一抹橄欖色，髮色近乎純黑。不過最令人印象深刻的特徵，應該是他的雙眼，那雙眼睛深邃、犀利又黝黑。在一九三八年的烏爾辛納斯學院，這些特徵被總結為帶有異國情調，女人都愛死了。四十七年後，一名烏爾辛納斯學院的校友如此回憶：

傑瑞（沙林傑的暱稱）不是一號容易忘掉的人物。他是個身穿黑色切斯特大衣、英俊、文雅又世故的紐約人……我們從沒見過這種人。我們都被他充滿嘲諷的辛辣幽默迷住了……幾乎所有女孩都立刻為他痴狂。

除了讓女性為他著迷之外，沙林傑也找到了想要熱情實踐的新興趣。他所選修的八堂課當中，有四堂跟語言及寫作有關：英國文學、法文，還有兩堂不同的英文寫作課。他在加入了《烏爾辛納斯週報》（*The Ursinus Weekly*）的編輯團隊之後，很快就有了屬於自己的專欄。這個專欄最初的標題為「社大二年級生的思索：沒拿到手的文憑」（Musings of a Social Soph: The Skipped Diploma），之後沒過多久，就改成「J. D. S. 沒拿到手的文憑」。這些文章是傑瑞對各種校園議題的評論，從對校園生活的浮誇吹捧，到諷刺人的冗長劇評。當時他就已常提出某些小說過於「虛偽」的評論。

某一次，他大肆抨擊了作家瑪格麗特．米歇爾（Margaret Mitchell）：「為了好萊塢，《亂世佳人》的這位女作家最好重寫故事，就算不讓郝思嘉有隻斜視的眼睛或暴牙，也該讓她有隻穿九號鞋的大腳吧。」在另一篇名為〈書本證人〉（Book Dept.）的書評中，他對之後成為自己朋友的海明威，也抱持同樣輕蔑的態度：「海明威已經完成他的第一齣多幕劇了。我們覺得呢，厄尼斯特這傢伙，自從《太陽依舊升起》、《殺人者》和《戰地春夢》之後，就一直處於工作草率又滿口胡言的狀態。」

「沒拿到手的文憑」實在稱不上文學，但仍是他首次公開發表的作品，現在也還有許多崇拜他的人回頭去讀——儘管閱讀時感到失望，又只能諒解。若要說「沒拿到手的文憑」中有任何部分跟沙林傑當時的處境相關，或至少能看出他決定去讀烏爾辛納斯學院的原因，那就出現在他寫的第一篇標題爲〈故事〉（Story）的評論中，刊登日期是一九三八年十月十日：「曾經有個年輕的男人，他已經厭倦努力讓鬍髭長出來了。這個男人也不打算去爲他的爹地（Daddykin）工作——或任何其他不講理的男人。所以這個年輕人回去讀大學了。」

無論是否願意爲「爹地」工作，沙林傑在烏爾辛納斯學院只讀了一學期就回到紐約的家。他在烏爾辛納斯學院的成績並不好，但還是非常享受那段歷程，每當談起這間學校跟在那裡度過的時光，他都讚不絕口。不過，他已經找到人生的確切目標了：他想成爲一名專業作家。這是個需要仰賴信心及信念才能做出的決定，而且也需要來自其他人的支持。

離開烏爾辛納斯學院之後，沙林傑就決定了人生的道路，而且沒有尋求父母的認可。他直接宣布自己想成爲作家，只是讓他們知道這已是既成的事實。他的母親當然全力表示支持，但索羅門的反應就比較冷淡。一九三八年的美國，才剛勉強從經濟大蕭條的谷底爬上來。過去九年來，索羅門成功確保家人不受周遭的貧窮及絕望吞噬，而就在之前充滿動盪的那幾年，他見識到傑出的生意人徹底落敗，所以知道人生沒有什麼絕對的保障。在索羅門看來，桑尼的決定既莽撞又危險。如果說這對父子之間本來就有裂痕，現在這道裂痕絕對是擴大了。沙林傑認定父親缺乏遠見及信心，也始終難以在之後的人生中對此表示諒解。

沙林傑從比較客觀的外人身上獲得了支持。在福吉谷軍事學院時，他跟一名年紀較大的軍校生威廉．費森成爲朋友，他的老家在史坦頓島。就在沙林傑畢業時，費森介紹他和自己的姊姊伊莉莎白．莫瑞（Elizabeth Murray）認識，本來住在蘇格蘭的她，當時剛跟丈夫及十歲的女兒回到美國。伊莉莎白年約三十歲，非常有教養，受過良好教育，而且有過旅行各地的經驗，沙林傑很喜歡她，也很快就把她的意見看得比任何人都重要。伊莉莎白也因此全力支持傑瑞。他們在一九三八年時常一起出去，花一整個晚上待在格林威治村的餐廳或咖啡店中，討論著文學和沙林傑的各種野心。他會把自己寫的故事讀給她聽，而她會給予建議。在伊莉莎白的建議下，他開始讀史考特．費茲傑羅的作品，而且發現費茲傑羅不只是一位值得效仿的作家，也跟他擁有相似的靈魂。在沙林傑最需要鼓勵的階段，伊莉莎白．莫瑞進入了他的生命，而他對她無比感激。之後他們還成爲多年的知己好友。就在一九三八年將到尾聲時，沙林傑已決心成爲一名專業作家，不過因雙親中只有一人支持，於是他做出妥協，答應再次回到學校，學習寫作。

02 野心

沙林傑在一九三九年一月進入哥倫比亞大學就讀。他選修了一門短篇小說寫作課，授課老師是惠特・博奈（Whit Burnett），他也是《故事》雜誌的編輯。此外，沙林傑還上了詩人兼劇作家查爾斯・韓森・陶恩（Charles Hanson Towne）教授的詩歌課程。雖然他已決定靠寫作維生，卻還不確定自己要創作的文類。基於對演戲的興趣，他可以想像自己一筆一畫創作出劇本的模樣，但他同時也對短篇小說感興趣。因此，他選修了這兩門課，兩位老師都是業界有名的專家，但寫作手法及風格迥異。

惠特・博奈是個樂於冒險的人。在一九三一年的維也納，他和當時的妻子瑪莎・佛利（Martha Foley）創辦了《故事》雜誌，那時正是經濟大蕭條最慘重的時期。一九三三年，這對夫妻將事業轉移到紐約，在第四大道上設立了辦公室。在博奈帶領下，《故事》致力於刊登年輕新秀的作品，這些人大多曾被較傳統的流行雜誌退稿。博奈的直覺非常準確，後來還向世界引介了像是田納西・威廉斯（Tennessee Williams）、諾曼・梅勒（Norman Mailer）和楚門・卡波提（Truman Capote）等作家。《故事》的發行量不高，一九三九年的發行量大約兩萬一千本，而且總是處於勉強維持收支平衡的邊緣，但是在文學圈備受敬重，被視爲那個時代引領潮流的刊物。

相較於博奈，查爾斯・韓森・陶恩是象徵傳統的典型人物。沙林傑上他的課時，他已經六十一歲，而且幾乎在文學的每個領域都有傑出表現。就專業表現而言，他曾做過編輯，也曾經成功統籌過幾份受歡迎的雜誌，包括《柯夢波丹》（*Cosmopolitan*）、《麥克盧爾》（*McClure's*）和《哈潑時尚》（*Harper's Bazaar*）。除了編輯身分之外，陶恩也撥出時間寫作，「多產」和「多元」都不足以形容他的創作能量。他創作了許多戲劇、小說、歌詞，甚至還寫了本禮儀手冊。不過陶恩最愛的還是詩歌，他的詩作就和其他心血結晶一樣，都因爲符合讀者期待而大受歡迎。他寫的詩總是押韻，且使用當代讀者所期望的華麗詞藻。若要說明陶恩的風格，他在一九一九年寫的〈自戕之人〉（Of One Self-Slain）就是一個典型的例子：

當他跌跌撞撞走回上帝身畔
歌曲只寫了一半，工作也只完成一半
誰明白他青紫的腳走過什麼路徑
誰明白他曾登上什麼平靜或痛苦的山頂

我希望上帝微笑握起他的手
然後說，「可憐的逃學者，熱情的小丑！
生命之學問難以明瞭：
爲何你就不能繼續留在學校？」

沙林傑究竟想從這種詩中學到什麼？我們並不清楚，但他之所以受陶恩吸引，很可能是因爲對方身爲劇作家的名氣，而非作爲詩人的名聲。不過，由於陶恩選擇在哥倫比亞大學教授詩歌，沙林傑只能被迫學習這種他從未認眞表現出任何興趣的藝術形式。

哥倫比亞大學是沙林傑第三次嘗試就讀的學校，而這次他可說是幾乎沒有退路。在烏爾辛納斯學院時，他曾向同學吹噓自己總有一天會寫出偉大的美國小說【編註】。爲了挑戰父母，他要他們允許自己去上寫作課，就是爲了激發自己的小說家潛能。不過學期才剛開始，沙林傑就表現得跟之前一樣百無聊賴，注意力也不集中。在博奈的課堂上，他很少主動發言，也幾乎沒產出什麼作品。反而是博奈很常提醒沙林傑別老是坐在後排盯著窗外看。

相較於在博奈授課時的無動於衷，沙林傑在詩歌課上顯得較爲勤懇。毫無疑問的是，他覺得跟惠特・博奈相比，自己和查爾斯・韓森・陶恩的共通點更多。陶恩是個比博奈成功的作家，而且也跟沙林傑一樣對表演及劇本創作懷抱熱情。在陶恩的課堂上，沙林傑對詩歌產生了興趣，還試

編註：偉大的美國小說（the Great American Novel）的概念由小說家約翰・威廉・德・佛瑞斯特（John William De Forest）於一八六八年首先提出，他將其定義為「描繪美國人生存方式和平凡情緒的圖像」（the picture of the ordinary emotions and manners of American existence）。這一概念實際上是種民族主義式的想像，並沒有特定的文本清單，但作品如《麥田捕手》、《大亨小傳》都曾被後世提及並涵蓋其中。

著寫了詩，藉此表達他對上層階級一觸即發的輕蔑之情。雖然他寫的小說作業已經消失，但在哥倫比亞詩歌課上寫的一首詩卻留存下來。在查爾斯・韓森・陶恩的詩歌作業合集中，有幾份作業出自一九三九年的學生之手，其中有首詩的作者就是「傑瑞・沙林傑」，詩題是〈中央公園的早秋〉（Early Fall in Central Park），詩作的開頭是這樣的：「泥濘又擁擠，你怪罪那些棕枯的葉片……」

在哥倫比亞第一學期結束時，沙林傑就算不是因為才華，也因為上課專心而獲得認可，並得到陶恩在一九三七年出版的一本詩集《四月之歌》（*An April Song*）。課堂上的另外九名學生很可能也收到了同一本詩集。沙林傑拿到的詩集有題字如下：

> 送給傑洛姆・沙林傑，
> 因為他在一九三九年春季班上專注不懈。
>
> 題於哥倫比亞大學，
> 查爾斯・韓森・陶恩，紐約，一九三九年五月二十四日

沙林傑在哥倫比亞時發生的一件事，深深影響了他，讓他不再那麼志得意滿；事發之處並非在傑瑞可能預期的陶恩課堂，而是博奈的小說課上。雖只是件細微小事，卻永遠改變了沙林傑。某天，惠特・博奈決定將威廉・福克納（William Faulkner）的〈那天傍晚的太陽落下〉（That Evening Sun Go Down）讀給學生聽。博奈用一種不帶感情的口氣讀著，而根據沙林傑的回憶：「直截了當地將福克納呈現出來，完全不居中介紹，」他是這麼說的，「一次也沒有……在這位作者及他深愛

的沉默讀者之間，博奈一次也沒有介入。」這件事讓沙林傑理解了好作者應該保持的界線，以及對讀者應有的尊重。在他的寫作生涯中，始終記得博奈教會自己的這一課，所以書寫時總努力讓自己待在幕後，從不干涉讀者和故事的進行，他掩蓋住自我意識，好讓讀者及角色能直接參與其中。

根據沙林傑所說，博奈上課常遲到早退，但教課時非常謙遜，效果也很好。他對短篇小說的熱情遍及整間教室，而他對這種藝術形式的熱愛本身就是最棒的教材。他向學生介紹了許多小說名家及寫作風格，也不帶個人意見地呈現出每一個故事，並藉此讓學生知道，優良的寫作技巧固然重要，但良好的識讀態度也值得尊重。

所以到最後，是惠特．博奈真正鼓舞了沙林傑，他也因此開始專心上對方的課，並且開始在課堂外及家中獨力寫作。經過了老是盯著窗外神遊、跟隔壁同學說俏皮話的第一學期之後，沙林傑又選修了博奈的課。他決定再試一次。

九月，傑瑞又出現在博奈週一晚間的課堂上，他同樣安靜地坐在後排座位，掩飾著內心早已出現的改變；這改變正逐漸瓦解他之前在學校生活中大肆炫耀的那種愛挖苦人的自大姿態。同年十一月，在他寫給博奈的一封信上，沙林傑表示了懺悔，承認自己不但懶惰，還過度掩藏真實的自我。最後他終於表現出認真的態度，並帶了一批種類各異的作品去找他的老師，尋求意見。那實在是非常需要勇氣的一刻。在翻看他的作品時，博奈非常吃驚地發現，這個總是坐在後排，且看似漠然的年輕人，其實深埋著熱情洋溢的才華。「其中好些故事似乎剛用打字機打好就拿過來了，」他在多年後回憶時仍感到驚奇，「而且大多都在之後出版了。」

學期結束時，惠特．博奈已成爲沙林傑在課堂外的恩師，他像個父親般，傑瑞經常會去尋求他的意見及認可。沙林傑因爲想要取悅恩師而振作了起來。透過沙林傑在那時期寫的信，我們能看見他像個眨著大眼睛的純眞小孩，不但願意承認自己的種種無知，還說了不少甜言蜜語。他對博奈的關注是如此感激，甚至還曾在某個場合眞的跟編輯保證自己什麼都願意爲他做——除了謀殺他人以外。

一九三九年末，沙林傑完成了一篇標題爲〈年輕人〉（The Young Folks）的小說。他拿給博奈看，博奈非常喜歡，還建議他投稿到一份頗受歡迎的雜誌《柯利爾》（*Collier's*），這份雜誌會在大量過度渲染的廣告間夾雜刊登一些短篇小說。在一九三〇及四〇年代，《柯利爾》、《星期六晚郵報》（*The Saturday Evening Post*）、《哈潑雜誌》（*Harper's*），還有許多女性雜誌，都是所謂的「通俗雜誌」，也是讓作家固定發表短篇小說的平台【註】。

在十一月二十一日早上，沙林傑拿著原稿來到《柯利爾》雜誌位於市中心的辦公室，親自遞交了這篇作品，然後一如沙林傑所料地被退稿了。不過，面對專業寫作生涯上的初次跌跤，他仍堅忍地認爲有其價值。

既然自己的學生已透過跟通俗雜誌交手而學到一課，博奈於是將〈年輕人〉重新帶去了故事出版社。那篇小說在出版社裡擱置了好幾個星期，與此同時，博奈也掙扎著不知是否該將小說刊登在《故事》雜誌上。由於博奈沒有對沙林傑許下任何承諾，對沙林傑而言，這幾個星期的等待一定如同永恆。

惠特．博奈沒有寵溺沙林傑，他沒有親自發掘這個坐在他週一課堂後排的文學天才，也沒讓對方輕易成名，反而要他爲了自己的成功而努力。身爲良師益友，他當然願意發表這位弟子的作品，但身為課堂上的老師，他要求沙林傑先盡力嘗試各種可能性。因此，只有當〈年輕人〉被其他雜誌退稿後，博奈才決定出手拯救這篇小說。

一九四〇年一月，就在沙林傑的二十一歲生日剛過沒多久，他收到《故事》的通知，表示〈年輕人〉將被刊載在下一期的雜誌上。他寫信給惠特・博奈，表示他「非常興奮」，也算是鬆了口氣。「感謝上帝，」他假裝是自己的同學在抱怨，「這件事他已說到沒人想聽了！」沙林傑因為獲得的成就又欣喜又焦慮，迫切地想以專業作家身分出擊，因此決定不再註冊入學。他的校園生活就這樣結束了。

此刻的沙林傑，深信自己通往文學的成功之路已光彩奪目地展開，於是將〈年輕人〉當作新生兒般對待。二月五日，《故事》雜誌表示他們會寄送卡片宣布《故事》的出刊，並介紹其中躍上文學舞台的作者。沙林傑開心提供了希望的收件者資訊，並提前收到了當期雜誌。

沙林傑表示，等待雜誌出刊的每一天，感覺就像平安夜。焦躁不安的他想遠行慶祝，但真正去遠行的卻是他的父母；他們把傑瑞獨自留在家裡聽唱片、喝啤酒、將打字機在不同的房間之間搬來搬去，又對著空蕩蕩的屋子大聲朗讀。由於實在是太興奮了，一直到二月二十四日，也就是《故事》刊登他的小說將近六個星期之後，沙林傑才想起應該好好感謝《故事》給他機會。面對傑瑞的

註：通俗雜誌的原文之所以是「slicks」，指的是那些通常用在這種雜誌的紙張質地非常光滑。許多追求嚴肅文學的人會態度貶低地用此詞彙表示其中的內容淺薄或討巧。

殷勤，博奈的反應簡直就像個父親，他告訴沙林傑，希望這篇小說的呈現方式能符合他「嚴苛」的期待，還邀請他五月參加年度作家俱樂部的晚餐聚會。沙林傑開心地接受了邀請。

《故事》的春季號終於把J．D．沙林傑的作品介紹給這個世界。在這期紅白相間的封面底下，有五頁是沙林傑寫的故事，而作者本人在很久之後才拿到二十五美金稿費。這篇故事諷刺了有如他自己及其同儕這樣的角色：著迷於自身膚淺瑣碎生活細節的上層階級大學生。此篇作品反映了其所處的時代，寫作風格則強烈受到費茲傑羅的影響。

〈年輕人〉的主要內容是描述兩個年輕人在派對相遇後的對話，其中一位是不受歡迎的女孩艾德娜．菲力普斯（Edna Phillips），另一位叫威廉．詹姆森二世（William Jameson Junior）的男孩，則是個嗜喝蘇格蘭威士忌又會咬指甲的傢伙，讓人不禁聯想到沙林傑本人。整段對話牽強附會，艾德娜迫切地想讓詹姆森把注意力放在自己身上，但他顯然因一位在隔壁房間應付愛慕者的膚淺金髮女子而無法專心。

就跟他之後寫的許多角色一樣，這些格格不入的年輕人，以「不斷吸菸」爲樂，這讓沙林傑得以帶出故事中的核心道具：一只用假鑽石裝飾的菸盒。艾德娜就是因爲不斷吸菸而把菸盒中的最後一根菸也抽完了。詹姆森終於擺脫了艾德娜，她爬上樓梯，晃入一整排無論是她或其他年輕客人都不被允許進入的空房間。二十分鐘過去，在艾德娜回來之前，坐在房間另一邊的那位迷人金髮女子正享受著身邊幾位年輕男子的陪伴。其中一個男子一手抓著蘇格蘭威士忌，同時咬著另一隻手的指甲。接著，艾德娜打開那只裝飾了假鑽石的菸盒，裡頭裝了十二根香菸。她取出一根，然後要其他參與派對的人更換音樂。艾德娜．菲力普斯想跳舞了。

隨著經濟大蕭條的持續，人們喜歡透過故事閱讀有錢人的生活。不過，〈年輕人〉描述的不是富少們過著令人欽羨的生活，而是赤裸呈現了上流社會的不堪眞相。這個故事揭露了他們備受寵愛，生活卻空洞又毫不浪漫的現實：在沙林傑的第一個故事中，這些角色既無趣又難相處，再加上他們極度有限的社交技巧，很快就遮蓋掉讓人反思或同理的可能性。

當沙林傑因〈年輕人〉而產生的狂喜逐漸退去之後，他發現自己無法再賣出其他故事。連續八個月，他嘗試投稿到一家家雜誌社，但得到的都只有退稿回條。他表面上裝得似乎看淡一切，強調自己明白這段過程有其價值，還向惠特・博奈表示終於適應了新投入的寫作行業。可事實上他內心沮喪，甚至重新考慮當演員，或者開始寫劇本。

一九四〇年三月，沙林傑又試著把另一篇作品〈倖存者〉（The Survivors）寄給博奈，那應該是他前一年就開始寫的作品。這篇作品足以證實沙林傑所擁有的才華，但博奈覺得結尾太過曖昧，退回要他修改。一個月之後，沙林傑寄了另一個故事給編輯，是篇節奏緊湊的對話作品，標題是〈去見艾迪〉（Go See Eddie），描述一名漂亮但自我的蛇蠍美人，爲了排解無聊生活而毀掉了周遭他人的人生。博奈也退回了這份稿子，但態度溫柔，表示儘管他個人喜歡這個故事，卻無法將其「適當地安插進」雜誌裡，而這是《故事》雜誌退稿時經常用的藉口。四月十六日，他回信給沙林傑，建議他把故事轉投到《君子》（*Esquire*）雜誌，並附上親自寫的推薦函，請他轉交給雜誌編輯阿諾・金格里奇（Arnold Gingrich）。沙林傑強掩著失望，用歡快的語氣回了信，對博奈個人認可這個故事表達了感激。「這幾乎已經讓我滿足了。」他語意不明地表示；不過就在他寫下這些字的同時，〈去見艾迪〉已和博奈的推薦函一起寄去《君子》雜誌了。幾個星期之後，沙林傑逐漸無法再保持樂觀。《君子》雜誌拒絕刊登〈去見艾迪〉，而其他嘗試似乎也面臨了類似命運。

不過，就在那年五月，位於麥迪遜大道上的歐柏公司（Harold Ober Associates）同意經營沙林傑，這可是當時最負盛名的文學經紀公司之一。這家公司指派了兩年前進入公司的桃樂絲·歐汀（Dorothy Olding）負責行銷沙林傑的作品。當時剛滿三十歲的歐汀，已經表現傑出，賽珍珠和阿嘉莎·克莉絲蒂都算是她的客戶。不過，眞正打動沙林傑的不是歐汀本人，而是歐柏公司有經營他的文壇偶像費茲傑羅。然而，如果傑瑞以爲有了新的經紀人，就代表他的故事一定能成功賣給雜誌，那就誤會大了。跟歐柏公司簽約後沒多久，他曾經提到自己有篇故事預定在《哈潑時尚》雜誌發表，不過直到一九四九年，沙林傑的故事都沒出現在任何雜誌上，也沒有其他資料能幫助我們找到這篇小說。八月，他又寄了一篇未命名的小說給博奈，但同樣遭到退稿命運。

至少，沙林傑可以安慰自己的是，費茲傑羅也曾經歷過一段不停被退稿的時期。事實上，沙林傑只要走過一個街區，就能抬頭望見費茲傑羅曾經坐在裡頭，擔憂著自己無法賣出作品的那間公寓。因爲在沙林傑出生後六個星期，初次搬到曼哈頓的費茲傑羅，就住在九十二街口的萊辛頓大道一三九五號，距離沙林傑此刻位在公園大道的住處，只有一個轉角的距離。

由於歐柏公司似乎無法把沙林傑的作品推銷出去，他開始變得焦躁，也再度考慮是否改當劇作家。他提出將〈年輕人〉改編成劇本的計畫，還想自己擔任主角。曾經有一陣子，他嘗試寫了廣播腳本，並短暫和《故事》雜誌製作的廣播節目合作。整體而言，他在劇本寫作方面的表現不怎麼成功，甚至認眞考慮徹底放棄寫作。「我在想，我會不會才二十一歲就過氣了。」他如此悲嘆。

一九四〇年夏末，沙林傑在新英格蘭及加拿大展開了爲期一個月的旅程，並在那些地方思索了人生方向。因爲孤獨加上環境影響，這趟旅程修復了他的寫作能力。他爲那些坐在旅館大廳的人群寫了一個很長的故事。他從魁北克寫信給博奈，開心地向對方報告說「這個地方充滿故事」。隨著熱情復甦，沙林傑開始意識到，最重要的是自己註定要成爲一個短篇小說家，而此後在他的一生中，只要感到創作力枯竭，就會想辦法重新創造出當初在加拿大所感受到的氛圍。

回到紐約的沙林傑，感到前所未有的樂觀，但仍發生了一些折損信心的事。九月四日，《故事》又退了他一篇稿子。就在同一天，沙林傑完成了開始寫於加拿大的旅館小說，然後寄給了賈克・虔柏倫（Jacques Chambrun），那是博奈在前一年三月介紹給他的一位沒什麼名氣的經紀人。根據沙林傑表示，他指示虔柏倫把稿子寄給《星期六晚郵報》雜誌，之後就沒再提到這篇故事（也沒有再提到虔柏倫），這篇稿子勢必又是被退了。但是沙林傑仍然不屈不撓，把被自己稱爲「谷底之作」的舊作〈倖存者〉又拿回來重寫，並再次寄給《故事》，還可憐兮兮地附上一張字條，爲故事的品質不佳致歉。正如他所預期，博奈再次退回了這份稿件，而這個故事也就這麼消失了。

儘管遇上了這些挫折，傑瑞卻仍是冷靜自持，完全沒有因此喪志。九月，他向惠特・博奈及伊莉莎白・莫瑞宣布，要寫一篇自傳體小說，「跟以前都不一樣。」他保證。他的人生中究竟有什麼足以吸引讀者的迷人之處，其實當下也沒人清楚，但博奈卻對這個想法表現得很有興趣。明明他對傑瑞的作品多次反應冷淡，此刻竟表露出如此大的熱情，實在令人迷惑，但當時的沙林傑畢竟年輕又天眞，並沒作他想。不過，如果他認爲透過這部小說所展現出的魅力，足以讓自己的其他故事更有吸引力，那他就是誤會了。很快地，博奈對這部小說不只是感興趣，還追著要他趕快寫出來，儘管《故事》還是不停地退沙林傑的稿，但現在這些退稿信還多了要他趕快交出那部小說的要求。

□

雖然傑瑞．沙林傑堅決認定寫作就是自己的命運，但有時也會自我質疑，那些偶爾表現出眞心沮喪的自貶發言就是證據。不過沙林傑不是天生堅毅，就是後天訓練出驚人且專業的韌性，而這種特質將一生伴隨他。他從不讓自我質疑削弱自己的野心。實在很少有比這更珍貴的特質。

回顧沙林傑的寫作生涯，尤其是最初幾年，最重要的是分辨他所抱持的是野心還是自信。當然，沙林傑非常有自信，但當自信心偶爾枯竭時，是野心驅策他繼續往前。一九四〇年，他的野心就是要獲得認可，並博得文學上的成功。儘管他的目標在之後幾年出現了改變，但抱持野心的本能卻始終不變。

關於沙林傑之所以沒在那時亂了腳步的原因，還有另一種解釋：他的〈去見艾迪〉終於有辦法刊出了。雖然不是被那些高姿態的雜誌選中，但這篇小說總算投稿成功，一定讓作家安心不少。

隨著一九四〇年接近尾聲，〈去見艾迪〉被刊在堪薩斯大學的《城市評論》（*City Review*）上，那是一份發行量非常有限的學術雜誌。此時沙林傑也開始爲一部新小說擬草稿，也就是之後的《麥田捕手》。

〈去見艾迪〉的刊出讓沙林傑恢復自信；於此同時，費茲傑羅在好萊塢過世，得年四十四歲。

□

一九四一年，沙林傑確立了文壇新秀地位，是一位具有創見，而且擁有市場潛力【註】的作者。此時他面臨的是寫作方向的挑戰：那一年的沙林傑，產出了兩種類型不同的故事，其中一種具有商業性，另一種則愈來愈要求讀者檢視自我內心。隨著那一年過去，他的成熟度跟知名度都有所提升，沙林傑也愈來愈覺得難以在兩者之間作出抉擇。

最能清楚說明這種矛盾的例子，就是兩件發生在一九四一年初和年末事情的對比。年初的事件跟某種輕佻的娛樂相關，年末的事件則跟戰爭的逼近有關。雖然賣出〈去見艾迪〉讓他心情安定不少，但缺錢的他急需工作，所以在一九四一年初跟最好的朋友賀伯・考夫曼一起找了份工作。他們加入了「康絲宏姆號」（SS Kungsholm）上的娛樂團隊，那是一艘由瑞典美國海運經營的奢華郵輪。

二月十五日，這艘郵輪緩緩駛出寒冷的紐約港，準備迎接十九天的加勒比海之旅，沿途的停靠站包括波多黎各、古巴、委內瑞拉和巴拿馬。除了郵輪上那些尋求熱帶風情慰藉，想暫時忘卻戰爭的旅客之外，傑瑞・沙林傑也展開了漫長的打工度假之旅，他不但和女孩子風流調情，也和朋友一起在陽光下放鬆休息。

註：不過，沙林傑在那一年也不是沒被退稿。六月，桃樂絲・歐汀將他之前遭到《紐約客》退稿的短篇小說〈三人午餐〉投給《故事》，但《故事》也沒接受。

身爲娛樂團隊的一員，沙林傑也參與戲劇演出、陪有錢人家的女兒跳舞，並且成天忙著規劃、參與那些甲板上的體育活動。根據某張沙林傑在「康絲宏姆號」上的照片顯示，他看起來非常開心，衣著完美無瑕又整潔，呈現出應有的友善形象。他很享受在「康絲宏姆號」上度過的時光。之後，只要他想逃避較爲陰暗的現實時，心思總會飄回那段旅程，包含波多黎各那些陽光普照的海灘，還有月光照耀下的哈瓦那海港。

事後證明，這段在「康絲宏姆號」上度過的時光，無論對年輕的沙林傑而言，還是對美國而言，代表的都是純眞失落之前的最後光芒。一年多前，二次大戰已在歐洲開打，儘管美國仍在嘗試避免捲入這場衝突，戰爭的陰影卻已籠罩在各種生活面向上。就在德國於一九四〇年入侵法國之際，國會立刻頒布《兵役登記法案》（*Selective Service Act*），建立了美國歷史上首次和平時期的徵兵制度。

就連在「康絲宏姆號」上，戰爭也常是眾人談論的主題。當沙林傑於三月六日下船時，已精準嗅到與軍隊有關的正向故事將受到歡迎，知道自己有機會藉此吸引稿費高的商業雜誌，於是立刻寫下了〈訣竅〉（The Hang of It），那是一篇風格傳統的短篇小說，主題是軍隊生活中應有的美德。爲了更符合閱讀大眾口味，這個故事不再像之前那樣嘗試暴露上流社會年輕人的各種弱點，也不包含任何比較有深度的心理層面，是一個簡單的故事，結尾帶有歐·亨利式的風格。總而言之，〈訣竅〉是一篇想讓讀者露出微笑，而且決心要賣出去的故事。

幾乎像是爲了模仿小說裡的角色，又或者是爲了效仿曾在二十三年前入伍的費茲傑羅，沙林傑一完成〈訣竅〉，就著手登記從軍，好完成他在一九四〇年表達過的渴求。他有點天眞地認定自己該以軍人的身分寫作。

沙林傑過去從未公開表達出任何愛國情操，這種從軍的渴望實在令人難以理解，或許我們只能推測他在寫作的過程中，發現自己實在很難繼續跟父母住在一起。畢竟以他的年紀及企圖心來看，他的處境實在不怎麼好：〈年輕人〉只讓他賺了二十五美金，就算沙林傑想辦法每個月賣掉一篇故事，顯然也無法負擔獨立生活的開銷。

何況他母親不願對他放手不管，絕不可能讓他找一間公寓獨立生活，就算是他開口要求也不可能。或許比起因爲歐洲各種戰事而興起的熱血，這才是促使他從軍的眞正動機。事後看來，他認爲軍隊生活能讓他有創作小說的空閒時間，實在是很有遠見。

不過，讓沙林傑非常震驚的是，他竟在登記入伍時被拒絕，原因是體檢時被發現有心率不整的問題，而在此之前完全沒有症狀。當時，美國軍方會將前來登記入伍者以1－A到4－F的等級分類，1－A是完全不合格，4－F則是百分之百可以入伍，沙林傑的等級是1－B，這雖不至於對生命造成危險，卻足以讓他無法從軍。這結果讓沙林傑感到相當難堪。一九四八年，他透過〈與愛斯基摩人交戰前夕〉（Just Before the War with the Eskimos）中一個名叫富蘭克林（Franklin）的角色，生動回憶了自己因此所受到的傷痛，之後還有幾個故事的角色也會受到「某種心臟問題」困擾。

雖然軍方不收這名作家，卻非常喜歡他的故事。一九四二和四三年，〈訣竅〉被收錄在《給軍人、水手和海軍陸戰隊員的工具書》（*The Kit Book for Soldiers, Sailors and Marines*）中，這是一本集結了小說故事和漫畫的合集，主要是提供給實地作戰的軍人閱讀消遣。因此，〈訣竅〉成爲沙林傑最早出現在「書本」上的作品，還被無數軍人帶上了戰場。

□

〈訣竅〉被刊載於那本工具書之前，就已於七月十二日出現在《柯利爾》雜誌上，而且還搭配了漫畫跨頁。一方面，沙林傑覺得這是件丟臉的事，所以建議朋友別看那篇作品；另一方面——就他的野心以及想在專業領域有所進展的渴望——他認爲在《柯利爾》的初登場算是成功的一步。電視出現之前，閱讀是主要的娛樂來源，而《柯利爾》就是美國少數受歡迎的雜誌之一，不但能讓供稿者立刻得到全國性的曝光，稿費也高。因此，儘管沙林傑對這個故事缺乏深意感到不滿，仍因爲獲得的商業性回饋而興奮。此外，他也想辦法合理化這一切，告訴自己一旦有機會登上這些較受歡迎的平台，他們就會回頭接受那些比較尖銳又大膽的故事。

一九四一年夏天，他和福吉谷軍事學院的老朋友威廉·費森（也就是伊莉莎白·莫瑞的弟弟）一起去度假，剛好遇上一個足以讓沙林傑利用剛獲得的名聲的場面。他們打算去莫瑞家度過這個夏天，她家位於紐澤西海岸邊一座富裕的小鎮布里埃爾（Brielle）。沙林傑暱稱莫瑞爲「黃金女孩」，她對沙林傑最近的收穫感到驕傲，所以急著要把他介紹給朋友。有一批社交名媛即將在那個社交場合中初登場，而現場出席的還包括她們那些屬於頂級菁英的家長。於是，就在一九四一年七月，沙林傑發現身旁圍繞著有錢又漂亮的年輕女性，且都是八卦專欄一天到晚談論的對象——也就是那些他會在小說中挖苦的類型。她們當中有三個人總是形影不離，一個是卡蘿·馬可斯（Carol Marcus），她的約會對象是作家威廉·薩洛揚（William Saroyan）；另一個是葛羅莉亞·凡德貝特（Gloria Vanderbilt），也就是知名的「可憐的小富家女」；最後一個則是烏娜·歐尼爾（Oona

O'Neill），她是劇作家尤金．歐尼爾（Eugene O'Neill）的女兒。

烏娜．歐尼爾是個活力充沛又迷人的女子，人們總說她「令人難忘」且「充滿神祕氣息」。更吸引人的是，她的父親是美國數一數二的劇作家，而這份關係一定也提升了她在沙林傑眼中的地位。不過，儘管許多人大力吹捧她的外貌，卻很少有人認為她的性格有深度可言。她似乎是個膚淺的富家女，大多時候都把注意力放在自己身上。有些人認為這是她父親的錯。尤金．歐尼爾在烏娜還不到兩歲時就拋棄了家庭，此後便無視她的存在，導致她成為一個瘋狂渴求注意力的人，再加上馬可斯和凡德貝特這兩個夥伴的影響，她輕佻的行徑更是變本加厲。伊莉莎白．莫瑞的女兒對烏娜的看法或許最為精準：「她就是一片空白，」她女兒這麼說，「但擁有驚人的美貌。」烏娜就是沙林傑一直以來宣稱看不起的那種人。可是令人難以理解的是，或許也正因為如此，他竟深深愛上了這名女子。

對沙林傑來說，幸運的是，烏娜也對他有興趣，也許一開始是基於他和惠特．博奈的友誼，因為她父親和惠特是工作上的朋友。（烏娜非常想念她父親，甚至有一本專屬於父親的剪貼本，據稱是為了不要忘記他的長相。）當時她才十六歲，比沙林傑這位新愛慕者小六歲，或許覺得他相對成熟，而他作為已有作品發表的作家身分，也可能讓她感到好奇。根據沙林傑的說法及信件，他顯然沒把她妄想成有深度的人——或者說，他非常清楚兩人的程度差異。「小烏娜呀……」沙林傑哀嘆地表示自己「徹底愛上了小烏娜」。不過他對烏娜的心意非常堅定，等他們回到紐約之後，就展開了戀情，而這段關係也對沙林傑往後幾年造成了影響。

八月時，沙林傑回到紐約，但不是回到公園大道的家。或許是因為發現在父母的公寓裡很難工作，他跑去靠近洛克斐勒中心不遠的東四十九街上，在畢克曼塔橋飯店（the Beekman Tower Hotel）窩了兩個星期。雖然根據沙林傑表示，他待在旅館內的這段時間沒有產出，但最後還是寫出了一篇短篇作品，他當時稱那篇小說爲〈六桌那位死掉的可愛女孩〉（the Lovely Dead Girl at Table Six），但後來我們得知的標題是〈麥迪遜的小叛亂〉（Slight Rebellion off Madison），那是考菲爾德家族的第一個故事，也是他過去一年在寫的長篇小說中的一部分。

離開畢克曼塔橋飯店之後，沙林傑把故事寄給歐柏公司的經紀人，但得到的回應不太熱烈。「節奏有點慢，」他們指出，「但氛圍很不錯，還用了孩童的觀點。」

一九四一年五月，沙林傑也完成了之後即將發表的作品〈破碎故事之心〉（The Heart of a Broken Story）。很少有讀者意識到這個作品是在嘲諷商業雜誌喜歡刊登的那些故事。那是一篇機智的作品，不只運用了愛情短篇故事的基本方程式，還有當時受歡迎的幫派電影橋段。這個故事也擁有極爲冷調又嚴肅的內涵，展現出沙林傑當前身處的兩難困境：到底是要追求品質，還是要讓作品賣得出去？這篇故事的開頭是男孩遇上女孩的典型橋段。主角賈斯汀・霍根史雷格（Justin Horgenschlag）和雪莉・萊斯特（Shirley Lester），在上班途中搭上了同一班第三大道巴士。霍根史雷格對萊斯特一見鍾情，瘋狂地想約她出去。就在此時，沙林傑打斷了敘事，親自向讀者解釋自己無法依照計畫寫下去（他還指出，所謂的計畫就是爲了《柯利爾》雜誌而寫）。相對於他所想像中的故事，這兩個角色過於乏味，他似乎沒辦法讓他們「好好地在一起」。不幸的，霍根史雷格在經歷了一連串搞笑事件後入獄，而在此之後，沙林傑徹底放棄了建構一個愛情故事的構想。現實又回到眼前：雪莉和霍根史雷格彼此間其實沒講過一句話，而在故事結尾，他們從第三大道巴士下車，各自回到原本的生活，沒有愛情成分，並且世俗。

在〈破碎故事之心〉中，沙林傑開始拒絕寫那些加了人工香料的角色，不再迫使這些角色變得浪漫，或充滿英雄氣概。他不再滿足商業或「嚴肅」的需求，而是挑戰讀者，要他們自己做決定。〈破碎故事之心〉其實是「破碎之心的故事」嗎？讀者會繼續接受這些流行雜誌推銷給他們的美好幻想，還是開始要求閱讀一些不那麼令人開心，卻比較可信的替代品？至於沙林傑這位作者，他所做出的決定簡單明瞭：若〈破碎故事之心〉的讀者期待讀到快樂結局，那他們可要大大失望了。

□

〈破碎故事之心〉在一九四一年九月刊出，不是如同沙林傑所預期的刊在《柯利爾》上，而是《君子》雜誌。《君子》雜誌以男性讀者爲主，風格較爲前衛。儘管故事中充滿幽默元素，但是憤世嫉俗的結尾顯示沙林傑還不願意放棄嚴肅文學。不過，他也同時知道必須養活自己，所以有意識地決定將比較具有內省及幽微元素的作品，跟可以讓他輕鬆快速賺到錢的好賣作品分開來寫。

沙林傑常拿自己的商業性作品開玩笑，例如〈訣竅〉就是篇品質不佳，但不費吹灰之力就賣給流行雜誌的作品。不過，沙林傑最希望得到的是某份雜誌的認可，因此無論如何，他都不願意拿不夠好的作品投稿，而那份雜誌就是《紐約客》（*The New Yorker*）。對於一名作者來說，那是最受人敬重的文學發表平台，提供的稿酬也最優渥。

雖已是專業作家，沙林傑卻愈來愈不安。不知爲何，他的日常生活完全趕不上所獲得的成就，很少有事可被當作已「成功」的證據。他還和父母一起住在家裡，這情況變得愈來愈難以忍受；他和烏娜的戀情處境尷尬，且幾乎由她主導一切；他對自己作品的流通及面世狀態也不滿意，其中最好的作品也受限於刊物流通量而沒沒無聞，反而是最糟的作品得到了最大曝光量。沙林傑將《紐約客》視爲所有問題的解方。如果能說服這份雜誌刊登一篇較爲犀利，也更有質感的作品，就能得到他認爲應得的敬重，也能讓烏娜印象深刻，並改善他的日常處境。

等到〈破碎故事之心〉發表時，沙林傑已完成了當時最陰暗的作品〈婁易絲．泰格特的漫長初登場〉（The Long Debut of Lois Taggett），講的是一個社交名媛漫長又古怪的出道歷程。這個冷調故事再次環繞著上流階級的年輕人展開。故事中，沙林傑將時尚潮流視爲虛僞、缺乏價值的事物。婁易絲從頭到尾都在試圖對抗現實的艱難，同時一步步地成爲有同理心的人。不過，在放下所有矯飾的作爲之前，她得先應付精神錯亂的丈夫、缺乏愛情的第二段婚姻，還有一個孩子在嬰兒時期猝死的打擊。

儘管故事中許多地方都很怪異（比如婁易絲的丈夫對有顏色的襪子過敏），沙林傑卻深信這個故事能讓他躍上《紐約客》雜誌。所以一寫完就指示桃樂絲．歐汀把稿子寄過去。

□

一九四一年末，沙林傑連續創作了好幾個故事，每篇故事都是實驗。他一方面想找到屬於自己的寫作風格，另一方面又爲了確認到底怎樣的故事才能成功賣給雜誌。令他失望的是，〈婁易絲．泰格特的漫長初登場〉被《紐約客》退稿了，沙林傑於是改投到《小姐》（*Mademoiselle*）雜誌。此舉顯示他的企圖心沒有一開始那麼大了。其實在一九四一年，《紐約客》不只退了〈婁易絲．泰格特的漫長初登場〉，而是一共退了沙林傑七篇稿子。〈訣竅〉是三月時被退的，〈破碎故事之心〉是七月，而〈婁易絲・泰格特的漫長初登場〉則是在夏天結束前被退了回來。此外，〈漁人〉（The Fisherman）、〈淡而無味的蘇打威士忌獨白〉（Monologue for a Watery Highball）和〈我和阿道夫・希特勒一起上學〉（I Went to School with Adolph Hitler）三篇故事不只被退稿，現在還已找不到稿件了。在一連串打擊後，極度渴望被肯定的沙林傑，倒是從其中一封退稿信中得到慰藉。《紐約客》在退回一個現在已佚失的故事〈三人午餐〉（Lunch for Three）時，編輯約翰・莫舍（John Mosher）寫了張紙條給桃樂絲・歐汀，以私人身分提供一些正面回饋。「這篇作品確實有些非常辛辣、機靈的特質……」他寫道，但雜誌想要的還是較爲傳統的故事。

在此同時，事實證明，沙林傑的個人生活就跟他的事業一樣崎嶇難行。從澤西海岸回到紐約後，他想辦法在曼哈頓和烏娜約了幾次會。她就讀於曼哈頓的布雷利女子高中（Brearley School），距離沙林傑家很近。爲了滿足烏娜虛華的品味，他們一起去逛第五大道，還在他幾乎負擔不了的高級餐廳用餐；晚上去浮華的鸛鳥俱樂部（Stork Club）啜飲雞尾酒，還在那裡和電影明星與上流名人社交。那些地方的氣氛一定讓沙林傑避之唯恐不及。但他對伊莉莎白・莫瑞坦承，自己就是「爲她痴狂」。不過到了十月，他和烏娜見面的頻率逐漸降低，只好被迫透過愈來愈多的信件維繫感情。

由於和烏娜之間的感情降溫，沙林傑更是迫切地希望自己的故事能登上《紐約客》。或許這類引人注目的大成功能再次讓烏娜注意自己，也能讓他更接近那些她在鸛鳥俱樂部中崇拜的得意人士。

一九四一年十月，沙林傑得知《紐約客》接受了他某篇作品的投稿。那是他打算寫的長篇小說的一部分，之前在畢克曼塔橋飯店修改之後，於八月交給了他的經紀人。他將那篇作品重新命名為〈麥迪遜的小叛亂〉，然後將其描述為「一個預備學校的男孩，在聖誕假期時經歷的有點憂傷的小小喜劇」。這是一部精神性的自傳作品，他坦承，其中的主角是一位紐約的年輕人，名叫霍爾頓·莫瑞希·考菲爾德（Holden Morrisey Caulfield）。（這個名字中的Morrisey只有一個S，跟一般常見的Morrissey不同。）

因應故事中的聖誕節背景，《紐約客》計畫刊登在十二月號上。沙林傑欣喜若狂，相信自己終於獲得了渴求已久的認可。接到消息時，他正在為〈辛徹太太〉（Mrs. Hincher）收尾，他說這是個恐怖故事，而且這輩子僅會有這篇【註】，但現在他要把心力都放在霍爾頓·考菲爾德的故事上。〈麥迪遜的小叛亂〉開啟了一條創作之路，改變了他的人生。

〈麥迪遜的小叛亂〉是考菲爾德家族九個故事當中的第一個，是這個故事為沙林傑開啟了最後得以交出《麥田捕手》的康莊大道。他不只告訴伊莉莎白·莫瑞自己的作品即將刊載於《紐約客》上，還自吹自擂地表示雜誌要求他寫出更多和霍爾頓·考菲爾德有關的故事。沙林傑表示，他確實還有一篇考菲爾德的故事可以投稿，但是為了試水溫，他決定先投另一篇故事。

事後證明，〈麥迪遜的小叛亂〉會開啟一段讓他既痛苦又榮耀的漫長時光。這篇故事沙林傑修改了很多次，甚至改掉了標題。一九四三年當他還在跟這篇故事苦戰時，曾諷刺又沮喪地將其稱為〈你在用頭撞牆嗎？〉（Are You Banging Your Head Against the Wall?）。不幸的是，無論沙林傑希望透過〈麥迪遜的小叛亂〉達成什麼目標，至少就藝術層面而言並沒有成功。他對這篇故事近乎執迷，卻從未真正感到滿意。這似乎是他初次在故事中較為深刻地檢視自己的性格。他之前描繪的角色都是在指出他人的缺失，但在〈麥迪遜的小叛亂〉中，他幾乎是把霍爾頓·考菲爾德當作自己，也將自身的精神灌注進去；他不再與個人議題保持距離，反而逐漸接受，將其當作和筆下角色及讀者建立關係的工具，並因此呈現出更人性化的特質：因為這些就是他的特質。

從潘西中學回家過聖誕假期時，霍爾頓·考菲爾德帶了女友莎莉·海耶斯（Sally Hayes）去約會，他們先去看戲，然後前往洛克菲勒中心溜冰。霍爾頓在溜冰場上開始喝酒，還大肆抨擊了一連串他宣稱極為痛恨的事物：他的學校、劇院、新聞影片，還有麥迪遜大道巴士。為了避開一切繁文縟節，霍爾頓要求莎莉和他一起逃到新英格蘭。「我們會住在一個有小溪的地方，」他告訴她，「……然後，我們就會結婚。」莎莉拒絕之後，他跑去酒吧喝了個爛醉，當他在廁所裡悶悶不樂時，遇上了酒吧的鋼琴演奏師。「你為什麼不回家呢，孩子？」他問。「我才不回去，」霍爾頓喃喃自語，「我才不回去。」

今日的讀者在讀到〈麥迪遜的小叛亂〉時，往往會想把它歸類為《麥田捕手》中較不細膩的

註：〈辛徽太太〉這個故事有個未完成的版本收藏在德州大學奧斯汀分校內。故事主角是個女人，而她相信她就是自己的孩子。在這個沙林傑截至目前所知最古怪的故事中，辛徽太太的丈夫衝進妻子房間，發現深信自己是嬰兒的她蜷縮在搖籃中。沙林傑將完成的故事重新命名為〈寶拉〉（Paula），並賣給了《雄鹿》雜誌（*Stag*），之後就一直被束之高閣，未曾刊出。一九六一年，《雄鹿》表示這篇故事遺失了，沒有在他們的檔案資料中。

一個篇章，儘管其中有《麥田捕手》中常見的角色和事件，調性跟氣氛就是搭不起來。存在於《麥田捕手》中的霍爾頓．考菲爾德，其背後的原動力和〈麥迪遜的小叛亂〉中的霍爾頓．考菲爾德不同，這樣的差異不只改變了故事性質，也傳達出不同的主旨。就風格而言，〈麥迪遜的小叛亂〉比較生硬，也故意把霍爾頓．考菲爾德塑造成面無表情的人物，很有距離感，敘事觀點用的還是和讀者疏離的第三人稱。這時期的沙林傑，還在思想性及商業性的寫作手法之間猶疑不定，導致這篇作品的定位介於兩者之間，因此跟《麥田捕手》相比，它與〈年輕人〉的共通點還比較多。

這篇故事的驅動力在於霍爾頓發表了一個聲明，其中包括了所有他宣稱痛恨的事物，那是段在喝了大量蘇格蘭威士忌後出現的冗長碎碎唸，雖然類似的發言之後也會出現在《麥田捕手》中，但只有在〈麥迪遜的小叛亂〉裡才表現出如此憤怒又自嘲的傾向。在〈麥迪遜的小叛亂〉中，霍爾頓似乎就是個典型的有錢人家青少年，他的行爲跟所有中上階級男孩沒有差別。爲了強調這點，沙林傑還寫道，許多女孩都覺得常看到他在城市裡逛街購物，但其實她們看到的都不是他。不過，在傳統的表面下，霍爾頓內心騷動著不滿的情緒，而且渴望逃離這個困住他的世界。

面對外界對霍爾頓的期待，沙林傑描述了他的不滿及反抗心情，並藉此揭露了眞實生活中藏在表象底下的那種一觸即發的騷亂情緒。就像之後在《麥田捕手》裡的霍爾頓一樣，〈麥迪遜的小叛亂〉中的霍爾頓受到相反力量的拉扯：一邊是要符合外界的期待，另一邊則是走上反叛的道路。對於莎莉．海耶斯而言，世間的一切都有其預定的秩序，比如在聖誕節裝飾聖誕樹。儘管霍爾頓對於任何從眾的事物都表示抗議，卻又一次次因爲莎莉的要求而去幫她裝飾聖誕樹。他知道這樣的儀式非常傳統，卻又被從中可得的慰藉吸引。他看不起庸常的生活，卻又迫切地想被接納。

故事結尾包含了一個標準的諷刺性轉折：我們發現霍爾頓又冷又醉，正在等他痛恨的麥迪遜大道巴士。若說這個故事有任何自傳性元素，那就存在於最後這個場景中，因爲顯然霍爾頓渴望的正是他宣稱痛恨的事物。帶有自我嘲弄意味的〈麥迪遜的小叛亂〉，描繪的正是被自己有限經歷困住的那個沙林傑。霍爾頓或許就跟他的創造者一樣，對庸俗的日常不屑，但那又是他唯一理解的事物，而後來也是這樣的庸常定義了他。莎莉．海耶斯這個角色跟烏娜．歐尼爾很像，她被塑造成一個膚淺、只在乎上流傳統的角色。她過得很舒適。相對而言，霍爾頓就過於內省又複雜，很難不帶疑問地接受世界原本的樣貌。故事最後一句話非常哀傷，讓我們理解到霍爾頓．考菲爾德已變成自己鄙視的那種人。就算他痛恨象徵著庸常生活的巴士，卻又得仰賴它。

儘管沙林傑可能致力於透過寫作來揭露曼哈頓空洞的上流社會，但那卻也是他唯一熟知的世界。這世界協助塑造了他，就算是對此提出再挖苦人的見解，他都還是其中的一部分。

所以，〈麥迪遜的小叛亂〉是份自白書，解釋了沙林傑在人生那個階段所經歷的挫敗。他在尋找事業方向時左支右絀，在私人生活中也面臨了類似矛盾。當霍爾頓．考菲爾德責難著時髦社會的虛假，創造他的人也坐在鸛鳥俱樂部當中，一邊享受著這種虛矯生活，一邊渴求他在作品中痛罵的那些事物。

03 優柔寡斷

一九四一年十二月七日，日本轟炸珍珠港，美國發現自己捲入了戰爭。四天後，傑瑞．沙林傑坐在位於公園大道家中的書桌前，試圖沉澱席捲內心的憤怒及愛國情懷。就在一批批年輕人投身軍旅之際，他卻是沮喪到了谷底，因為實在想為戰爭出份力。他對惠特．博奈抱怨自己的1－B體檢結果讓他好無助，不過這樣的哀傷情緒也因為〈麥迪遜的小叛亂〉即將在下一期《紐約客》刊出而稍有緩減。

兩天之後，美國政府徵用了「康絲宏姆號」。由於被迫成為一艘移送部隊的軍用運輸艦，這艘豪華郵輪艙內的氣派裝飾全被拆下後棄置碼頭。沙林傑深愛的故事也面臨了類似命運。珍珠港受到攻擊之後，《紐約客》重新評估了公眾情緒，決定把〈麥迪遜的小叛亂〉從下一期雜誌中移除，無限期延後刊登時間。這個國家已跟之前不一樣，對這些上流階級年輕人無視現實的無聊牢騷已不再感興趣。

沙林傑接到消息時非常沮喪，但他也是個頑固之人，於是立刻指示桃樂絲．歐汀把〈婁易絲．泰格特的漫長初登場〉投到《故事》雜誌。接著，他無視《紐約客》對他的冷淡，又寄去一篇有關「肥胖男孩和他的姊妹」的作品。這篇或許就是〈萊利沒人吻的人生〉（The Kissless Life of Reilly），沙林傑曾在一封一月二日的信件中提起這篇故事。《紐約客》退了這篇稿子（《故事》也一樣〉。儘管《紐約客》似乎無法確定要刊登〈麥迪遜的小叛亂〉，卻宣稱他們期待收到跟霍爾頓．考菲爾德有關的其他故事。編輯威廉．麥克斯威爾在退稿時對桃樂絲．歐汀寫道：「如果沙林傑先生不要那麼刻意想表現得機智，會比較好。」

不過，現在的沙林傑比之前更堅決了。他一定要登上《紐約客》雜誌。他愈來愈常抱怨這件事，最後終於遵從《紐約客》的要求，寄去一篇以霍爾頓．考菲爾德為主角的故事——那是〈麥迪遜的小叛亂〉的續集，標題是〈巴士上的霍爾頓〉（Holden on the Bus）。這篇故事也被拒絕了。這次，《紐約客》開始針對霍爾頓的個性挑毛病，表示他「沒有禮儀概念，也不知何時該閉嘴」，這項說法非常諷刺，而這兩篇稿件後來都徹底消失了。

傑瑞發現自己的處境很尷尬，或許還有點害怕烏娜．歐尼爾的反應。整個世界都執迷於戰爭，人們很少談論戰爭以外的事。廣播節目、電影、報紙還有雜誌，更在為這樣的狂熱煽風點火。當幾乎所有人都從軍時，只有他還住在父母的公寓裡；當時二十三歲的他，因為一點小小的心臟問題，被禁止在戰時履行義務。而讓情況更糟的是，他所選擇的事業沒怎麼把他當回事。就在他告訴所有人〈麥迪遜的小叛亂〉很快就要登上《紐約客》後，這份雜誌卻似乎完全沒有要刊出的跡象。

因為不知道能找誰幫忙，他向福吉谷軍事學院的創立者彌爾頓．G．貝克上校（Milton G. Baker）求助。事後證明他根本不需要求助，因為軍方放寬了入伍標準，沙林傑很快就發現自己被視為合適的入伍人選。一九四二年四月，他的徵兵通知寄來了。

傑瑞在填寫軍方問卷時懷抱著憧憬：他的官方入伍紀錄上隨處都能看見他獨到的幽默感。在「平民職業」那一欄，沙林傑宣稱自己是鐵路車廂的木工。當被要求申報自己的教育程度時，他坦承自己只上過「小學」。姑且不論他拿徵兵局取樂這件事，能夠入伍眞的讓沙林傑鬆了口氣。

隨著一切有了眞實感——畢竟他離家是去打仗，而非寫小說——沙林傑開始重新檢視自己的動機。他第一次嘗試入伍是爲了離開家裡，而且是因爲生活環境中的一切都讓他沮喪，不過在珍珠港事變之後，推動他入伍的大多是愛國情懷。見到父母因爲兒子要去打仗而傷心，沙林傑意識到自己應當負起的不同責任之間有所衝突，但又沒到難以抉擇的程度。或許連他自己都感到驚訝的是，他發現自己與這個家及家人之間，存在著一種從未表達出的情感連結。在此之前，他總是想跟家裡保持距離，現在卻開始可以欣賞那些把家族成員連結起來的小事，也更能進一步思索存在於家族結構中那些平凡卻又複雜的各種互動。

此外，沙林傑也心生恐懼，他怕自己離開這個世界後就回不來了。他怕的不只是死亡，還怕這個承載著他的家及一切簡單美好的世界，會再次受到吞噬。即便是沙林傑還很年輕的這個階段，就已隱約意識到這世界的純眞正在急速失去。

在〈最後最好的小飛俠〉（The Last and Best of the Peter Pans）中，沙林傑檢視了自己從軍及離家的複雜心情，也在這時創造出霍爾頓．考菲爾德一家，讓他們某種程度成爲自己家庭的替身。〈最後最好的小飛俠〉始終沒有得到發表機會，稿子就保存在《故事》雜誌的檔案資料中，後來是在一九六五年被捐給了普林斯頓大學。那是一篇極爲私密的故事，據稱檢視的是沙林傑這一生擁有的最親密關係：他與他的母親。關於米莉安．沙林傑強烈的性格，包括她基於保護而和兒子建立的情誼，以及她對此產生的矛盾心情，〈最後最好的小飛俠〉爲我們留下了最深入的觀察。

沙林傑完全把〈最後最好的小飛俠〉的敘事者當作自己，也就是霍爾頓．考菲爾德的哥哥文森・考菲爾德（Vincent Caulfield）。霍爾頓雖然有在這故事中被提及，但完全沒出場。〈最後最好的小飛俠〉是文森跟母親瑪莉・莫里埃勒堤（Mary Moriarity）之間的對話。故事的一開始，文森描述了母親什麼都要管的性格，還有她引人注目的紅髮。某天，他發現她攔截了寄到家裡給他的徵兵局問卷，把它藏在廚房的抽屜裡。怒不可遏的文森跑去質問她。之後兩人針對問卷及軍隊進行了漫長的爭吵。瑪莉為自己的行為辯解，認定文森在軍中不會快樂。為了強調家裡有多歡樂，戰爭又有多危險，她要文森好好想想他的小妹妹，也就是正穿著全新藍色外套在外頭玩耍的菲比（Phoebe）。文森的心因為對家人的強烈愛意而感到痛苦，但還是強迫自己別開眼神。當文森把眼神從妹妹身上移開時，瑪莉提醒他想想弟弟肯尼斯（Kenneth）的死。就在文森對肯尼斯的死感到愧疚之際，瑪莉表現出堅毅的控制狂模樣：「真要提起這個話題，她看來也有點害怕，但很快就一如既往地完成武裝，說了起來……」文森告訴讀者。在最後一段，深陷混亂情緒的文森對母親提出指控，說她會不經意地做出偽善之舉，例如去問盲人時間，或者叫一個跛腳的人去抓住爬向懸崖的寶寶。回到房間之後，或許意識到母親是不願在肯尼斯死後又失去另一個兒子，於是把瑪莉封為「最後最好的小飛俠」，意識到她追求的不是自己能長命百歲，而是孩子能活下去。文森仍拒絕談論內心存在的衝突情緒，不過到了故事尾聲，我們可以確知他一定會上戰場。在未來的其他故事中，文森・考菲爾德將成為按捺情緒的象徵，並因此受困於自身的痛苦之中。

□

一九四二年四月二十七日，二等兵傑洛姆・大衛・沙林傑，兵籍號碼32325200，在紐澤西的迪克斯堡（Fort Dix）報到爲現役軍人。接著他很快離開了迪克斯堡，重新被調派到位於紐澤西蒙茅斯堡（Fort Monmouth）的第一通訊兵團大隊A連。通訊兵團負責的是與情報相關的任務，從發展雷達裝置到派遣信鴿等，看重技術勝於一切，但這位新兵卻極度缺乏相關技能。蒙茅斯堡靠近虎克沙灘（Sandy Hook）和澤西海岸，對沙林傑而言是再理想不過的地點，不但放假回家非常方便，而且只要開一小段路的車，就能抵達波因特普萊森，烏娜．歐尼爾和她母親就住在那裡。

蒙茅斯堡周遭環繞著小小的沼澤水灣、溪流，和片片林地。雖然不是非常吸引人的地方，卻適合進行軍事訓練，所以對軍方具有實際效益。沙林傑抵達時，當地正在進行戰時擴建，到處都有建設工地。此處營地的氛圍可說亂中有序，往來如同潮汐洶湧，不停有部隊離開，又有新招募的軍人進來。雖然爲了容納新部隊而一直在建造新的木造營房，沙林傑晚上卻是睡在面對中央閱兵廣場的眾多大型帳篷當中。他和許多來自全國各地的士兵一起擠在裡頭，抱怨同帳篷的人「總是在吃橘子，或者聽猜謎節目」，搞得他根本沒辦法寫作。

依我們現在對沙林傑的印象，實在很難想像他在軍隊中能過得開心。沙林傑就是某種反叛概念的同義詞，再加上他耽溺於公園大道世故練達的生活方式，讓他似乎不可能融入軍營內的生活。況且，軍隊生活的哲學也與這位作家的人生哲學完全相反，因爲孤獨及個體性終究定義了他這個人。不過沙林傑有一種服從秩序的傾向，驅使他會從表面上看來反覆多變的事件背後去尋求意義。此外，儘管大家都覺得年輕時的他對一切都沒什麼興趣，但成爲作家後的他發展出一種紀律及韌性，後來也適當地轉化成身爲軍人應有的恭順及積極態度。

軍隊生活將對沙林傑的作品帶來深刻影響。這個充滿社會現實的大雜燴，裡頭有些士兵來自深南部（Deep South），有些則是從貧窮的內陸城市而來，之前只住得起廉價公寓；面對這樣的處境，他被迫調整自己對待人的態度。隨著每遇到一個新的人，他對人性的觀點就會有所改變，也對他的文學感受性造成了實際影響。由於曾在福吉谷軍事學院受教育，他比大多數人更能融入軍隊生活的規律，也開始跟一些在平民生活中不可能認識的人成爲朋友。

一開始，沙林傑在軍中適應良好，但也因此讓寫作步調變緩。在他抵達新兵訓練營沒多久，就告訴惠特．博奈，雖然他「好想念他的小打字機」，但也很期待能休息一陣子，暫時不寫作了。他在一九四二年寫的作品確實不多，轉而將精力投注於軍階的晉升，後來還成爲軍官。

沙林傑突然從作家變成軍人，也讓他和博奈之間出現了一連串微妙的嫌隙。沙林傑受過軍事教育，又參加過美國預備軍官訓練團（Reserve Officers' Training Corps，ROTC），自然覺得不能一直只當個二等兵，而是要想辦法成爲軍官，於是在六月申請去候補軍官學校（Officer Candidate School）受訓。爲了確保晉升成功，沙林傑請博奈和福吉谷軍事學院校長貝克上校寫推薦函。貝克的反應非常熱烈：

> 我認爲他擁有足以在軍中成爲傑出軍官的一切特質與性格。二等兵沙林傑的個性非常有魅力，心智敏銳，擁有平均值以上的體育能力。他工作勤奮，是個徹底忠誠、可靠之人……我相信他是眞正能爲國爭光的人。

相對而言，博奈的推薦函就不那麼乾脆了：

我認識傑瑞．沙林傑很久了，從他就讀哥倫比亞大學時期接受我的指導，至今一共三年。他是個聰明又有想像力的人，能快速做下決定後付諸行動。他是個負責任的人，只要能確立方向，相信升爲軍官後能爲國爭光。

就算沙林傑有意識到博奈最後一句話的曖昧，也沒表現出來；或者他也理解這位編輯爲何如此不情願。就在他寫給博奈請求支持的信件當中，他承認自己受徵召入伍後就沒再寫作了。博奈不只寄來這篇不是百分之百眞心的推薦信，還表示要刊登〈婁易絲．泰格特的漫長初登場〉，甚至說自己很喜歡這篇故事。博奈似乎在玩一個「胡蘿蔔與棍子」的巧妙遊戲，就希望確保沙林傑不要放棄寫作。

〈婁易絲．泰格特的漫長初登場〉得以在《故事》上發表，並免於不見天日的命運，沙林傑當然感到開心，不過若沙林傑申請候補軍官學校遭拒，開心的就是博奈了。我們不知道沙林傑是否會將申請失敗的錯怪罪在博奈身上，但就算他心裡這麼想，來往間也掩飾得很好。七月十二日，他在寫給博奈的信上表示感謝「他的來信、接納，還有以博奈風格所做的一切」，但最後卻是宣布自己申請陸軍航空新兵計畫（Army Aviation Cadets）成功了。這項軍事晉升，會將人調派到距離紐澤西很遠的地方，他不但無法於週末回家，也無法前往故事出版社的辦公室。

夏天結束時，沙林傑搭上前往深南部的部隊列車。他在喬治亞州的韋克羅斯轉車，那裡離蒙茅斯堡有一千英哩，然後再往西，穿過瓦爾德斯塔這座小鎭，終於抵達目的地，也就是位於喬治亞州班布里治的美國陸軍航空隊（the United States Army Air Forces）基地。這裡就是他未來九個月的家。

班布里治在各方面都跟蒙茅斯堡很像，只是原本嘈雜的工地聲響，被飛機的起降噪音取代。巨大水塔在營地投下長長的影子。營房是木造的，但非常破舊，屋頂上鋪的是黏答答的黑焦油紙。整座基地建造在沼澤地上，空氣又熱又滿布煙塵，幾乎讓人窒息。為了逃離這種空氣，軍人們放假時都會跨河跑去班布里治的市區，也就是迪凱特郡的郡治市。班布里治的市區沒什麼活力，只有一個廣場、裝飾華美的法院，還有一座聯盟國戰爭紀念碑（Confederate war monument），即使只是擁有一座飾有花俏圖案的露台，都能被拿來說嘴。對經過的路人而言，這座小鎮或許顯得古雅，帶有過往年代的復古風情，但對沙林傑而言，卻像是被流放到大西洋上的聖凱倫拿島（Saint Helena）。數十年之後，有人請他回憶一下這個地方，他挖苦地說：「班布里治就跟塔拉山【譯註】沒兩樣。」

沙林傑在信中對博奈大肆抱怨，表示這座基地就是那種福克納（William Faulkner）和考德威爾（Erskine Caldwell）可以來一場「文學野餐」的地方，但來自紐約的男孩只想逃離此地。這似乎是沙林傑第一次想家，還哀嘆著說自己寧願再往北走「大約一千英哩」。不過，班布里治可以提供沙林傑一個類似福吉谷軍事學院的環境，乏味的規律生活讓他有時間寫作，而他也確實在那裡寫出很多作品。他在喬治亞州待的時間很長，讓他得以運用許多空閒時間去長期深入觀察周遭的人，而這

譯註：塔拉山（Tara）是位於愛爾蘭東北部的一座小山丘，上頭留有許多西元五世紀前的歷史遺跡，甚至有新石器時代到青銅時代的遺址。

或許是他生平第一次能這麼做，其所帶來的影響也反映在他的寫作中。他甚至在河對岸那座慵懶的小鎮談了戀愛。

沙林傑獲得晉升成爲軍官、連級士官長及通訊兵團的講師。班布里治是美國陸軍航空兵團基本飛行學校（the United States Army Air Corps Basic Flying School）的大本營，而他就在那裡教書。雖然在申請候補軍官學校遭拒之後，沙林傑仍一心想晉升軍官，但成真之後卻有點驚訝。他在機械方面不是很在行，最後卻是在教人理解飛機的運作方式。

白天時他負責指導新兵及訓練駕駛，晚上有了空閒時間，於是重新開始寫作。雖然接受徵召後就沒怎麼寫作，然而從軍經驗卻讓他重新思考自己的寫作方式。由於環境有了改變，又跟來自多元背景的士兵成爲朋友，他開始有了充滿創意的全新觀點。他在前一年就完成了〈婁易絲．泰格特的漫長初登場〉，也一直期待能夠發表，但《故事》在九／十月號刊出這篇作品時，他卻宣稱現在覺得這篇「好無聊」。

看到沙林傑重拾寫作，博奈鬆了一口氣，但還是擔心他會把大好前程浪擲於軍旅生涯，所以開始督促他寫出更多作品。博奈也曾在不同場合接觸桃樂絲．歐汀，要她「去試探他有沒有要寫一部長篇小說的意願」。「我很想知道沙林傑有沒有打算動手寫一整部小說，」博奈寫道，「如果他沒有很忙的話。」

博奈和歐汀都很想看到沙林傑繼續寫霍爾頓．考菲爾德一家的故事，但沙林傑就是無法保證。一九四二年接近尾聲時，他向兩人表示，雖然他又再次提筆寫作，但軍隊工作讓他無法繼續寫那部小說。要是未來有機會，他承諾一定會繼續寫這本書。事實上，沙林傑一在班布里治安頓好就寫個不停，在他回覆兩人有關那部小說的問題時，已至少寫了四篇短篇小說。

抵達班布里治後，沙林傑就一直受到懊悔及思鄉情緒折磨，甚至一直持續到九月，只不過此時他的心思都放在烏娜·歐尼爾身上。他可能在抵達喬治亞州的第一晚就寫信給烏娜了，並在信中表示終於明白自己有多愛她、多想她。他之後還會從喬治亞州寫很多信給烏娜，而這只是第一封。這些信件本身就是一部篇幅較短的中篇小說（有些甚至長達十五頁），而且幾乎是每天寫這些充滿浪漫及諷刺元素的情書。烏娜受寵若驚，還向朋友炫耀，尤其是對卡蘿·馬可斯和葛羅莉亞·凡德貝特炫耀。無論是對沙林傑，還是他所寫的信，她們似乎都同時抱持兩種不同看法。這個烏娜的「傑瑞」男孩，根據她們推斷，似乎擁有兩種人格：他多愁善感，但又厚顏無恥。

楚門·卡波提在未完成的小說《應允的禱告》（*Answered Prayers*）中，曾提到烏娜的朋友在看到沙林傑來信時的反應。根據卡波提嚼舌根式的描述，卡蘿·馬可斯認為這些信「有點像是情書形式的散文，非常溫柔，比上帝還溫柔。簡直有點太溫柔了。」不過這些評價都沒讓沙林傑困擾，因為他覺得馬可斯和凡德貝特就只是古怪又無趣的傢伙而已。

卡蘿·馬可斯和沙林傑崇拜的作家威廉·薩洛揚訂了婚，但這段婚約差點被沙林傑寫的信（還有她自己的膽大妄為）給毀了。薩洛揚當時剛受徵召入伍，卡羅因此置身於一個尷尬的處境：為了維繫戀情，她必須寫信給一位知名作家。卡羅是這樣說的：「我告訴烏娜，我很怕寫信給比爾，被他發現我是一個多麼蠢笨的人，就不娶我了，所以她從傑瑞寫給她的信中標出一些機智段落，讓我抄著寫再寄給比爾。」結果卡羅之後再跟薩洛揚見面時，卻崩潰地發現他對婚事感到卻步。他對卡羅的看法在讀過那些「油腔滑調的糟糕信件」之後有了改變。卡羅急忙承認自己欺騙了他，而在得到他的諒解之後，兩人於一九四三年二月結婚【註】。

當時的沙林傑正同時創作著好幾個故事，就希望能在有點名氣之後乘勝追擊。他希望透過商業性發表達成目標，所以混用了幾個確保成功的老把戲，然後把稿子寄到《柯利爾》；明明幾個月之前他才在抱怨人家擺明就是捍衛媚俗價值的堡壘。一九四二年十二月十二日，《柯利爾》刊登了〈一位步兵的個人筆記〉（Personal Notes of an Infantryman），很明顯的，沙林傑之所以選擇發表這部作品，只是因爲它容易獲得青睞。〈一位步兵的個人筆記〉使用了跟〈訣竅〉一樣的簡單方程式，根本上是同一個故事。《柯利爾》會選擇刊登這兩個故事，並不令人意外。沙林傑逐漸摸透了不同雜誌偏好的不同風格。〈訣竅〉和〈一位步兵的個人筆記〉就使用了工整又可預料的歐．亨利式結局，故事中滿溢著愛國情操，以及對軍隊的溫情感受。

儘管〈訣竅〉和〈一位步兵的個人筆記〉有許多相似之處，卻在沙林傑寫作生涯中留下了不同足跡。〈訣竅〉是一九四一年七月刊登在《柯利爾》上，當時沙林傑非常興奮，覺得寫作生涯有了突破，還靠著這篇故事吸引到烏娜的注意。相反的，〈一位步兵的個人筆記〉只是被沙林傑當作文學生涯中的墊檔作品，確保在結束毫無表現的階段之後，以及在完成更多觀察力敏銳的作品之前，還能有些曝光機會。這絕對不會是一篇能讓沙林傑吹噓的作品，也不像之前的〈訣竅〉那樣能輕易吸引到烏娜的注意。無論如何，烏娜已經在洛杉磯，而她的母親艾格妮絲．波爾頓（Agnes Boulton）正希望把女兒打造成一個電影巨星。

□

踏入一九四三年後的沙林傑，寫了一系列商業性作品，希望能藉此複製讓〈一位步兵的個人筆記〉輕易登上《柯利爾》的成功模式；同時也爲了登上《紐約客》而寫了一些品質較好的作品。他甚至開始考慮將故事賣給好萊塢，這樣就有機會讓烏娜留下好印象，戰後也才有機會待在她身邊。

沙林傑在一九四三年初走上商業性道路，其實並不令人意外。他發現要寫出這類作品不難，尤其考慮到在軍營裡能運用的時間不多，這更是一個吸引人的選項。此外，這些「通俗雜誌」給的稿費很高，而根據他在一九四三年與他人的通信內容，顯示他非常想趕快賺到錢。

在從一九四二年跨越到四三年的那幾個月，沙林傑投了兩篇諷刺性的故事給《紐約客》。第一篇的標題是〈沒有海明威的男人〉（Men Without Hemingway），內容是譏諷這場大戰後可能出現的各種浮誇的戰爭小說。另一篇的標題看了就教人尷尬，叫作〈讓我們跨越大海，二十世紀之狐〉（Over the Sea Let's Go, Twentieth Century Fox），這篇故事滑稽地模仿了好萊塢不停大量湧現的宣傳電影。這兩篇故事都被《紐約客》拒絕了。到了二月，沙林傑還寄去一篇名爲〈破碎孩子〉（The Broken Children）的短篇小說，他認定這是他入伍後寫得最好的作品，但最後不只被《紐約客》退

註：卡蘿・馬可斯其實跟薩洛揚結了兩次婚，一九四三年是第一次，接下來是一九五一年。一九五九年，她又跟演員華爾特・馬修（Walter Matthau）結婚。卡蘿・馬可斯是楚門・卡波提為電影《第凡內早餐》（*Breakfast at Tiffany's*）編寫女主角荷莉・葛萊特利（Holly Golightly）時的靈感來源。她在二〇〇三年七月過世。

稿，也被《故事》退了稿，而這也代表這些故事最後都沒有留下任何底稿。

可以理解的是，沙林傑在一九四三這一年對《紐約客》愈來愈不滿，因爲在〈麥迪遜的小叛亂〉刊登之後已經過了快兩年，沙林傑開始懷疑自己的作品再也不會有刊登機會。他宣稱《紐約客》只對自己小圈子中的那些（他口中的）「小海明威」感興趣。他覺得被排擠，非常挫折，決定投向其他雜誌的懷抱。

四月時，他的經紀人成功將〈瓦容尼兄弟〉（The Varioni Brothers）賣給了《星期六晚郵報》雜誌，之前也是這份雜誌給了費茲傑羅機會。這份雜誌的封面插畫家是諾曼·洛克威爾（Norman Rockwell），透過這樣的設計，《星期六晚郵報》逐漸成爲美國一九四〇年代最具代表性的雜誌。無論就受歡迎度或敬重程度，這份雜誌都比《柯利爾》高出一個檔次，加上有四百萬份的全國發行量，能付給沙林傑的稿費自然也非常優渥。儘管如此，他還是不停地嘲笑這份雜誌，也看不起這份雜誌跟自己買的作品。

沙林傑一直有奚落自己作品的習慣，但〈瓦容尼兄弟〉是個神祕案例。他不停爲這篇作品致歉，表示它之所以品質不佳，是因爲寫作時是以好萊塢爲目標【註】。然而，他這樣的解釋似乎不是出自眞心。〈瓦容尼兄弟〉表面上確實帶有電影風格，但探討的是一個人爲了追求成功所展現的執念，是如何可能摧毀眞正的靈感，且無疑也針對作者本人進行了剖析；這麼世故精練的寓言，好萊塢是不可能理解的。

〈瓦容尼兄弟〉說的是兩兄弟的人生，一個是追求成功的音樂家，另一位是追求品質的作家。音樂家利用他追求名氣的野心，掌控了那位較爲軟弱又易感的弟弟，並強迫對方放棄在紙板火柴背後寫小說，以幫他的歌曲塡詞。這些歌曲成爲暢銷金曲，兩兄弟無論財富或名氣都一飛沖天。在讀〈瓦容尼兄弟〉時，我們可以很清楚地發現，兩兄弟其實都是以沙林傑本人爲藍本。爲了賦予兩人生命力，作者將個性中的兩個不同面向拆開，並將自己曾有的兩個人生選項分配給他們。沙林傑將喬·瓦容尼設定爲一名作家，他在一間小學教書，同時也在寫自己的書。喬的作品有點混亂，但非常嚴肅，而沙林傑在故事中將這樣的書寫提升到「藝術」層次。喬有一個對自己影響很大的教授，是一名和博奈很像的學者，他甚至進一步稱喬爲「詩人」。喬·瓦容尼就是沙林傑一直渴望成爲的那種獻身型作家，令人驚訝的是，他竟然沒把這篇作品投給《紐約客》。另一方面，喬的哥哥雖然有才華，卻只在乎名利；他寫的音樂不是藝術，而是商品——這個事實透過他哀嘆著自己「聽不見音樂」而表達出來。他是個懶惰、強勢，偶爾又有點邪惡的傢伙。彷彿怕暗示得不夠清楚，沙林傑甚至將這人命名爲桑尼，也就是他兒時的暱稱。若《柯利爾》雜誌有音樂部門的話，桑尼·瓦容尼根本就會在門前紮營。

〈瓦容尼兄弟〉是那種媚俗的道德劇，桑尼的貪婪終究毀掉了弟弟。某天晚上，在一場爲兩人舉辦且滿是名人的派對上，喬被一個流氓當作桑尼而慘遭槍殺。在此同時，一反常態的桑尼，正在鋼琴前爲大家演奏歌曲，歌名是〈我想要聽到音樂〉。這讓我們再一次清楚接收到沙林傑想傳遞的

註：沙林傑不只在跟博奈通信時為〈瓦容尼兄弟〉的品質不佳找理由——那是工作上的自我告解——他還會在私下跟親近的好友交流時嘲笑這個故事，甚至偷偷揶揄那些推崇這篇作品的人。

訊息，他擔心在商業上的成功會扼殺掉創作上的純潔。這個故事跟〈破碎故事之心〉不同，並不存在任何曖昧之處：〈瓦容尼兄弟〉中，資本主義就是徹底的邪惡，所以現實中的沙林傑因個性的不成熟而受其吸引，其實就跟死了沒兩樣。

□

沙林傑沒想到〈瓦容尼兄弟〉會透過《星期六晚郵報》，或任何紙本雜誌公開發表。儘管沙林傑在包括《麥田捕手》在內的大部分作品中，都表達出對電影的輕蔑之情，但他其實熱愛電影，也很渴望躋身電影圈。在《星期六晚郵報》買下〈瓦容尼兄弟〉之前，他已經把這個故事連同其他幾篇作品交給了知名文學經紀人麥克斯．威爾金森（Max Wilkinson），威爾金森也把這幾個故事帶去了好萊塢，希望有機會賣給電影製片廠。好萊塢確實有表現出一些興趣，但沒有持續很久，發展前景就跟他和威爾金森的關係一樣，很快就褪色、消散了。最後，他進軍電影圈的初步嘗試，只讓他留下一些刻意爲好萊塢而寫得比較簡單輕鬆的作品，而且之後想起時總是很難爲情。

若說沙林傑試圖賣故事給好萊塢的作爲，似乎與他的寫作目標衝突，然而他這麼做或許只是爲了掩飾自己的絕望。自從烏娜在一九四二年秋天搬到洛杉磯之後，兩人的關係就快速退燒。他雖然寫了很多封長信給烏娜，但自從她離開紐約之後，就很少得到她的消息。一月初，他開始在八卦專欄中讀到女友跟傳奇演員查理．卓別林扯上關係的消息。

烏娜．歐尼爾確實開始跟卓別林交往了。她和母親抵達加州時，卓別林正在爲電影《影子與實體》（*Shadow and Substance*）選角，已經快速上過幾堂表演課的烏娜，跑去試演以爭取主角的演出機會。卓別林始終沒拍成那部電影，烏娜的電影事業也從未開啓；儘管他的年紀比自己大上三十六歲，她還是決定主動追求卓別林。卓別林原本就以喜歡年輕女性而身負惡名，所以很快就被烏娜攻下。他們的戀情立刻成爲媒體追逐的焦點。同一時間，卓別林又捲入了另一件醜聞，他被指控是瓊・巴里（Joan Barry）的孩子的父親，由於那名女演員非常年輕（比卓別林小三十一歲），輿論因此大爲沸騰。於是，一九四三年剩下的時間，這場確認生父的官司幾乎占據了所有新聞版面，也爲卓別林與烏娜的戀情提供了相當聳動的背景。自從媒體得知兩人的韻事之後，卓別林就被描繪成一個道德墮落之人，而且「不具美國精神」。還有人發起抵制他的電影並獲得成功【註一】。

烏娜跟沙林傑分手後與卓別林在一起，在傑瑞的人生中造成巨大的愛情悲劇，而且還無法避開這個話題：各大報紙的頭條就登著卓別林因確認生父的官司而被要求印下指紋的照片，一旁搭配的文章還指控他誘拐了美國最受歡迎劇作家「純眞」的年輕女兒，而這種惡魔般的行徑被稱爲「白人奴役」【譯註】。這個男人偷走了傑瑞的「小女孩」，是他曾在腦中將她理想化，之後還想跟她結婚

註一：就算是回到出生的英格蘭，相關爭議還是一直糾纏著卓別林。一九五六年，皇室考慮授予卓別林騎士爵位，根據英國外交事務辦公室（British Foreign Office）指出，一九四三年的監護權官司（卓別林輸了，但之後的血液測試證實他不是父親）以及他和烏娜・歐尼爾的關係，都被當作他無法獲得此殊榮的理由。他最後是在一九七五年獲封騎士爵位。

譯註：此處的「白人奴役」（white slavery），指的是二十世紀初美國關注白人女子被賣為娼妓的現象，而出現的一種說法。

的那個女孩。對沙林傑來說，這一切簡直像是公開侮辱。所有人都知道他對烏娜抱持的情意。他還曾自豪地拿烏娜的照片給軍隊裡的同袍看，而現在他們都用同情的眼光看他。

儘管發生了這件事，沙林傑的自尊及韌性讓他沒在眾人面前耽溺於自己的痛苦。他不是對一切視而不見，就是假裝無動於衷。他在一月十一日寄了封信給伊莉莎白．莫瑞，她最清楚他和烏娜的關係，但他卻宣稱已對烏娜失去熱情，彷彿得了戀愛失憶症。至於分手一事，他對烏娜或卓別林都沒有抱怨，反而怪罪烏娜的母親。事實上，除了無止盡地抱怨不重要的健康問題（過敏和老是牙痛），以及一些情緒起伏外，沙林傑沒展現出任何憎恨。一直到七月，他才承認自己痛恨卓別林。

沙林傑在班布里治寫了一篇標題為〈狗臉之死〉（Death of a Dogface）的短篇故事，其中有些橋段令人困惑，而他不願承認因烏娜而受傷的舉動，則為那些橋段提供了解釋。雖然那是一篇打算給《柯利爾》或《星期六晚郵報》刊登的商業性故事，但仍能解釋沙林傑當時的狀態，也有力說明了他對軍隊、戰爭，以及愛的感受。

這個故事的主角是長相醜陋但心思細膩的柏克上士（Sergeant Burk），他非常照顧一名叫作菲力．伯恩斯（Philly Burns）的新兵，也為他建立了極度需要的自信心。透過這個故事，我們清楚知道沙林傑跟同袍之間發展出了一種向心力。不過在故事的結尾，柏克上士在珍珠港攻擊中為了拯救人命而死，沙林傑讓他殘酷而孤獨地死去，且絲毫不光榮——跟當時其他的戰爭故事形成了強烈對比。〈狗臉之死〉中還有一個橋段，雖不是刻意要諷刺，但似乎直接和沙林傑的人生有關。柏克上士因為知道菲力偷偷喜歡的女生會去電影院，所以帶他去看了卓別林的電影《大獨裁者》。現在的讀者大概不會對他在背景細節中提到卓別林而多想些什麼，但聯想到沙林傑私人生活中發生的事，這個無動於衷又幾乎帶有同情心的一幕可謂驚人。

「怎麼了?柏克先生?你不喜歡查理・卓別林嗎?」

柏克說:「他還好,我只是不喜歡看到可笑的小矮子總被那些大傢伙追著跑。而且還總是追不到女孩,老是這樣。永遠追不到呀,老是這樣。」

不過,那個小矮子可絕不是「追不到女孩」。一九四三年六月十六日,查理・卓別林跟烏娜・歐尼爾結婚,兩人直到卓別林死前都沒有分開,還一起生了八個孩子【註】。

□

在軍中服役時,沙林傑爲了與命運的不幸抗衡,發展出一種能力,也就是爲自己的精力尋找新出口。若是情路不順,他會尋求另一段戀情的安慰,或是投身寫作。若寫作事業讓他挫敗,他就讓

註:沒什麼人認為這段婚姻撐得下去。沙林傑就在兩人的新婚之夜時寫了封信嘲笑他們,還複寫了很多份發送給友人。尤金・歐尼爾完全無法接受這兩人結婚,之後再也沒跟女兒說過話。他氣到在遺囑中特別強調烏娜不能繼承任何遺產。一九五四年,卓別林逃離美國之後,烏娜也為了丈夫放棄美國公民身分。卓別林在一九七七年過世後,據友人表示,烏娜頓失所依,最後於一九九一年過世。

自己忙於軍中事務；若軍中的晉升之路不順遂，他就會對晉升抱持更強烈的決心。這種追求的能量，讓他沒時間好好處理傷痛，也就是說，這種能量幫助他轉移精力，但同時也是阻礙他妥善處理不安、傷痛及失落感的障礙。正因爲如此，沙林傑無論是說出來的話，還是寫出來的字，通常都會否認許多因爲經歷不幸事件而觸發的感受，或至少表現出逃避態度。在動盪的一九四三年，沙林傑跟別人的通信中充滿這類閃避文字，他幾乎常是技巧性地提起這類重大事件，首先是狀似隨意地開啓一個話題，然後又立刻收尾。因此，他在一九四三年寫給惠特・博奈及賀伯特・考夫曼的信件，雖然不能說是蓄意欺騙，但若要藉此解讀他在那年發生的事及內心的眞正狀態，卻容易得到誤導或不夠全面的資訊。這類傾向不只出現在他寫的信中，也影響了他的工作狀態。他在一九五九年的一篇故事〈西摩：小傳〉（Seymour—an Introduction）中提及這種狀態，並如此提出警告：「（你）要注意聽，每次都要注意，當一個人公開告解時，他所沒坦承的是什麼？」

沙林傑總愛在「告解」時迴避重點的特質，我們可以在一九四三年看到三個例子。首先是他拒絕面對跟烏娜有關的所有事；明明幾個月前他才宣稱自己對她充滿熱情，現在就算偶爾提起她，也總是否認對她有任何愛戀。第二是他爲〈瓦容尼兄弟〉提出的彆扭道歉，明明他私底下很喜歡這個故事，其中隱含的訊息也比他想像的更反映了他的狀態。而第三個例子——「喬治亞佳人」事件，或許最能解釋沙林傑寫作時總愛「肇事後逃逸」的特性。

那年春天，不提和烏娜・歐尼爾的戀情觸礁，沙林傑反覆在信中提起想結婚的渴望，還說已經跟一位就讀芬奇初級學院（Finch Junior College）的前女友再續前緣。關於這個女孩，沒有人有更多資訊，不過這段關係似乎是因沙林傑不愛講電話而告終。無論如何，那年六月，就在烏娜跟卓別林結婚的那段時間，沙林傑告訴惠特・博奈，他之所以一直保持單身，是因爲無法好好經營感情，而不是被烏娜拋棄，並堅稱是自己專注於工作，且那雙眼睛又老是不安分，才會無法安定下來。爲此，他還在筆下生動描繪了一個場面作爲例證：他光是走進班布里治基地的營區販賣部，就愛上了在那裡工作的女孩。我們可以推測，他之所以談起這個場面，應該是爲了掩飾眞實的感受，導致博奈幾乎無法透過沙林傑的詮釋了解實際發生的事。就跟沙林傑大部分的故事一樣，傳達眞相的訊息通常都是故事裡最不引人注意、讀者很容易匆匆讀過的那些橋段。

一九四二年秋天，十七歲的蘿琳・包威爾（Laurene Powell）認識了二等兵沙林傑。她在班布里治空軍基地的營區販賣部工作，是個有魅力、聰明，又年輕的女性。直到今日，她家人談起她，還會說她是正統的「喬治亞佳人」，也就是那種老派南方美人。蘿琳在班布里治出生長大，戰爭帶來的一波波士兵，無疑令她非常感興趣。當時她從未離開過這座沒什麼生氣的小鎭，突然有機會接觸到這麼多男人，對她這樣的年輕女子來說，可說是大開眼界。蘿琳受到沙林傑的外貌吸引，當然還有他那種紐約人的世故氣息；而他則是喜歡她的美貌，以及「無限的深度」。雖然沙林傑無法保持專情，蘿琳也有眾多追求者，兩人的關係仍然維持了至少六個月。

這場戀情對沙林傑而言，來得正是時候。透過跟蘿琳交往，確實緩解了他被烏娜・歐尼爾甩掉的打擊。或許正因爲如此，他才會在一月寄給伊莉莎白・莫瑞的信中，表示自己對烏娜已經沒有感情。這段關係也讓他得以紓解內心渴望愛情的能量。根據蘿琳的回憶，沙林傑曾經向她求婚，雖然我們無法確知他是否眞的如此做過，不過她提出的時間點，確實跟他在信中表達成婚渴望的時間點一致。他對這段關係也確實很認眞，畢竟他都帶紐約的母親和姊姊來跟她見面了【註】。

無論沙林傑對她用情到什麼程度，這段關係都爲兩人帶來了正面影響。不過，面對這個油腔滑調的紐約男孩，蘿琳的母親克麗塔（Cleata）立刻起了戒心，對於兩人的交往也不是很開心。一九四三年初春的一個晚上，當蘿琳和傑瑞站在包威爾家中的客廳時，克麗塔從餐廳的門縫間觀察著他們，她一邊望著兩人反射在某面鏡子中的身影，一邊等待出擊機會。根據蘿琳所說，就在沙林傑彎腰準備吻她時，「門突然打開，媽媽急忙走出來，要求他離開這棟房子，而且再也不要跟我見面。」傑瑞本來就不太喜歡跟人起衝突，所以隨即逃出屋外；蘿琳則是哭著跑回房間。兩人的關係就此結束。到了五月，這位喬治亞佳人跟另一位比較令家人滿意的紐約人訂了婚；對方是空軍基地的一名中尉，沙林傑認識他，但不喜歡他。

這段戀情驟然畫下句號之後，或許是因爲仍對這段關係感到迷惘，又或許是不想重新回憶其中細節，如此不知所措或想保持緘默的心情，都可以從沙林傑一九四四年未發表的小說〈兩個孤獨男人〉（Two Lonely Men）中窺見端倪。這個故事的背景就在班布里治。透過這個例子，我們又能看到沙林傑把自己的人生故事偷偷塞進小說，然後在必須提出解釋之前逃開。〈兩個孤獨男人〉的敘事者在描述主角在空軍基地的生活時，清楚提到了一個就是蘿琳．包威爾的人：

> 有些時候——至少一開始是這樣——他會跟一個漂亮的深色頭髮女子約會，她就在營區販賣部工作；不過後來出了一點事——我不確定是什麼……

兩人分手之後，《星期六晚郵報》雜誌在一九四四年二月到七月間刊登了三篇沙林傑的小說。

這些作品的寫作時間（或者至少是開始動筆的時間），都是他還駐紮在班布里治期間。第四篇故事則是在一九四五年三月時獲得發表。

蘿琳求了母親好幾個月，就希望可以讀一讀《星期六晚郵報》上刊登的故事，終於克麗塔同意了，於是蘿琳想辦法找來了其中一篇故事。她對故事留下了非常深刻的印象，因為能在其中看到自己。而她讀到的故事應該是〈協議雙方〉（Both Parties Concerned），沙林傑原本下的標題是〈雷響時叫醒我〉（Wake Me When It Thunders）。若真如此，這故事的價值就不只在於讓我們得知蘿琳是這樣一位情感細膩的年輕女性，或許也能解釋沙林傑寫作方向驟變的原因。故事中的露西（Ruthie），是沙林傑作品中第一個能引起讀者共鳴的女性。若要說是誰讓沙林傑突然懂得謹慎對待故事中的女性角色，那位功臣一定就是蘿琳．包威爾了。

〈協議雙方〉的主角是一對年輕夫妻，他們正在努力應付因結婚及為人父母而必須揹負的種種責任。現代的讀者要是讀了，一定難以忽略其中的各種陳腔濫調，不過對一九四〇年代的讀者來說，沙林傑卻是以私密的表現手法適時反映出當代的生活樣貌。比利（Billy）和露西是新手父母，他們承認自己不顧露西母親的反對而太早結婚。儘管人生已走到新階段，比利卻仍想維持青少年時

註：類似的細節讓這個故事更具有真實性。根據當時美國南方的禮儀，女孩子必須被介紹給追求者的父親認識。在這段敘述中，索羅門的缺席及米莉安和多莉絲的出場，在沙林傑家看來是再正常不過的事，但蘿琳一定無法理解。

期的生活方式，每晚都會帶露西到郊區一間名叫「傑克」（Jake's）的夜店玩。相對而言，在比利顯然沒有注意到的情況下，露西因進入婚姻又成爲人母，心智成熟的程度已超越了比利。她晚上寧可安安靜靜地待在家裡，跟比利和寶寶待在一起，也不想去城外路邊的酒吧跳舞、喝酒。兩人因優先順序不同而起了爭執，某天，比利下班回家後發現露西已打包行李，帶著孩子回娘家了。接下來是一個會讓人聯想到霍爾頓．考菲爾德在威克酒吧（Wicker Bar）的場景——面對這種局面的比利，就是悶悶不樂地喝著一瓶波本威士忌，假裝自己是電影《北非諜影》中的那位鋼琴手山姆。讓露西母親非常不滿的是，露西還是帶著孩子回到了比利身邊。這段經歷讓他知道自己有多自私，也教會他珍惜妻子及她的柔情。爲了讓讀者明白比利最後終於長大，並且擔負起身爲丈夫的責任，故事提到比利要露西在夜晚因聽見雷聲而害怕時叫醒他。然而就在那晚雷聲響起時，比利醒來，竟發現露西不在床上……這是沙林傑透過精巧手法傳達潛藏重點的絕佳例子。他到處尋找妻子，然後驚訝地發現她在廚房，而不像平常遇到暴風雨時那樣瑟縮在衣櫃裡——那是她一貫躲藏的地方。如果讀者之前沒覺得比利是個漫不經心的人，現在一定也這麼覺得了。哪種丈夫會在妻子害怕得縮在衣櫃裡時整晚睡得香甜呢？曾有多少次，敏感的露西因爲恐懼而尋求保護時，卻完全無法得到丈夫的幫助呢？這是一個重要橋段，其中不只放大了比利不負責任的一面，也強調了露西的細膩情感。

這個故事在一九四四年二月發表後大受歡迎，其中角色都有清晰好懂的面貌。每個人都覺得自己就是比利或露西，不然也有認識跟他們很像的人。當時美國已參戰近兩年，數以百萬的男人被徵召上戰場，他們的妻子或女友很怕他們永遠不會回來。許多男人得努力才能想起妻子的長相，有些人甚至從未見過孩子。這些人不只能在〈協議雙方〉中找到認同的角色，也在閱讀時感到忌妒。他們不只能跟這個故事產生共鳴，也完全知道一旦回到朝思暮想的家中，自己該拿出什麼表現。

比利和露西被創造成非常普通的角色，但是這樣的普通讓他們顯得可信。他們對事件的反應很常見，立刻就能拉近角色跟讀者之間的距離。或許故事中最成功的部分，就是比利發現露西離家出走前寫的那封信之後，帶著沮喪的情緒一遍又一遍地讀著，最後甚至能把內容倒背如流。這個舉動很傻，但因爲讀者能輕易產生共鳴，所以深深打動人心。比利把信倒著讀出來的橋段，不只讓內容深深刻印在讀者腦中，也合理化了每個人生中的類似片段。沙林傑透過這種方式將自我形象跟讀者疊合的能力，就是讓他得以成功建立起寫作生涯的原因。

□

沙林傑在一九四三年五月底離開了班布里治，被調到田納西州納什維爾的空軍分類中心（Air Force Classification Center）。之後的八個月，他又經歷了數次的職務調整及駐地調派。待在分類中心時，他接受了一連串測試，以確認要成爲飛行員、投彈手，還是領航員。沙林傑對於只有這些選項感到氣餒，因此重新申請進入候補軍官學校，並在通過申請後鬆了一口氣。但之後幾個星期都沒有進一步的消息，又很快讓他變得沮喪。他跑去華盛頓特區，試圖說服那裡的官員，還再次寫信給福吉谷軍事學院的貝克上校，懇求他對候補軍官學校施壓。當納什維爾那邊的檢測結果出來後，沙林傑確定晉升爲軍士長，可這消息只讓他更惱怒。他已爲晉升軍官做了一切可能的努力，卻已經沒有多少選項了。「我眞的很想成爲軍官，」他哀嘆地說，「但他們就是不讓我如意。」

沙林傑變得鬱鬱寡歡，怨恨指派給自己的任務及軍階，而且很快就轉而怨起軍隊生活的一切。

他痛恨自己只是個士官，也覺得這些乏味的工作讓他的精力逐漸枯竭。最要緊的是，他很孤單。

他很懷念班布里治，那裡有好些親近的朋友，但在納什維爾卻孤零零的。他宣稱自己喜歡這裡的同袍，但覺得跟他們有距離。他對一切感到厭倦，也愈來愈憤世嫉俗，甚至連對自己都不了解了。他想回家。

七月，沙林傑再次接受調派，這次是到俄亥俄州費爾菲爾德（Fairfield）的派特森飛機場，他在那裡被指派爲中士，負責挖掘壕溝任務。當然，這項派任實在很難振奮他的心情。沒有拖著疲憊身軀處理文書工作時，他就是在對著新兵大吼大叫，就算沒讓他們懂得恐懼，也希望他們能懂得服從。這迫使他必須假裝擺出威嚇人的姿態，並在士兵面前隱藏身爲文學人的那面：他們大概不太會服從這種人吧。

白天操練完新兵之後，晚上的沙林傑會安靜地寫作。在納什維爾時，他嘗試寫一篇標題爲〈巴黎〉（Paris）的奇特小說，其中有個法國人綁架了希特勒，把他密封在一只行李箱中，而這是沒有任何一家雜誌敢碰的故事。不過，由於〈瓦容尼兄弟〉在七月十七日刊載於《星期六晚郵報》上，爲此而興奮的他又寄了兩篇故事過去，但都遭到退稿，稿件後來也都佚失了。其中一篇名爲〈火星球上的雷克斯．佩薩德〉（Rex Passard on the Planet Mars），是被《故事》退稿後又轉投《星期六晚郵報》。另一篇〈小東西〉（Bitsy），則是沙林傑最喜歡的作品之一。他說那個故事是說有個女孩會從桌子底下握住別人的手，不過沙林傑對故事的描述往往不夠完整，偶爾還會誤導人。這篇故事被《星期六晚郵報》退稿後，轉投到《故事》，但又因爲提到一名酒鬼而遭退稿。

隨著這一年過去，沙林傑拓寬了自己的文學視野。爲了能在放假時好好獨處，他會去附近的城市代頓，把自己關在吉本斯旅館（Hotel Gibbons）裡，開始閱讀跟他同代作家林格・拉德納（Ring Lardner）和舍伍德・安德森相比，更爲複雜的文學作品，像是杜斯妥也夫斯基和托爾斯泰。

不過，沙林傑最掛心的還是要寫出自己的長篇小說。在寫出幾篇有關霍爾德・考菲爾德的短篇後，他開始不太確定是要把所有故事串成一部完整的作品，還是收錄成短篇小說集。到了一九四三年夏天，沙林傑似乎已做好決定。「我太熟悉筆下的這個男孩了，」他對博奈宣布，「他值得被寫成一部長篇小說。」博奈實在太滿意這個決定了。

在寫了一九四三年的那些小說之後，沙林傑決定重新投入嚴肅文學，而〈伊蓮〉（Elain）最能展現這樣的決心。他應該是從夏初開始寫這篇故事。一開始，沙林傑打算寫一個夠具商業性的故事，以便在《星期六晚郵報》上發表，但很快發現自己開始痛苦地斟酌每個句子，而且老是在重新調整細節。一完成〈伊蓮〉後，他立刻認定這是他目前爲止最好的作品，也對這個故事興起了絕不讓人更動的占有慾。這個故事代表沙林傑在探索「純眞」這個主題上進入了下個階段，而且無疑受到了那些陪他度過夜晚時光的朋友影響：那些偉大的俄國作家。

〈伊蓮〉的主角是個漂亮女孩，理解力不是很好，只能在這樣一個對她虎視眈眈的世界中隨波逐流。伊蓮・庫尼（Elain Cooney）的個性善良又甜美，容易相信別人，但因爲不夠聰明，花了九年多才完成一到八年級的教育。畢業之後，她立刻被送入成人世界，只有母親和外婆做靠山，不過這兩位監護人都因爲逃避現實而沉迷於電影的幻想世界，根本沒心力注意到伊蓮的缺陷，以及不停向她逼近的種種危機。她們只是不停地從一座電影院朝聖到另一座電影院。就在其中一間電影院中，伊蓮遇見了一位名叫泰迪（Teddy）的帶位員，她毫無戒心地讓他護送自己去沙灘散步，然後被他徹底占了便宜。一個月後，兩人結婚，但婚宴的進行卻受到阻礙，因為伊蓮的新婆婆和她母親吵了起來。結果，伊蓮的母親和外婆突然意識到對伊蓮的愛，發覺生命中不能沒有她，所以把她從泰迪及他的賓客手中搶走了。

〈伊蓮〉的文學高度之所以能超越沙林傑之前的其他作品，是因為就故事看來，此刻的伊蓮無法再回到原本充滿純真幻想的世界；一旦遭受玷污，她的純潔光芒就開始減弱。她母親儘管因為衝動而把她帶走，但我們卻不禁懷疑她之後可能無法滿足伊蓮的種種需求，而且很快又會深陷於好萊塢帶來的幻想中，導致伊蓮再次變得無依無靠，進而走完由泰迪所啓動的衰敗命運。

不過，伊蓮或許也在電影世界中找到慰藉，而敘事者考量伊蓮的侷限後，似乎是贊成由伊蓮去定義屬於她的現實；就像我們會考量孩子的純真，讓他們去定義屬於自己的現實。

□

上士沙林傑試圖在挖掘壕溝的部隊中掩藏自己的文學志向，但也正是這個志向將他從已經開始憎恨的平庸日常中拯救出來。由於他在費爾菲爾德的幾位長官偶然在《星期六晚郵報》上讀到了〈瓦容尼兄弟〉，又讀到收錄在《給軍人、水手和海軍陸戰隊員的工具書》中的〈訣竅〉，於是指派沙林傑去為空軍後勤司令部的公關部門撰稿。一九四三年七月，他對博奈形容，這份工作就是在「一間巨大、蠢笨，而且有很多打字機的辦公室」中服役。雖然不是他所渴望的委任結果，但至少是個可接受的職位。儘管為空軍撰寫公關稿對他而言不具吸引力，但是在打字機後方工作當然還是個不錯的差事。

沙林傑若不是待在空軍後勤司令部的代頓總部撰寫新聞稿，就是去華盛頓特區或紐約之類的地方。九月，他預定要跟《生活》雜誌的一位攝影師前往加拿大某個幾乎荒涼的地區，打算為空軍後勤司令部撰寫一篇發給《柯利爾》的公關稿。不過，沙林傑在公關部的生涯卻突然畫下句點，加拿大之行也因而取消。

七月初，政府已開始調查沙林傑的政治立場是否值得信賴。開始有探員去麥克伯尼學校和福吉谷軍事學院蒐集有關他的資訊。之所以會有這些調查，是因為沙林傑申請加入反情報部隊（Counter Intelligence Corps）。於是戰爭部向惠特．博奈及其他人寄出了探詢信件：

主題：傑洛姆．大衛．沙林傑

你可否告知本辦公室，你認為此人的判斷力、性格及正直程度如何？他對這個國家及其體制是否忠誠？你是否握有任何資料，顯示此人參與支持顛覆政府的組織？有任何理由足以質疑他對美國政府的忠誠度嗎？

詹姆斯．H．加德納（James H. Gardner）

空軍上尉

在得知上尉加德納寫的信件內容之後，沙林傑一定會覺得太好笑了【註一】。謹慎及忠誠正是他因為從軍而逐漸失去的特質。自從接受徵召以來，十八個月的時間，軍方沒能看出他的才華，迫使他只能從一個職位流浪到另一個職位。由於晉升緩慢，沮喪的他開始放棄從軍的抱負，重新燃起對寫作的企圖。而現在，在讓沙林傑覺得失望又受辱之後，軍方卻終於注意到他了。

他們關注的並非沙林傑作爲一名寫作者的才華，也不是他受過的軍事教育，或者之前的服役表現，而是他的語言能力，尤其是德文和法文。另外，他曾在德國目前的占領區待過一年，還曾目睹德國與奧地利合併的時代到來，這項經歷非常吸引他們。就在沙林傑服役了一年半之後，他們終於爲他找到合適位置，不是委任他爲軍官，也不是在公關部門工作，而是成爲反情報部隊的幹員。

本質上來說，反情報部隊的幹員就是間諜，但不是傳統上的那種間諜。在過去的年代，軍隊的間諜是爲了監控國內部隊的愛國忠誠度，然而在二次大戰爆發之後，他們的工作目標便徹底改變。當時大家引頸企盼同盟國能打進歐洲的德軍占領區，直到一九四三年底，這一天總算有了到來的可能。於是，所有參與的軍團，內部都必須有一組兩位的反情報部隊幹員，一方面負責跟當地人民溝通，另一方面要除掉可能藏匿其中的納粹罪犯。戰爭期間，身爲幹員的沙林傑，將會被安插進軍隊編制，除了跟其他士兵並肩作戰之外，也得運用自己的技能，確保同袍在推進過程中的安全，也就是要調查當地人口中可能造成威脅的因子，並進行必要的逮捕。

爲了這項新任務，沙林傑又被轉調到馬里蘭州的荷拉柏堡（Fort Holabird）進行準備工作，那是一個位於巴爾的摩市郊區的軍事基地【註二】。他在那裡被重新安排爲下士，並開始了反情報工作訓練。十月三日，他向博奈報告了這次調動，並透露自己終於要進軍海外，展開進攻歐洲之戰，同時也安慰博奈：「我沒有忘記要寫書的事。」他向博奈保證。

在將近兩年的準備之後，隨著戰爭現實迫近，沙林傑以他慣常的方式作出回應——他開始寫作。〈最後一次休假的最後一天〉（Last Day of the Last Furlough）代表的是沙林傑寫作生涯及人生的關鍵時刻。他一開始還不太確定要走什麼風格，因此不尋常地決定維持中庸路線。當時他還不知道這個決定將對他未來的寫作造成什麼衝擊，畢竟，沙林傑在寫這篇故事時還不確定有沒有未來。伊恩．漢彌爾頓（Ian Hamilton）在詮釋〈最後一次休假的最後一天〉時，就將其視爲是他準備若在行動中殉職，用來寄回家的告別信。

這是關於考菲爾德家族的第三個故事，延伸了〈最後最好的小飛俠〉中的各種主題及情感衝突。就各方面而言，〈最後一次休假的最後一天〉都是那個故事的續集，也是系列作品中的第二部。敘事者跟隨文森．考菲爾德，以及他的朋友，技術上士約翰．「貝比」．葛雷德沃勒（John "Babe" Gladwaller），參與了整場戰爭。儘管文森．考菲爾德在故事中扮演主要角色，沙林傑似乎把一部分的自我投射到貝比身上。故事第一行就指出貝比的兵籍號碼爲３２３２５２００，而那正是沙林傑的兵籍號碼。

爲了盡可能豐富這個故事，沙林傑將它分成五個場景，每個場景都有各自要傳達的訊息。第一個場景描繪了卡在少年及成年期之間的二十四歲士兵貝比，身邊圍繞了許多象徵童年的細節。故事

註一：沙林傑記住了這個愛到處打探人隱私的加德納。之後不到一年，他就將他的名字用在〈神奇的散兵坑〉（*The Magic Foxhole*）那位不幸的主角身上。

註二：荷拉柏堡是停放準備運往海外的吉普車的軍事要塞，其中無論何時都有好幾千台吉普車。沙林傑就是在這裡愛上了吉普車，甚至直到晚年都選擇以吉普車代步。

開場是貝比從軍隊放假回家，身處自己房內的他身邊都是書，正如作者一樣，他也讀杜斯妥也夫斯基、托爾斯泰、費茲傑羅和拉德納。貝比的母親剛拿來了巧克力蛋糕和牛奶，此刻正安靜地坐在角落，充滿愛意地仔細看著他的臉龐。第二個場景中，貝比拿著雪橇，在小妹麥蒂（Mattie）的學校前跟她見面，那個雪橇也是另一個象徵童年的物件。這個場景很短，其中的情節似乎不怎麼重要。不過沙林傑已發展出一種能力，能爲看似平凡的事物注入更深刻的意義，而這個場景所談論的，其實是基於人際連結所產生的責任、妥協，以及力量。貝比想帶麥蒂到泉水街（Spring Street），因爲那裡的坡度最好，但麥蒂會怕，她覺得泉水街是個危險的地方，只有年紀較大又滿嘴髒話的男孩才會去那裡滑雪橇。貝比嘗試安撫她的恐懼。「跟我在一起就沒問題了。」他安慰她。他們在泉水街的頂端踏上雪橇，麥蒂在後面緊緊抓住貝比。貝比感覺到她在發抖，內心有點過意不去，告訴她不然可以選另一條較安全的路滑。不過麥蒂信任自己的哥哥，打算隨他一起滑下泉水街。她之所以信任他，是因爲他表現出負責的態度，而也正是因爲她的信任，讓貝比有了妥協的力量。

在這個場景中，沙林傑所傳達出的訊息，與T．S．艾略特在一九二二年的長詩《荒原》（*The Waste Land*）中回憶的童年橋段，呈現出十足的對比。艾略特也寫了一個跟沙林傑類似的雪橇場景，就在世界大戰一觸即發之際，這個場景代表的不只是童年純眞的最後一個儀式，也代表即將落入眼前的深淵。艾略特筆下滑雪橇的橋段，是對於世界的失落與難以挽回的哭喊，而沙林傑的版本卻讓人得到力量。麥蒂對哥哥的信心創造出一種協同作用，在兩人之間建構出足以克服恐懼的連結。就算帶有疑慮，仍是一個充滿希望的場景。雖然都是寫於動盪不安的時代，且沙林傑也沒有保證這趟雪橇之行，最後一定會和艾略特的雪橇之行有所不同，但在這個場景中，他灌注了艾略特所沒有的一種力量，並讓讀者感覺，既然已經征服了泉水街，那麼在戰後，我們還有許多滑雪橇的機會。

〈最後一次休假的最後一天〉的第三個場景中，貝比的朋友文森．考菲爾德來了，另外還談到友誼跟可能面臨的失落。這或許是最能反映沙林傑本人狀態的場景，因爲他創造了兩個足以表達自己心情的角色：貝比表達的是他面對軍隊及離家時的感受，文森代表的則是他專業的外在形象，也表達了害怕戰爭可能對自己的寫作造成的衝擊。貝比顯然是沙林傑選來傳達訊息的主要角色，但文森仍擁有許多作者本人的特質。他被描述成一個迷人又陰沉的人，而且非常機智，就跟沙林傑本人一樣。我們也是透過這個場景得知文森是個作家，但寫的是肥皂劇劇本。此外，在這個場景中，二十九歲的文森顯然是扮演一個大哥角色，兩人的對話幾乎都跟友誼及士兵間的同袍情誼有關。

這場景裡最有名的橋段，就是提起了文森十九歲的弟弟霍爾頓。文森告訴貝比，霍爾頓據報在行動中下落不明，且顯然因爲弟弟失蹤而愈想愈出神。文森提起霍爾頓的部分很短，而且沒有在其他場景中再被提起。不過後來，沙林傑會在〈這個三明治沒有美乃滋〉（This Sandwich Has No Mayonnaise）中，進一步挖掘文森因爲弟弟消失而產生的失落。

第四個場景則是沙林傑對戰爭的陳述。主要角色圍著一張晚餐餐桌坐著，貝比跟他的老兵父親正進行著一場討論。葛雷德沃勒先生開始回憶他在一次大戰中的經驗，但貝比打斷了他，批評他稱頌戰爭，也批評那種成爲戰爭驅動力的懷舊之情，並表示應注意美化戰爭對歷史造成的影響。貝比的這場陳述顯得義憤塡膺，講著講著也覺得扭捏不自在，其中的情懷跟一年前的沙林傑完全不同，當時他還是個衝勁十足的二等兵，而且擁抱跟軍方有關的一切。在這場陳述的最後，貝比發誓在戰爭結束後不再提起這事：

「我相信……對所有上過戰場，以及即將上戰場的人而言，閉口不談是我們的道德義務，待戰爭結束了，就別再以任何方式提起。是該讓死者就這樣死去了。向來沒有其他例外，上帝知曉。」

這是沙林傑常被引用的一段話，他藉此立下某種誓約，後來也從未打破這項誓約。〈最後一次休假的最後一天〉的最後一個場景，現今已成爲人們熟知的場景，那是一個沉思的片刻，是幾乎獲得天啓的夜晚，而這一切都發生在一個小孩床邊。當時夜已深，貝比睡不著，獨自坐在房內，想著可能再也見不到的小妹麥蒂。那是段非常精巧的獨白，提醒妹妹的童年轉瞬即逝，也祝禱她能在成長過程中保有年輕時美好的部分。在他悄聲爲麥蒂唸著禱詞時，讀者可以強烈感受到他對童年的懷舊之情。「試著活出最好的你。」他懇求，而這裡指涉的對象不只是妹妹，也包括他自己。這是貝比即將到海外作戰前的最後一夜。他必須再看一眼自己的妹妹。他希望再次跟她的美好產生連結，也害怕終究得將自己剩餘的純眞及美德拋在腦後。他溜進麥蒂的房間，親吻她。然後對自己立下誓約，這個誓約讓我們聯想到懸崖邊的霍爾頓準備阻止所有純眞之人向下墜落的畫面。貝比發誓要用槍保護自己的妹妹時，儘管姿態溫柔，卻同時在將戰爭合理化。不過這個誓言也將「家」定義爲透過妹妹找到的精神所在。就在貝比溫柔輕撫麥蒂以及她所代表的純眞時，也和自己的童年重新建立起連結，更一定程度地獲得了原以爲早已拋棄的純潔。在未來的其他故事中，這樣的連結會變得更爲強烈，但在〈最後一次休假的最後一天〉中，因爲貝比必須擔負的責任，以及不知能否再見到家人的疑慮，這樣的連結顯得相對薄弱。

跟其他故事相比，〈最後一次休假的最後一天〉是沙林傑為了擔負作戰義務而做出的認命宣言。透過這篇故事，他承認自己有責任保護珍惜的人。不過，人們就算不明白作者的狀態，也能喜歡這個故事，因為〈最後一次休假的最後一天〉忠實描繪了士兵在上戰場之前的各種情懷及焦慮。這篇故事在一九四四年七月刊登在《星期六晚郵報》時，就獲得非常熱烈的迴響。

或許現在有些讀者無論如何考量當時的情勢，都很難理解這篇故事在一九四四年吸引讀者的原因，但即便是這樣的讀者，應該也能理解我們能透過這篇故事窺見沙林傑往後故事的面貌。就像其他考菲爾德系列的故事一樣，〈最後一次休假的最後一天〉無論就角色及主題而言，都有《麥田捕手》即將到來的影子。當文森提起霍爾頓在行動中失蹤時，很可能也是直指那部小說。沙林傑擔心自己很快會死在戰場上的恐懼，籠罩著〈最後一次休假的最後一天〉，而因為隨時都有可能被叫到海外作戰，他把這篇故事當作人生的最後一個故事在寫，若是他死在歐洲，霍爾頓・考菲爾德也會隨著他一起死去。

〈最後一次休假的最後一天〉和《麥田捕手》最相似的地方是結尾；另外，兩個故事的核心也都是對「美」的肯定，以及對「純真」的維護。貝比在小妹床邊真情流露的片段，勢必會讓我們聯想到多年之後，霍爾頓如何在菲比床邊傾訴想要成為「麥田捕手」的夢想。儘管讀者還要再等幾年才會聽見霍爾頓的告解，但在貝比為麥蒂的純真祈禱時，已能清楚聽見他的聲音：

「妳長大之後會變得聰明。但若無法在聰明的同時，又做個好女孩，那麼，我就不想看妳長大了。當一個好女孩吧，麥蒂。」

當貝比敦促麥蒂成爲一個「好」女孩時，指的當然是「眞誠」。跟霍爾頓．考菲爾德的「虛僞」相反，沙林傑已將「眞誠」這個概念提升到一種更高的層次，成爲他的角色一定要努力追求、謹愼保有的一種眞理。由於他透過與麥蒂孩子氣的純眞建立連結，定義出「家」的概念，因此他想回家的渴望也有了雙重意涵。貝比在故事的最後這麼說了：「如果能回家就太好了。」〈最後一次休假的最後一天〉的涵義簡潔明瞭，且很有力量。貝比在面對死亡時展現出面對妹妹純眞之美的能力，表示在這冷酷、膚淺又美化戰爭的社會中，是「美」提供了希望，並賦予生命意義。

這個故事是在十月時於費爾菲爾德完成的，當時他還沒從在納什維爾引發的低落情緒中恢復，上戰場的時間又節節逼近，因此，故事裡竟沒出現任何負面元素，著實令人感到驚訝。沙林傑在憂慮及消沉的情緒下確認生命之美的能力，不只證明了他的毅力，也證明了他的文學概念正在進化。這些概念不只爲了提供給讀者，也代表他坦率地把寫作當作一種療癒，以及舒緩內心恐懼的工具。透過〈最後一次休假的最後一天〉，沙林傑的作品不再只是提供作家的觀察，而是開始提供希望。

04 離鄉背井

一九四四年一月一日，沙林傑在荷拉柏堡慶祝了二十五歲生日。一開始他以爲自己只會在這裡待六個星期，但三個月過去了，他還在等待調派海外的指示。針對歐洲被占領區所做的準備已在進行，荷拉柏堡到處都是謠言，據說會在即將來臨的春天展開行動。

在等待出發期間，沙林傑一方面爲反情報部隊的工作用功讀書，同時也持續寫作。由於出發前往歐洲的時間未定，他把注意力放回寫作上，並積極投稿，但也收到大量的退稿通知。從一九四三年十月到一九四四年二月初，光是《故事》雜誌，就退回了五篇稿子。由於沙林傑把《故事》當作最後的求援，所以總共被退回的稿件數量，應該至少有兩倍以上。

《故事》無疑是有正當理由退回他的稿件，但考量沙林傑當時的處境，這樣的決定確實有點殘忍。他們總是三言兩語就斷然拒絕，有些退稿信甚至還語帶諷刺。一九四三年十二月九日，就在選舉日結束後沒多久，惠特．博奈告訴歐柏公司的老闆，沙林傑最新的一篇投稿「實在不太能拿到（他的）一票」。在退回〈在柴房裡的柯提斯是怎麼回事？〉（What Got into Curtis in the Woodshed?）後沒多久，博奈直接對這個故事表現出輕蔑態度，「就是個蠢孩子被帶去釣魚的故事，」他寫道，「我看不出有什麼意義。」

這些退稿信幾乎都要求沙林傑趕快交出一部長篇小說：「我不認爲現在是想辦法把這篇作品刊

上雜誌的好時機，但我對足以成書的計畫非常感興趣。」又或者是「謝謝你讓我看到沙林傑的這篇新作，但是……我還是希望能看到他交出篇幅更長的作品。」另外還有一次是這樣寫的：「我很喜歡沙林傑的這篇作品，但已經接受過另一篇非常類似的……眞的很期待能看到他交出一部長篇。」

平心而論，博奈與其說是他的恩師，其實更像一個商人。在他們作爲朋友的五年期間，沙林傑只在《故事》上刊登了兩篇作品，不過博奈確實也不虧欠他什麼。我們很難判斷在一九四三到四四年的這個冬天，博奈所做的退稿決定究竟正確與否，因爲這五篇作品目前都已佚失，其中包括標題令人感到好奇的〈在柴房裡的柯提斯是怎麼回事？〉。

即使遭受這一連串的打擊，沙林傑還是想辦法成功拿下寫作生涯中最傲人的勝利。就在一月的第二個星期，桃樂絲．歐汀通知他，她已把三個短篇故事賣給了《星期六晚郵報》。這份雜誌的編輯史都華特．羅斯（Stuart Rose）以可觀的價格買下了〈狗臉之死〉、〈雷響時叫醒我〉，還有〈最後一次休假的最後一天〉。沙林傑大感振奮，勢必也因此鬆了一口氣，因此很快就把這個消息告訴了博奈。他先是有點難爲情地再次提醒博奈，自己很快就要被派往海外了，接著宣布《星期六晚郵報》買下了這幾篇稿子，語氣幾乎是狂喜。「我的老天，」他呼喊著，「會有幾百萬人讀到那些故事呀。你能想像嗎？」

究竟沙林傑是因爲受到認可而顯得洋洋得意，又或只是過度興奮，端看每個人怎麼去詮釋了。但無論原因爲何，博奈在聽到沙林傑有了新的資助者後，難免有些不是滋味。就在《故事》送出了一連串的退稿信之後，《星期六晚郵報》不只買了他的故事，甚至還一次三篇，且稿費比《故事》能付的每篇二十五美金高上許多。更糟的是，現在屬於《星期六晚郵報》的故事中還有一篇提到了霍爾頓．考菲爾德，而那正是博奈希望能夠經手，並一再督促沙林傑寫出來的長篇小說主角。

沙林傑的專業作家地位大概確立於《故事》及《星期六晚郵報》之間。就在他自信滿滿地寫信給博奈之後，又寫了一封類似的信給沃爾卡特．吉布斯（Wolcott Gibbs），他是葛斯．羅巴諾（Gus Lobrano）離開《紐約客》小說編輯一職之後的繼任者。他先是吹噓了自己在《星期六晚郵報》獲得的成功，然後建議《紐約客》拓展他們對「虛構小說」這個概念的視野，接著，沙林傑通知吉布斯，說他的經紀人之後會把短篇小說〈伊蓮〉寄去《紐約客》，希望刊登。這篇故事還附有但書：絕對不能進行任何更動。如果《紐約客》打算刊登〈伊蓮〉，就要原文照登，不能針對任何字進行修改、校對或移除。

對吉布斯而言，這封信簡直厚顏無恥至極，但沙林傑還覺得自己表現得寬宏大量。他還在氣《紐約客》一九四一年反悔，不刊登〈麥迪遜的小叛亂〉的決定。更讓他深感受辱的是，他們在一九四三年夏天又與他聯絡，表示要在當年的聖誕節期間刊出，卻又宣稱這部作品太長，必須刪去一些段落。沙林傑大為光火，但仍接受了刪改決定。不過，當十二月號的《紐約客》上架後，裡頭還是沒見到〈麥迪遜的小叛亂〉。由於受到《星期六晚郵報》的成功經驗鼓舞，再加上對〈伊蓮〉的品質有信心，沙林傑覺得可以心安理得地讓《紐約客》知道刊登他的作品所應遵守的條件。《紐約客》覺得他的要求太可笑了，也決定懲罰他的傲慢，所以〈伊蓮〉被送達辦公室時旋即遭到退稿。編輯威廉．麥克斯威爾告訴桃樂絲．歐汀這個消息時，語氣沒有一絲遲疑：「這個J．D．沙林傑，」麥克斯威爾寫道，「似乎就是不太適合我們。」

就在〈伊蓮〉送往《紐約客》辦公室的途中，沙林傑正在前往歐洲的路上。一月十八日星期二，他搭上「喬治．華盛頓號」航空母艦（USS George Washington），那是將部隊送往英格蘭的運輸船，而他就在上頭完成了反情報工作的準備訓練。沙林傑在必須上船啓程的那一天，發現自己比預期的冷靜。這艘運輸船可以從紐約登艦，因此他有機會重現貝比．葛雷德沃勒和家人平靜告別的場面。就跟貝比在〈最後一次休假的最後一天〉所做的一樣，沙林傑想辦法避開了公開送行可能出現的情緒性場面，禁止家人前來送他登艦，尤其是他的母親。但就在他與其他士兵一起列隊往船的方向行進時，他突然發現母親就在一旁小碎步地跟著，還爲了不被他看見而一路躲在燈柱後面。他一上船就窩進自己的鋪位，身邊圍繞著一群爲了掩飾緊張而又笑又鬧的士兵。

□

對於母親偷偷跑來送行，沙林傑應該也不怎麼驚訝。當出發的時刻眞正到來時，他心中湧起了在寫〈最後一次休假的最後一天〉時也無法預料的情緒，於是在講述士兵與家人最後道別的另一個故事當中，他嘗試去面對自己內心的感受。他應該是一上船就開始寫了，這個短篇小說標題是〈一週一次要不了你的命〉（Once a Week Won't Kill You），主角是一名即將服役的士兵，另外還談到他對一個阿姨的關心。在這個故事中，同樣不會看到吵雜的送行，也不會有引人注目的遊行或行進隊伍來歡送這個即將去送死的年輕人。不過，故事中處處可見對過往世界的懷念之情，也就是沙林傑已經開始想念，而且害怕永遠不會再見到的那個世界。

一九四四年一月二十九日，「喬治．華盛頓號」在利物浦靠岸，沙林傑在那裡加入了數以萬計的美國部隊，準備打入被占領的歐洲。他以反情報官及中士的身分正式被編入第四師第十二步兵團，並直接隨兵團前往倫敦，一直到戰爭結束前，這個單位就是他的家。

自從一九四四年二月開始，沙林傑的所有通信都得要被檢查，有關英格蘭的行動細節都被塗掉了。根據他的信件，我們知道他待過蒂弗頓，那是德文郡的一座小鎮，第四師的總部就在這裡。他也在達比郡和倫敦參加過反情報部隊的訓練。隨著進軍的時機逐漸逼近，他在南邊海岸的斯拉普頓沙灘（Slapton Sands）參加了一場兩棲登陸演習，這片沙灘就位於普利茅斯及達特茅斯之間；另外他也參加了北邊伍拉科姆海灣（Woolacombe Bay）的演習，美軍的最高指揮部之所以選擇這裡，是因爲地形和法國海岸線類似。

蒂弗頓這座小鎮的風貌，跟他在〈致艾絲美——獻上愛與齷齪〉（For Esmé—with Love and Squalor）中所描述的場景非常相似。這是一個迷人的小地方，在美國大兵出現之前，大約只有一萬人口。蒂弗頓座落於德文郡的丘陵旁，是一座有狹窄碎石小道的古雅小鎮，小道沿著小鎮的地形曲折蜿蜒。沙林傑喜歡閒暇時在這些街道上漫步，往往走一走就晃進酒吧裡喝杯小酒，或者溜進有合唱團在練習的教堂。

第四師接手了蒂弗頓鎮內及周遭幾棟大型建築，總部就位於柯利牧師之屋（Collipriest House），這座莊園離小鎮不遠，沙林傑就是在這裡領信並進行任務報到，並且和〈致艾絲美——獻上愛與齷齪〉所描寫的一樣，在這裡參加「相當專門的進攻前訓練」課程。這些課程教導沙林傑在戰鬥中如何進行間諜、破壞與顛覆工作、如何爲部隊進行保安講習、搜索占領下的城鎮，以及該如何在被納粹占領的區域內審問平民及敵方部隊。

J・D・沙林傑在蒂弗頓的街道上哀愁漫遊的畫面，說明了他駐紮英格蘭期間總是沉浸在冥思的情緒狀態。就在他為了進攻行動接受訓練的那幾個月，沙林傑開始重新評估自己面對寫作和生命的態度。

不過，軍隊畢竟改變了他。自從接受徵召以來，就變得比較粗獷，不再像年輕時那麼文雅；私人信件內容變得粗魯，連他母親看了都會臉紅。他也開始喝酒。從他的信件可以看出，駐紮英格蘭期間他因喝酒出了問題。他承認只要喝酒就會更肆無忌憚地表現出挖苦人的一面，態度也更為尖酸刻薄，並因此造成和同袍間的衝突。因此他試圖戒酒，就算真的喝了，也會盡量避免惹火他人。

他在信中宣稱自己已下了幾個決心，要在未來成為一個更冷靜、更和善的人，不只對他人如此，對筆下的角色也一樣。過去，每當感覺內心脆弱時，他的直覺就是表現出諷刺或不在乎的態度，不過考量當前處境，因身邊滿是對未來感到不確定的緊張士兵，那樣的直覺反應對他毫無益處，所以，他學到了展現包容及同胞愛能帶來好處。我們沒有理由去質疑他的自我反省不夠真誠，畢竟，沙林傑每天都會接觸到英國的士兵和平民，看到戰爭大肆蹂躪他們的生活，只有最冷酷無情之人，才會在面對這種處境時，還不重新檢視自己的人生及處世態度。

因為戰爭而出現的心理變化，讓沙林傑在英格蘭寫了一個短篇故事，標題是〈孩童梯隊〉（The Children's Echelon），但無論怎麼寫，都對它的品質沒有把握。他在英格蘭嘗試寫的很多作品都失敗了，無論就美學或發表次數來說，這篇故事或許是其中最不成功的。這篇故事是受到拉德納〈我無法呼吸〉（I Can't Breathe）的啟發而寫，是篇透過一系列日記內容組成的短篇故事。沙林傑一開始不喜歡這種形式，因此在開始書寫時，使用了第三人稱，但又因為不滿意而重寫，然而使用的形式卻又與拉德納過於相似。〈孩童梯隊〉完成時長達二十六頁，總共約六千字，是他截至當時寫過最長的故事。

透過這些日記的編排，我們可以看到柏尼絲．赫爾恩登（Bernice Herndon）的人生，她是個不成熟的十八歲年輕人，但非常渴望外界把她當成大人。隨著故事背景中的戰爭情勢逐漸升高，她心機算盡地改變自己對所有事物的看法，包括她的朋友、家人，還有戰爭。不過這些都只是表面上的改變。隨著故事進行，她朋友的丈夫幾乎都在戰爭中死去，但柏尼絲仍深信自己的命運會有所不同；她偷偷跟一位名叫羅伊斯．迪騰豪爾（Royce Dittenhauer）的二等兵結了婚，但目的只是想讓自己感覺變得更成熟。

然而事實上，柏尼絲看待事物的觀點毫無改變，只是做了掩飾，這可從故事中最有趣的一個場景看出。她一邊在中央公園漫步，一邊稱讚這一切是多麼「令人愉快」，然後在旋轉木馬旁坐下，看著那些「親愛的」孩子。就在那時，她被一個小男孩吸引，他穿著藍色套裝，頭戴無邊便帽。這場景實在無法不讓人聯想到之後的《麥田捕手》，乍看之下，《麥田捕手》中出現了幾乎一模一樣的場景，但儘管背景細節相同，柏尼絲．赫爾登恩的狀態卻跟霍爾頓．考菲爾德完全相反。霍爾頓完全預期到孩子可能從旋轉木馬上跌下，也接受這樣的現實，代表他已出現真正的改變，柏尼絲卻在看到男孩幾乎從木馬上跌下時尖叫出聲。

當〈孩童梯隊〉出現在博奈面前尋求認可時，卻得到有史以來最殘酷的批評。博奈表示這就是一個「蠢女孩總是愛上同類型男人」的故事，還表示「實在有些瑣碎，但不太差」。出版社中還有其他人表示，不可能有人相信會有女孩蠢成這樣。《故事》最後做出的判決非常傷人，他們直接宣稱「在這種時局拿紙來印這篇故事根本是浪費」。

〈孩童梯隊〉之所以能保留至今，是因爲這個故事曾在一九四六年被收進一部從未出版的沙林傑作品集中。不過，這並非〈孩童梯隊〉最後的結局。一九四七年，沙林傑重新以這個故事寫出了〈一九四一年，一位完全沒有腰身的女孩〉〈A Girl in 1941 with No Waist at All〉，正如同柏尼絲調整自己的觀點，他也重新謹慎安排了故事段落。

□

就在沙林傑爲奪回歐洲被占領區的反攻做準備時，他刊登在《星期六晚郵報》上的故事上架了；過了好幾個星期他才好不容易拿到雜誌，然而眼前所見卻讓他感到不可置信。其中兩篇故事標題都被改掉了。二月二十日的雜誌上，〈雷響時叫醒我〉的標題被改成了〈協議雙方〉，而在四月十五日的雜誌上，〈狗臉之死〉被改成了〈心軟上士〉（Soft-Boiled Sergeant）。沙林傑覺得遭受背叛及利用，深信《星期六晚郵報》是看準他在海外，才會沒獲得允許就修改他的作品。而在翻閱刊登故事的頁面時，他更是被故事文字周遭的畫面激怒，因爲全擠滿色彩鮮艷的廣告。他原本希望透過故事點燃人們心中的反思之火，但這一切全被明星的背書還有凱勒克絲牌牙粉之類的廣告淹沒。沙林傑氣壞了。他發誓再也不跟這些通俗雜誌來往，無論他們支付多高的稿費。「就讓我們成爲破產又沒名氣的傢伙好了。」他生氣地表示。

《星期六晚郵報》的作爲讓沙林傑更堅定自己的立場，認爲要求《紐約客》不能更動〈伊蓮〉的任何一字果然正確，此外也緩解了因這篇故事遭到退稿而產生的失望情緒。博奈在四月十四日收下了〈伊蓮〉，沙林傑在得知此消息時必定也鬆了一口氣，至少博奈不會沒徵詢他就修改作品。不過，有了這樣的經歷，再加上之前〈麥迪遜的小叛亂〉那場慘劇，沙林傑變得更不信任編輯，當然也包括他們的處事動機。

沙林傑是氣《星期六晚郵報》，但不希望這樣的怒火影響到他想變得更溫暖、更和善。他捐了兩百美金給《故事》雜誌舉辦短篇小說比賽，博奈將其稱之爲「鼓勵其他作家」的善舉。他對沙林傑的大方感到興奮，也希望能發揮示範作用，因此特別在雜誌中註明：沙林傑是唯一這麼做過的作者。

同樣無私的精神也出現在沙林傑的作品中。他的故事向來都在處理人生的平凡時刻，深刻的意義都蘊含在簡單的作爲中。到了一九四四年，沙林傑已經專精於創造出某種特定的角色，也就是因看似微不足道的舉動而變得高尚的那種人。透過像貝比·葛雷德沃勒及柏克上士這種角色，沙林傑把身邊常見的平凡特質及簡單作爲，包括忠誠、友誼和責任感，提升到高尚層次，以稱頌每個人擁有的潛在尊嚴。對於一九四四年的沙林傑而言，認知簡單行爲中的高尚質素，已成爲他有意識選擇的人生觀，也成爲他寫作的驅動力。

沙林傑從未主張人們天生就是高尚之人。在他最早期的短篇故事中，有些角色的缺陷根本無藥可救，不過在那些作品中，沙林傑很少給他們足以提升自己的方法，是在從軍之後才給了他們得以振奮（或繼續頹廢）的機會。現在他開始以軍事爲背景測試這些角色的道德品質，並給他們默默成爲英雄的機會，但是，他們當然也能選擇無情的欺瞞。延續中世紀道德劇的傳統，沙林傑爲他的讀者描繪了兩種不同的結果：成爲英雄的角色足以成爲榜樣，墮落的角色則成爲教訓。

〈兩個孤獨男人〉開場在一個很像班布里治的空軍基地，但採用了喜劇化的描述。一個沒有名字的敘事者，談起兩個跟外界格格不入的士兵，其中一位是士官長查爾斯．梅迪（Charles Maydee），另一位是上尉哈金斯（Huggins），兩人因爲晚上一起在基地打金羅美牌而建立友誼。從頭到尾，敘事者轉達了許多看似不重要的細節，卻在讀者心中製造出一種不安感。比如梅迪在放假時回到舊金山的家，而還在休假的哈金斯明明也去了那座城市，卻只寄了一張明信片給他，顯然是因爲忙著拜訪朋友而沒空探望孤零零的牌友。故事回到基地，哈金斯和梅迪正在進行金羅美牌比賽，獎品是瓶五分之一加侖的蘇格蘭威士忌。那瓶酒是哈金斯的，但是他在輸掉比賽之後卻不願放棄，然後這件事就沒有人再提起。接著故事出現轉折，哈金斯在梅迪的慫恿下，把妻子安置在基地附近的旅館，但梅迪始終沒有受邀去見他的妻子；況且哈金斯現在不但不去基礎飛行學校上課，連朋友也都很少見了。沒牌打的梅迪，再次變得孤單又悲慘。某天晚上，當梅迪在飛行學校用功讀書時，心煩意亂的哈金斯出現了，講起話來顛三倒四。他妻子出事了。原來她和某位飛行員有染，甚至爲了和愛人結婚而要求離婚。梅迪想了個可以挽救朋友婚姻的辦法，也表示能藉此幫他找回自信，但爲了達成目標，自己必須和哈金斯的妻子單獨見面一個半星期。故事結束時，梅迪醉醺醺地走進營房，向敘事者宣布自己已經申請到海外服役，當被問及原因時，梅迪消沉地表示自己再也無法忍受哈金斯了。當然，哈金斯根本就是被朋友耍了。讀者回顧之前的故事，會發現到處都是線索——就是那些細微的、不要緊的、沒得到答案或解釋卻又令人不安的種種細節。從來就沒有什麼飛行員愛上哈金斯的妻子，幕後主使者一直都是梅迪。他急切地想維持兩人的友誼，所以破壞哈金斯和妻子的關係，或許更糟的是，他還假扮成飛行員去和哈金斯的妻子外遇。

乍看之下，沙林傑似乎是因爲這兩個男人的缺點而狠狠懲罰了他們，哈金斯是因爲他的自私，梅迪則是因爲他的背信忘義。不過，隨著故事接近尾聲，這兩個男人卻沒有比故事一開始時更糟。哈金斯還是個傻子，爲了一個始終不值得信任的女人戴了綠帽。梅迪也還是個無賴，對於何謂「眞正的友誼」，始終沒從中學到任何教訓。兩人最後都跟剛開始時一樣孤單，因爲他們所犯下的錯誤。透過這段情誼，他們原本有機會成爲有同理心的人，但就是因爲拒絕踏出那一小步，導致兩人最後的覆滅：其實他們只需要實踐諾言、提出眞誠邀請，或者去探望朋友就可以了。簡而言之，梅迪和哈金斯就是不願意去做正確的事。在〈兩個孤獨男人〉中，沙林傑指出，就是這些小失職逐漸滋養了導致毀滅的背叛。梅迪和哈金斯不是那種「平凡的英雄」——不是因爲本質如此，而是他們選擇如此。當抓住英雄主義的機會到來時，他們卻過度自負，任機會溜走。

□

四月二十八日早上，美軍預定在斯拉普頓沙灘舉行一場正式的反攻演練（類似的演練在英國各個小島都舉行過），但在這場名爲「老虎任務」（Operation Tiger）的演習中卻發生了慘劇。當時沙林傑跟一群人擠在萊姆灣（Lyme Bay）內的海軍艦隊上，等著輪流攻上海灘，爲了讓部隊習慣猛烈的攻擊火力，任務指揮官決定從船艦上發射眞的彈藥，而士兵配備的也是眞槍實彈。

這場演習吸引了一群德國魚雷艇注意，立刻匆促地對艦隊發動攻擊。載滿燃油跟部隊的船艦是絕佳的攻擊目標，一旦被擊中就化爲火球。結果共有七百四十九名士兵在這場大屠殺中失去生命。他們的屍體不是從英吉利海峽被沖上岸，就是漂流至外海【註】。

軍方很快就趕去掩蓋這個消息，並且要所有人發誓不講出去。沙林傑之後從未談過此事。

他不只被要求立誓保密，還接獲必須確保其他士兵對此保持沉默的任務。由於斯拉普頓沙灘的慘劇，反情報部隊又開始跟以前一樣監視起所有美國部隊同袍。四月二十八日早上，所有反情報部隊的幹員都被分派到各家醫院，不只負責接收因老虎任務而死傷的士兵，也要避免傷兵跟醫院職員討論此事。就在醫生及護士被迫於沉默中忙亂醫治病患時，這些反情報部隊的幹員就威嚇地在他們身後走動，來福槍扣上了扳機，還裝上了刺刀。

這讓沙林傑陷入一個糟糕的狀況，他必須對抗自己已開始擁抱的團結精神，並且一直持續到反攻日到來。距離反攻日只有幾個星期了，所有相關部隊都集結在南德文郡海岸的隱蔽編隊區，而平民們則早已被全數撤出。上級要求士兵與外界隔離，而負責緊密看守的就是反情報部隊，適時舉報任何叛國的跡象。

□

從一九四〇年第一個星期起，惠特．博奈就開始督促沙林傑寫長篇小說，也就是後來《麥田捕手》那部作品。沙林傑一開始的反應令他安心：他說會在軍中寫出這部小說。不過隨沙林傑接受徵召後的時間過去，博奈也愈來愈著急，就希望他即便尚未完成小說，也至少能有不錯的進展。

博奈之所以如此關切這部作品，是因爲沙林傑曾在許多信件中表示，就某方面而言，故事出版社跟這部長篇小說已經「訂婚」了。沙林傑也宣稱在爲博奈寫一本書，而且反覆向他保證這本書不只屬於作者，也屬於故事出版社。在此同時，故事出版社也正跟資金較爲雄厚的利平卡特出版社（Lippincott Press）合作，以《故事》無法獨力負荷的速度推出新書。這項合作對雙方來說都很理想：《故事》有很多新秀及知名作家人脈，可以提供人才，而利平卡特出版社可以投注資金。有了利平卡特作後盾，博奈希望能找到寫出暢銷書的作者，以擴展《故事》的資本及名聲，而他相信沙林傑就是他要找的人。

博奈的緊張不是沒有道理的。沙林傑寫的都是短篇故事，長篇小說讓他不自在。他早已習慣創作十二頁左右的故事，〈孩童梯隊〉寫得不順就是因爲篇幅超過二十五頁。他甚至把這篇作品的失敗歸咎於篇幅太長。

因爲很清楚他有這種傾向，所以博奈擔心沙林傑無法認眞投入這部小說，而沙林傑也沒給他肯定的保證。爲了克服篇幅長度造成的障礙，沙林傑選擇用許多段落來建構整部小說——就像是一系列足以成書的短篇小說。到了一九四四年三月，他已用這種方式完成了六個章節，但博奈一個都沒看到。他現在有了許多足以運用的素材，所以開始猶疑不決，不知道是要把整部書寫完，還是先以短篇小說的形式一篇篇發表。隨著反攻日逼近，沙林傑也愈來愈焦慮，而博奈則希望能阻止他發表這些作品，以維持原本的長篇計畫。

四月十四日，博奈提議將沙林傑的短篇小說集結出版，建議以他寫的第一個故事〈年輕人〉命

註：沒有人正式為了斯拉普頓沙灘的這些事件負起責任，但負責行動的上將結束了自己的生命。另外有人認為應該負責的是英國皇家空軍海岸司令部（RAF Coastal Command）及其總司令威廉・道格拉斯（William Douglas），因為他們沒有成功護衛艦隊。

名，內容分為三個章節，其中「前三分之一是有關戰爭前夕的年輕人，中間三分之一則以戰爭故事為主，接著是一兩個有關戰爭結束後的故事」。透過這個計畫，博奈剛好可以讓沙林傑沒時間處理那些跟霍爾頓．考菲爾德有關的作品。在提出這個計畫之後，博奈同時警告沙林傑，要是這本故事集失敗了，他的作者生涯很可能也毀了。不過博奈也坦率說出了自己的想法：「另一方面來說，若是受歡迎，」他有些難為情地說，「就能填補你在寫完長篇小說之前的空白。」

沙林傑的回應顯得很小心，說出版短篇小說集的想法嚇壞他了。他宣稱自己對作品品質不是那麼有把握，也明白若這本書失敗所可能帶來的下場。他還是個相對來說沒什麼名氣的作家，第一本書失敗的風險無疑親手毀掉寫作生涯。但他也沒有拒絕這項提議，反而還列出覺得可以選錄的八篇作品【註】。若說博奈在提出這項計畫時摻雜了許多混亂的訊息，沙林傑的回應也可說曖昧不明。不過，沙林傑對於有關霍爾頓．考菲爾德的發言倒是非常明確。他表示自己暫緩了寫書計畫，同時也向博奈坦承自己寫了六個有關霍爾頓的故事，目前都尚未交給經紀人。「我需要它們。」他表示。

一九四四年四月，沙林傑手中有六個關於霍爾頓的故事（又或者是六個章節，稱呼方式全看沙林傑心情），其中一個是〈我瘋了〉（I'm Crazy），而這故事的經歷特別有趣。當博奈在一九四四年提議出版短篇小說集《年輕人》時，沙林傑用了這故事來測試他的決心。隔年，他把這篇故事投到《柯利爾》，而《柯利爾》也在一九四五年十二月號刊出了這篇作品。不過最後，這篇故事又被加回《麥田捕手》中，成為霍爾頓去拜訪史賓賽先生及離開潘西中學的那幾個章節，因為當中只有小部分修改，讀者一定對情節相當熟悉。由於這個故事寫於《麥田捕手》出版前六年，所以對本書的進化史提供了極佳的對照及切入點。它創作於霍爾頓在〈麥迪遜的小叛亂〉中第一次出現自我陳述之後，在霍爾頓於《麥田捕手》中做出最後一段見證之前，因此我們應該可以認定它與這兩段敘述擁有相同的特質，而當中也確實擁有一個如同前作〈最後一次休假的最後一天〉的故事高潮。

在〈麥迪遜的小叛亂〉中，沙林傑用較有距離感的第三人稱來訴說霍爾頓的故事，而〈我瘋了〉則使用霍爾頓．考菲爾德的第一人稱陳述，且語氣比沙林傑初次嘗試的還更親密。然而，這個故事不是以意識流的方式寫成，霍爾頓在〈我瘋了〉裡面的說話方式，也跟之後在《麥田捕手》裡有所不同。儘管跟〈麥迪遜的小叛亂〉中不甚自然的對話相比，〈我瘋了〉的口氣更顯親密，卻仍說不上百分之百自然，而且比《麥田捕手》更顯刻意、更篤定，甚至在某些例子中顯得更爲精準、帶有詩意。

若是不論風格上的差異，〈我瘋了〉和《麥田捕手》最主要的差別在於結尾。《麥田捕手》的高潮出現在中央公園的旋轉木馬上，〈我瘋了〉則是出現在霍爾頓小妹的床邊，就跟貝比．葛雷德沃勒一樣，霍爾頓在被父母斥責之後——我們從未在《麥田捕手》中看到類似場景——於大家睡著之後溜進了小妹房裡。他在菲比的床邊停了一下，不過，此時眞正吸引霍爾頓注意力並讓他有所啓

註：沙林傑列出截至當時最佳的八篇作品為：〈年輕人〉、〈妻易絲．泰格特的漫長初登場〉、〈伊蓮〉、〈最後一次休假的最後一天〉、〈狗臉之死〉（《星期六晚郵報》上的〈心軟上士〉）、〈雷響時叫醒我〉（《星期六晚郵報》上的〈協議雙方〉）、〈一週一次要不了你的命〉，還有〈小東西〉。

發的人，卻是只有在故事中出現一次的另一個妹妹薇奧拉（Viola）。薇奧拉睡在她的嬰兒床上，身旁躺著她的唐老鴨玩偶。她最近對雞尾酒裡的橄欖莫名地感興趣（她把橄欖稱爲欖欖橄【譯註】），所以霍爾頓帶了一些來。他把這些橄欖排在薇奧拉睡的嬰兒床欄杆上。「其中一顆掉到地上，」他告訴我們，「我撿起來，用手指感覺上面的灰塵，然後放進外套口袋裡，離開了房間。」這是一個微不足道的舉動，其中包含的都是常見且沒什麼了不起的元素，但也可以進行象徵性的解讀：霍爾頓之所以把髒掉的橄欖收回口袋裡，是因爲渴望保護妹妹的純潔，也代表他欣賞薇奧拉的純眞。正是在他能夠欣賞的那一刻，放棄了自己能行使的權利。霍爾頓回到自己的房間，對讀者談起自己的妥協。他用一個非常肯定的宣言作結，那是沙林傑之後的小說很少出現的結尾：「我知道所有人都是對的，而我是錯的。」他自我放棄地說。

〈我瘋了〉作爲沙林傑第四個考菲爾德系列故事，可說詳細闡述了他首次在〈最後一次休假的最後一天〉裡探討的主題，不過這個故事走得更遠，也超越了貝比對美的欣賞。在霍爾頓的體驗中，作者加入了在〈最後一次休假的最後一天〉場景中缺乏的元素，也就是跟妹妹幾乎精神合一的完整性。在貝比的場景中，他鉅細靡遺地解釋了他和麥蒂產生連結的種種原因，彷彿需要說服讀者，而在霍爾頓的場景中卻沒有任何解釋，因爲沒有必要。讀者立刻就能感受到霍爾頓和薇奧拉之間的連結，他無需再說服誰。在此，沙林傑展現的天賦，是將角色直接和讀者連結，而這正是《麥田捕手》得以成功的根本原因。

〈我瘋了〉的結尾溫柔、眞實，甚至令人感傷，但卻缺少了《麥田捕手》那種令人信服的精神力量。霍爾頓在薇奧拉的嬰兒床邊意識到了美，那樣的意識既仁慈又深刻，但少了一種頓悟。之後在《麥田捕手》中，有種情誼會將霍爾頓跟菲比及艾利連結起來，並將沙林傑的許多未來角色緊密連結在一起，但那樣的情感力量當時仍未出現，因爲作者內心還需要經過一場精神性改造，也需要經歷新的頓悟。

譯註：沙林傑在原文中表示薇奧拉是把olives說成oyvels。

05 — 地獄

老虎！老虎！黑夜的森林中
燃燒著煌煌的火光，
是怎樣的神手或天眼
造出了你這樣的威武堂堂？
……
群星投下了他們的投槍。
用它們的眼淚潤濕了穹蒼，
他是否微笑著欣賞他的作品？
是否他創造了你，也創造了羔羊？

——威廉・布雷克（William Blake），〈老虎〉（The Tyger）【譯註】

一九四四年六月六日星期二，沙林傑迎來了人生的轉捩點。關於反攻日及往後十一個月持續戰鬥所帶來的影響，無論花多少時間談論都不為過。戰爭及其所帶來的恐怖、痛苦與教訓，將會在沙林傑性格中的每個面向留下烙印，也會在他的作品中迴盪不去。沙林傑很常談起自己參與諾曼第登陸的經驗，但從未提過細節，之後他的女兒回憶時這麼說：「我好像能理解其中的涵義，那些他沒說出來的話。」幾十年來，就是這些「沒說出來的話」阻礙了研究者。沙林傑原本就不怎麼喜愛回述過往，加上他在戰爭時期的情報工作本質就需要保密——他隨時都可能被調派到未知地點——導致傳記寫作處理到從軍階段時，往往採取不摻雜感情的方式，也就是引用一些客觀數據，只想趕快進入比較有實質資料的其他階段。不過，就算缺乏沙林傑的第一手陳述，最好還是去找出可能跟他參與過同樣事件的人，並引用他們的說法，而不只是出於方便，去削弱這個階段的重要性。

到了一九四四年五月，盟軍已集結了人類史上最強大的進攻兵力，共分爲三批，每一批皆配置了對應登陸點的字母。沙林傑所屬的第四師，被分配到U特遣部隊——他們的登陸點是猶他海灘（Utah Beach）——當中包含了第八、第十二和第二十二步兵團，到了反攻日當天，還有第三百五十九及第七十坦克營加入。爲了跨越海峽，這些單位又被分散到十二艘艦艇上，準備在海浪中突襲上岸。

等待出發前往諾曼第之前，沙林傑在部隊運輸船上困了好幾天，這艘船最可能停靠的港口是德文郡的小鎮布里克瑟姆。每天都有快要出發的風聲，但最後都證明只是假警報，因爲適合出動的

譯註：引用郭沫若之譯文。

條件總是轉瞬即逝。由於沒什麼事做，只能等待預期的事件發生，非常難熬。終於，在六月五日晚上，所有人享用了一頓牛排大餐之後——這或許是個要儲備兵士體力的徵兆——沙林傑搭的船就安靜地駛出港口，朝法國的海岸線前進。這些第四師的兵士們，一方面擔心海峽對岸的狀況，一方面也還記得老虎任務出過的事，所以一出發就害怕遭受攻擊。距離諾曼第海岸十二英哩處，運輸船的引擎安靜下來，船上部隊此時已能聽見遠方的隱約砲擊聲。他們焦急地等待太陽升起，也等著開戰指令。

命令下來時，沙林傑和另外三十名士兵一起擠上登陸艇。他們隨著巨浪翻騰，相對於身旁巨大的戰艦，宛如侏儒，而戰艦發射出的砲火，彷彿讓清晨的天空燃燒起來，空氣中迴盪著一陣陣轟隆巨響。隨著小艇慢慢往前，人們可以看到彈藥擊上沙灘，噴起一陣陣碎裂的殘骸。慢慢的，走走停停的運輸艦終於停了下來，放出一陣代表出擊的煙幕。有人悄聲禱告，有人哭泣，但絕大多數人沉默不語。突然之間，前方的登陸坡道彈開，降到浪花之間，他們立刻涉水往沙灘走去。

沙林傑是反情報部隊第四師分遣隊的成員，理論上該在第一波登陸的早上六點半抵達猶他海灘，但有證人指出他是在第二波登陸時上岸，也就是預定時間的十分鐘之後。這個時間差爲他帶來了好運。由於海峽水流的關係，他們的登陸點往南推移了二千碼，也讓沙林傑避開了德軍防守砲火最密集的區域。這一區的地雷較少，工兵也快速移除了發現的地雷。在登陸諾曼第的一個小時內，沙林傑就經由一條安全堤道往內陸移動，朝西前進，之後也在目標地點跟第十二步兵團會合。

第十二步兵團的運氣就沒那麼好了。雖然是在五個小時後登陸，卻遇上了沙林傑沒有的阻礙。就在沙灘過去一點的區域，德軍蓄意放水製造出一片二英哩寬的沼澤，然後將砲火集中在唯一能跨越的堤道上。第十二步兵團被迫放棄原本的堤道，涉過高及腰際的深水，同時還得面對敵方不停的攻擊。由於水底充滿爛泥，士兵走一走還會突然滅頂。第十二步兵團花了三個小時才越過沼澤地；即使多年後，劫後餘生的成員們回想起這段經驗，依然感到驚恐萬分。一整天下來，他們已在被占領區推進了將近五英哩，但之後被迫在伯澤維爾奧普蘭（Beuzeville-au-Plain）停下腳步【註】。他們在那裡遭遇了名聞遐邇的諾曼灌木樹籬（Norman hedgerow），那是他們沒考量到的當地特色。法國人稱此爲「灌木圍隔地」（bocage），這些茂密的灌木難以跨越，也阻隔了美軍部隊監看德軍的視線。他們不想和看不見的敵人交手，決定在灌木叢旁挖掘掩體，不眠不休地挖——不敢開火、不敢抽菸，也不敢說話。對於第十二步兵團而言，最漫長的一天不但仍未結束，還被驅趕進沙林傑往後十一個月都得生存其中的人間地獄。不知怎地，他一定從第一天晚上就知道必須找到活下去的力量，並且要想辦法在撐過去之後還能保持靈魂不受傷。

接下來的數十年，在Ｊ・Ｄ・沙林傑珍惜的各種財物中，價值最高的就是一個小盒子，這個容器保護了他最寶貴的一些物件：五枚戰鬥星章，還有一個獎勵他英勇行徑的總統嘉獎章。雖然他的身分是反情報幹員，可是一旦上了戰場，就必須成爲領導者，也得爲各中隊及各排的安全及行動負責。這些士兵能否存活，仰賴的是他給的指令，而他用毫不退縮的責任感完成了使命。

註：在反攻日當天攻上猶他海灘的部隊中，第十二步兵團是最深入敵軍領地的部隊。

許多士兵都迫不及待地想發動攻擊，但沙林傑對戰爭的看法可沒那麼天眞。在〈心軟上士〉及〈最後一次休假的最後一天〉這類故事中，他對強加於戰鬥的虛假理想主義感到噁心，也試圖向讀者解釋，戰爭就是一件血淋淋又不光榮的事。不過，無論是透過邏輯推論，或者實際經歷過戰爭，對戰爭的醜惡有了多麼深刻的理解，都不足以幫助他面對接下來的場面。

六月七日凌晨，第十二步兵團清楚知道德軍正集結在伯澤維爾奧普蘭溪邊不遠處。無論有沒有灌木樹籬，德軍駐守的那一小塊地阻擋了他們的前進路線，衝突已難以迴避。早上六點鐘，他們與德軍交戰，對方因受到突襲而驚慌拋下原有的據點，步兵團則持續往北追擊敗退的德軍。

沙林傑及其所屬的第四師，同樣一路往北，預定拿下港市瑟堡（Cherbourg）。若無法控制這個港口，就無法接應足以因應盟軍進攻所需的補給及人力，整個行動也將面臨瓦解危機。不過，第十二步兵團若要完成主要目標，花的時間會比預定的還長。在反攻日推進了五英哩後，他們繼續高速往前推進，還沒有意識到很快就將無法以英哩爲單位來測量自己的進度，而是只能以碼爲單位。

同屬於第四師的三個步兵團（第四、第八和第二十二）透過不停地追打敵人，形成一條穿越科唐坦半島（Cotentin Peninsula）、約八千碼的戰線。德軍沿著這條戰線建立了一系列槍砲堡壘，然後停止撤退，轉而面向追擊他們的人。此時，第十二步兵團發現自己處於一個非常糟糕的位置：一邊是敵軍位於埃蒙德維爾的防禦要塞，另一邊是阿澤維爾的槍砲堡壘。他們被卡在那裡，沒有任何轉圜空間，接著經歷了第一場眞正的戰鬥。

在埃蒙德維爾的迫擊砲攻擊，還有阿澤維爾的密集槍火之下，第十二步兵團與敵軍對戰了兩天兩夜。由於意識到處境嚴峻，師指揮官要求周遭的其他步兵團集中攻擊阿澤維爾的槍砲堡壘，以減輕第十二步兵團側翼受到的攻擊，也讓他們能專心處理埃蒙德維爾的防禦要塞。因爲光是這個要塞的人數，就是他們的兩倍，且他們還因密集砲火而寸步難行。他們曾經成功襲擊了德國陣地，卻只以慘痛的代價往前推進了幾英呎，他們把死傷者拖回後又攻向敵方陣地，拿下了一小片泥土地，但也犧牲了更多人命。就在那天，第十二步兵團一次又一次地往敵方進攻，直到德軍默默撤退，埃蒙德維爾也終於拿下。這波攻擊導致的死傷相當慘烈，第十二步兵團總共折損了三百人。爲了拿下一個總人口不到一百人的村莊，他們犧牲掉步兵團中十分一的士兵。我們無法確定沙林傑在這場戰役中的動向，但在所有和他一起服役的人心中，這個經驗都烙下了無法抹滅的印記。

一直到六月十一日，步兵團才抵達他們反攻日當天預計抵達的目標，也就是蒙特布爾（Montebourg）的東北部。埃蒙德維爾之戰的勝利，讓他們大感振奮，之後便以驚人的速度推進，而事後證明，他們不但領先其他師一英哩，甚至可能面臨被切斷後援的危險。於是，明明蒙特布爾就要拿下了，第十二步兵團卻被要求撤退，等待第八師趕上會合。在此同時，原本從那些槍砲堡壘敗退的德軍，終於逮到機會重新整編部署，占領了盟軍步兵團剛剛退出的區域。根據估計，駐守在這區域的德軍不超過二百人，比例上只占美軍的一小部分。因占有優勢，第十二步兵團及第八步兵團按兵不動超過一個星期，最後在六月十九日晚上，以第十二步兵團爲首，重新拿下這座小鎮，也就是奮力奪回了原本已成功占領，且早在八天前就該拿下的陣地。

六月十二日，中士【譯註】沙林傑草草在明信片上寫下三個句子之後寄給惠特．博奈，他的寫法足以讓人聯想到他所經歷的創傷。沙林傑先向這位編輯表示自己沒事，然後又寫道，在這樣的處境下，他「現在忙得無法進行寫書計畫」。由於筆跡很亂，這幾行字非常不好辨識；因爲是在反攻日之後六天所寫的明信片，或許顯示他寫得匆促，而且仍未擺脫剛經歷的創傷。

德軍撤退到了瑟堡，那是他們的最後防線，畢竟背後就是大海。瑟堡的防禦工事完善，周遭圍繞著強而有力的防守陣地，可說是難以攻下的一座堡壘。占領了蒙特布爾後，美軍攻往瑟堡的大門已經敞開，開始包圍這座城市。美軍花了五天時間，逐漸接近這座有軍隊駐守的港市。瑟堡已被砲擊到一片荒涼，然而對於盟軍數次的招降呼籲，德軍卻仍聽而不聞；已無路可走的他們，最後也只能正面迎戰。之後發生的就是都會戰——雙方在街道及房舍間作戰，而沙林傑就是在此開始懂得害怕狙擊手躲藏在某處的雙眼。一直到六月二十五日晚上，他和第十二步兵團的其他士兵才暢行無阻地走進了城市的廢墟中。這座城市已極度傾頹，但有了這座港口，盟軍才得以挺進被納粹占領的其他地區。

瑟堡之戰可說象徵了第十二步兵團一直以來的行動風格。在諾曼第行動的整個過程中，沙林傑和他的同袍一直都在最前線。在埃蒙德維爾，必須借調鄰近的軍力支援，而在埃蒙德維爾遭受痛擊之後，他們也一路追趕德軍到若岡維爾，並在那裡進行了凶殘的復仇。在蒙特布爾，他們急匆匆地領先了其他師，幾乎是要獨自危險地直闖那座有軍隊駐紮的城市。即便是被命令撤退，先設立防守陣地，他們還是堅持要重新拿下前一天已經推進的陣地。若要評價第十二步兵團在一九四四年六月的行動表現，除了研究其戰術之外，同樣重要的還有士兵集體心態的轉變。六月六日晚上在伯澤維爾奧普蘭，這些部隊還猶疑不決地在灌木樹籬邊挖掩體，但到了六月九日，在經歷了埃蒙德維爾的血洗之戰後，同一批人卻是激烈地對敵人猛攻。像埃蒙德維爾這樣的戰役，不但激勵了第十二步兵團，也激勵了沙林傑。那場屠殺對他們而言彷彿槍火中的洗禮，不但讓他們有了目標，也堅定了同袍之情。沙林傑參與戰爭，不是爲了解放法國，也不是爲了維護民主，就跟他的同袍一樣，是以最純粹的奉獻精神在作戰：不是爲了軍隊，而是爲了身邊的人。

在包圍瑟堡的這類戰役中，沙林傑必須使出渾身解數，才能應付大量的反情報工作。他必須去審問當地人及抓到的敵人，以蒐集任何對師指揮部有用的資訊。隨著瑟堡之戰的進行，德軍已清楚露出敗相，於是出現大量投降士兵。六月二十四日，光是第十二步兵團，就接收了七百名戰俘，隔天又有八百名。沙林傑必須負責決定誰要受到審問，以及如何解讀蒐集到的資訊。這是一份負擔沉重的工作，而且還得在完成工作的同時想辦法讓自己活下去。

七月一日，第十二步兵團銜命從瑟堡往南前往古爾貝斯維爾，那裡靠近猶他海灘和伯澤維爾奧普蘭。這些累壞的士兵，終於得以在此休息三天。這是沙林傑在作戰二十六天之後的第一個休假，也是他第一次有機會好好洗澡並換掉一身衣服。美軍利用這段時間評估情勢：沙林傑所屬的第十二步兵團在六月六日時原有三千零八十名成員，此刻只剩下一千一百三十人。當他們發現如此高的死亡率是他們部隊獨有的現象時，失落感更強烈了。二次大戰期間，所有在歐洲服役的美國部隊當中，死亡率最高的就是沙林傑所屬的這支部隊【註一】。

譯註：在這一章的描述中，沙林傑時而被稱為Sergeant，時而被稱為Staff Sergeant，內文中統一根據他被編入第十二步兵團時的Staff Sergeant翻譯為中士。

註一：光一九四四年六月，第十二步兵團就折損了百分之七十六的軍官，以及百分之六十三的一般兵。

□

六月九日，當沙林傑還在諾曼第時，《故事》雜誌決定以「一直以來的二十五美金稿費」刊登〈伊蓮〉。而且就在同一天，惠特．博奈在一封給歐柏公司的信件中表示要重新考慮《年輕人》選集的出版計畫，認爲還是先等沙林傑把長篇小說寫出來再說。由於此刻的沙林傑每天面對的都是生死存亡問題，或許你會以爲無論是短篇小說集計畫，又或者是二十五美金的稿費，對他而言都無足輕重，但即便是在這段期間，他的企圖也沒有絲毫消滅。

桃樂絲．歐汀立刻寫信給沙林傑，將博奈改變主意的消息告訴他。六月二十八日，亦即拿下瑟堡的兩天後，沙林傑在信中提起此事。他的反應非常認命，而且冷靜。他表示可以理解博奈不想出版選集的原因，也向他保證，一定會在戰爭結束後繼續霍爾頓．考菲爾德的書寫計畫。他相信只要有機會，可以輕鬆迅速地在六個月內完成。

這樣的回覆無疑讓博奈鬆了一口氣，不過出於某些原因，沙林傑的語氣讓這位編輯有點摸不著頭緒。自從反攻日之後，沙林傑就出現一種孩子般的特質，不管看什麼都覺得既讚嘆又感恩，跟前幾年憤世嫉俗的模樣形成強烈對比。他會取笑自己的神經質，說連最輕微的爆炸聲都能讓他一頭栽入壕溝。他承認自己害怕，也無法利用戰爭經驗寫出任何作品。這一切都超出他語言所能描述的範圍。一九四四年六月，沙林傑中士只是很高興自己還活著，但之後也沒忘記短篇小說選集的事。

隨著德軍失去瑟堡，盟軍已穩穩掌控了諾曼第，數以千計精力充沛的部隊及無數噸的補給資源，紛紛沿著鄉間小路往南推進，湧入這座海港城市，路上很快就塞滿了緩慢行進的坦克及一批批士兵。盟軍現在面臨的挑戰，是如何打出諾曼第，橫掃入歐洲的核心地帶。

就在科唐坦半島南端的田野上，聖洛（Saint-Lô）城像夢境般聳立在他們面前，那是一座古老要塞，但就像蒙特布爾曾阻礙他們通往瑟堡一樣，聖洛也擋住了盟軍離開諾曼第的道路，因此必須拿下，而這場戰役進行得非常緩慢、血腥。這座城市所在的區域，是一片片被灌木樹籬阻隔的田野，非常適合游擊戰；反攻日當晚也同樣是這些狂放猛長的植株讓他們不知所措。這些圍繞著聖洛的障礙物，就像從泥土谷地形成的迷宮，由於枝葉和土地緊密交纏，地面隆起成天然土壘。事實證明，不可能直接穿越這些樹籬，更糟的是，負責進行空軍掩護的盟軍看不見他們，致使他們經常遭受「友軍」的轟炸及彈藥射擊，坦克也開不過去。

在這個由植株及田野組成的迷陣中，第四師被迫進行肉搏戰。每片田野上的士兵都得獨立面對自己的戰鬥，而在踏過一具具屍體之後，又會發現自己走入一片和之前一模一樣的田野。第十二步兵團是首批捲入這種瘋狂場面的部隊，對他們而言，這簡直是更大規模的埃蒙德維爾之戰。

如今我們所知的「灌木樹籬」之戰，在當時對美軍部隊帶來巨大的打擊。原本預期這批士兵能迅速從諾曼第打入門戶大開的法國，然後擊潰德國，但他們卻遭遇到頑強的抵抗，以及上級事前沒預料到的外在問題。一開始，大量坦克在瑟堡從船艦卸下的畫面確實鼓舞了士氣，決定對聖洛開戰的信號，以及地毯式轟炸那座城市及其周遭的行動，也為他們帶來信心及力量。不過，他們很快就發現自己陷入中世紀的鬥毆場面，因為那些空中戰力及坦克根本沒用。等到他們在七月十八日拿下聖洛時，這座城市已經被炸成所謂的「廢墟之都」（the Capital of Ruins）。

為了處理持續不斷戰鬥及近距離接觸死亡所帶來的恐怖處境，沙林傑截斷了感受恐懼的能力。

這是許多人爲了生存的處理方式。他們開始對實際發生的事表現冷淡，總之先埋藏在心底，而不是立即與其應對。沙林傑有意識到自己這種「失去連結」的狀態，他在寫回家的信中表示自己記得登陸諾曼第之後的所有事件及片刻，卻無法想起伴隨其中的恐怖與驚慌。不過，至少目前這樣對他來說比較好。

之後兩個星期，沙林傑應該都在聖洛南方的鄉村區域持續推進，沿途協助掃蕩每個孤立的小型住宅區，並針對那些法國小鎮仔細搜查。像是維萊迪厄萊波埃萊、布雷塞以及莫爾坦之類的小鎮，都瞬間成了重要的通訊站，反情報幹員透過掌控其中的鐵路、廣播及電報系統，爲盟軍進行資訊匯整工作。

或許就在沙林傑駐守於莫爾坦近郊時，附近的第三十師在推進時經歷了特別激烈的反抗，而對方應該就是德軍的裝甲部隊。到了八月七日早上，敵軍已從一個師變成四個師，而且還有其他步兵團加入。此時孤軍奮戰的第三十步兵團，面對的是希特勒親自下令的全面反攻。鄰近的第十二步兵團快速趕赴現場加入第三十師，然後再次發現自己面對兩條戰線夾擊，以及優勢數量的敵方軍力【註】。這就是後世所知的「血腥莫爾坦」，根據描述，沙林傑的部隊陷入瘋狂，因爲決心殲滅敵軍而狂亂掃射。終於，前來救援的轟炸機將莫爾坦的天空整整遮蔽了五天，並像對待聖洛那般地轟炸德軍戰線，才終於結束了血腥的莫爾坦之役。

在莫爾坦之役敗退後，德軍開始從法國全面撤退。第四師立刻在第十二步兵團的帶領下，一路往巴黎挺進。一開始，美軍指揮官原本決定繞過這座首都，但在諾曼第經歷大屠殺及血腥突圍之後，擔心德國會戰到最後一兵一卒，而法國人也覺得從納粹占領下將巴黎拯救出來是一種光榮，因此在美國協助下成功進行了動員。於是，巴黎在第十二步兵團逼近時發生了一些足以挽救許多生命的事件。八月十八日，巴黎市民在感受到解放日逼近後，呼籲大家進行大罷工，罷工者在路上堆起路障，隔天開始跟德軍作戰。八月二十四日，第十二步兵團和法國第二裝甲師（French 2nd Armored Division）已經在城市南部就定位。

正如美國人所擔心的，希特勒果然下令巴黎的德軍要戰到最後一兵一卒，不然就要徹底摧毀這座城市。此時，最重要的關鍵卻來自令人意外的一方。當時的巴黎軍政長官迪特里希．馮．柯爾提茲（Dietrich von Choltitz），沒有遵從希特勒的意見，也拒絕捍衛或摧毀這座城市。（據稱希特勒曾致電柯爾提茲，問他「巴黎在燒了嗎？」）一九四四年八月二十五日中午，柯爾提茲帶著一千七百名士兵投降，將這座城市還給法國。

戰敗的德軍奉還巴黎時，沙林傑和他的第十二步兵團已經在市內，他們是進入法國首都的第一批部隊。此時仍有部分德國狙擊手在市內活動，但根據沙林傑的觀察，巴黎人似乎不太在乎。歡欣鼓舞的他們，仍聚集在一條條大道上歡迎前來解放他們的盟軍。

沙林傑對於解放巴黎的描述非常愉快。搭乘吉普車沿著一條條大道前行的他，身邊圍滿激動的群眾。有盛裝打扮的女人抱著嬰兒來獻吻，或是希望士兵親吻自己。男人則是跑來獻上紅酒。經過

註：直到八月十三日，第十二步兵團確定危險已經過去時，都還是跟著第三十師一起行動。

猶他海灘、聖洛和瑟堡的慘痛經驗之後，這樣的奉獻讓他感到特別甜美，根據他的回憶，這一切讓他在諾曼第進行的戰役有了意義。

第十二步兵團被下令清除從巴黎東南區域到巴黎市政廳之間的反抗勢力。沙林傑也接下任務，要揪出與納粹勾結的法國人。據沙林傑的反情報部隊夥伴（也是他戰時最要好的朋友）約翰．基南（John Keenan）指出，他們確實抓到了這樣一個人，但周遭群眾得知風聲後，立刻盯上了他。他們從沙林傑和基南手中搶下這名嫌疑犯，因沙林傑和基南不願對群眾開槍，只能眼睜睜看著這個人被群眾毆打致死。自己所負責的一個人在眼前被打死了，但那天的歡樂氣氛卻絲毫不受影響，顯示到了一九四四年夏天，中士沙林傑已習慣了死亡，對情感的疏離也是如此強烈。

沙林傑只在巴黎待了幾天，但那是他在戰爭期間最快樂的日子。在九月九日的一封信中，沙林傑對惠特．博奈回憶起那段時光，可說是他寫過最歡快的內容。

除了軍事上的勝利，沙林傑也獲得了屬於自己的勝利：他在巴黎遇到了海明威。海明威當時擔任《柯利爾》的特派記者，據稱是在盟軍進入巴黎之前就已想辦法溜進去。沙林傑得知消息後，決心去找他，也知道要去哪裡找他。他和基南一起跳上吉普車，直接前往麗茲飯店（Hôtel Ritz）。海明威就像遇到老友般招呼沙林傑。他宣稱熟悉沙林傑的作品，還說靠著《君子》雜誌上的相片認出了他。海明威問他身上是否有任何作品，沙林傑於是想辦法拿出一份七月出刊的《星期六晚郵報》雜誌，裡頭刊載了〈最後一次休假的最後一天〉。海明威讀過後大表讚嘆。兩名作家於是一邊喝酒，一邊談起作家這一行。一直希望能跟誰討論文學的沙林傑，也因此放下心頭重擔。此外，他也放心地發現，海明威不像他害怕的那般過度做作，也沒有刻意展現陽剛氣質。相反的，他覺得他相當溫和，而且腳踏實地，整體而言是個「眞的很不錯的人」。

乍看之下，沙林傑或許是利用這個機會沾染海明威的名聲光環，但眞相或許還更複雜一些。沙林傑是創造知名場面的能手，無疑很清楚自己一手促成了什麼。他從未聲稱自己仰慕海明威及他的作品，相反的，他崇拜的是舍伍德．安德森和費茲傑羅，而這些人也曾於多年前走在巴黎的這些街道上，照顧了海明威這位初出茅蘆的辛苦作家。因此，沙林傑享受的不是有海明威相伴的時光，而是參與了由舍伍德．安德森和費茲傑羅傳承下來的精神。此外，沙林傑或許認爲自己和海明威共處的這個時代，是一個傳遞文學火炬的時代，所以他去麗茲飯店不是爲了致意，而是去接下他認爲自己有權繼承的傳統。

沙林傑和海明威會在多年後再見一次面，並透過書信持續來往。在華倫．法蘭區（Warren French）的著作《沙林傑》（*J. D. Salinger*）中，他針對兩名男子的會面提供了一段未經證實，卻充滿想像力的描述。法蘭區自知這段描述不夠可靠，但據他表示，海明威曾對沙林傑解釋了德國魯格槍（Luger）的性能是如何優於美國的四五手槍。爲了說明自己的論點，還對附近的一隻雞開槍，射掉了牠的頭，令沙林傑嚇傻了。根據法蘭區所說，沙林傑之後在〈致艾絲美——獻上愛與齷齪〉中提起了這件事，當時他寫了一位名叫克雷（Clay）的角色射殺了一隻貓。雖然我們無法確定射雞頭的故事是否屬實，但在戰爭中，沙林傑確實透過和海明威建立的關係，鍛鍊出絕佳的心靈強度，甚至會暱稱海明威爲「老爸」（Papa）。然而，這樣的仰慕之情，不見得有擴及到海明威的作品，這可從《麥田捕手》中，霍爾頓對《戰地春夢》的批評看出端倪【註二】，不過在經歷戰爭的那幾年，沙林傑對海明威的友誼心懷感恩，也感謝他讓自己經歷了少數得以懷抱希望的時刻。

□

一九四四年九月，沙林傑將短篇故事〈我瘋了〉寄給惠特．博奈，而收到故事的博奈一定是既震驚又不滿。這是以霍爾頓．考菲爾德爲敘事者的第一個故事，想必也是沙林傑答應故事出版社要寫的書當中，已完成的「六章節」之一。博奈很清楚這個狀況，所以在收到作爲獨立短篇小說的〈我瘋了〉時，一定覺得整部長篇小說完成的希望正在逐漸消失。沙林傑應該清楚博奈會出現這種反應，也知道他永遠都不可能刊出這個短篇。

沙林傑之所以會在這時拿〈我瘋了〉去投稿，可能的原因有二。一是不確定自己能否活過戰爭，所以希望無論如何都能給霍爾頓一個發聲的機會。第二很可能是對博奈反悔不出《年輕人》選集的抗議，要博奈知道他不是唯一能推翻原本決議的人。博奈一直渴望得到有關霍爾頓．考菲爾德的長篇小說，而沙林傑是這一切的源頭，只有他擁有百分之百的決定權。他拿〈我瘋了〉去投稿，意味著想將每個章節當作短篇小說各自發表，或許也能因此逼迫編輯重新考慮推出短篇小說集。

沙林傑在九月九日寫了一篇熱情洋溢的信給博奈，當時博奈還沒打算刊出〈我瘋了〉。若是不知道沙林傑寫過這封信，或許還會覺得他對推出短篇小說集的態度曖昧；但考量他拿〈我瘋了〉去投稿，還有他在信中熱切的語調及長達三頁的附註，我們幾乎可以確定他是要求博奈重新考慮推出短篇小說選集。他曾經表示，無論有沒有戰爭，他都會持續寫作，而且在四月十四日到反攻日之間已完成六篇作品【註二】；就連在前線時，也已經爲三篇故事起了頭。有了這些新寫好的故事，沙林傑深信只要博奈重新考慮推出選集，他就能列出一份包括這些故事的清單。清單中，已完成的故事包括〈婁易絲．泰格特的漫長初登場〉、〈伊蓮〉、〈最後一次休假的最後一天〉、〈雷響時叫醒我〉、〈狗臉之死〉、〈孩童梯隊〉、〈一週一次要不了你的命〉、〈站在田納西的男孩〉（A Boy Standing in Tennessee）、〈小東西〉、〈兩個孤獨男人〉，以及〈我瘋了〉。至於那三個未完成的故事，沙林傑只將其中一個命名為〈神奇的散兵坑〉；第二個故事他還沒決定要命名爲〈貝比見聞〉（What Babe Saw）還是〈噢拉拉〉（Oh-La-La）；至於第三個故事則完全沒有名字，他當時只簡單稱其爲「還沒命名的另一篇」。

不到幾個星期，惠特．博奈就重新承諾會推出《年輕人》選集。他一直把〈我瘋了〉留到十月二十六日，當時沙林傑已經回到戰場，博奈才寫了封短箋表示《故事》雜誌接受〈一週一次要不了

註一：沙林傑會把海明威寫作上的人格及私底下的人格分開看待。他告訴伊莉莎白．莫瑞，海明威天性和善，但因為長久以來裝模作樣，現在就連作態的樣子看起來都渾然天成。沙林傑不同意海明威作品內在的價值觀。他說他痛恨海明威「過度高估純粹肉體勇氣作為一種美德的價值，也就是一般所謂的『膽量』。或許因為那正是我所缺乏的」。

註二：之後在一九四四年時，沙林傑宣稱自一月中抵達海外後已寫了八篇故事，在反攻日後寫的有三篇。九月九日的發言專指自從四月十四日時寫的故事，當時博奈初次提議要將沙林傑的作品集結成書。因此，一月中到四月中寫就的作品就只剩兩篇。若沙林傑的陳述無誤，這兩篇故事可能是《麥田捕手》中的章節，或者是已經完全佚失的故事。沙林傑已佚失的故事〈已故，偉人的女兒〉也可能是寫於此時期。

你的命〉的投稿，但也「把之前留在手上的另一篇故事〈我瘋了〉寄回」。當時沙林傑第二個未完成的作品，後來並沒有被命名爲〈貝比見聞〉或〈噢拉拉〉，而是在一九四五年以〈一個在法國的男孩〉（A Boy in France）爲名發表。至於那篇當時未命名的故事，很可能是後來的〈這份三明治沒有美乃滋〉（This Sandwich Has No Mayonnaise）或〈一位古板的年輕人〉（A Young Man in a Stuffed Shirt）；那是一篇戰爭故事，作者在遭受博奈退稿後就再也沒有嘗試發表。

□

在沙林傑未發表的所有故事當中，最好的或許就是〈神奇的散兵坑〉，那是他在前線作戰時，根據反攻日及後續戰鬥經驗所寫的第一個故事，也是沙林傑唯一實際描寫戰鬥場面的故事。〈神奇的散兵坑〉是一個充滿怒氣的故事，是對戰爭的譴責，也是一個只有士兵才能寫出來的故事【註】。

這個故事傳遞的訊息，跟一九四四年常見的宣傳內容完全相反，帶有一種可被詮釋爲顛覆性意涵的率直。在完成〈神奇的散兵坑〉之後，沙林傑預估自己的戰爭故事「之後好幾個世代都無法發表」。就算這篇故事僥倖通過了軍方的審閱機制，也很難想像有任何媒體敢刊登。

〈神奇的散兵坑〉開場是反攻日過後幾天，有一批緩慢移動的車隊應該正要前往瑟堡。在這個故事中，敘事者的名字是蓋瑞提（Garrity），他載的那名搭便車美國大兵，則是安排給讀者的角色。蓋瑞提稱這位代表讀者的角色爲「小麥」（Mac），他迫不急待地跟小麥描述自己所屬大隊緊接在反攻日後遇上的那場戰鬥，尤其是連隊上的焦點人物路易斯·加德納（Lewis Gardner），以及導致他出現「戰爭疲勞」的種種經驗。

蓋瑞提和加德納所屬的大隊才在反攻日突襲上岸，立刻又撞見德軍大本營。這批人數是他們兩倍的德軍，已穩固據守在一座山丘上的林子裡；而在敵軍跟他們所屬大隊之間，有一片被大家稱爲「製造寡婦的沼澤地」的致命濕地。加德納和蓋瑞提所屬的大隊試圖攻下敵軍陣地，卻被整整壓制了兩天兩夜。他們反覆爬過那片濕地，試圖接近德軍，卻又被槍枝及迫擊砲的密集火力逼退。每當有強力軍火在附近炸開時，他們就得連滾帶爬地躲進爲數不多的散兵坑，但這些坑洞距離太遠，根本無法保護所有的人。加德納是連隊中的焦點人物，總是待在所有人前方五十英呎處，而且每次都能找到空無一人、可躲藏的散兵坑，實在非常神奇。

戰爭的一切都是徒勞，而身處其中的沙林傑所要傳達的就是這種無望感。讀者可以感覺到沼澤地散發的惡臭，也能透過那些情節清楚意識到戰鬥不過是場浪費。每次試圖攻破德軍的出擊都毫無意義，這場戰役沒有光榮可言，只有士兵展現出的鋼鐵意志，以及爲了活下去而瘋狂爬行的場面。

隨著戰爭持續進行，加德納也陸續在不同的散兵坑避難，然後他開始看到一個像鬼魂般的奇怪士兵，戴著眼鏡和具有未來感的頭盔。他向蓋瑞提表示自己一直看到這樣一個士兵，蓋瑞提一開始覺得他瘋了。在跟這個鬼士兵又見了幾次面之後，加德納震驚地發現他是自己仍未出生的兒子厄爾（Earl）。就在這一刻，加德納搞懂了。他深信厄爾正在未來參與一場戰役，所以決心殺死自己的

註：〈神奇的散兵坑〉的署名或許也指出沙林傑意識到這個故事無法發表的現實。他所簽下的名字不是感覺較為專業的J・D・沙林傑，而是傑瑞・沙林傑。

兒子，好避免這場衝突的發生。蓋瑞提知道他的計畫之後開始擔憂，於是打算跟著加德納一起跳進散兵坑，用來福槍的槍托打昏他，好救他那個鬼兒子一命。不過後來蓋瑞提被砲彈碎片擊中背部，始終沒和加德納爬進同一個散兵坑。

蓋瑞提醒來時發現自己正在一間設立於海灘上的醫院內，並在那裡找到了加德納，但他的心智狀態已經崩潰。加德納不願待在擔架上，只能靠一根插在沙子裡的竿子撐住自己。沙林傑對他處境的描述包含了某種特色，且之後發表在《紐約客》的故事也因為這種特色聞名：透過幾個簡單的字詞，同時傳遞出多重的訊息及情感。加德納的眼神渙散，身穿睡衣站在沙灘上，雙手緊抓著竿子，「真的握得很牢，彷彿是在康尼島上搭乘雲霄飛車，只要沒抓好，就會飛出去，撞破頭殼。」

如果我們更仔細檢視，或者回顧蓋瑞提之前講的故事，就會發現他也有「戰爭疲勞」的問題，只是程度沒有他的朋友嚴重。他的敘事跳躍又草率，思考模式散亂。他也開始病態地沉迷於他人的苦難中，每天都會跑去沙灘凝望那些全身稀巴爛或失去手腳的士兵被撤離回鄉。他還沒像加德納那樣病重，但距離那天也不遠了。

沙林傑在這個故事中對軍隊提出了嚴厲的批判，除了譴責軍方對個人的壓抑之外，也對政府政策表示擔憂，認為他們不該把心理狀態仍未恢復的軍人送回前線。故事中沒有直說但隨處可見的重點，則是士兵被當作砲灰的種種描述。在〈神奇的散兵坑〉中，軍隊是一個冷漠且缺乏同情心的存在，是一部沒有靈魂，不停重複使用組件而導致最後解體的機器。沙林傑顯然推崇士兵的忠誠及韌性，對於在背後運作且不顧後果驅策著這些士兵的軍隊機制，也明確表達出輕蔑態度。

故事中，比憤怒更強烈存在的是一抹哀傷，而儘管沙林傑的怒氣是針對軍隊，絕望卻大多是針對戰爭的毫無意義。這種徒勞感透過戰爭場景呈現出來，但最能精準將其點出的還是故事結尾。蓋瑞提之所以要去找加德納，不是爲了知道他的處境，而是想知道他到底有沒有殺了那個鬼兒子。加德納沒有。他讓自己的兒子活了下去，因爲對方「想待在這裡」。這句話蘊含了豐富意義，比起戰爭和厄爾的幽魂，這句話帶來的創傷更嚴重。加德納未來的兒子想待在戰場上的意願，讓加德納知道自己有罪。在他目睹及承受了這麼多之後，他對未來的選擇，竟是容許這一切再發生？在他經歷過「製造寡婦的沼澤地」後，有責任讓兒子明白戰爭的恐怖及無用。但就在他明白自己沒有盡到這樣的責任，而他的失敗正是導致兒子迫切想要「待在這裡」的原因時，加德納只能陷入瘋狂。

沙林傑透過厄爾的話去挑戰他的世代，要求他們讓孩子明白戰爭的愚蠢及殘酷，而非虛假榮耀。不過，隨著蓋瑞提談起在沙灘上認識的一名護士時，讀者發現他已經忘掉了這個教訓。故事尾聲，他對另一位想搭便車的士兵大喊：「嘿，老兄，要載你一程嗎？你要去哪裡？」這其實是沙林傑向我們提出的問題：爲了不再看到戰爭發生，我們會做些什麼？我們會走往什麼樣的方向？我們會教導孩子走上什麼樣的道路？在一九四四年秋天，這是具有強烈衝擊性的訊息，更何況還是出自一位在前線服役的中士之手，衝擊程度更是巨大。

〈神奇的散兵坑〉中最強而有力的部分就是開場，描繪了反攻日那天登陸諾曼第的場景。這是一個無聲的慢動作場面，整體呈現得非常精彩：沙灘上只能看到屍體，另外還有一個活著的身影——一名軍隊牧師在沙裡爬來爬去，狂亂地尋找他的眼鏡。隨著搭乘的運輸艇逼近沙灘，敘事者一臉驚異地瞪著這個超現實的場面，直到那名牧師也被炸了個粉碎，眼前才再也沒有任何動靜，讀者也終於又聽見爆炸的聲響。這個觸動人心的段落足以在讀者腦中徘徊不去，但最重要的是具有象徵意義。在戰火最猛烈之時，沙林傑只讓一名牧師存活在一片死屍當中絕非意外，而他讓這名註定要死去的神職人員，仍想在一片混亂中努力看清一切，當然也絕非意外。他的命運所彰顯的，是一個相信自己握有答案的人，卻在最需要答案的時候發現自己一無所有。那是一個代表絕望及毫無希望的形象，是一聲苦痛的深沉哀鳴。而這個畫面中也包藏了沙林傑寫作中基督再臨的關鍵時刻——生平第一次，沙林傑問了：上帝在哪裡？

□

在解放巴黎及德軍撤退之後，艾森豪將軍（General Dwight D. Eisenhower）的參謀長自信滿滿地表示：「就軍事上而言，戰爭已經結束了。」盟軍的一干將軍也表示同意。就連英國首相邱吉爾及美國的小羅斯福總統，都預期能在十月中取得勝利。他們於是下令追擊德軍，盡速讓他們投降。在此同時，營區販賣部也接到指示，不再將來自士兵家中的聖誕節包裹運送到部隊，因爲戰爭不會持續到那個時候。

□

沿著德國與比利時及盧森堡邊界綿延的許特根森林（Hürtgen Forest），占地約五十平方英哩。對於沒有戒備心的人而言，這不過是一座古老森林——就像童話故事劇中會出現的場景——但其實那是一個由德國最高指揮部（German High Command）建構的現代產物，試圖利用地表上的每一道起伏，殲滅入侵的敵軍。這裡的樹都有一百英呎高，種得相當緊密，以阻擋陽光射入。隨著天氣變化，總會定期升起足以阻擋視線的濃霧，連綿到幾英呎外。在這座樹林密布的小山丘上，到處都是覆滿植披的防禦碉堡，這些碉堡全跟環境交融在一起，不但隱形而且致命。就連樹上和地面也都布滿詭雷，時不時還會出現有刺鐵絲網，還隨處都有名為「跳躍貝蒂」（Bouncing Betty）的隱蔽地雷。在這個怪異且令人恐懼的地方，死亡可能隨著每走一步、每碰到一顆石頭，或者只是輕觸枝條而降臨。

在許特根森林中心深處，納粹建立了齊格菲防線，那是一條跟國界平行的屏障及防禦工事。德軍自己稱此為「西牆」，齊格菲防線的某些段落確實是一堵牆，由被稱為「龍齒」（dragon's teeth）的水泥障礙物組成。不過，這條防線的其他段落就沒有那麼清楚的界線，主要是為了刻意營造一切正常的幻象。一旦跨越防線進入森林，在蜿蜒的林間小地，吉普車和坦克毫無用武之地，部隊也會因為脫離外界的視線範圍，無法得到空軍火力掩護。

為了迫使德軍投降，艾森豪指派第一和第三軍團負責攻下齊格菲防線，並希望跨越德國境內的魯爾河和萊茵河。魯爾河是沿著許特根森林邊緣延伸的河流，美國指揮官認為要取得這條河的控制權，必須清除森林內的所有抵抗勢力。

但希特勒可沒打算投降。事實上，德軍還在計畫進行大型的反攻計畫，也就是之後的突出部之役。希特勒的計畫分成兩個部分。首先，由於許特根森林內的魯爾河流域有一系列的水壩，因此計畫炸毀這些水壩，淹沒美國第一軍團進入德國的道路，讓第一軍團陷入困境後，就能集中火力對付剩下的第三軍團。為了補足備戰人力，共有一百營精力充沛的士兵被送到齊格菲防線及許特根森林附近，以阻止盟軍在反攻計畫就位之前進犯德國，也必須為了確保反攻成功而保護那些將扮演關鍵角色的水壩。

在信中描述解放巴黎場面的沙林傑，已經在前往德國邊界的路上。九月七日，他的兵團抵達盧森堡，兩天後抵達比利時，此時大家的精神都還非常振奮。他們相信已在諾曼第經歷了最慘烈的戰役，此後也只需扮演征戰成功的英雄角色。沙林傑所屬師隊即將成爲首先進入德國的部隊，那是多麼了不起的榮耀呀。一旦進入納粹統治的第三帝國，打破齊格菲防線，他們就將奉令掃蕩所有許特根森林區域的反抗勢力，占領陣地，並從側邊保護即將進入德國的第一軍團。

正是上級所做的這些決定以及輕敵心態，爲之後的慘劇搭建了舞台，而即將上演的事件讓沙林傑經歷了人生中最黑暗的一個月。隨著九月推進，種種跡象已預示接下來的一個月將無比慘烈，但當時只被他們當作微不足道的小煩惱。舉例來說，才往德國急速推進一個星期，他們的汽油存量就低到非常危險的程度。接著是香菸的短缺——這對士氣造成了非常嚴重的打擊。最令人感到不祥的是，整個九月都下著大雨，士兵很快發現軍方發給他們的靴子不但吸水，也吸泥巴，但他們希望能有外部套鞋的要求卻被漠視不理。在沙林傑所屬部隊盡可能快速推進的同時，身後的道路也變得愈來愈泥濘難走，導致他們大幅超前了補給線。九月的天氣竟開始變得異常寒冷，他們依然持續推進，但這其實已經是一個徵兆：他們將面臨人生中最淒苦的冬天。顯然，這些下令暫停聖誕期間包裹的官員，從未仔細思考冬季裝備，或是部隊所需套鞋的問題。

九月十三日，第十二步兵團跨越邊界進入德國，走入一片林木茂密的鄉間，一旁巍峨聳立的是史尼—愛菲爾稜線（Schnee Eifel），而許特根森林就被環抱其中。這裡的地景包括陡峭的谷地和起伏的丘陵，開戰前是德國人最喜歡的滑雪勝地。儘管地形非常難走，但正如師隊指揮官所希望的一樣，第十二步兵團直到目前爲止仍未遭遇抵抗。然而，這些士兵不知道他們所需的彈藥供給已遠遠落後他們的腳步，若是遭到攻擊，無論要進行多長的戰役，幾乎都是不可能的任務。由於推進過程非常輕鬆，師隊指揮官覺得既放心又備受鼓舞，於是下令第十二及二十二步兵團攻破齊格菲防線。

九月十四日下午一點，第四師跨越了齊格菲防線，當時正下著毛毛細雨。在森林冰冷霧氣的掩護下，沙林傑跟同袍爬過史尼—愛菲爾稜線，並在沒有碰到任何敵軍的情況下越過了防線。師隊指揮官大感振奮，要求第十二步兵團保衛這一區的主要道路，好讓美軍第一軍團能光榮踏上德國領土。於是這個兵團占領了俯瞰主要道路的一座山丘，挖了壕溝，準備過夜。

隔天早上，士兵醒來時看到的卻是截然不同的場面。前一天還空蕩蕩的樹林，現在滿是敵軍部隊。廢棄的防禦碉堡也補滿人力，正往他們的陣地開火。他們發現自己面對的是親衛隊第二裝甲師（2nd SS Panzer Division）。德軍沒料到美軍會從史尼—愛菲爾稜線中如此崎嶇不平的段落攻破齊格菲防線，因此之前把軍力集中於戰略上較爲合理的區域。而當他們發現第十二及第二十二步兵團的動態，便立刻採取行動，一個晚上就將兵力調派過來。

沙林傑的部隊陷入了難以脫身的窘境。白天他們到處巡邏，試圖清除這個地區的地雷，同時還不停受到砲火及狙擊手的攻擊。到了晚上，德軍會從碉堡中溜出來，把盟軍移除的地雷再裝回去。在史尼—愛菲爾稜線上，第十二步兵團一次次跟德軍交戰，堅守他們在齊格菲防線上取得的這個區段——但他們已不再掌控主要道路，所以防守變得毫無意義。

許特根森林深處有一座由田野和村莊圍繞的凱爾河谷（Kall River Valley）。這座小河谷其實也是一座峽谷，兩側山壁非常陡峭，峽谷頂端延伸著凱爾小道（Kall Trail）。那是一條雜亂無章的泥土小徑，因爲靠近崖壁邊緣而顯得危險。本質上來說，這座河谷及圍繞周遭的田野，都在德軍的射擊範圍內，因爲他們就聚守在周圍的山裡。十一月二日，盟軍指揮部派了第二十八師進入河谷，希望拿下足以掌控這座森林的城鎮。

令人驚訝的是，第二十八師的出擊一開始看來非常成功。第二十八師讓每個步兵團各自獨立作戰，拿下了其中一座城鎮、峽谷的一部分，以及河谷邊緣的一片平緩林地。但第二十八師不知道其實是德軍刻意讓他們以這種分散策略取勝，再包圍每個步兵團，然後從位於山上的要塞及林間陰暗處對他們恣意轟炸。

由於無法安全朝任何方向移動，第二十八師被迫在極度容易遭受攻擊的各處陣地據守了兩個星期【註】。在無計可施又急著想解救他們的情況下，盟軍指揮部指派坦克開上凱爾小徑，卻完全不知道那裡是一整片爛泥跟滿地倒塌的樹，於是許多地段的路面直接在輪下崩解，坦克也直接栽進底下的峽谷。

因爲坦克救援第二十八師的計畫失敗，盟軍指揮部要求第十二步兵團協助。十一月六日，第十二步兵團與遭受圍攻的第二十八師會合，加入了這場許特根森林內的血戰。凱爾小道上到處都是被燒毀的坦克及死屍。不過，這個步兵團仍盡責地在平緩林地堅守陣地，試圖爲即將潰散的第二十八師解圍。

原本的計畫是讓第十二步兵團闢出一條逃生路徑，並確保第二十八師得以逃脫。然而一進入森林中，第二十八師的長官就要求他們分散成一個個獨立的小單位，從林木茂密的平原往外殺向凱爾河谷，但之前正是這種糟糕的策略導致第二十八師落入此種致命的困境。第十二步兵團的長官接收到命令時表達了抗議，指出這樣分散軍力過於愚蠢。但沒人把他們的反對當一回事。於是，分散成許多小隊的第十二步兵團，只能進度不一地往前推進，很快就開始搞不清方向。由於無法彼此交流訊息，所有連隊士兵都成了德軍的囊中物。另外，還有一些人在森林內迷失了好幾天，隨著補給品耗盡，被迫在死者的遺體上尋找食物。他們面對的德軍人數是自己的四倍，彈藥又短缺，於是陷入非常絕望的境地。「老天呀，當時天氣眞是冷。我們又餓又渴。」一名倖存者在回憶時這麼說，「那天晚上我們眞的認眞祈禱。到了早上，我們發現上帝回應了我們所有人的祈禱。前夜下雪了！整個地區都被霧氣籠罩——是逃脫的完美時機。整條補給線上到處散落著死屍。跟我一起走出森林的弟兄，實在是天殺的太累了，根本直接踩在屍體上。他們已經累到無法跨過屍體。」

第十二步兵團在五天內折損超過五百名士兵，還受命退回後方重新組織倖存的士兵，但根本就沒有所謂的「後方」可言。當筋疲力盡的士兵回到原本營地時，所有散兵坑都已遭德軍占領。第十二步兵團的指揮官再也無法忍受了。十一月十一日，耗損到無法復原的第十二步兵團脫離了第二十八師。兩天之後，第二十八師遭殲滅，只剩少數精力耗竭的士兵或傷兵。

註：第二十八師是由州陸軍國民警衛隊（Pennsylvania National Guard）的成員所組成，他們的肩章上有一個紅色的拱心石，是代表賓州的圖案，所以也被稱為拱心石師隊。對於德軍而言，這個拱心石長得就像一只水桶，再加上有許多第二十八師的士兵死於凱爾小道上，德軍將此師隊重新命名為「血水桶師隊」。這也成為讓他們引以為豪的一個稱號。

但這些士兵仍沒獲准離開許特根森林。在第二十八師遭到殲滅之後，第四師的三個步兵團被要求取代他們的位置。儘管他們的狀態無比孱弱，人數銳減，沙林傑跟他的同袍仍被要求待在森林內，一方面支援其他步兵團，另外還得想辦法發起攻勢。

沙林傑一進入許特根森林，就是踏入了惡夢的境界。二次世界大戰於西方前線最殘酷的大屠殺，就發生在一九四四年冬天的許特根。不過，眞正把這些士兵逼到絕望邊緣的，是始終揮之不去的恐怖氣氛。他們被困在昏暗的森林中，死亡隨時都可能襲來。此處的敵人是隱形的，腎上腺素必須一直保持在高點。瘋狂的因子透過泥巴滲入體內，或者隨不停落下的豪雨降臨。

在許特根森林內遭遇的殺戮實在太過慘烈，第十二步兵團只能勉強靠著偶爾出現的補充兵撐下去。基於某種令人無法理解的邏輯，指揮官必須在部隊有需求之前就下達補充士兵的指令。結果就是部隊內的士兵永遠不夠，並加重了像是沙林傑這類倖存士兵的負擔，也讓他們很快成爲歷經戰火淬鍊的老兵。等到補充兵終於出現時，卻又沒有足夠的時間帶他們進入狀況。多年之後，其中一位新兵生動地憶起第十二步兵團指導新進成員的方式，那樣的方式雖然殘酷，但非常有效：

我們是一批被派去成爲補充兵的菜鳥新兵，完全不知道即將陷入什麼樣的處境。在走向被指派的陣地時，我們得從許多陣亡的士兵身上走過。我還記得有三、四名士兵已經死掉好一陣子了。我相信這是爲了讓我們先習慣這種場面。

即便是連隊營地也很危險。沙林傑曾經學過要在遭遇砲擊時立刻面朝地趴下，以免受到平行飛散的殘骸擊中。德軍在許特根使用了樹爆的技術，這類爆炸的位置遠高於士兵頭部，砲彈碎片及斷裂的樹木枝幹如同蓮蓬頭的水柱般噴出，彷彿數千支長矛同時落下。傑瑞很快就學會在聽到第一聲爆炸時立刻「抱住一棵樹」，然後盡可能用最多枝條蓋住散兵坑。

第十二步兵團在許特根死傷的二千五百一十七人當中，有半數都是受到這種爆炸攻擊，另外也有軍人是在散兵坑內凍死，或者因為凍瘡而失去手腳。這個地方髒得令人無處可逃，天氣不是讓人一身濕透，就是冷得刺骨。有超過一個月的時間，沙林傑跟他的同袍被迫睡在泥濘或結凍的散兵坑中，完全沒有機會洗滌或更換衣物。不過，他們曾經成功拿到多餘的毛毯、羊毛內衣褲，還有外套【註】。至於第四師從九月初就開始要求的套鞋和睡袋，則依然不見蹤影。

士兵們穿的靴子就跟海綿一樣總是吸滿雨水，而這種「戰壕足」（trench foot）重挫了士兵的士氣。沙林傑是相對幸運的，他後來曾回憶自己如何保持雙腳的乾燥。他的母親有為他編織毛線襪的習慣，所以他每星期都會收到家裡寄來的一雙襪子。這樣的寵溺在七月時會讓他微笑，到了十一月卻成為幫他活下去的方式。

許特根戰役最悲慘之處在於一切都毫無意義。盟軍司令部的頑固令人難以理解，究竟為何要在根本不可能成功的處境中為這片沒用的土地奮戰？德軍之所以要透過作戰保有此地，主要是為了掌

註：步兵團派發的大衣會吸收雨水，非常妨礙行動，大多數士兵很快就丟掉了，但其中有些人之後因此而凍死。

控水壩，但盟軍若想奪取這些水壩，繞過森林比直接穿越更容易達成目標。然而，就算意識到水壩的重要性，盟軍指揮部仍拒絕改變路徑，反而爲了取得那些掌控水壩的城鎮，選擇直接穿過許特根森林，進入凱爾河谷，然而他們在那裡等於任由德軍擺布。

基於這些理由，歷史學家眼裡的許特根之役是失敗的軍事行動，還白白犧牲了不少人命。這也算是盟軍在戰爭中最慘烈的一次潰敗。不過，第四師在這座森林中大有進展，成功讓盟軍從希特勒手中取得那些水壩，只不過付出了非常慘痛的代價。這樣的成功幾乎完全仰賴那些英勇的一般兵，畢竟在一九四四年漫長的冬天裡，從未有一位師隊指揮官或軍官踏上許特根的土地。

許特根森林中的黑暗處境，卻罕見地讓沙林傑窺見了足以帶來撫慰的光芒。在林中作戰期間，時任通訊記者的海明威，曾短暫派駐在第二十二步兵團，距離沙林傑的營地只有一英哩遠。

某天晚上，戰事稍歇，沙林傑找了第十二步兵團的翻譯兵華納．克里曼（Werner Kleeman），他是沙林傑在英格蘭受訓時結交的朋友。「我們走吧，」沙林傑熱切地說服他，「我們去找海明威。」於是這兩人穿上最厚重的外套，帶上槍和手電筒，穿越林地走了一英哩，終於抵達海明威的駐紮地。那是一間能靠獨立發電機點亮奢侈燈火的小木屋。

這次的拜訪持續了兩三個小時。他們用鋁製水壺杯興高采烈地喝著香檳，沙林傑和海明威聊著文學，而克里曼則在一旁傾聽。那是森林中一段無比奇特的時光，沙林傑因此重新振奮起精神，克里曼也留下了深刻印象。就連在五個月後，沙林傑於信件中提起這件事時，似乎都還能從這段回憶中獲得力量。

沙林傑之所以選擇和克里曼一起去拜訪海明威，或許是爲了表達對這位同袍的謝意。他們在許特根森林時，有一位軍官被克里曼描述為「重度酗酒者」，他對待部隊的手段也非常無情。這名軍官曾經明知沙林傑裝備不齊全，還命令他待在結凍的散兵坑中過夜。當氣溫降到足以危及生命時，克里曼開始擔心朋友的安全，於是溜去偷看他的狀態。當發現他在覆滿白雪的坑洞中發抖時，克里曼為了幫助他活下去，偷偷從沙林傑的物品中拿了兩樣東西過去：一條是在瑟堡之戰後從當地旅館接收的毯子，還有不管沙林傑到哪裡，他母親都一定會跟著寄過來的羊毛襪。

許特根深刻改變了沙林傑，也改變了以類似方式親歷其中的所有人。就連海明威，在經歷過後也有數年無法創作。海明威曾經公開把問題的根源歸咎於那座森林，但多數的倖存者卻是再也沒有提起許特根。大多數人的反應都是保持沉默。不過，我們必須知道許特根發生的事，以及沙林傑所承受的苦難，才有辦法真正了解他之後作品中的深刻意涵。無論是貝比在〈陌生人〉（The Stranger）為第十二步兵團致上的憂傷悼詞，還是X上士在〈致艾絲美——獻上愛與齷齪〉中擺脫不了的夢魘，其根源都來自許特根森林。

□

就在沙林傑忍受著許特根帶來的痛苦時，〈一週一次要不了你的命〉在《故事》雜誌的十一、十二月號刊登了。這篇作品的主題跟沙林傑實際的處境相比，可說是微不足道，也讓它的發表顯得有些諷刺。對沙林傑而言，此刻要回想書寫這篇作品的動機，甚至是當初寫出這部作品的自己，恐怕都是很困難的事。惠特・博奈仍因為沙林傑為寫作比賽捐了二百美金的事而感到開心，現在也想進一步利用沙林傑人在戰場上的這項資訊，打算在當期雜誌中刊登作者介紹。於是，人在許特根森林深處的沙林傑，還爲此寫了一小篇自介，寄到紐約。

這篇速寫文字乍看顯得不是那麼重要，尤其考量到他當時的處境更是如此。那是一篇溫和又自我調侃的陳述，讓人忍不住將沙林傑跟他創造的角色霍爾頓連結在一起。沙林傑提到自己從一間學校流浪到另一間學校，還提到自己曾經不小心在自然史博物館中的美國印地安展間（American Indian Room）掉了彈珠。讀者能從這篇文字感覺到一種因爲戰爭而產生的麻木。沙林傑坦承，自從入伍後就無法去想家在哪裡，也無法想家人，彷彿戰前的人生正逐漸消逝，而所謂的正常生活也逐漸變得遙遠且面貌模糊。當他詳述著一個個令人沮喪的事件時，任何人都能看出他的焦慮及憂心。明明身處許特根森林，沙林傑卻還向讀者保證，自己「仍然只要找到時間就會寫作」，而且只要找到「一個沒人占據的散兵坑（就會寫）」。

沙林傑也有從許特根森林寫信給伊莉莎白．莫瑞。在其中的一封信當中，他從巴黎的快樂回憶寫到身處森林的悲慘經歷，而他也告訴莫瑞，在這樣的心情起伏中，除了和海明威見面之外，他也盡可能找出時間寫作。他宣稱從一月以來，已完成五篇作品，而且已經快完成另外三篇。多年之後，根據沙林傑的反情報同僚回憶，他總是找機會偷溜去寫作。其中有個人回憶指出，某次他們遭受強烈軍火襲擊，大家正忙著找掩護時，有人瞄見沙林傑竟還在桌子底下打字，而且非常專心，顯然沒有因爲周遭的爆炸聲響而分心。這類例子顯示沙林傑非常需要寫作。在許特根時，隨著戰前生活的回憶逐漸遠去，沙林傑是利用寫作這個熟悉的舉動讓自己度過困境——也是讓自己活下去。

到了十二月的第一週，第四師的所有步兵團都已精疲力盡。第十二步兵團必須進行全面性的重整，才能再次上場作戰。十二月五日，沙林傑跟他的同袍接到指示，表示他們即將離開許特根。一個月前進入森林的士兵中存活下來的很少，當初進入許特根的三千零八十名步兵當中，最後只留下五百六十三名。對這些士兵而言，光是活著走出森林，就是勝利。

□

〈一個在法國的男孩〉是個沉靜的故事，主角是名因戰爭而疲憊不堪的士兵，故事講述他在散兵坑中尋求片刻平靜時的內心狀態。在一九四四年即將結束的那幾個月，沙林傑待在前線寫了三個故事，而這就是他紀錄中的第二個故事【註】。儘管其中沒有提到任何考菲爾德家的成員，讀者卻能從中看到《麥田捕手》及其他考菲爾德家族故事的行文節奏及主要訊息。因此，這應該被視爲沙林傑寫的第六個考菲爾德系列故事。

大多評論者並不看重這個故事，但是在沙林傑發展寫作生涯的過程中，〈一個在法國的男孩〉代表了一個重要的階段。他的前一個故事是〈神奇的散兵坑〉，其中探問了上帝的存在及其本質。而彷彿是爲了回答那些提問一樣，〈一個在法國的男孩〉中出現了屬於他的信念宣言，而作者的信仰及身分，也透過故事變得緊密交纏。

註：〈一個在法國的男孩〉曾收錄於藍燈書屋（Random House）出版的《星期六晚郵報故事集，1942-1945》（*The Saturday Evening Post, 1942-1945*），第三百一十四至三百二十頁。這是沙林傑第二篇刊載於書中的作品。

這個故事的背景在諾曼第，沙林傑就是在那裡開始寫這個故事，不過其中反映的大多是他在許特根的經驗，整篇故事應該也是在此地完成。故事中近乎意識流的敘事，充滿了只有前線士兵才能寫出來的確切細節。故事開始時，讀者可以聽到遠處的轟隆槍火聲響，也能聞到陰冷、潮濕的泥土氣味。有個身穿軍服的年輕男孩獨自睡在這片受戰火蹂躪的土地上，髒兮兮的他看起來累壞了。他就是那個「在法國的男孩」。他因為想到那天的戰役而驚醒，滿腦子都是「無法不記得」的事情。他試圖用疲勞的腦提醒自己振作起來。這裡不安全，他得繼續往前走。他戴上頭盔，拿起行李捆包，開始漫無目的地尋找一個安全的地方。他在出發時向另一位士兵喊：「我到了會喊你們來。」但是他根本不知道自己要去哪裡。

終於，這名年輕男孩克服了軟弱，找到一個休息的地方：那是個散兵坑，裡頭除了一條毯子之外，什麼都沒有；那條毯子才剛被拿來當成某個士兵的裹屍布，還散發著死亡的腐臭氣味。他試圖用最後一絲力氣「把（坑裡）糟糕（染血）的部分挖掉」，但只是徒勞，然後躺進坑裡。當一塊塊泥土落到身上，讓他彷彿置身墓穴時，「他什麼都沒做。」年輕男孩的腿被一隻紅螞蟻咬了。為了殺掉這個侵犯他的傢伙，他又看到那天戰爭中讓他失去一整片指甲的傷處。他把受傷的手放到毯子底下，開始誦唸一連串願望，包括希望戰爭暫歇讓他得以被運送回家，另外還有他的指甲可以奇蹟似地長回來。在此他反覆吟誦一段詩意的話，藉此發誓要將這個世界隔絕在外。那段話只差一點就能成為純粹的詩作，而這段咒語般的文字，可說是沙林傑最具音樂性的文學之一，也為這個故事灌注了與背景全然矛盾的魅力。

沙林傑在這個階段已開始認真寫詩。〈一個在法國的男孩〉之所以還沒發展成詩作，純粹是因其形式及標點緣故。舉例來說，若我們將年輕男孩口中的疊句，根據節奏拆開來看，可以「我會把門閂上」爲界，將整段話分爲六個詩節。

然後年輕男孩睜開雙眼，發現自己仍獨自身處戰場，手指也仍陣陣抽痛。他在絕望之下把手探向口袋，那裡保留了一份與家的連結。然後他緊閉雙眼，口中唸出咒語「阿布拉卡達布拉」（the abracadabra）；之前只要他這麼做，眼前就會如同電影首映般播放出那個沒有戰爭的世界。然而，此時那句空洞的話語已失去魔力，男孩於是放棄嘗試。不過，他仍保留了更能忠實呈現過往回憶的物件，就是一封因反覆閱讀而顯得破爛的信。他輕柔地拿起那封信朗誦，彷彿其中寫的是禱詞。

讀者此時發現他們早就認識這個男孩，他就是貝比・葛雷德沃勒，而寫那封信的人就是他的小妹麥蒂。沙林傑刻意到結尾才揭露他的身分。這個故事的沉痛之處，以及所傳遞的眞相，就在於主角的普世性：貝比代表的是每一個曾經感到寂寞且被戰爭榨乾的士兵。

麥蒂的信一開始就告訴貝比，她知道他現在在法國，然後提到出現在海灘邊的男孩變少了，雷斯特・布羅根（Lester Brogan）也已經死在太平洋。布羅根先生和太太還是會去海灘，她說，不過現在他們只是沉默地坐在那裡，再也不下水了。麥蒂接著講起奧林哲先生（Mr. Ollinger）死掉的奇怪故事，她把死亡描繪成一隻看不見的手，盲目地從他們之中奪走一人又一人的生命。在信的結尾，她希望貝比趕快回家。這是一句任誰都能料想到的話，卻讓他彷如新生。讀完這封信後，他從散兵坑中起身，對最靠近他的士兵大吼：「我在這裡！」接著對自己悄聲低語：「請快點回家。」然後又幸福洋溢地睡著了。

這個故事主要藉由兩首詩來傳遞訊息；比起其他任何詩作，貝比最渴望聽見的就是這兩首詩。

其中一首是威廉．布雷克的〈羔羊〉（The Lamb），另一首則是艾蜜莉．狄金森的〈沒有航圖〉（Chartless）。這兩首詩傳遞出類似的訊息，放在一起讀更能強化這個故事的意圖。

〈羔羊〉

小羊羔兒，誰造了你？
你可知道誰造了你？
給了你生命，吩咐你吃草，
在流水旁邊，遍青青草地；
給了你人見人愛的衣裳，
茸茸的衣裳，鮮艷又柔軟；
給了你那麼柔和的聲音，
讓所有溪谷聽了都喜歡？
小羊羔兒，誰造了你？
你可知道是誰造了你？

小羊羔兒，我來告訴你，
小羊羔兒，我來告訴你。

他的名字和你的一樣，
因爲他叫自己羊羔兒，
他又柔順，他又溫和；
他變成了一個小小孩兒：
我是小孩兒，你是羊羔兒。
我們全都叫他的名兒。
小羊羔兒，上帝保佑你！
小羊羔兒，上帝保佑你！【譯註】

〈沒有航圖〉

我從未見過荒原，
我從未見過海洋；
但我清楚石南花的容顏，

譯註：譯文引用自威廉・布雷克，《布雷克詩選》，張熾恆譯，台北，書林出版，二〇〇七。

也清楚海浪的模樣。
我從未跟上帝交談，
也從未踏足天堂；
但我確定已到了定點
彷彿航圖就在手上。

沙林傑在後來的許多作品中，都將詩歌視同於人的靈性，而〈一個在法國的男孩〉就是其中的第一篇，也代表了沙林傑靈性之旅的重要階段。在〈神奇的散兵坑〉中，牧師在沙灘上爬的場景似乎是在質疑上帝的存在，或至少也是質疑上帝是否參與了人類生活，而在〈一個在法國的男孩〉中，上帝的存在已獲得確認，沙林傑也在此承認了自己對於精神性的追求。

沙林傑在此時擁有了宗教性體驗，並不讓人意外，畢竟戰爭前線充滿了讓人靈性覺醒的場景。不過在一九四四年，他對上帝的認知仍屬抽象，而且奠基於之前理解的各種想法。〈最後一次休假的最後一天〉中，貝比之所以覺得人生值得活、也值得爲其奮戰，是因爲其中存在的美好。而在〈一個在法國的男孩〉中，他意識到上帝正是透過這些美好展現自己。在他身處的那個如同墓穴的散兵坑中，貝比沒看到神祕的異象，也沒被來自天堂的光芒呑噬，但他確實看到了上帝。只要透過小妹純眞的美好，並感覺到自己與這份美好的連結，他就能再次知道自己還活著。

就在沙林傑陷入許特根絕境的十四年之後，他回憶起一首俳句，作者是十九世紀的日本詩人小林一茶（Kobayashi Issa）：

牡丹花好大！
那個孩子的手臂
伸得有夠長

沙林傑認爲一茶將我們的注意力帶到牡丹花就夠了，剩下的責任在讀者身上。「我們是否看到那朵碩大的牡丹是另一回事。」他寫道。我們若想看到就得自己努力，因爲詩人「沒打算監管我們的作爲」。

沙林傑之所以提起一茶的俳句，是爲了跟自己的作品連結。若想全面性體驗〈一個在法國的男孩〉的精髓，就必須透過讀者的心才能眞正感同身受，正如你得用心才能看到那朵牡丹。〈一個在法國的男孩〉中的詩作及散文體寫作手法，寓意深刻。貝比的新聞剪報及麥蒂的信帶出了作者的訊息，而故事的最後一句則爲讀者下了結論。不過，足以將故事提升到靈性層次的，是狄金森和布雷克的文字中所蘊含的深刻體驗，但不是沙林傑監督我們走到這一步，而是他必須讓我們自己去感受這一遭。沙林傑未來較好的作品都源自於這樣的構思。一九四四年冬天，沙林傑的牡丹還要好幾年才會全然盛開，但種子已經撒下，而且就撒在最令人意想不到的「血腥許特根」。

□

十二月八日，沙林傑到了新的駐紮地，位於盧森堡，有人將此地形容爲「疲憊士兵的天堂」。根據既有的證據顯示，他被部署在一個名叫埃希特納赫的地方，而他所在的小鎮就隔著紹爾河與德國對望。這是數個星期以來，他與所屬的部隊第一次能睡在眞正的床上、吃眞正的食物、洗澡，還能隨心所欲地更換衣物。其中有些人已獲得承諾，確信之後能被調派到比利時或巴黎。最令人感到欣慰的是，之所以選擇這裡作爲新陣地，是因爲這裡安靜又遠離廝殺激烈的戰場，不過也有人認爲這樣會破壞眾人士氣。

十二月十六日，就在相對平靜且沒有動靜的狀況下過了短短一週之後，仍未完全恢復元氣的第十二步兵團突然遭到德軍包圍。那天清晨，埃希特納赫及周遭小鎮都受到砲火攻擊，步兵團的通訊中心遭到破壞，讓他們與其他師隊徹底斷了聯繫。早上九點，兩個陣容完整又活力充沛的德國步兵團，直接殺向第十二步兵團。所有部隊都被殺得措手不及，每個連隊都受到包圍，其中每一排也都孤立無援，不知如此是好。

這就是希特勒進行的大反攻，也就是突出部之役的第一天，而且打從一開始就幾乎是針對第十二步兵團。當第十二步兵團爲了生存而奮戰時，同樣在十二月六日，根據報告指出，與其相鄰的兩個步兵團（第八和第二十二）完全沒有偵測到任何敵軍動靜。

在美國軍事史上，突出部之役是付出代價最高的一場戰役。對於沙林傑和他的同袍而言，這場戰事感覺必定像是許特根之役的延伸。這場戰役代表他們得在雪地中多睡幾晚，也代表得繼續在森林中作戰——只不過這次是在亞爾丁（Ardennes），另外也代表他們必須面對更多的疲憊和鮮血。

儘管情況並不樂觀，第十二步兵團仍勇敢迎戰。十二月六日，在埃希特納赫的E連被團團包圍，後來是靠著躲進一間帽子工廠才得以倖存。整整三天，E連都在跟節節逼近的德軍對戰，而第十二步兵團的其他部隊則在想盡辦法解救他們。十二月十九日，就在埃希特納赫幾乎全是德軍橫行時，一支裝甲特遣部隊衝進鎮內，解救這些受困的士兵。不過讓特遣部隊驚訝的是，E連的領導者拒絕離開帽子工廠，表示要跟餘下的弟兄們一起堅守此地。由於通訊系統已遭切斷，他沒有收到任何要他撤出目前陣地的命令；無法說服他們撤退的特遣部隊，只好跟他們一起待在工廠，但又得在夜幕降臨後回去保護坦克。就在撤退時，他們看到敵軍朝著工廠蜂擁而上。E連逃命的機會已經消失。沒有人活下來。

情勢無比混亂。第十二步兵團被切分成許多小隊，而許多小隊的人數甚至不到一排二十人的規模，卻必須獨力作戰。儘管埃希特納赫一度落入德軍手中，第十二步兵團仍成功守下了周遭城鎮，阻止德軍往盧森堡推進，也因此拯救了這個國家。

希特勒的攻擊行動最後失敗了——不是因爲計畫得不好，也不是因爲盟軍的運籌帷幄，而是因爲無止盡的磨耗。一九四四年冬天，德軍對盟軍使出了幾乎使他們敗倒的一擊，而沙林傑與他的第十二步兵團也因此受到了最強烈的打擊。不過，盟軍之所以能夠重新站起，源於他們有替補死傷士兵的能力，而德軍沒有。德軍在埃希特納赫和亞爾丁這類地方損失的部隊及裝備，都讓反攻註定走向失敗，也確立了第三帝國的命運。

十二月二十七日，沙林傑和他的同袍回到了曾是埃希特納赫的廢墟，根據師隊報告，他們不出所料地在此「沒發現任何人類居民的跡象」。在這座小鎮廢墟中，中士沙林傑終於找到一個寫信回家的機會。他的親友自從十二月十六日開戰以來，就沒再獲得他任何消息【註二】，加上美國報紙從那時起就充滿了各種德軍反攻的消息，使得沙林傑的親友也開始擔心要面對最糟的結果。

在這段期間，沙林傑在烏爾辛納斯學院的老朋友貝蒂·友德（Betty Yoder），曾發了兩次電報給惠特·博奈，希望知道是否有沙林傑的消息。十二月三十一日，她在電報中問起是否有「任何傑瑞·沙林傑的相關訊息」。她知道他駐守在「靠近埃希特納赫」的地方，同時也坦承，儘管「他是一個非常寶貴的朋友」，但一定會「因爲她寫了這封信嘲笑她」。

一直到一月，米莉安·沙林傑才收到兒子的來信。惠特·博奈從沙林傑母親那裡得知他安全後，也眞心鬆了一口氣，接著立刻匆忙寫了便箋給友德：「沙林傑沒事。他母親收到了十二月二十七日寫的信跟照片，還有給經紀人的手稿。」

□

第十二步兵團擁有的功績及磨難，不只是J·D·沙林傑的人生及作品的註腳，也在他個人及創作上留下了深刻痕跡。沙林傑這個人和他所經歷的戰爭經驗密不可分，而身爲作者的他也和筆下的作品緊密交纏。不管是發生在第一營、第二營，還是C、F或E連的事件，都說明了他實際遭逢的種種苦難。只要去了解第四師在二戰期間遭遇的任何事件，就等於理解其中所有人每天必須面對的恐怖，以及他們展現出的勇氣。

突出部之役在一九四五年一月結束，此時美軍的第八十二空降師部隊跨越國界進入許特根森林，準備一路前往柏林。由於雪開始融了，小道上的爛泥讓吉普車無法通過，他們被迫徒步穿越森林進入凱爾河谷，而士兵就在行進間面對了恐怖的場景：數以千計的美軍屍體在融雪後露出，許多平躺在地而結凍的雙手伸向天空，彷彿在懇求些什麼。

□

沙林傑的第七個考菲爾德家族故事是〈這個三明治沒有美乃滋〉，當中充滿了失落的痛苦。沒有現存紀錄能指出這篇作品寫成於何時，一九四五年十月發表在《君子》雜誌上之後【註二】，就沒有與其相關的資訊，而在目前能讀到的沙林傑通信中，無論是寫給歐柏公司或《故事》雜誌，都沒出現過這篇故事的標題。〈這個三明治沒有美乃滋〉很可能是沙林傑在戰場上寫的第三個故事，也就是他在一九四四年九月時表示正在進行但仍未命名的那個故事，其中或許也包含了現已佚失的〈站在田納西的男孩〉當中的元素。

〈這個三明治沒有美乃滋〉的一開場，在喬治亞州的新兵訓練營中，上士文森·考菲爾德正要跟另外三十三名美國大兵搭上某台卡車。天色已晚，但不畏傾盆大雨的他們，仍打算去鎮上跳舞。不過有個問題：只有三十人能去跳舞，而搭上卡車的還多了四個人。卡車只好延後出發，等待一位

註一：沙林傑在十二月十六日寫信回家時，可能還沒有意識到突出部之役已經開打，當時的他可能跟著第一營在放假，是直到隔天才被召回參與行動。

註二：〈這個三明治沒有美乃滋〉收錄於《君子扶手椅，1958-1960》（*The Armchair Esquire, 1958-1960*）的一百八十七到一百九十七頁，一九六〇年由紐約的普南之子（G. P. Putnam's Sons）出版社推出。

特種部隊的中尉來解決這個問題。就在等待的同時，透過大家的對話，我們可以知道是文森負責管理這群士兵，他得決定不讓誰去跳舞。

在以接近意識流的方式探索孤獨及鄉愁的描述中，敘事者關注的其實不是實際發生的事，而是文森內心的狀態。文森的弟弟霍爾頓在太平洋的行動中失蹤，很可能已經死了，而得知消息的文森受到很大的精神創傷，完全無法專注於其他事情。

就在其他士兵談起他們的家、家鄉，還有戰前的職業時，文森眼前閃現了許多回憶畫面。他看見了一九三九年世界博覽會上的自己和妹妹菲比，當時他們去看了主題是貝爾發明電話的展覽。兩人從博覽會走出來時，發現霍爾頓站在那裡，還要菲比爲自己簽名，菲比還笑鬧地打了他肚子一拳，「眞高興看到他。眞高興他是她的哥哥。」在背景都是同袍的交談聲中，文森的心思一直回到霍爾頓身上。文森看見他在潘西中學讀書的樣子【註】，看見他在網球場上，還看見他坐在鱈魚角的一道門廊上。霍爾頓怎麼會失蹤呢？文森拒絕相信這件事。

中尉抵達時一臉不開心，等他問過狀況後，文森假裝不清楚人數，還裝模作樣地點起人頭，過程中都在心裡嘲笑那位中尉及其他人，也嘲笑自己。他提議請願意放棄跳舞的人去看電影，於是兩名士兵的身影默默地消失在黑夜中。但文森眼前仍然多出兩個人。最後他決定命令最左邊的兩名士兵下車。其中一名士兵下了卡車後跑走了。文森又等了一下，才注意到另一名士兵鑽了出來。隨著他的身影走入光線中，大家可以看清那位年輕男孩的模樣。他就這樣一身濕透地站在大雨中，所有人都盯著他瞧。「我有在邀請名單上。」他喃喃地說，眼中幾乎要泛出淚光。文森沒說話。最後是那名中尉命令他回卡車上，然後爲這個多出來的男孩多安排了一個女舞伴。

隨著故事進入尾聲，大家正準備出發前往舞會時，文森的心思又迷失在霍爾頓身上。他突然一陣不知所措地開始懇求自己的弟弟：「就去隨便找個人吧，跟他們說你還在這個世界上——沒有失蹤、沒有死去、什麼事都沒有，就是存在於這個世界上。」

〈這個三明治沒有美乃滋〉的重點在於文森無法跟自己產生連結，也無法跟周遭的人產生連結，因為他拒絕改變。

那個男孩的現身是故事的高潮。在那一刻之前，讀者面對的是令人混亂的兩條平行線：一邊是對話，一邊是許多正在發生的事。唯有當那個男孩從陰影中現身時，讀者的注意力才能全數投注於一個角色上；也只有當讀者聚焦於那名站在雨中的男孩時，背景的對話才終於停了下來。那是超現實的一刻，而沙林傑更是透過緩慢的推進，強化了這種超現實的感受。讀者在看過一張張文森回想弟弟的心靈快照之後，自然會在看到男孩的身影出現時受到衝擊。那個從黑暗中浮現的身影，既脆弱又沮喪，渴求著某人的指引。他就是霍爾頓・考菲爾德的幽靈，是對他哥哥的一場考驗。文森

註：在這個一九四四年初完成的故事中，霍爾頓讀的寄宿學校跟〈我瘋了〉一樣是寫成「潘提中學」（Pentey）。而〈麥迪遜的小叛亂〉跟《麥田捕手》一樣，都把霍爾頓讀的寄宿學校寫成「潘西中學」（Pencey）。不過眾所周知，〈麥迪遜的小叛亂〉在一九四六年十二月發表前有過數次修改，所以沒有人能確認沙林傑一開始寫的到底是潘提還是潘西。因此，我們不能透過寄宿學校的名稱來判斷這篇故事的創作時間。

必須有所行動以完成這項考驗。他必須將自己的痛苦放到一邊，並做出一件簡單但具有象徵意義的事：他得放棄自己在卡車上的那個位置。

但他只是伸出了手，把男孩的領子立起來以擋雨，之後保持沉默的他沒再採取任何行動。沒過多久，男孩就不站在那裡了，而文森再次搭上卡車，完全被失落的情緒給淹沒。他在心中對霍爾頓嘮叨個不停，又是叫他別再吹口哨、叫他別再穿浴袍去海灘，還叫他坐在餐桌前，背要挺直。

若這篇作品眞的是完成於一九四四年的最後幾個月，也就是他身處史尼—愛菲爾稜線和許特根的那幾個星期，那麼，〈這個三明治沒有美乃滋〉便能幫我們以特別的角度理解這個作者。仍在努力和死亡搏鬥的沙林傑，將自己塑造爲文森．考菲爾德，讓這個角色反映了創作者的狀態：他不知道是該壓抑著自己的情感，還是去面對將自己糾纏其中的現實。

□

一九四五年一月一日，傑瑞．沙林傑二十六歲。一年前的他還在荷拉柏堡等著被調派到海外，現在的他則在盧森堡的營地，眼前是紹爾河及對岸的德國，而三個半月前的他就是跨過這條國界，進入了許特根。

第十二步兵團在二月四日跨越了齊格菲防線，而且就在與一九四四年九月跨域時完全一樣的區段。對於大多數部隊而言，這是一個値得慶祝的場合，因爲他們是第一次踏上德國領土。然而沙林傑這些在第一次跨越邊界時存活的老兵，想的卻是當時倒下的朋友。第一次跨越邊境之後的境遇在沙林傑腦中揮之不去，使得重新進入德國的他顯得小心翼翼，內心也充滿恨意。你很容易想像那個場面：他的身邊圍繞著興奮的新兵，而他們喜洋洋的熱切話語落入他的耳朵時，就跟貝比蒐集的輕浮剪報一樣令人厭恨。

由於現在整個師隊大多配有裝甲車，跨越德國邊界的速度變得很快。抵達萊茵河之後，部隊在普呂姆及奧斯遭遇零星抵抗，而在幾個月前，沙林傑也很可能就在這些小鎮與敵軍交戰；不過德軍顯然已經輸了這場戰爭，這些反抗力量也不像在許特根時那麼猛烈。三月三十日，沙林傑和第四師在沃姆斯這座城市跨越了萊茵河，穿過符騰堡往東南方前進，最後進入巴伐利亞。

在此同時，沙林傑的作品也在家鄉獲得了曝光機會。《故事》雜誌的三、四月號主打〈伊蓮〉，而沙林傑就是透過這個故事，探討了毫無防備的美好是如何受人踐踏。三月三十一日，〈一個在法國的男孩〉刊載於《星期六晚郵報》雜誌，讓讀者得以聽到貝比在壕溝中筋疲力盡的禱詞。

在戰爭的最後一個階段，第四師很快將工作焦點從作戰改爲占領。不用再爲了生存奮鬥之後，沙林傑開始在美軍取得的城鎮發揮自己受過的反情報訓練。每當進入一座城鎮，他會巡視公共建築，尤其是跟通訊及運輸相關的單位。美軍會先關閉這些地方，以免有人偷溜進去（或者出去）。爲了防止當地居民跟敵軍聯繫，美軍也必須立刻進占廣播電台、電報中心，還有郵局。沙林傑會沒收其中的所有紀錄，仔細檢閱，然後送到師隊司令部進一步分析。

沙林傑作爲反情報部隊一員，最重要的就是運用當地語言與居民溝通的能力——這對維護第十二步兵團的安全而言也很重要。舉例來說，當部隊進入城鎮時，是沙林傑負責向居民發表談話，傳達步兵團訂下的規則。然後他會審查每一位居民，盡量和每一位面談，一方面是蒐集情報，同時清除可能對其他士兵造成的威脅：比如意圖反抗的計畫，或藏在一般民眾中的納粹分子。

在沙林傑蒐集情報的職責中，最有趣的或許就是必須下令逮捕嫌犯並審訊囚犯。對今日的我們而言，去想像沙林傑逐門逐戶地揪出壞蛋，然後在裸露的燈泡下對他們嚴刑逼供，似乎是件很荒謬的事，但當時的狀況正是如此。就各方面而言，他執行任務的態度就跟他寫作時一樣嚴謹正直。

□

負責經紀沙林傑的歐柏公司有個資料庫，其中有一份日期為一九四五年四月十日的文件，上頭列了十九個可能收錄在《年輕人》選集中的故事。其中包括沙林傑在一九四四年九月向惠特・博奈建議的十五個故事，唯一的例外是〈心軟上士〉。此外還有兩個已命名的故事首次出現，分別是〈已故，偉人的女兒〉（Daughter of the Late, Great Man）和〈滿是保齡球的大海〉（The Ocean Full of Bowling Balls）。

〈已故，偉人的女兒〉這篇故事從未發表，但歐柏公司對這篇故事的描述是「創作者的女兒釣到老男人」【註】，指的顯然是烏娜・歐尼爾和查理・卓別林。

至於另一個新故事〈滿是保齡球的海洋〉，則是一直到一九四八年才賣給《女人的居家良伴》雜誌（*Woman's Home Companion*）。不過雜誌發行人後來覺得這個故事太令人沮喪，拒絕刊登，於是沙林傑收回這個故事，然後在一九五〇年投給《柯利爾》。《柯利爾》當時的小說編輯納克斯・柏格（Knox Burger）買下了這個故事，但不幸的是，原本在《女人的居家良伴》決定不刊登這篇故事的發行人此時到了《柯利爾》工作，所以還是給沙林傑打了回票。當時已經是一九五〇年末或一九五一年初，《麥田捕手》即將出版，沙林傑於是決定不再發表〈滿是保齡球的海洋〉，退還了

《柯利爾》所付的稿費，收回那篇作品，從此沒再投稿。

在〈西摩：小傳〉中有一個段落，是巴迪・格拉斯（Buddy Glass）和哥哥西摩在玩彈珠。沙林傑是這樣說的：西摩站著，將一顆光滑、形狀對稱的彈珠完美無缺地「平衡」在手上，然後眼帶愛意地望向弟弟。西摩正要教導巴迪如何解放一個人的意志及自我意識，以抵達能與他人建立完美連結的境地。而這個場景，就跟〈滿是保齡球的海洋〉中，發生在肯尼斯・考菲爾德和哥哥文森之間的場景非常類似。雖然沙林傑之所以寫巴迪和西摩相處的這個場景，是爲了教導讀者如何解讀自己的作品，但只要是熟悉〈滿是保齡球的海洋〉故事的人，一定都能認出這個作爲故事要旨及關鍵訊息的寓言。

〈滿是保齡球的海洋〉是沙林傑寫的第七個考菲爾德家族故事，也是他最好的未發表作品之一，其中描繪了艾利・考菲爾德（Allie Caulfield）人生中的最後一天（他在這個故事中的名字是肯尼斯）。在這個故事中，讀者親眼目睹了作者至今最崇高的角色出場。在沙林傑創造的角色當中，肯尼斯・考菲爾德是第一個頓悟的人。

〈滿是保齡球的海洋〉發生在鱈魚角，敘事者文森・考菲爾德即將滿十八歲。跟他一起住在屋

註：此外，這篇文件底下似乎也為這部選集列出了初步架構，此架構跟博奈當初以「戰爭」為主題分成三部的建議不同。歐柏公司提議將這些故事分類為：「第一部：女孩，第二部：男孩，以及第三部：霍爾頓的故事」。

子裡的有他身爲演員的父母、十二歲的弟弟肯尼斯，還有剛出生沒多久的妹妹菲比。文森的弟弟霍爾頓則身處遠方的軍營。

文森先開始描述弟弟肯尼斯這個人。他刻畫出的是一個細心、敏感，而且聰明的男孩，這男孩時不時就會蹲下來觀察地上的東西，以致鞋尖總是稍微往上彎起。文森描述弟弟有一頭紅髮，還說這麼耀眼的玩意兒最好隔上一大段距離看比較好。他提起曾和海倫・碧柏斯（Helen Beebers）一起打高爾夫球，當時也有發現她的哥哥在遠處觀察他們。

肯尼斯熱愛兩種事物：文學和棒球。他在一壘左手套上寫滿詩句，好讓自己在場上也能閱讀，並藉此將兩種熱愛的事物結合在一起。霍爾頓在肯尼斯的手套上讀到一句引自羅勃特・白朗寧（Robert Browning）的詩句，文森於是向我們轉述：

> 我恨死亡綁住我的雙眼，冷眼旁觀，命我爬向它。

在七月的一個星期六下午，努力想成爲作家的文森離開房間，下樓走向門廊；肯尼斯就在那裡閱讀。文森用一種肅穆的心情循循善誘，要弟弟別讀書了，然後把自己剛寫好的故事〈打保齡球的人〉告訴他。

〈打保齡球的人〉的主角是名男性，妻子不讓他做任何想做的事。他不能用收音機聽體育賽事，不能讀牛仔雜誌，也不能盡情發展任何其他興趣。妻子唯一讓他做的事就是打保齡球，一週一次，而且只能在星期四的晚上。所以連續八年來的每個星期四，這個男人都會從衣櫃拿出他的保齡球後出門。某天這個男人死了。之後他的妻子每個星期一都會帶劍蘭花去掃墓，從不間斷。某次她剛好星期四去掃墓，卻發現丈夫墓上擺了新鮮的紫羅蘭。她把墓園的管理人叫來，問是誰留下了紫羅蘭，對方說，就是那個每星期四都會帶紫羅蘭來的女人，大概是那個死去男人的妻子吧。女人氣沖沖地回家。那天晚上，鄰居聽到玻璃破掉的聲音，隔天就看到那個女人家的草皮上有顆嶄新、閃亮的保齡球，四周則散落著窗玻璃碎片。

肯尼斯對故事的反應不如文森預期。他不喜歡這個結局，還指控文森是在報復那個無法爲自己辯解的角色。文森深受他的感性觸動，決定銷毀這個故事。

肯尼斯是個有「心臟問題」的孩子，他在故事中被描繪成一個率性又決心盡情揮灑人生的人。他說服哥哥帶他去一家名爲拉瑟特的餐廳吃大海螂蛤。兩人在車程中聊起文森的女朋友海倫．碧柏斯。肯尼斯告訴文森，海倫是個很好的人，應該跟她結婚，而她其中一個優良品行就是在下西洋棋時不會把國王從後排往前移動。他問起文森對菲比及霍爾頓的愛，然後坦率地表示每當看著搖籃裡的寶寶，總覺得那個孩子就是自己。接著他指責文森不懂表達自己的愛。

在拉瑟特餐廳吃完大海螂蛤後，文森直覺認爲兩人應該開車去海灘邊那塊霍爾頓口中的「智者石」（The Wise Guy Rock）。那是塊往海洋突出的扁平巨石，得連續跳過好幾顆石頭才能上去。他們在石頭上眺望海面，文森說海面很平靜。就在那裡，肯尼斯讀了一封當天收到的信，是霍爾頓寫來的。信的內容非常幽默，還像是要人猜謎般，故意搞出許多拼字錯誤。他在信中抱怨軍營臭死了，到處都是老鼠，接著透過幾個搞笑但思想周密的小故事，抱怨了軍營顧問的虛僞作態【註】。

接著，肯尼斯撿起了一顆卵石，仔細檢視上頭是否有不夠完美之處。他大聲說出腦中的疑惑：

霍爾頓看起來是個無法妥協的人——儘管他自己也清楚，若是能做些妥協，就能過得更爲平順——真不知道他之後會怎樣？肯尼斯決定下海游泳，但文森覺得不太好。天色開始變暗，海面也更爲波濤洶湧。他試著說服弟弟打消念頭，但很快又覺得應該順著對方的心意。文森心中隱約覺得不該阻止弟弟，所以制止了自己。肯尼斯順利游完泳，卻在上岸之際突然失去意識。文森把他撈上海灘，並立刻送他回家，剛開始一英哩多的路程上，連煞車都忘了鬆開。

文森帶著肯尼斯到家門時，看見霍爾頓帶著行李坐在門廊上。霍爾頓試著爲弟弟進行心肺復甦，但手法太笨拙，文森看了好生氣。他們把肯尼斯搬進屋內，叫了醫生，就在他們父母結束排演工作回家後沒多久，醫生也來了。那天晚上的八點十分，肯尼斯死了。故事的最後，文森向讀者解釋講述這個故事的動機：他希望透過說出這個故事讓弟弟安息。肯尼斯從死去後，就一直跟著他和霍爾頓，連在戰爭期間也都徘徊不去。文森覺得肯尼斯不該再「賴著不走」了。

在〈滿是保齡球的海洋〉中，我們可以透過兩個句子看出沙林傑作品中有了精神層面的拓展。雖然看起來只是兩個不重要的短句，卻足以讓人確認他出現了這樣的意識：人能透過愛與他人產生連結，而這種連結還擁有足以超越死亡的力量。

在一個自我揭露又循循善誘的時刻，肯尼斯問了文森：「當你看到他們用來放菲比的那個搖籃時，你有爲之瘋狂嗎？難道你不覺得她就是你嗎？」文森宣稱他理解肯尼斯所說的那種情懷，但肯尼斯還是繼續對他說教，要他不要壓抑，把愛表現出來。根據這個句子的暗示，肯尼斯在妹妹的搖籃邊經歷了覺醒時刻。肯尼斯談的不只是對菲比的愛，還有他感覺到兩人之間合而爲一，不分你我的那種狀態。這樣的意識讓他明白，將愛百分之百、毫無節制地表達出來，是一件有價值的事，而文森缺乏這樣的認知。因爲有過這樣的體驗，肯尼斯得以接受自己的死亡，因爲他知道自己能夠透過手足活下去。這是貝比在麥蒂床邊經歷過的事，也是〈我瘋了〉的霍爾頓在妹妹薇奧拉的嬰兒床邊的感受，只不過是一個更爲詳細闡述的版本。之後，霍爾頓在《麥田捕手》中，也會再次因爲菲比而出現類似的心情。

肯尼斯是一個均衡的象徵。他是在詩歌與散文體、知識與靈性，甚至是生與死之間取得一體性的角色。他在海灘邊撿起卵石時，敘事者告訴我們，他檢視著這顆卵石的對稱性，希望從中找到缺陷。這個場景是西摩教巴迪如何玩彈珠的前身，不是因爲其中的卵石對應了之後的彈珠，而是兩個場景都代表了一種均衡及領受的精神——也就是願意爲了眞正與人產生連結而釋放自己的情感。肯尼斯還能活在世間的時間正逐漸縮短，而他想到了霍爾頓，也想到他的無法妥協及缺乏均衡性的問題，所以肯尼斯不禁想，要是他死了，霍爾頓會怎麼樣呢？

肯尼斯從「智者石」走進水裡時就已經知道自己快死了。文森告訴我們，他變得洋洋得意，甚至嘲弄死亡，因爲死亡已經沒有支配他的力量了。「如果我快死之類的，你知道我會怎麼做嗎？」肯尼斯問。「我會想辦法待下來。」他說，「我會再努力一陣子。」爲了強化肯尼斯在精神上的領

註：根據一九八四年傑克・薩布里特（Jack Sublette）為J・D・沙林傑做的研究書目提要指出，《柯利爾》的小說編輯納克斯・柏格曾在一九四八年表示，〈滿是保齡球的海洋〉中的「那封家書，是歷史上所有從軍的男人（或男孩）寫過最好的一封」。

受，沙林傑使用了白朗寧的詩作，就像他在〈一個在法國的男孩〉中用布雷克及狄金森的詩作去確認貝比所抱持的信仰。他「再待一陣子」的宣言，跟哥哥霍爾頓之後害怕自己「消失」的心情形成強烈的對比。

或許是因爲在一九四五年初，美軍部隊在德國境內全速推進的狀態相對平靜，讓沙林傑得以處理自己從反攻日以來所經歷的一切。〈滿是保齡球的海洋〉顯示作者已找到足以獲取精神體悟的來源，並以此否定死亡的存在，或至少是否定死亡具有的力量。當時沙林傑無法想像的是，他還沒見到眞正的地獄，目前的他還只是站在地獄的門口。

□

沙林傑的情報工作讓他見識到戰爭眞正恐怖的一面。五個月之前，反情報部隊就已彙整並發送了一份報告給所有幹員，標題是《德國集中營》（*German Concentration Camp*）。這份文件指出了大日耳曼帝國境內所有集中營的名稱、概況，以及地點，另外還有數百個附屬的外營。反情報部隊的幹員獲得指示，一旦進入懷疑擁有這類集中營的地區，就要立刻前往評估營內狀況、審問營內人員，並將報告提交給總部。此外，若有非反情報部隊的軍隊進入這類地區，也要立刻聯絡離他們最近的幹員。

四月二十二日，沙林傑所屬師隊在羅滕堡遇上了一場異常困難的戰鬥，接著行經位於巴伐利亞的奧格斯堡、蘭茨貝格和達赫奧之間，每邊長約二十英哩的三角地帶。這個地區透過一百二十三座拘留營組成了達赫奧的集中營系統，根據目擊者指出，這些地方的臭氣十英哩以外就能聞到。

一九四五年四月底，第十二步兵團蜂擁進入這個地區，也無法避免地撞見了這些營區。

四月二十三日星期一，沙林傑和所屬步兵團的同袍到了阿倫和埃爾萬根，美國大屠殺紀念館認定這裡有屬於達赫奧集中營的一個外營。四月二十六日，第十二步兵團從霍爾高回報，表示那裡有另一個達赫奧集中營的外營。四月二十七日，步兵團到了萊希河西岸，對岸的奧格斯堡還有另外兩個集中營。

四月二十八日，穿越奧格斯堡後的沙林傑，應該駐紮在博賓根。那裡是他所屬師隊及步兵團總部的所在地，距離南邊惡名昭彰的蘭茨貝格和考弗靈四號集中營（Kaufering IV），分別只有十二和九英哩。

四月三十日，希特勒在柏林自殺當天，第十二步兵團在威爾頓霍特（Wildenroth）跨越了安珀河，位置就在蘭茨貝格集中營和達赫奧最主要的死亡集中營中間。這條路徑帶領沙林傑的所屬師隊穿越杭斯特坦地區，德國最大的集中營外營就座落在此，另外還有一間靠著奴工運作的梅塞施密特（Messerschmitt）飛機工廠。

沙林傑的大多數同袍都因爲眼前的場面而感到迷惑不解。之前他們覺得戰爭即將結束，也以爲早已見識過最糟的場面，所以此刻更是措手不及，沒想到身邊會出現這麼多殘酷的畫面。步兵團的每日報告中都描述了不可置信的心情，而且逐漸意識到他們釋放出來的不是一般戰犯。四月二十三日，師隊總部的報告指出：「第十二步兵團回報了一座盟軍戰犯營，裡面大約有三百五十名犯人。」五天之後，根據報告紀錄指出：「第十二步兵團回報了一座有六十名法國士兵的法國戰犯圍場【譯註】。」

關於沙林傑被迫理解的現實，我們能在一名普通士兵的私人日記中看到更深刻的描述。這名士兵隸屬於第五五二野戰砲兵營，在一九四五年四月的最後幾週，這個單位就附屬於第十二步兵團。

大門敞開後，我們得以搶先看到囚犯的狀態。許多都是猶太人。他們穿著黑白條紋的囚衣，頭戴圓帽，其中有些人肩上披著破爛的毯子……這些囚犯看到門開後，都掙扎起身，虛弱地拖著腳步走出去。他們就像一架枯骨——根本只剩皮包骨。

一九九二年，美軍指派第四師隊負責解放納粹集中營，沙林傑顯然也受召參與了解放達赫奧集中營受害者的工作。就跟許多在戰時見到類似場面的人一樣，沙林傑從未直接談起那段經歷，我們也無法確定他的反情報職責要求他在這些地方執行什麼工作。在達赫奧集中營的附屬外營中，沙林傑所屬師隊負責解放的是霍爾高的弗雷西（Pfersee）地區、阿倫、埃爾萬根、杭斯特坦、托肯法海德（Turkenfald），和沃爾夫拉茨豪森這幾座外營。

在巴伐利亞時，沙林傑與正常生活間的連結已薄弱到幾乎要被扯斷的極限，而在此同時，他的口袋中還放著《麥田捕手》熱騰騰的手稿，其中有孩子們在溜冰，還有穿著柔軟藍洋裝的小女孩。就在一九四五年那個冷颼颼的四月，J．D．沙林傑變得再也不一樣了，他不只目睹了無辜生命被屠殺，還看到他幾乎發瘋似地希望保有、珍惜的一切被殲滅。置身那樣的惡夢會讓人留下難以抹滅的痛苦。他曾哀痛地說：「就算活了一輩子，你還是永遠無法把焚燒屍體的氣味從鼻子內抹去。」

□

二次世界大戰在一九四五年五月八日結束時，J．D．沙林傑已在軍中服役超過三年。自從一九四三年中開始，他就不停地表示自己渴望回紐約的家，也想重新成爲平民。眞正開始作戰之前，他就曾表示自己早已放棄尋找幸福，戰爭結束後，他更是不確定人生中還有多少事物維持著戰前原貌。他一開始抱著好想從軍的心情入伍服役，而且相信這個環境能讓他有寫作的餘裕。三年過去，他卻只是對遭遇到的現實感到厭倦不堪又痛苦，身心因此留下一生的疤痕。他因爲在砲火中用力趴下找掩護而摔斷鼻子，而他拒絕修復因此變形的鼻梁。爆炸的聲音損毀了他大半的聽力。因爲必須不停戰鬥，他被迫切斷與內心感受的連結，也沒有時間處理一切恐怖經歷，等到戰事逐漸平緩，卻又有新的殘酷暴行在他心頭留下擺脫不掉的陰影。而跟他一起在反攻日來到歐洲的士兵，也很少有人像他一樣活到歐戰勝利日（Victory in Europe Day，VE Day）。他在整場戰爭中都非常專業地執行任務，留下非常光榮的服役紀錄。他從未讓他的弟兄失望，沒有在壓力下崩潰，也總是在他們需要時伸出援手。不過到了五月八日，他已經付出了自己的所有，徹底耗竭的他只想趕快退役，那是他應得的權利。戰爭結束了，他該回家了。

但沙林傑沒有回家。美軍在五月十日建立了反情報部隊九七〇支隊，一方面是要協助盟軍的占

譯註：這裡寫的War Inclosure應該是War Enclosure的筆誤，但由於此書引用的報告原文如此，所以作者也直接抄錄。

領工作，一方面是要執行德國的「去納粹化」（denazification）。於是，沙林傑沒有退役，他在接下來的六個月，被分派到了這個支隊，並和其他反情報部隊幹員一起移動到紐倫堡外的魏森堡。他當時已寫信回家提醒家人，表示他的從軍時間還會持續一陣子。這也代表他得跟第十二步兵團分道揚鑣，而那是他這一年多以來的家。由於身邊都是陌生人，原本靠著作戰而被阻隔在外的事件及情緒，如同貝比在〈一個在法國的男孩〉中哀痛描述爲腦中「那些不可能是空白，也無法成爲令人慶幸的空白」的戰爭思緒，現在都「開始一點一滴在腦中浮現」。第十二步兵團的士兵退役了，被留下的他只能獨自處理這些回憶，並因此陷入絕望。

五月十三日，就在他即將調派到新單位之前，沙林傑寫了一封情緒低落的信給伊莉莎白．莫瑞。針對軍隊及其在戰爭中的行徑，他表達了憎惡的情緒。他因爲之前經歷的恐怖處境而幾乎要發狂，也放不下那些死去的戰友。他能夠活下來或許可說幾乎是奇蹟，但也讓他有了一種專屬於戰爭倖存者的罪惡感。「一切都糟透了，伊莉莎白，」他告訴莫瑞，「眞不知道妳能不能了解。」

過去的沙林傑是透過寫作來緩解痛苦，並藉此表達平時難以傳達的內在感受。而在戰爭期間，發現無法透過散文體表達自己的沙林傑，決定求助於詩歌。

他光是一九四五年就投了十五篇詩作給《紐約客》——多到編輯都已經開始抱怨了。無論手法爲何，他之前就經常透過寫作來處理難以表達的感受，因此，若此刻的他選擇把心中的感受及經驗寫成一部戰爭小說，應該也是非常自然的結果。許多認識他的人也期待他這麼做，而其中最期待的就是惠特．博奈。不過他們都要失望了。沙林傑在〈神奇的散兵坑〉及〈一個在法國的男孩〉中描寫過戰事後，就回頭遵守貝比在〈最後一次休假的最後一天〉許下的誓言，「再也不提起（戰爭的事）」。他確實也意識到這類小說存在的重要性，但是在那年十月，當〈這個三明治沒有美乃滋〉在《君子》雜誌上刊登時，他在隨之刊出的訪談中清楚表示他還沒準備好寫這樣一部作品：

目前爲止，有關這場戰爭的小說，已然擁有太多評論家想要的力量、成熟度及精巧技藝，卻鮮少提到那些搖搖欲墜的缺陷之美。所有曾參與這場戰爭的人，都值得擁有一段動人的文字之歌，而且是那種演奏起來不讓人難爲情或後悔的曲調。我會密切等待這樣一本書的出現。

一九四五年夏天，傑瑞·沙林傑在戰爭中的經驗、延長的役期、突然之間的孤單，以及不願表達痛苦的狀態，終於匯聚成災難性的後果。隨著時間一週週過去，他變得更加憂鬱，內心的感受也開始讓他癱瘓。他在前線看過許多戰爭疲勞的案例，也就是我們現在所謂的創傷症候群，所以明白目前的心靈狀態可能帶來的危險。七月，他自願進入一間紐倫堡的綜合醫院進行治療。

我們對沙林傑住院期間的大部分認知，都出自他於七月二十七日寫給海明威的那封信。那封信是寫給「老爸爸（Poppa）」，他一開頭就直接坦承自己「幾乎一直處於消沉的狀態」，然後表示想在一切失控前尋求專業協助。住院期間，醫護人員問了他一大堆問題：童年如何？性生活如何？喜歡軍隊嗎？沙林傑語帶諷刺地回答了每一個問題——只有跟軍隊有關的問題除外，面對那個問題，他沒有任何模稜兩可地回答了「喜歡」。在給出這個答案時，他心中想的是霍爾頓·考菲爾德的那部小說；他向海明威解釋，要是因爲心理因素而退伍，怕會影響之後讀者看待他小說的方式。

那是一封寫得很精彩的信，你可以看到霍爾頓·考菲爾德的機智模樣躍然紙上。「我們這一區已經沒有什麼需要進行逮捕的工作了，」他寫道，「現在只有十歲以下的小孩態度傲慢，才會被我們找麻煩。」他還說因為紐約的街道太危險，母親直到他二十四歲都還會陪他走到學校。沙林傑還提到希望能去維也納尋找曾在一九三七年寄宿的那個家庭，並在談到此事時偶爾流露出哀傷情緒。另外，他顯然很需要獲得認可，有時口氣幾乎是在懇求。可以拜託海明威寫信給他嗎？自己有什麼可以為他做的嗎？在這樣脆弱的狀態下，沙林傑是在伸手向一位朋友求援，而這個朋友不但和他共同經歷了戰爭，也跟他一樣投入文學事業。「我跟你在這裡有過的談話，」他告訴海明威，「是整件事（戰爭）中唯一讓我感到希望的微小片刻。」

沙林傑似乎懷疑海明威遇上了困境，而且需要他人的支持。他兩次問起海明威是否真的有在寫小說，彷彿對此存疑。至於他自己，沙林傑報告說自己又寫了「幾篇作品」、幾首詩，以及完成部分的有關霍爾頓．考菲爾德的劇本。這封信中令人覺得好奇的，是沙林傑提到有關《年輕人》選集的消息。他告訴海明威，這項計畫又再次「破局」，雖然他宣稱不想對此心懷怨恨，但之後又開始描述自己有多麼不滿。

或許沙林傑最有見識的發言都用在有關費茲傑羅的話題上了。面對評論者的批評，沙林傑一如往常地為費茲傑羅辯護，並指出他作品的優美跟他個性中的缺陷正好能夠互補。不過，根據沙林傑表示，費茲傑羅在過世前差點毀掉《最後的大亨》這部小說，或許沒寫完是最好的結果——這可能也是沙林傑針對費茲傑羅所說過最嚴厲的批判。

沙林傑入院時就已試過某種自我治療的方式，也就是使用「之前總是有用的阿布拉卡達布拉咒語」。春末或夏初時分，他寫了第八個（也是最後一個）考菲爾德家族的故事，發表的標題是〈陌生人〉，其中他的另一個自我貝比・葛雷德沃勒在戰後回家，出現了跟沙林傑非常類似的病症。

□

〈陌生人〉的創作日期很好確認。七月二十七日，沙林傑告訴海明威，他已經至少又完成了另外兩個故事，並開玩笑說是「亂倫」的故事。我們幾乎可以確定他指的就是〈陌生人〉。海明威已經讀過沙林傑前兩個有關貝比及麥蒂的故事，就算不是有什麼洞察天分的人，也可以想像他是在拿這對兄妹的親暱程度開玩笑。

〈陌生人〉是以第三人稱敘事的故事，其中紀念了第十二步兵團中去世的死者，而代表死者的就是文森・考菲爾德。相較於〈一個在法國的男孩〉的柔美結尾，這個故事的結尾帶有更多救贖意味，而就跟考菲爾德家族的其他故事類似，都是透過欣賞純眞帶來的美好以爲讀者提供希望。這個故事也是〈致艾絲美——獻上愛與齷齪〉的先行者，兩個故事都展現出透過人際連結而重生的可能，並透過類似處境中的類似角色，來提供類似的希望。

〈陌生人〉中有種沙林傑帶回紐約的憂傷元素。寫下這故事的他最渴望的，或許就是待在家鄉紐約。不過，再次成爲主角的貝比・葛雷德沃勒，在經歷戰爭之後無法適應平民生活，仍是那個在法國既心碎又備受打擊的貝比・葛雷德沃勒。自從那時開始，他就一直承受著許特根森林和突出部之役所帶來的痛苦折磨，而這就是整個故事的前提。貝比去了文森・考菲爾德的前女友海倫・碧柏斯住的公寓，他把文森寫的一首詩交給她，也跟她說了文森過世時的狀況。這麼做對貝比而言是種療癒，但因爲無法獨自完成如此痛苦的任務，他要求麥蒂陪他一起去，好爲他帶來力量及精神上的指引。

抵達海倫家的貝比，雙眼充血，眼眶泛淚，而且不停地擤鼻子。不過最需要接受治療的還是他的心靈狀態。貝比回到紐約之後，原本受戰爭改變的程度只是變得更嚴重，儘管身體是回家了，心靈卻還囚禁在一個充滿死亡的所在。任何尋常的作爲都會讓貝比彷彿瞬間回到那群死去士兵的鬼魂身邊，讓他「回到無法挽回的那些年，聽到當時的樂音；回到那些微不足道、毫無歷史性可言，而且相當美好的那幾年，當時所有第十二步兵團的男孩都還活著，而且在早已消逝的舞廳插隊、搶其他死去男孩的女伴：那些年，會跳舞的人很是一回事，而且沒人聽過什麼瑟堡還是聖洛，也沒聽過許特根森林或盧森堡。」

貝比一見海倫就對她的美貌感到震驚，但他的來訪純粹是出於義務。他的責任是以不省略或潤飾任何細節的方式完整重述文森．考菲爾德死去的消息。文森當時和貝比還有幾位士兵一起在許特根森林，他們正在火邊暖手，此時一枚迫擊砲彈在他們中間炸開。文森被擊中了。他被帶去醫療帳篷，但不到三分鐘就死了，死時雙眼大張，沒有留下任何遺言【註】。

貝比爲了描述一個死亡場面，而把十二歲的妹妹帶出門，聽起來似乎不太妥當。表面上看來，貝比是帶麥蒂去看一齣跟死亡有關的戲，但其實他是迫切需要麥蒂幫忙穩住自己。貝比身旁的麥蒂是一個正直的角色。貝比需要她在一旁以孩子的目光提醒自己：他必須完整描述文森的死亡過程，而不加上任何成年人的世故潤飾。

在驅逐了那些回憶的幽魂之後，作者呈現了貝比和麥蒂走向中央公園的畫面。把文森的故事講出來之後，貝比感覺放下心中重擔，但仍有憂傷在啃噬著他。麥蒂以孩子的直覺問了她哥哥：「你回家開心嗎？」

「開心呀，寶貝，」貝比回答，「……妳為什麼這樣問？」突然之間，生活中那些被消音的小事此刻又獲得注目，而貝比終於得以體驗當下的美好。當麥蒂開始吹噓自己能用筷子吃飯時，貝比則給了一個簡單卻至關重要的回覆。「小鬼頭，」他說，「那我可得親眼瞧瞧才行。」那句話是個許諾，是貝比第一次有辦法往前看。故事進行到此之前，貝比無論是腦中或口中的，全是跟過去有關的事。

故事的最後，麥蒂做了一般小孩都會做的事，但貝比卻彷彿初次看到一樣地覺得了不起。她從街上跳到人行道邊，接著又跳回去。貝比因為這個舉動而開始初次對讀者說話，他問：「為什麼這件事看起來如此美好呢？」這個問題的答案就跟讀者在《麥田捕手》結尾讀到的一樣。麥蒂的跳躍之所以美好，就跟霍爾頓在旋轉木馬旁哭泣的原因一樣。貝比在經歷了這一切之後，仍保有認出美好事物及欣賞純真的能力。他的靈魂還活著。

□

無數的士兵在二次大戰期間幾乎都有現在所謂的「創傷後壓力症候群」，但當時這個病症仍未

註：文森死得毫無意義，而沙林傑在寫一九四八年短篇小說〈康州甩叔〉中華特．格拉斯死亡事件時，無疑就是以他的死為原型。

獲得認可，導致大多數士兵只能默默承受。戰爭結束後，這些退役士兵回到家鄉，融入一般人群的他們，只能祕密處理內心的惡魔。

沙林傑跟這類老兵不同，在目睹過這一切恐怖及其帶來的影響時，他還有辦法去做些什麼。他重新發現了寫作的力量。他開始書寫這些士兵，爲了那無法爲自己發聲的士兵而寫。透過寫作，他爲自己因爲服役而必須面對的問題尋找答案，也爲生死、上帝，以及我們對彼此的意義尋求解答。

霍爾頓在中央公園的旋轉木馬邊得到的領悟，也就是沙林傑在歷經戰爭後得以舒緩痛苦的力量。理解之後的霍爾頓和沙林傑都沉默了——他們再也沒有談起戰爭。因此，在解讀《麥田捕手》中霍爾頓的道別台詞時，必須把Ｊ．Ｄ．沙林傑和二次世界大戰放在心上：「絕對別跟任何人提起任何事。一旦提了，你就會開始思念所有人。」

也就是所有死去的士兵。

離開醫院的沙林傑，想過正常及安穩的日子。如果戰後非留在德國不可，他決心要創造出一種屬於自己的生活，而且要跟回到紐約時想建立的生活盡可能相似。

就在歐戰勝利日之後沒多久，沙林傑就向反情報部隊申請調派到維也納。他一直夢想能回到奧地利，找到七年前一起生活的家庭，並重拾他跟那家女兒之間的情誼。對這種理想化情節抱持期待實在不太實際，沙林傑卻還是清楚表明了自己的意圖，完全不顧戰爭已改變了所有人的生活。反情報部隊拒絕了他的申請，把他派去紐倫堡地區。不過，他似乎還是為了尋找珍愛的那家人而去了維也納一趟。

我們並不清楚沙林傑在維也納遭遇到什麼，但他很快就回到德國。〈我認識的一個女孩〉的故事很可能就反映了當時的眞實狀況。若是如此，沙林傑到了維也納後，應該只是得知那個家庭的所有成員都已在集中營凋零，包括他初戀的那個女孩。〈我認識的一個女孩〉結尾是一個無比巨大的悲劇，因此也很可能是描述事實。畢竟沙林傑對這個家庭的感情很深，我們很難想像他會透過虛構的手法，把這樣的命運強加在他們身上。

當然，從奧地利回來的沙林傑，可說大受打擊。他在心中將這些人理想化了，而這些人的死亡更確認了他戰前生活的所有面向皆已徹底遭到摧毀。貝比在〈最後一次休假的最後一天〉結尾盼望回到跟離開時一模一樣的家鄉，而若要說有什麼證明了這是無法達成的願望，就是沙林傑回到奧地利的這件事。也因爲如此，他回來後立刻抓住了第一個得以幸福的機會，儘管他自己也認爲根本不應該這麼做。

那年九月，沙林傑宣布要結婚了，親友皆大感震驚。他說他認識了一個名叫希薇亞（Sylvia）的法國女人，被她迷得神魂顛倒。沙林傑描述她是一個「非常敏感」且「非常好」的女人。這種籠統的描述說服不了任何人。明明他在〈孩童梯隊〉中曾嚴厲譴責戰時婚姻，認爲這是不負責任的行爲，但仍用打算在此時結婚的訊息給家人重重一擊。沙林傑的母親尤其抱持著懷疑態度。她原本預期兒子此刻已經回家了，沒想到他不但仍在海外，還打算跟一個認識不深的女人結婚。

一九四五年十二月，沙林傑已經在德國建立了新生活。十月十八日，他和希薇亞在名爲帕彭海姆的小鎮結婚，之後搬進一間宜人的新居，地點在紐倫堡南方二十五英哩的小鎮貢岑豪森。他爲自己買了一輛有兩個座位的斯柯達新車。爲了組成這個有如田園牧歌般的家庭，他們還養了一條狗，沙林傑將這隻黑色雪納瑞犬命名爲班尼（Benny）。聖誕節到來時，這個快樂又滿足的新家庭一同享用了一隻巨大的佳節火雞。他和希薇亞很享受開車出外兜風，而班尼就站在車子旁的腳踏板上，負責「指出納粹的藏身處並逮捕他們」。簡而言之，沙林傑建立了無數士兵回到美國後所經歷的生活。這種生活簡直就像諾曼．洛克威爾的戰後插畫，只不過帶有一半德國風情，而且本質上就是一場幻覺。不到一年的時間，這座房子就沒了，斯柯達新車賣了，他的婚姻也結束了。

沙林傑始終不願公開有關希薇亞的細節，尤其是對他的家人。他的朋友則大多是透過他的母親得知這場婚姻，沙林傑也更不願意向他們透露細節。他們只記得希薇亞似乎是一位心理學家，又或者是整骨醫生。其他人對她的身分就更沒有把握了。沙林傑自己曾說她是位郵差，但那純粹是句諷刺的玩笑話。

希薇亞的本名是希薇亞·路易斯·維爾特（Sylvia Louise Welter），她在一九一九年的四月十九日出生於梅因河畔的法蘭克福（Frankfurt am Main）。她是一名眼科醫生，會講四種語言，當時剛從大學畢業，受過比丈夫更高的正規教育【註一】。希薇亞是一名耀眼又有魅力的女性，身高是五英呎五英吋（大約一百六十五公分），膚色乳白透亮，有一雙棕色的眼睛和一頭棕髮。沙林傑之後宣稱他徹底被她「蠱惑」了，還說她性感地擁有足以對他施咒的黑暗力量。那種滲入他寫作中的神祕主義氛圍，似乎也出現在沙林傑的第一段婚姻中。他宣稱兩人的婚姻幾乎是一種心有靈犀的關係。確實，兩人的關係極度充滿張力，無論是性或者情感生活，皆是如此。但是她的國籍對他們造成了阻礙。一九四五年時，美國軍人不能跟德國國民結婚，所以沙林傑送希薇亞的訂婚禮物就是一份偽造的護照，讓她在結婚的過程中擁有假的法國國籍【註二】。

註一：據紀錄顯示，希薇亞能講流利的德語、英語、法語和義大利語。她的大學論文（*Unmittelbare Kreislaufwirkungen des Apomorphins*）仍可在梅因河畔法蘭克福的國立圖書館內找到。一九五六年七月二十八日，她搬到美國，最後跟一位成功的汽車工程師結婚，定居在密西根。她這一生大多都奉獻於醫療事業，包括青光眼的研究。她的丈夫在一九八八年過世後，希薇亞把剩下的時間都用於照顧老人，然後在她之前工作的療養院中度過餘生，最後在二〇〇七年七月十六日過世。

他跟謎樣的希薇亞結婚已夠讓家人震驚了，沒想到十一月退役之後，他竟然還選擇留在德國，而這個決定也再次違反他長期以來所抱持的信念。在離家三年半之後——其中有兩年在海外——他終於有機會回到紐約。這一直是他多年來的夢想，然而卻在夢想終於觸手可及之際選擇視若無睹。

原本貝比．葛雷德沃勒想要回家，並從家人身上獲得愛與安全感的渴望，現在顯然已被恐懼所取代。沙林傑向伊莉莎白．莫瑞解釋，他對人生的看法已經改變了，現在他眼中的世界分成兩種人，一種人曾跟他一起共同體驗過戰爭的痛苦，另一種人則「平民氣太重」。他承認待在軍中太久，又看過太多，已經完全是個士兵，實在很難回頭去過他曾迫切渴望的那種安穩的平民生活。

如果沙林傑在一九四五年時還沒準備好要回家，那至少能讓他感到安慰的是他在德國確定還有工作可以做。只要是有打算持續行動的反情報幹員，美國政府都會提供非常優渥的待遇，希薇亞也是讓他想留下來的一項強烈誘因。另外，也可能是對自己所從事的工作發展出強烈興趣。這類重要的工作特別能召喚他的責任心。他在四月底見識到那些充滿死亡的納粹集中營，又因為奧地利家人遭到謀殺而消沉，因此，這場原本就被他認定為「屬於他個人的戰爭」，此刻可能確實涉及了私人恩怨。在正式役期結束後，他和國防部簽訂合約，以平民身分繼續為九七〇支隊服務。

沙林傑和九七〇支隊一起工作了將近一年，從這個支隊創立的一九四五年五月開始，一直到合約期滿的一九四六年四月。他在這段期間負責於美國占領區找出戰犯下落，並逮捕他們。所有幹員都是遵循「自動逮捕」清單執行工作，對象包括前納粹領袖、蓋世太保部隊、軍官，還有任何被懷疑可能犯下戰爭罪的人。在戰爭後的前十個月，九七〇支隊光是在德國，就逮捕了超過十二萬名嫌犯，其中有一千七百人被指控做出與集中營有關的暴行，大多以達赫奧集中營為主。

沙林傑所屬的六十三隊，是在第六區執勤，其中包括紐倫堡市區。國際軍事法庭就設立於此，而納粹的高級官員也是在一九四五年十一月於此地受審。我們不清楚沙林傑的工作是否跟審理戰爭罪的法庭有關，但既然他身為派駐在紐倫堡的審問者及翻譯員，那機率確實很大。無論如何，沙林傑的職位隸屬於「聯合盟軍控制中心」（Joint Allied Control Center），這個中心距離他家很近，有超過八千名納粹黨衛軍中備受注目的成員，都在此處的審問中心待過。

除了掃蕩他們那一區的戰爭犯，並且審問曾身為蓋世太保的成員，沙林傑也有參與將難民遣送回國的工作——至少有協助分辨眞正的流亡者跟身穿受害者服裝的納粹。紐倫堡地區有幾個收留流離失所之人的大型營地，也就是所謂的流散者營地（Displaced Persons Camp，DP Camp，又譯ＤＰ營），其中收容了前戰囚、集中營受害者、流散的勞工、家園被摧毀之人，還有大量孤兒。沙林傑尤其能適應這種工作。

沙林傑的婚姻很快就出現了問題，讓這對夫妻彼此吸引的熱情很快就化為衝突。他們的關係總是在不同的極端中擺盪。開心時的兩人總是非常狂喜，但只要意見不合，就會惡毒地彼此挑釁。他們兩人都非常頑固、倔強，很快就開始吵個不停。事後證明，沙林傑什麼事都愛陰沉嘲諷的習慣，跟希薇亞顯然難以退讓的態度，就是兩人關係失敗的原因。

註二：希薇亞的「法國」護照是在她死後留下的物件中發現的，另外還有幾份有關Ｊ・Ｄ・沙林傑的文章，還有幾篇跟喬依思・梅納（Joyce Maynard）有關的幾份剪報。

大約是這個時候，沙林傑開始出現疏遠人群的跡象，有很長一段時間迴避跟認識多年的人聯絡。明明一輩子都是貪愛寫信的人，卻在跟希薇亞結婚的這段期間突然不再跟親友通信。除了偶爾寫些便箋給母親，沙林傑再也沒有寄信回家，也習慣性地忽略收到的信。家人會不停地拿沙林傑的冷漠態度來開玩笑，但他的朋友卻開始擔心他出事，甚至還有人怕他死了。有個朋友在寄了好多封信卻始終沒有收到回覆之後，認定他已慘遭不測，還急匆匆地聯絡了他的母親。米莉安給了她貢岑豪森的地址，她立刻寫信過去，表示她終於放心了，也恭喜他結婚。現在的研究者可以讀到這封信的內容，但就算沙林傑有回信，研究者也無從得知內容爲何。

然而不是所有沙林傑的朋友都如此幸運，或擁有足以探詢的人脈。三月時，每月選書俱樂部（Book-of-the-Month Club）的編輯貝索．戴文波（Basil Davenport）終於在努力幾個月之後聯絡上他：

> 老天爺，幸好，總算是知道你還活著了！你或許不相信，但我的確是眞心爲你擔心……我寫了好幾封信到你的軍營住址，都沒得到回信；然後我看到你有一篇作品刊在《柯利爾》上，所以請他們轉寄信件給你；但因爲還是沒得到回音，我在紐約的電話簿裡找了一個跟你很像的名字，打了好幾次過去，就希望能問到些什麼。

一九四六年四月，沙林傑和反情報部隊的合約結束。他在巴黎待了一個星期，也在那裡爲希薇亞辦妥了移民手續，然後兩人就前往布雷斯特港。四月二十八日，他們在港口搭上了前往紐約的海軍艦「伊森・艾倫號」（USS Ethan Allen）。五月十日，經過了四年漫長的戰爭後，沙林傑終於回到位於公園大道的紐約家中，身邊帶著希薇亞及班尼。

沙林傑怎麼會覺得能帶著新婚妻子住在父母家中呢？這實在是一個謎。希薇亞和米莉安立刻就吵得不可開交。她在丈夫身處的陌生世界感到迷惘，又受不了米莉安總在嘲弄人的高壓姿態，所以七月中就回到歐洲，隨之訴請離婚。班尼仍待在紐約。沙林傑的第一任妻子很快就成為家中碰不得的話題，就跟米莉安的父母及再上一輩的身世一樣成為禁忌。此後，沙林傑會在覺得這話題好用時提起希薇亞，可能是嘲笑她的嚴厲，也可能是談起她的吸引力，不過其他人絕不能擅自在他面前提起這個人。

□

希薇亞離開美國回到歐洲時，沙林傑非常明智地去了佛羅里達一趟，以避開家人可能的幸災樂禍。七月十三日，他從戴通納海灘喜來登廣場酒店寫信給伊莉莎白・莫瑞，跟她說了婚姻破裂的事。他和希薇亞讓彼此過得慘兮兮，他說，能結束關係讓他鬆了一口氣。他也坦承兩人在一起的八個月期間，他一個字也沒寫。

他在佛羅里達時完成了自一九四五年以來的第一篇故事。他認為這是一篇不尋常的故事，故事的標題是〈男性的道別〉（The Male Goodbye）。這篇故事現在已經逸失，但研究者認為那應該是〈香蕉魚的好日子〉（A Perfect Day for Bananafish）的前身。另外還有一個可能性：德州大學有一份標題為〈生日男孩〉（Birthday Boy）的六頁打字稿，是沙林傑在跟希薇亞分手後沒多久寫的，其中描述了一段註定要破裂的婚姻。因此，〈生日男孩〉很可能就是〈男性的道別〉的初稿。

〈生日男孩〉的場景設定在一間醫院內，醫院中有位名叫雷（Ray）【註】的年輕人，而他的女友艾瑟兒（Ethel）來院探望他。那天是雷的二十二歲生日，但之前來探望他的父親卻沒意識到這件事。雷就跟讀者猜測的一樣，已在醫院病床上待了好一陣子。儘管兩人一開始都避談雷入院的原因，但很快讀者就會知道他是因爲酗酒而入院進行復健治療。艾瑟兒試圖閒聊一些令人愉快的事情，還在床邊讀書給雷聽，但他卻不感興趣。雷就是憤世嫉俗的化身。他調笑地摸了她一把，假裝對她「性」致勃勃，還一直要她用香水瓶偷渡「一大滴」烈酒進來。艾瑟兒拒絕後，雷立刻露出眞面目，不但在醫生面前咒罵她，還說「要是妳再來，我就殺了妳」。

艾瑟兒是個甜美但長期受盡折磨的角色，雷則是個自私的傢伙。他總是口出惡言、沒耐心，完全受制於酒癮。沙林傑沒在這個故事中給讀者隨意選邊站的空間；〈生日男孩〉中沒有那朵「碩大的牡丹」。或許無論艾瑟兒做什麼都太遲了，而雷的情況看來也差不多。當艾瑟兒搭上電梯，感覺「下降時吹起一陣氣流，讓（她）在所有潮濕之處打起寒顫」，顯見她的悲慘沒有出路。離開雷的病房之後，她硬撐出來的喜悅模樣立刻瓦解，她開始啜泣。但雷並不是讀者譴責的唯一對象，艾瑟兒也受到責怪。她拒絕認清雷的病有多重，也拒絕讓這段感情入土爲安，凡此種種也讓她迎來不少嘲諷。我們意識到雷和艾瑟兒的關係註定要完了。我們也意識到雷的酗酒問題讓他出現疏離及無情的狀況，而且這種狀況還可能傳染。艾瑟兒不願面對這些現實，堅持追求腦中幻象，因此註定要被拖垮。即便雷都已經做出警告，讀者卻深信她還會再來。

〈生日男孩〉是篇不尋常的作品，而且是沒有精修過的故事。其中沒有啓示，也沒有救贖，只有純然的壞心眼，以及恣意發洩的孤絕怒氣。不過，若認爲其中角色具有自傳性質，是一種危險的解讀方式。如果艾瑟兒這個角色是受希薇亞啓發而來，那麼雷就是以沙林傑爲原型了。若是如此，這個故事等於是沙林傑對自己表達出一定程度的憎恨，實在不是他這種個性的人會做的事，此外，他也不太可能對希薇亞表示同情。

沙林傑很可能原本就沒打算把〈生日男孩〉寫成一個偉大的故事。在經歷了戰爭的壓力，以及八個月沒寫出任何一個字之後，光是把這個故事完成，就已是種成就。顯然沙林傑還難以恢復原本的寫作水準，而之後的一年半，他都在努力重新找回手感。諷刺的是，就像〈生日男孩〉中的艾瑟兒一樣，沙林傑也有拒絕面對現實的問題。雖然戰爭還在他心中肆虐，但他仍避而不寫。在沙林傑眞正成爲一名作家之前，他必須先找到一種力量，去處理戰爭對他的影響。

□

前一年七月，沙林傑曾有點惱怒地表示出版短篇小說故事集的計畫落空了。我們不清楚是什

註：沙林傑有連續三個故事的主角名字都是雷（Ray），〈生日男孩〉中的雷是第一個，接下來是〈一九四一年，一位完全沒有腰身的女孩〉中的雷．金瑟拉（Ray Kinsella），最後是〈倒轉森林〉（Inverted Forest）中的雷蒙．福特（Raymond Ford）。這些角色都被描繪為酒鬼，可說是沙林傑寫作中一個有趣的現象，但我們仍不清楚其中的重要性為何。

麼樣的處境帶來這個令他失望的結果，但考量這部選集一直以來遭遇的動盪，這個下場也不令人意外。不過到了一九四五年十二月，這部選集的出版計畫又重新浮上檯面，博奈也再次保證要推出。

一九四五年的七月到十一月間，沙林傑又再次把〈我瘋了〉從考菲爾德家族的系列故事中獨立出來，準備投稿發表。這次他將稿件投給《柯利爾》，對方立刻接受並在之後的十二月二十二日刊出，距離上次刊出改名過的〈陌生人〉只有三個星期。我們只能猜想沙林傑把〈我瘋了〉寄給《柯利爾》的動機，以及博奈對此的反應，但是《柯利爾》接受這次投稿時，兩人正好再次就出版《年輕人》選集達成共識，這樣的時間點絕不只是單純的巧合。此外，根據故事出版社的紀錄，沙林傑早已在一九四六年初就和出版社簽下一份新合約，而且拿到了一千美金的預付款。

故事出版社的檔案中，有份文件列出了沙林傑和博奈覺得可以收錄在《年輕人》選集中的十九個故事【註】。儘管這份文件上的日期標記爲一九四六年，但似乎起草於一九四五年末，因爲其中指出「J·D·沙林傑剛有兩篇故事投稿成功，還有一篇正由他的經紀人進行行銷工作」。這兩篇故事一定是〈我瘋了〉和〈陌生人〉，兩篇都在一九四五年十二月發表於《柯利爾》。

這份文件最下方還列了博奈打算找來爲選集寫推薦語的人選，其中包括他自己和其他刊物的編輯，如《柯利爾》的傑絲·史都華（Jesse Stuart）、《紐約客》的威廉·麥克斯威爾，還有《星期六晚郵報》的史都華·羅斯（Stuart Rose），另外還有願意爲沙林傑的才華背書的作家威廉·薩洛揚和厄尼斯特·海明威。此外，這本選集還打算預告沙林傑即將出版的長篇小說，根據故事出版社所稱，這部小說已完成了三分之一。

在一封寄到德國的信件中，博奈終於向沙林傑承認自己之所以想推出《年輕人》選集，只是爲了在他出版長篇小說之前有部墊檔作品，而他眞正在意的還是那部長篇小說。他也承認出版這本選集的目標，是讓讀者對沙林傑產生更大的興趣，並對之後有關霍爾頓・考菲爾德的小說有所期待。既然博奈都已經攤牌，也確實支付了一千美金的預付金，一九四六年回到美國的沙林傑，因此認定這本選集一定會出版。畢竟根據博奈的說法，這個已經是個完全談妥的計畫。

就在沙林傑回紐約後沒多久（大概也就是他的婚姻開始分崩離析的期間），博奈邀請他到公園大道和東三十四街口的范德比酒店吃午餐。這名編輯帶來了壞消息：爲故事出版社提供資金的利平卡特出版社回絕了這個計畫，而故事出版社沒有獨力出版的財力。即便博奈答應過他，《年輕人》選集仍是不可能出版了。

沙林傑氣壞了。他不只覺得受到編輯利用，對方還是他的朋友。他認爲這是欺騙的行爲，也始終沒有原諒惠特・博奈。兩人之間漫長且偶爾令人感到難懂的關係，就在那個下午劃下了句點。沙林傑開始深信所有刊物的編輯都是背信忘義的傢伙。自從經歷了《紐約客》處理〈麥迪遜的小叛

註：這十九個故事是：〈已故，偉人的女兒〉、〈伊蓮〉、〈最後最好的小飛俠〉、〈協議雙方〉、〈妻易絲・泰格特的漫長初登場〉、〈小東西〉、〈年輕人〉、〈我瘋了〉、〈站在田納西的男孩〉、〈一週一次要不了你的命〉、〈最後一次休假的最後一天〉、〈心軟上士〉、〈孩童梯隊〉、〈兩個孤獨男人〉、〈一個在法國的男孩〉、〈一位古板的年輕人〉、〈神奇的散兵坑〉、〈麥迪遜的小叛亂〉，以及〈滿是保齡球的海洋〉。

亂〉的方式，還有《星期六晚郵報》更動他的故事標題之後，博奈的背叛作為，更強化了他對編輯的不信任。之後在寫作生涯中，他始終都對編輯的工作方式抱持保留態度。

這次的爭執也對惠特．博奈造成了影響。他甚至到一九六三年都還放不下這次衝突，也還試圖改變沙林傑的看法。即便已經過了這麼久，他還是懇求桃樂絲．歐汀幫忙澄清出版計畫失敗的原因。「不管我們當時如何盡力表達意見，」博奈宣稱，「利平卡特出版社擁有最終決定權……我們只能接受他們最後做出的判斷。」他還進一步表示，故事出版社幾乎要因這本書跟利平卡特決裂。沙林傑不接受他的任何解釋。當時讓他覺得自己特別傻的原因之一，是他還拒絕了另一家出版社的邀約，只為了等博奈把一切談妥。一九四五年九月，他得到了唐．康頓（Don Congdon）的出書邀約，他是沙林傑在《柯利爾》的編輯，後來去了西蒙與舒斯特（Simon and Schuster）出版社。康頓非常殷勤地向沙林傑表示想出版他的作品集。沙林傑喜歡康頓，本來有意簽訂合約，但聽過西蒙與舒斯特其他上級長官的談話內容之後，因他們的工作調性而起了戒心。「他覺得他們是那種『自以為了不起』的出版人。」康頓解釋。就在經歷了《年輕人》選集的事件之後，沙林傑覺得當時的他無法應付這種風險。

沙林傑氣博奈，也憎恨自己的遭遇，所以又做出了一連串不理性的行為。他本來打算寫一部以霍爾頓．考菲爾德為主角的長篇小說，此刻卻把已完成的部分當作一篇九十頁的中篇小說拿去投稿。關於這個事件的資訊並不多，透過威廉．麥克威爾轉述沙林傑在一九五一年跟他說的話，我們也只能略知一二。麥克斯威爾只提到這份手稿沒被投到《紐約客》。根據合理推測，這份可以視為《麥田捕手》初稿的作品，應該是提交給了西蒙與舒斯特出版社。就在沙林傑跟博奈鬧翻後，他開始跟唐・康頓走得很近。若是他想把《麥田捕手》的精簡版拿去投稿，而《紐約客》跟故事出版社又不在考慮範圍內的話，那康頓跟他所屬的出版社應該是最合理的選擇。

當然，沙林傑之所以決定出版這個只有九十頁的《麥田捕手》，不完全只是出於怨恨，而是他也對這部已經寫了六年的小說感到束手無策。戰爭之後的他連寫一篇最短的小說都有困難，要寫出一部長篇小說的機率更是渺茫。他在前一年十月接受《君子》訪談時，就坦承懷疑自己是否有完成一部小說的能力。他承認比起長篇小說，自己更是個短篇小說家；或者用他自己的說法是「一個衝刺者，而非長跑者」。

沙林傑很快就恢復了判斷力，並理解把不完整的《麥田捕手》拿去投稿實在太衝動了。他很快收回了那份稿件，同時向自己許諾一定要完成——至少在情感上他願意如此承諾。他真的差一點就搞砸了。他也再次開始寫短篇小說，在一九四六年最後幾個月，他變得像一九四五年一樣投入寫作，於是因戰爭結束而開始衝動行事的傾向，也跟希薇亞的婚姻一樣宣告正式落幕。

□

到了一九四六年十一月，沙林傑繼一年半前完成〈陌生人〉之後，總算又完成了一篇品質可觀的作品。他想透過這篇故事倒轉時間，回到戰爭之前的美好時光。〈一九四一年，一位完全沒有腰身的女孩〉把沙林傑帶回了「康絲宏姆號」，他是那艘郵輪上的娛樂團隊員工，也在那裡度過二戰前最後一段無憂無慮的時光。沙林傑或許是運用主角邁向成年的過渡期，來隱喻社會在戰爭開打後經歷的純真失落，但他其實更想利用這個故事修正自己犯下的錯誤，並將過往時光浪漫化。他沒有在這個故事中嘗試任何原創想法，而是修改了一個舊有的故事線，並將〈孩童梯隊〉的結尾重寫成相反的情節。

沙林傑把白天的時間用來寫作，晚上則去格林威治村和一群時髦藝術家類型的人社交。他還加入了一個小型的撲克牌團體，每週四都會去唐・康頓位於曼哈頓下城的公寓打牌。沙林傑在〈西摩：小傳〉中回憶了這些撲克牌友，還有他那段時期的生活，其中巴迪・格拉斯提到自己「曾有短暫一段時間……玩著一場半私人、無比費力，卻又節節敗退的遊戲，我想成爲好的社交者，想做個普通人，也常邀請別人來打撲克牌」。

除了打牌和努力成爲一個「好的社交者」之外，沙林傑也花了很長的時間泡在格林威治村的咖啡店和夜店，他時常出入一些波希米亞風的場所，像是藍天使（Blue Angel）和魯本藍（Reuben Bleu）這類夜總會，許多當紅知識分子都會在那裡討論藝術，或仔細觀察即將出道的新星。他在城中的夜晚通常是從格林威治村的雷納多餐廳（Renato's Restaurant）用餐開始，然後往北走幾個街區抵達低調樸素的查姆利酒吧（Chumley's）。他會和同伴在那裡享受美酒、餘興節目，以及文學方面的交流【註】。「他是個非常有魅力的社交動物，」康頓如此回憶，「但他也非常注重隱私，我們會去吃晚餐、去酒吧。某次我們還去聽了（爵士歌手）比莉・哈樂戴的演出。」

沙林傑沒預料到自己會再次恢復單身，爲了平撫失望情緒，他盡可能跟許多女人約會。根據之後在《時代》（*Time*）雜誌上的一篇文章指出，沙林傑在一九四六年「帶去格林威治村的女性數量驚人」。據說他會在巴比松酒店的藥房站崗，並在那裡「低調又有效率地獵捕」各式各樣的迷人女房客。由於剛結束一場失敗的婚姻，沙林傑不太可能想認眞發展關係。他很少跟對方約會一次以上，有時還會爲了約到對方而耍一些調皮的花招。根據《時代》指出，他曾有一次眞的跟某名可能成爲女友的對象說，他是蒙特婁加拿大人冰球隊的守門員。

另外一段有關沙林傑在這段時期的描述，出自作家A・E・赫奇納（A. E. Hotchner），他因爲跟康頓一起打撲克牌而認識了沙林傑，晚上偶爾也會一起出去玩。當時的赫奇納是個過得很辛苦的自由作家，很著迷於沙林傑的強烈性格，但發現對方似乎總是跟自己保持距離：

我從不覺得他算是個朋友，他的距離感太強，我無法和他建立友誼，但曾有幾次，他邀我一起去夜店狂歡……我們那幾次熬夜熬得很晚，一邊喝啤酒，一邊欣賞那些初出道的樂手或歌手無休無止地演出，也知道其中有些人註定要大放異彩。在表演跟表演之間，傑瑞會閒聊，話題大多跟寫作或作家有關，但有時也會談起特定機構，像是把他退學的上流學校、鄉村俱樂部……之類的。

在赫奇納的回憶中，沙林傑「自尊心硬如鑄鐵」，不只對他磨練寫作技藝的專注程度印象深刻，還讚嘆於他所抱持的信念。「他是個獨特的奇才，」赫奇納回顧時指出，「我覺得他活潑跳躍

註：查姆利酒吧在二〇〇七年關門進行無限期結構整修，在此之前，其內部裝潢跟沙林傑常去時沒什麼差別。數十年來，許多出名作家都來過這間酒吧，為此感到自豪的老闆在牆上掛滿了這些知名文學主顧的照片。沙林傑的照片就掛在林格・拉德納旁邊，他是沙林傑最喜歡的作家之一。

的知識體系極度吸引人，雖然他老是做出嘲諷人的機智發言，還愛表現出見識短淺的幽默感。」

沙林傑對待赫奇納的方式非常典型，明明只比赫奇納大一歲，卻覺得自己有責任指導赫奇納追求寫作技藝的方法。沙林傑的態度或許看似傲慢（就某種程度而言也幾乎就是傲慢），但赫奇納仍認爲是他教會自己如何發自內心寫作。他提出的其中一個例子特別有趣，不但透露了沙林傑對寫作的想法，也跟〈滿是保齡球的海洋〉（The Ocean Full of Bowling Balls）有關。赫奇納宣稱自己曾寫過一篇標題爲〈一座滿是保齡球的海洋〉（An Ocean Full of Bowling Balls）的故事，並指控他朋友偷了這個標題。這個標題是否眞讓沙林傑覺得難以抗拒實在令人懷疑，但根據赫奇納的陳述，沙林傑似乎從未否認這項指控。沙林傑爲自己辯護的做法，是比較了自己兩篇有關保齡球的故事（另外還比較了赫奇納另一篇名爲〈桌球窗戶後方的蠟燭〉的故事），並討論各自的優點。關於赫奇納的作品，沙林傑直截了當地表示；「這些故事背後沒有潛藏的情緒，字裡行間沒有火花。」

沙林傑（或許可謂姿態甚高地）堅稱，赫奇納寫的都是自己一無所知的內容，也說他必須將自己投入到故事中。「寫作就是一種將自己的體驗放大的藝術。」他宣稱。其實海明威或許也會這樣評論赫奇納的作品，而赫奇納也打從心底接受了這項批評。關於赫奇納陳述的這段話，其中最有趣的是沙林傑的用字遣詞。他不是建議赫奇納將火花「埋入」文字，而是要將火花放在「字裡行間」，因爲眞正的意義應該來自讀者的感受，而不是作者一人裁定。這是一個特別沙林傑式的概念，也因此讓他的寫作獨樹一幟。我們無法確定赫奇納是否有意識到這個幽微之處，但沙林傑的用字無疑是經過審慎的選擇，也確實精準表達了他的寫作哲學。

沙林傑在格林威治村生活的這段時期，能爲我們提供不少資訊。若我們打算相信〈西摩：小傳〉中巴迪．格拉斯的說法，那麼，對於扮演「混城裡的男人」及撲克牌友這類角色，沙林傑其實感到不自在，不過再怎麼說都好過扮演難相處的希薇亞的老公。希薇亞回歐洲之後，沙林傑似乎還在尋找一個能夠融入的「正常」所在，卻在過程中遇上困難。我們在這個階段看到了年輕沙林傑的身影，他彷彿又成爲那個包裹在鬆垮制服中的軍校生，明明努力想被同儕喜歡，又怕自己不受歡迎，所以總是表現出嘲諷及虛張聲勢的態度。

□

爲了忘記希薇亞和戰爭，沙林傑徒勞地耽溺於約會、夜店和牌局，但此前五年的生活已從根本上改變了他。事後證明，無論他在戰場上得到了什麼樣的精神啓發，都已留下無法抹滅的印記，也形塑了他的寫作風格。因此，在一九四六年的最後幾個月，沙林傑的作品開始清楚出現兩項經久不變的元素，而究其根源都與戰爭有極深的關係。其一是開始有了神祕主義的傾向，其二則是與神祕主義相關的信念：他認爲寫作本身就是一種精神性的實踐。

到了一九四六年末，沙林傑已開始研究禪宗及信奉神祕主義的天主教【註】。他沒有受到這些宗教哲學改造，而是透過接受它們來強化原本就抱持的立場。禪宗之所以特別對他有吸引力，是因

註：據《時代》雜誌所載，自從一九四六年末，沙林傑就會發送跟禪宗主題相關的書單給約會對象。這顯然是他用來判斷兩人精神契合度的方法。

爲其中強調了「連結」與「均衡」的概念，而那正是他的作品常談及的主題。由於開始研究這些信仰，沙林傑開始覺得有責任透過作品提供精神上的啓蒙。

彷彿爲了彌補錯過的時間，一九四六年夏天的沙林傑同時寫了好幾篇故事。就在八月到十二月之間，他完成了〈男性的道別〉、〈一九四一年，一位完全沒有腰身的女孩〉，還有他截至當時最具野心的作品：一部長達三萬字的中篇小說〈倒轉森林〉。

〈倒轉森林〉應該被視爲作者經歷過渡時期的作品。回到紐約之後，他發現自己嘗試在兩個分裂的現實中生活：一個是充滿精神創造力的「倒轉」世界，另一個則是由格林威治村的夜店及牌局組成的社交世界。〈倒轉森林〉反映出了這樣的掙扎，其中充滿之後出現在他寫作中的主題。透過這個故事，作者確立了他認爲藝術創作等同於靈性生活的信念，而所謂的靈感，也跟獲得精神性頓悟有關。他的故事將人生描繪成在物質及精神力量間拉鋸的搏鬥，另外也提出疑問，懷疑藝術的功能是否能在現代社會的惡意環伺中倖存。不過，考量沙林傑的內心因戰爭而產生的動盪，以及曾在一九四六年連最簡單的一篇故事都寫不好的處境，這樣充滿野心的主題或許對單一故事而言太過複雜。因此，他最後只交出一部敘事破碎又不精準的中篇小說。

〈倒轉森林〉的主角是科琳・馮・諾德霍芬（Corinne von Nordhoffen），這位富家女已自殺的母親是整形外科設備商的女繼承人，父親則是一位德國男爵；另一位主角則是她的無賴同學雷蒙・福特，他總是被酗酒的母親虐待。整個故事分爲兩部分。作者剛把兩個角色介紹出場時都是小孩，但故事談的主要是他們十九年後交往的生活。那時候的科琳已是個成功的生意人，雷蒙則是哥倫比亞大學教授，也曾寫過兩部完全出自獨創靈感的詩集【註二】。福特是靠著窩在某位年邁女贊助人的舊圖書館中，才找到了屬於自己的詩作及人生，他透過待在那裡的孤絕處境，在靈魂深處創造出一個彷彿「倒轉森林」的詩歌世界【註二】。將人生和詩歌緊密連結的福特，無法像一般人那樣戀愛，但科琳仍堅持要跟他結婚，於是在她追求了好一段時間之後（主要都是在中國餐館內約會），兩人結婚了。

進入這段各睡單人床且極度失衡的婚姻關係後沒多久，科琳無意間成爲導致福特藝術創作及精神生活崩盤的共犯。有名年輕女孩假裝成學生及新手詩人前來拜訪他們，她宣稱自己崇拜福特，也懇求科琳把她寫的詩作拿給福特看。福特在審閱她的作品時說了故事中最關鍵的台詞，背後引用的是塞繆爾．泰勒．柯立芝的作品〈忽必烈汗〉（Kubla Khan）；他責備女孩揭示的不是藝術，而是建構出某種類似藝術的事物。「詩人不會發明出詩作——他是發現……阿爾弗聖河奔流的所在——是被發現的，不是有人發明的。」眞正的藝術，根據福特所言，永遠無法憑空創造，而是作者要去

註一：我們很容易就會想拿雷蒙．福特跟沙林傑在哥倫比亞大學的詩歌教授查爾斯．韓森．陶恩相比，他跟福特一樣，都寫過幾本非常成功的詩集。然而，雷蒙．福特這個角色的其他方面，和陶恩沒什麼相似之處。

註二：沙林傑和在〈最後一次休假的最後一天〉一樣，他利用寫這篇故事的機會，反對T．S．艾略特在《荒原》中的悲觀看法。存在「不是一片荒原」，福特表示，「而是一座偉大的倒轉森林。其枝葉都在地下。」

想辦法尋得。這句話將藝術創作等同於精神生活，也將眞正的藝術等同於靈性頓悟。

在沒有完全解釋清楚的狀況下，這個想征服福特的女孩進入了他的生活。兩人偷偷摸摸約會了一陣子之後，福特打電話給妻子，表示要跟這名年輕女性（現在我們知道她叫邦妮）私奔。科琳追索他們的行蹤，發現他們住在一間破舊的廉價公寓內。到了這個階段，沙林傑指出，邦妮其實是福特母親的化身，也象徵了這個決心不讓他獲得神聖啓示，並想將他逐出自己的倒轉森林的無情社會。這個變節行動顯然已經完美落幕，因爲科琳找到福特時發現他已徹底毀壞，沉溺於酒精，完全無法寫出接近眞正詩歌的作品。

透過雷蒙．福特這個角色，沙林傑在〈倒轉森林〉中呈現了藝術及靈性的三個階段。一開始，福特是以小孩的形象出場，他因爲母親而備受壓抑，她毀滅性的力量總是讓他窒息。但福特發展出了一種藝術靈性，並想辦法克服了母親帶來的傷害，如同在地底長出一座倒轉森林。接著是福特的第二個形象，身爲成年人的他儘管擁有痛苦過去，仍駕馭了眞正的藝術（連同其中蘊含的眾多苦痛）。在這個狀態下，福特得以成爲一個媒介，將屬於藝術的地下世界及冷酷無情的尋常現實連結起來。在福特的第三個階段，他進入了地上的世界，而原本在第一階段掌控他的力量，讓他與之對抗的潛在精神力量難以應付。到了最後，福特的倒轉森林遭到連根拔起。

沙林傑在人生的這個階段寫出這種故事，其實具有反諷的效果。〈倒轉森林〉譴責的是現代社會阻礙了精神及藝術眞相的揭示，另外也認爲眞正的藝術家若要體驗眞相、爲眞相服務，就要切斷跟現代世界的連結，就跟僧侶透過幽居來侍奉上帝差不多。但比起人生的其他階段，此刻的沙林傑或許正更努力地在故事所譴責的那種社會中求生。

07—獲得認可

當德軍在一九四五年五月八日投降時，整個世界都歡欣鼓舞，但害怕被情緒吞沒的沙林傑，發現自己無法面對這件事。他始終獨自一人，坐在床上，手中緊抓著一把四五手槍，心想：拿槍打穿自己的左手掌會是什麼感覺？

這場景令人毛骨悚然，顯見沙林傑在戰後的情感疏離及失衡狀態。一九四六年接近尾聲時，類似的情緒仍在他心中流動、擴散，進而寫下那段「令人顫抖的文字之歌」——當世界都在歡慶勝利時，唯有那樣的曲調能讓不敢回顧過往的懦弱之人得以發聲。一年之後，沙林傑發表了這首歌曲的第一個和弦。

一九四六年十一月，沙林傑收到通知，《紐約客》終於要在他們的十二月號刊登〈麥迪遜的小叛亂〉。負責通知桃樂絲．歐汀的是《紐約客》的威廉．麥克斯威爾，而在一九四四年一月，也是這位編輯表示自大的沙林傑「就是不太適合」《紐約客》。

沙林傑簡直樂壞了，年輕時那個渴望認同又順從的人格再次浮現，而他的反應也跟一九四一年《紐約客》決定刊登他的故事時一模一樣。經過一年的蟄伏，以及五個月的猛寫，他急著想要重新展開寫作生涯。《紐約客》已經把這篇作品壓了五年，他原本已對刊出不抱任何希望了。儘管他從未停止投稿，但幾乎已經放棄《紐約客》這份雜誌了。為了讓自己的名字有機會出現在最渴望的雜誌上，他簡直是什麼都樂意去做。因此，當麥克斯威爾要求他修改故事時，他完全沒像一九四三年那樣口出怨言。

不過，得知〈麥迪遜的小叛亂〉得以發表雖然快樂，但就時機而言也有些諷刺。他最近才剛完成〈一九四一年，一位完全沒有腰身的女孩〉，當中回顧了跟〈麥迪遜的小叛亂〉時間極爲相近的一個星期。因此，這個事件不但讓他重溫了一九四一年渴望作品得以刊登的期待心情，也讓他回想起作品臨時被撤下的種種原因。他彷彿是透過寫作讓時光倒流，重現了決定故事命運的那個禮拜，只爲了重新給它一個快樂的結局。

十一月九日，沙林傑寫信給威廉．麥克斯威爾，感謝他願意重新考慮刊登〈麥迪遜的小叛亂〉。跟一九四四年針對〈伊蓮〉訂出各種限制的態度完全不同，沙林傑表示若雜誌覺得有需要，他很樂意修改。他也表示自己正在爲一篇七十五頁的中篇小說收尾，標題是〈倒轉森林〉，這個從八月就開始進行的故事，應該再過一、兩天就能寫完，完成後就能進行〈麥迪遜的小叛亂〉的調整。或許是被自己的好運給迷昏了，沙林傑提到桃樂絲．歐汀會再寄一篇作品給麥克斯威爾，標題是〈一九四一年，一位完全沒有腰身的女孩〉，還表示這篇作品送去他辦公室時不會附帶任何要求。不過，這位編輯大概不太可能意識到其中的諷刺意味。

一九四六年十二月，〈麥迪遜的小叛亂〉在《紐約客》刊出，但位置在整本雜誌比較後頭的頁面，旁邊還塞了一堆廣告，不過沙林傑並不在意。他已經有作品刊登在《紐約客》上了，這是他打從認眞寫作開始就最想完成的夢想。沙林傑本能地意識到，這場在《紐約客》上遲到的初登場，將改變他的寫作生涯。他在一九四七年一月滿二十六歲，開始自立謀生的他也終於搬離了父母位於公園大道的公寓，搬進一間位於紐約柏油村的改建公寓，根據他對伊莉莎白．莫瑞的描述，那是一間「改建過的小車庫，我的房東小姐將其稱爲『單房公寓』」。

新住處非常簡陋，但不會造成經濟壓力，雖然沙林傑對此處不太滿意，可這裡卻能爲胸懷大志的藝術家提供完美環境。這間公寓位於威斯特徹斯特郡，離大城市夠近，但也夠與世隔絕，足以抵擋那些分散人注意力的事物。沙林傑是個常在尋找能藏身寫作的避難所的人，所以儘管這個位於柏油村的空間像牢房一樣，他卻心懷感激，因爲能在這裡全心投入寫作，不僅遠離父母的挑剔檢視、戰爭造成的影響，還有格林威治村令人分心的娛樂。簡而言之，柏油村就是屬於他的倒轉森林。

就在沙林傑搬家的同時，《紐約客》退回了〈一九四一年，一位完全沒有腰身的女孩〉，但沙林傑沒有氣餒。他決心要打入這個圈子，也就是之前被他嘲笑爲《紐約客》喜歡的那個「全在模仿海明威的小圈圈」。他很快又在一九四七年一月寄去一篇故事，但不是大家以爲的〈倒轉森林〉，而是篇幅短很多的〈香蕉魚〉。他這次嘗試寫出的作品引起雜誌編輯高層的興趣，但其中仍有極爲關鍵的缺陷。一月二十二日，因爲這篇投稿，麥克斯威爾寫信給沙林傑的經紀人：

> 我們非常喜歡J．D．沙林傑〈香蕉魚〉中的一些段落，但其中似乎找不到任何值得深入探詢的故事或重點。若沙林傑在紐約，或許願意前來跟我談談他寄給《紐約客》的故事。

《紐約客》之前就常釋放出這種令他憂喜參半的訊息，而且總是能激怒他。他覺得自己是在寫一種新型態的獨特故事，也一直希望這份雜誌能認可他採取的創新手法。若是對方不接受，他會忽視他們的決定，直接把故事拿去投其他刊物。但這次不一樣。當雜誌無法理解他使用的技巧時，他不再聚焦於他們的無能，而是決定放下自尊，想辦法跟對方合作。於是沒過多久，他就已經坐在麥克斯威爾的辦公室裡了。

《紐約客》在沙林傑的故事中看到一種風格化的精準敘事能力，更擁有讓對話自然流暢又音韻動人的天賦。麥克斯威爾遇到的兩難在於《紐約客》沒人能搞懂這個新故事。那似乎是個很傑出的故事，但又令人費解。故事的開頭有個名叫西摩．格拉斯的年輕人坐在佛羅里達州的海灘上，正在逗一個名叫西貝兒．卡本特（Sybil Carpenter）的小女孩開心。為了讓讀者理解這個故事，麥克斯威爾和沙林傑都認為必須進行大幅度修改。因此，沙林傑把〈香蕉魚〉帶回去重寫，加了一個開篇場景，並介紹了西摩的妻子穆瑞爾（Muriel）。

沙林傑反覆將〈香蕉魚〉修改了好幾次，並在加入穆瑞爾的橋段之後再次寄給《紐約客》，而這次負責的編輯是葛斯．羅巴諾。《紐約客》又退回了這篇故事。我們只能猜測沙林傑或許又被叫去《紐約客》開了一次會。不過與其他那些通俗雜誌相比，《紐約客》至少願意跟他討論，而且似乎不只是重視他的能力，也願意聆聽他的意見。就算因為不停被退稿，又數次被麥克斯威爾和羅巴諾「召見」，內心難免憤恨，不過沙林傑仍接受了一切要求。畢竟最重要的還是他的事業。

經過數次修改之後，《紐約客》終於同意在一九四八年一月刊登〈香蕉魚〉。當時他已經將標題改為〈香蕉魚的美好日子〉（A Fine Day for Bananafish），接著《紐約客》又為了故事的標題聯繫他，他們不清楚「香蕉魚」究竟是香蕉魚（bananafish）？還是香蕉的魚（banana fish）？一月二十二日，沙林傑在寫給葛斯．羅巴諾的信中表示應該是「香蕉魚」，因為那才是看起來完全不可能存在的事物。羅巴諾顯然接受了這個解釋。一九四八年一月三十一日刊登時，標題調整為〈香蕉魚的好日子〉（A Perfect Day for Bananafish）。

這些為了完成〈香蕉魚的好日子〉而投入的心力，不只展現沙林傑跟《紐約客》編輯群的密切合作（他們真的對其中的每個細節都給予意見），也顯示沙林傑是花了不少工夫琢磨這篇作品。既然花了整整一年處理這篇故事，我們可以確定他一定是仔細檢視了每個用字，達成一定程度的精準效果，但這也讓人不禁想要幽默地推測：既然故事的最後版本仍充滿謎樣氛圍，那麼威廉．麥克斯威爾在讀最原始版本時會有多迷惘呀！

打從〈香蕉魚的好日子〉一開場，讀者就完全知道穆瑞爾．格拉斯是個什麼樣的人。她沉著又自滿，同時也是個輕浮又自我耽溺之人。穆瑞爾就跟沙林傑的許多其他角色一樣，總是花上大把時間整理指甲，而這最能象徵她的膚淺。根據沙林傑的描寫，當她的丈夫在沙灘上時，她卻獨自留在旅館房間，再加上她選擇看的書是《性的樂趣——還是地獄？》（*Sex Is Fun—or Hell*），讓人一下就感受到她是個自信又獨立的女人。正如沙林傑所指出，穆瑞爾是「就算有電話在響，也什麼都不會放下的那種女孩」。

等她真的去接電話後，是跟母親對話，而話題完全圍繞著穆瑞爾的丈夫西摩。西摩從戰場回家後就變了，變得愈來愈不理性，幾乎可以確定他曾經開車撞樹；另外還提到一些似乎不太重要的小事——他會迴避陽光、他堅持在旅館大廳彈鋼琴，以及他幻想在服役時刺了一個刺青。儘管她母親覺得這些行為太過駭人，大概也覺得這段婚姻十分令人生厭，但穆瑞爾卻意外地接受了丈夫這些古怪行為，就算母親提起西摩老愛嘲笑時尚，她也沒當一回事。

西摩．格拉斯坐在沙灘上，一件浴袍包裹住他蒼白、細瘦的身體。他正在跟一個小孩講話，這個小孩的媽把她送來這裡玩，自己則暢飲著馬丁尼。這小女孩的名字是西貝兒．卡本特，她和西摩之間的對話既尋常又令人玩味。西貝兒不是個討人喜歡的孩子，她驕縱、沒耐心，又愛吃醋。她絕不是能提出深刻見解的麥蒂．葛雷德沃勒，也不是可愛的菲比．考菲爾德。當西貝兒談起她的對手雪倫．利普舒茲（Sharon Lipschutz）時，西摩引用T．S．艾略特的《荒原》，宣稱這個話題「混合了回憶與慾望」。沙林傑是透過這句引言，指出西貝兒這個名字的來源。《荒原》的開頭是段用希臘文寫的簡介，其中一名庫邁（Cumae）的年輕男子炫耀著自己的自由，並以此嘲笑受困的西貝兒。原來希臘神話中的西貝兒得到了一個願望，而虛榮的她選擇了永恆的生命，卻又忘了要求永保年輕，導致她只能無止盡地變老。於是到了艾略特筆下，被懸吊在瓶中又無法死去的西貝兒，懇求諸神賜予死亡。正如人類也會因爲被各種經歷大肆摧殘之後而瘋狂求死，只是這個版本更加黑暗。

西貝兒爬上一艘膠筏，好言要求西摩一起下水，之後西摩就在水裡跟她說了香蕉魚的故事。他說海底的香蕉洞長了大把大把的香蕉，而這種魚對香蕉的渴望足以致命，因爲這些魚只要進入香蕉洞就會大吃特吃，結果成爲暴食慾的受害者；牠們因爲吃得太多而「變成豬」，身體變得太腫而無法逃出洞外。可以確定的是，西摩口中的香蕉魚因爲貪婪而註定了悲慘命運，就像艾略特筆下的西貝兒因爲想持續存在而受到詛咒。

在〈西摩：小傳〉中，沙林傑告訴讀者，〈香蕉魚的好日子〉中的西摩「完全不是西摩，反而奇怪地跟——哎呀，恐怕得空中接力傳球一下——是跟我本人驚人地相似」，另外還補充表示自己「目前（正在）使用著一台狀況很差，還左右不平衡的德國打字機」。從許特根森林中的驚駭，到集中營帶來的恐怖，西摩．格拉斯眞正感到逐漸窒息且靈魂受盡折磨的原因，或許就是意識到人類竟能做出如此殘酷的事。歷經了這樣的恐懼之後，西摩幾乎就跟他的創造者一樣得知了眞相，但也發現這個社會對此眞相不聞不問，讓他顯得格格不入。這個在膠筏上的小女孩，或許是因爲艾略特的詩而被命名爲西貝兒，但她的姓氏是卡本特，而她的內心也存在著有如威廉．布雷克〈羔羊〉一般的純眞。西摩或許是透過跟西貝兒的相處，掂估著人性純眞的份量，同時也始終想要抓住某種希望，或是足以將他從過往苦難中解救出來的可能。

西貝兒聽了故事之後，開心地宣稱看到了香蕉魚。此時西摩完全不顧她的反對，開始把她拉回岸上。他接著親吻了她的足弓，藉此爲她獻上了最後的祝福，希望她往後的人生能不像他一樣得面對各種邪惡及痛苦。這個行動讓女孩起了戒心，立刻「毫無遺憾」地跑開了。這個插曲也就到此結束，西摩逕自針對人類的虛僞作態及周遭世界，下了屬於自己的結論。

回到旅館房間後，穆瑞爾在其中一張單人床上睡著了，反映她對西摩的需求、痛苦及感知的漠視，也反映出雖然這個世界本質上可以選擇更溫柔的作爲，最後卻也同樣漠視這樣的選擇。西摩凝望著她，卻再也看不到那個跟自己結婚的女人，於是也只將她稱爲「那女孩」。沙林傑接著告訴我們，西摩從行李中「取出一把奧其斯七點六五口徑自動手槍」，坐在床上拿著槍，盯著妻子。西摩再也不想跟這個世界產生關係，痛苦只會不斷累積，我們只會得知邪惡終究無從避免，正如庫邁的那名囚犯無法停止年齡的增長。西摩舉槍射向自己的頭。

□

〈香蕉魚的好日子〉悲涼得令人無處可逃。沙林傑斷斷續續花了一整年的時間修改。一九四七年這一整年，他生活中的每個面向都在改變。儘管一開始搬來威斯特徹斯特郡時，這間空盪的車庫公寓似乎為他帶來自由，但他很快就覺得這裡的空間太過侷促，所以搬到了康乃狄克州的史丹福市。這次他租的單房公寓不在車庫裡了，而是一間結構類似穀倉，但重新翻修過的建物，是他的房東希曼．布朗（Himan Brown）擴建後當作避暑小屋使用。希曼．布朗是位知名廣播節目製作人，製作的節目包括《內室之謎》（*Inner Sanctum Mysteries*），其中的故事「神祕、恐怖又懸疑」。布朗知道沙林傑有養狗，原本不打算把房子租給他，但後來勉強接受了這隻雪納瑞，沙林傑也才鬆了一口氣。他覺得這間房子很迷人，精巧地藏在一片林子中，意外地舒適，而且根據沙林傑表示，裡頭還有「一座很不錯的壁爐、漂亮的庭園，以及全世界的靜默」。

他跟通俗雜誌之間的關係也來到尾聲，這些雜誌逐漸對他失去了從一九四一年以來的影響力。由於跟《紐約客》開始建立關係，他感覺自己的事業就要有所突破。因此，無論是沙林傑對通俗雜誌的包容度，還是他們要求修改的程度，都讓雙方的關係降到了史無前例的最低點。不過，他也同樣因為自信而願意偶爾展現雅量，像是在四月十日，他讓桃樂絲．歐汀允許博奈重新刊出〈婁易絲．泰格特的漫長初登場〉。

五月，〈一九四一年，一位完全沒有腰身的女孩〉出現在《小姐》雜誌上，還附上了他的簡介。就通俗雜誌而言，沙林傑於簡介中表現出的高傲及嘲弄態度實在太過明顯。其實他根本拒絕提交自介，但雜誌還是想辦法生出一篇，甚至把他的拒絕態度融入其中：

J．D．沙林傑不相信作者介紹欄，不過他確實曾說自己從八歲開始寫作，此後從未間斷，也曾說自己參與過第四師的行動；此外，他也曾說自己寫的幾乎都是年輕人的故事——他刊登在第二百二十二頁的故事正是如此。

在此同時，沙林傑寫了最後兩篇出現在通俗雜誌上的故事。他將這兩篇分別命名為〈維也納、維也納〉（Wien, Wien），以及〈有刮痕的黑膠唱盤上的唱針〉（Needle on a Scratchy Phonograph Record），不過後來發表時的標題分別為〈我認識的一個女孩〉和〈藍調旋律〉（Blue Melody）。這兩個故事乍看之下完全不同，但擺在一起讀，就能發現一些根本上的相似之處。兩者都是悲觀的故事，傳遞出沙林傑戰後作品常有的失志情緒；故事都以象徵著年幼純真的角色為中心，而且都透過冷漠的情緒來描寫謀殺。

〈我認識的一個女孩〉縝密重現了沙林傑在一九四五年去尋找奧地利家人的事件。敘事者是一位名叫約翰（John）的年輕人，父親在他因為成績太差而慘遭退學之後將他送去維也納，希望他深入了解家族事業的運作。一抵達維也納，約翰就在城中一個物價不高的地方受到寄宿家庭的歡迎及接納，作者也隱約指出那是維也納的猶太區。待在那裡的五個月期間，他迷戀上那家的女兒麗雅（Leah）。這個十六歲的女孩就住在他樓下的公寓內。約翰會看著她在陽台凝望的模樣，內心受到她的純潔及極致美麗所撼動。

約翰後來回到紐約的家。幾年之後，戰爭阻隔了他們的聯繫。他在軍隊的反情報單位服役後又回到了維也納，就希望能找到麗雅。在搜尋未果之後，他從她的家族朋友處得知，她和父母都在布痕瓦爾德集中營被納粹殺害。

為了最後一次接近麗雅，約翰來到他們多年前一起住的那棟公寓。一抵達現場，他就發現那棟屋子已被改建成提供美國官員居住的處所。他在走進大廳時遇見一位中士，坐在櫃檯前清理指甲。約翰請求他讓自己上樓，參觀之前住過的那間公寓。當對方氣急敗壞地問為何這間公寓如此重要時，約翰簡短解釋了自己及麗雅的命運。「她和她的家人在焚化爐中被活活燒死了，據我所知。」約翰告訴他，但這位中士的反應非常冷酷、淡漠：「是嗎？她是什麼玩意兒？猶太人之類的嗎？」最後約翰終於獲准上樓——不是因為這名中士的同情心，而是對方對一切都不感興趣。就在約翰往下望著空蕩蕩的陽台時，他發現除了身旁圍繞的四面牆之外，這個地方沒留下任何過往痕跡。回到樓下後，他向那名中士道謝，而他正在大聲地喃喃自語，想知道香檳該如何保存。

讀完故事的我們，內心勢必充滿對那名中士的厭惡。雖然麗雅及她家人的死不是他直接犯下的罪行，但他仍應為這種態度負起間接責任，因為若不是這種冷漠，整場大屠殺也不會發生。於是，麗雅這個角色並不只是主角的戀愛對象：一方面，她象徵了在二次世界大戰中飽受摧毀的那些脆弱、美好的事物，另一方面，她死後所受的待遇也觸及一個更廣泛的道德議題——人類真正的本質，以及我們透過冷漠去行使、縱容暴行的能力。

〈藍調旋律〉的故事地點在美國深南方，但仍呼應了〈我認識的一個女孩〉中的控訴。那是一個有關爵士樂及種族隔離的故事，故事中有兩個象徵純真的孩子魯福德（Rudford）和佩姬（Peggy），沙林傑透過他們的眼睛，追索了一位有天賦的藍調歌手莉妲．路易斯（Lida Louise）的歌唱生涯。莉妲．路易斯在一場戶外派對時盲腸破裂，卻因為種族關係而無法得到醫院治療，最後被留在一台車子的後座等死。

沙林傑用這個故事向藍調歌手貝西·史密斯（Bessie Smith）致敬。史密斯在一九三七年遭遇一場車禍，最後在車上流血致死，據說最近的醫院就是因爲她身爲黑人而拒絕收治。

在〈藍調旋律〉中，除了史密斯的遭遇，沙林傑還做出了更爲刺耳的宣言。快要死掉的莉妲·路易斯遭到數間醫院拒絕治療，而且這些醫院職員在拒絕收治之後——基本上就是爲她判了死刑——還用同樣的藉口來保護自己：「我很抱歉，但規定……就是不能收黑鬼（Negro）病患。」他們只是遵守規則罷了。沙林傑宣稱那個故事不是要「抨擊」美國南方，也不是要「抨擊任何人或任何事。只是一個有關老媽的蘋果派、冰涼啤酒、布魯克林道奇隊、空中豪華劇院的故事，簡單來說，就是我們上戰場所要保護的那些事物。你不可能看不出來，你不可能看不出來，眞的」。

「不可能看不出來」，確實，沙林傑直接要大家關注持續存在於這個社會中，剝奪人性的價值觀。他想問的是，美國人是在爲這些價値觀作戰並死去嗎？他要求大家先檢視這樣的價值觀，以免讓他的同胞在譴責他人的同時，卻對自己的粗暴行徑視而不見。在〈藍調旋律〉中，沙林傑完成了開始於〈我認識的一個女孩〉中的主題：他把大屠殺帶回了家鄉。

□

老天彷彿想對世人揭露沙林傑所經歷的事業過渡期，一九四七年十二月，《倒轉森林》以特刊形式隨著《柯夢波丹》刊出，當時距離〈香蕉魚的好日子〉刊出只有一個月。沙林傑似乎因爲這篇較早刊出的作品而感到難爲情。他知道〈香蕉魚的好日子〉品質好上很多，而這部中篇小說的發表時間跟它如此相近，勢必會引發外界比較。一九四七年一整年，他都在跟麥克斯威爾與羅巴諾等這些編輯討論小說，因此，沙林傑現在非常清楚該如何精煉自己的作品，而此時的〈倒轉森林〉就顯得陌生又青澀。不過，《柯夢波丹》表示〈倒轉森林〉是一部長篇小說，也非常大力地吹捧這部作品。雜誌爲作品寫的前言是如此告知讀者：

若說這部篇幅較短的長篇小說，是雜誌刊過最不尋常的作品，那還不足以描述這個故事。我們不會告訴你這個故事說些什麼，但根據我們的預測，你會發現已經很久沒讀到這麼有原創性的故事——同時也是個無比精彩的故事。

〈倒轉森林〉的迴響並不好。《柯夢波丹》的讀者在勉力讀完後，雖確實發現這個故事不尋常，卻很少有人覺得精彩，大多數讀者都因爲雜誌把他們引入這個不折不扣的迷宮中而深感惱怒。根據曾短暫在《柯夢波丹》工作過的A．E．赫奇納表示，雜誌編輯「被讀者的抗議信淹沒，從此之後……拒絕刊登任何故事線不夠明確或過於隱晦的作品。」不過，即便反應不佳，《柯夢波丹》在一九六一年三月的鑽石喜慶特刊中卻又刊登了一次這篇作品。當時的沙林傑早已希望大家徹底忘掉這部中篇小說，因此在得知雜誌打算重刊時，曾懇求他們重新考慮。但一九六一年的沙林傑已是世界知名作家，所以《柯夢波丹》最後仍是執意決定刊登。

沙林傑在《紐約客》的運氣比較好。〈香蕉魚的好日子〉大獲成功，雜誌讀者深受其難以捉摸的特質吸引，也覺得結尾非常有力。此時怠慢他多年的《紐約客》，突然急切地想留住這個人才，所以提供了非常優渥的簽約條件，表示願意先付訂金，而且每年給他薪水，就希望他一有作品就先寄給他們【註】。這所謂的「優先審閱協議」，讓沙林傑不再需要爲了生計而爲通俗雜誌寫稿。此後，沙林傑的所有作品都是爲了《紐約客》而寫，他也只有在被《紐約客》退稿後才能尋找其他的發表平台。不過，沙林傑也因此得對葛斯・羅巴諾負責，畢竟正是羅巴諾選擇讓他享有這等殊榮。

我們可以說從來沒有任何一位編輯——包括沙林傑未來的恩師威廉・肖恩（William Shawn）——能像葛斯・羅巴諾那樣巧妙地應付J・D・沙林傑。他有種跟人來往的天份，面對《紐約客》的工作對象時，又特別擅長對付那些既敏感又自大的傢伙；這些人通常都是一些難搞的藝術家，同時又忌妒羅巴諾他們在《紐約客》的地位。畢竟他們眼中的《紐約客》，就像文壇的奧林帕斯山。

羅巴諾大學時的室友E・B・懷特（E. B. White），他的妻子凱瑟琳（Katharine）之前是《紐約客》中頗具影響力的小說編輯。懷特夫妻在一九三八年搬到緬因州，離開之前把葛斯・羅巴諾送進雜誌領域的編輯團隊，還把一批凱瑟琳不太知道如何應付的投稿者丟給他，其中大多是猶太作家。羅巴諾實習期間，多年前由凱瑟琳親自雇用的威廉・麥克斯威爾負責帶他上手。麥克斯威爾沒把他視爲威脅，也深信自己能在凱瑟琳之後成爲小說部門的領導者，但就在懷特夫妻準備離開時，麥克

註：據說《紐約客》為了能優先閱讀沙林傑的作品，一年付給他三萬美金的薪水。

斯威爾的叔叔突然過世，而當他參加完葬禮回來時，卻震驚地發現羅巴諾已進駐凱瑟琳的辦公室。麥克斯威爾立刻決定辭職，但羅巴諾想方設法把他勸了回來，兩人最後還成爲密友。

這等解決問題的絕妙功力，精準展現了羅巴諾的聰慧。他的天份就是透過隨和親近的態度，聚集起一個人才團隊，而那是早已被神聖化的《紐約客》編輯部所不熟悉的方式。在從凱瑟琳・懷特手上接下工作的那一天開始，葛斯・羅巴諾就透過獨特的性格，決定了《紐約客》的公司文化，而這種性格也總能爲他帶來好處。爲了推動這樣的文化，以及建立屬於自己的追隨者，羅巴諾率先提出「優先審閱協議」的想法。這個做法是把重要供稿者轉型爲雇員，讓作者必須直接對他負責，並創建出所謂的《紐約客》「家族」。《紐約客》的創辦人哈洛德・羅斯（Harold Ross）會爲了爭取人才，在雞尾酒派對吹捧他們，葛斯・羅巴諾則是透過午餐會、釣魚之旅，還有網球賽，來讓這些人覺得參與了一個只有圈內人才能參加的卓越團隊，並藉此建立屬於自己的藝術家團隊。

沙林傑也覺得自己是中選之人。當時的他還沒走出遭惠特・博奈背叛的低潮，因此立刻接受了羅巴諾提供的機會，並沉浸在受《紐約客》菁英認可的滿足中。此後，沙林傑和羅巴諾變得親近，但他們之間的關係始終比不上沙林傑和麥克斯威爾的情誼。跟羅巴諾相比，麥克斯威爾比較書卷氣、敏感，也更親切，這些都是沙林傑非常珍視的特質。沙林傑或許會跟羅巴諾一起去釣魚和打網球，但是眞正將兩人連結在一起的，還是他們對麥克斯威爾共同抱持的敬意。

□

一九四八年二月，就在沙林傑仍爲刊登在《紐約客》上的作品大受好評而狂喜之際，通俗雜誌又爲他帶來了熟悉的打擊。《好管家》（*Good Housekeeping*）雜誌刊登了他回到維也納尋找破碎過往的故事，也就是沙林傑以〈維也納、維也納〉爲名投稿的那篇作品，但刊出來的標題竟是〈我認識的一個女孩〉。這讓沙林傑聯想到一九四四年的《星期六晚郵報》事件，不禁怒火中燒。他沒想到竟然又有雜誌在未徵詢他意見之下改動標題。不過，雜誌編輯赫伯特・梅耶斯（Herbert Mayes）不懂沙林傑爲何如此覺得受冒犯：「我不明白沙林傑有什麼好生氣的，」梅耶斯寫道，「但他憤恨地提出抗議，而且命令他的經紀人桃樂絲・歐汀再也不能讓我看到他的任何手稿。」對這類雜誌編輯而言，在沒經過作者同意下更改稿件是很尋常的事，但現在屬於《紐約客》的沙林傑，已經找到解決這個問題的方法，再也不需要強迫自己忍受這些通俗雜誌了。

在經歷這些事業上的挫敗及成功時，沙林傑始終待在康乃狄克州的史丹福市。在有小狗班尼陪伴的那間如同穀倉的單房公寓內，沙林傑寫出兩篇很快就被《紐約客》刊登的作品，也因此拓展了名聲。第一篇是〈康州甩叔〉（Uncle Wiggily in Connecticut），描繪許多人無法滿足的人生，也讓讀者得以窺見沙林傑的郊區新鄰居樣貌。

沙林傑搬到郊區時，正好見識了郊區中產階級的興起。這批人在一九四八年以爆炸性的速度成長，而沙林傑在其中找到無止盡的寫作素材。就在沙林傑住在康乃狄克期間，美國主義和物質主義已是不容置疑的價值觀。他的鄰居虔誠地追隨這些價值，透過往往會壓制個人性的從眾標準來衡量彼此。這些素材實在讓沙林傑難以抗拒。就在長久接觸社會的虛僞之後，他發現自己所身處的新興文化，不但推崇他所輕蔑的價值觀，還想將其推廣給大眾。

〈康州甩叔〉中有三個主要角色：家裡收入很好的郊區家庭主婦艾洛絲（Eloise），她之前的大學室友瑪莉珍（Mary Jane），還有艾洛絲的女兒蕾夢娜（Ramona）。瑪莉珍在故事開始時去了艾洛絲位於康乃狄克郊區的家拜訪她，隨著時間過去，愈來愈醉的兩個女人開始回憶往事。〈康州甩叔〉可說是由香菸及雞尾酒組成的縱慾派對，象徵沙林傑最常關注的主題：矯揉造作與逃避現實。

艾洛斯在恍惚之際回憶起她的眞愛，一位名叫華特．格拉斯（Walt Glass）的士兵，在戰時因爲一場詭異的意外而身亡。接著這段回憶被人打斷，艾洛絲十一歲的女兒蕾夢娜走了進來，她是個戴著厚重眼鏡的笨拙孩子。艾洛絲幾乎是瞧不起自己的女兒的，尤其受不了她那位想像出來的男朋友：一位名叫吉米．吉米利諾（Jimmy Jimmereeno）的隱形同伴。當蕾夢娜宣布吉米．吉米利諾被車撞死時，讀者意識到她其實聽見了母親坦承眞正愛的是華特．格拉斯。

這個故事的高潮來自非常幽微的小事。夜晚降臨，仍然醉醺醺的艾洛絲跌跌撞撞走進蕾夢娜的房間，卻發現她仍因想爲幻想夥伴留空位而在床上縮成一團。在母親質問下，蕾夢娜終於坦承是想留位置給一個新朋友：隱形的米奇．米奇拉諾（Micky Mickeranno）。至此，發現眞愛華特．格拉斯無從取代的艾洛絲立刻暴怒，還動手強迫啜泣的女兒睡滿整張床。接著在最後極爲痛苦的醒悟之前，這對母女之間出現了眞正柔情的一刻：艾洛絲拿起女兒放在床邊桌上的眼鏡，用鏡片貼緊自己的臉頰，任淚水沾濕鏡片。

故事的最後一段顯示艾洛絲意識到了自己的虛僞。她回到樓下，叫醒朋友，哭著懇求瑪莉珍回想自己在大學時喜歡的一件洋裝。而故事的最後一句，則是她拜託朋友確認自己曾是個「好女孩」。這幾句話非常有力地回顧了艾洛絲曾經非常眞誠的模樣，就是她爲了得到他人認可而犧牲掉的那種眞心。這些文字的力量不在於事件本身，而在於艾洛絲突然認知到自己遺失了什麼，又成爲了什麼樣的人。沙林傑傳遞出的訊息非常清楚，讀者透過〈康州甩叔〉見證的是一場拔河：一邊是充滿各種缺陷的現實，另一邊則是郊區夢的虛假幻象。

□

沙林傑下一篇刊登在《紐約客》上的故事是〈與愛斯基摩人交戰前夕〉，談的是人們之間產生的隔閡，還有與夢想之間的阻礙。故事本質談論的是「存有」，敘事主旨則是在拯救吉妮‧曼諾克斯（Ginnie Mannox）免於逐漸疏離人群的危機。這個富於隱喻及象徵的寓言，包含了比一般故事更深的寓意，而且揭露了沙林傑爲了從低潮痛苦中解脫，以及尋找生命及人類本質的答案時，內心所進行的精神探索。重要的是，這是三年以來，讀者初次在讀沙林傑的作品時，發現主角在結尾時過得比一開始好。

故事一開始，作者向讀者介紹了吉妮‧曼諾克斯這個角色，她雖然和同學賽琳娜‧葛拉夫（Selena Graff）打網球，私底下卻看不起她。吉妮是個憤世嫉俗、自私，又不關心他人的角色。顯然之前發生過某些讓她變得冷酷的事件。爲了確保自己能拿回多付的計程車費，吉妮跟著來到賽琳娜家的高級公寓。她在那裡見到了賽琳娜的哥哥富蘭克林（Franklin），他是個不愛出風頭又社會適應不良的二十四歲年輕人，在這個社會中完全失去了方向。富蘭克林割傷了手指。他請吉妮吃了半份雞肉三明治。此外，他也讓吉妮意識到自己與外界隔絕，而且愈來愈疏離。

就在跟富蘭克林對話的過程中，沙林傑以類似打網球的方式，呈現了吉妮內心出現的變化。富蘭克林說的話既刻薄又充滿敵意，但透過兩人的討論，吉妮卻以某種方式成熟起來。至於爲何能成熟起來？則取決於讀者的解讀。或許她是受到刺激，並在觀察了富蘭克林可悲的疏離狀態後，意識到自己也有同樣問題，又或者是她利用洞察力看穿富蘭克林充滿敵意的外在行為，並意識到他內在的善良。無論如何，透過跟富蘭克林產生連結，吉妮成為一個更好的人，並且透過這位角色的晦澀言行，發現自己的信仰得以重生。

她的改變是透過富蘭克林給她的三明治來呈現。吉妮走在街上時，又在口袋裡發現了那半份三明治。在決定究竟是要丟棄還是留下時，她把三明治放回了口袋。沙林傑接著透過故事的最後一句話，要讀者重新評價這個故事：「幾年前，她在垃圾桶底部木屑中發現死掉的復活節小雞時，是花了三天才處理掉」。故事中隨處都能看見基督教的象徵意象，吉妮花了三天時間，才願意接受復活節小雞無法死而復生，而她在丟掉小雞時也丟棄了自己純真的信任及信仰。富蘭克林給了她長久以來等待的重生，讓她再次相信他人的存在，以及自身所擁有的價值。

〈康州甩叔〉是在三月二十日刊出，而〈與愛斯基摩人交戰前夕〉則是出現在六月五日的雜誌上。看到這些故事的讀者都迷惑地抓抓頭，但仍讀得開心。這些都是以《紐約客》風格寫的《紐約客》故事，詩人多勒希．帕克（Dorothy Parker）將這些故事描述為「都會、聰明，而且寫得非常精良」的作品。有了這些成功的經驗之後，傑瑞．沙林傑獲得了《紐約客》家族的全心接納，也因此被期待要符合《紐約客》寄予的期待，並順從雜誌所抱持的信條。

當沙林傑還是完全屬於父母的小桑尼時，習慣在遇到衝突時逃家。在他大概三、四歲的某一天，姊姊多莉絲被要求在父母出門時照顧他，但兩人吵了起來，桑尼立刻爲了迴避爭吵而逃了出去。他打包了一個裝滿玩具兵的行李箱，怒氣沖沖地走出公寓。母親回家時發現兒子坐在大廳。「他從頭到腳穿著印地安戲服，包括頭上的長羽毛，全副武裝。」多莉絲回憶，「他說，『媽媽，我要逃家了，還在這裡是爲了跟妳說再見。』」

沙林傑的故事逐漸開始沉浸於童年的純粹喜悅中。我們可以從他的作品知道他認爲孩童比成人純眞。孩童不只能讓成人用完美的方式去愛，還能無視成人所創造的的隔閡阻礙。由於孩子在沙林傑的故事中享有如此崇高的地位，他筆下的成年角色，其純眞程度往往取決於和身邊孩子的親密程度。其中最能清楚反映這個現象的，或許就出現在《麥田捕手》中。在某個段落中，霍爾頓在電影院裡觀察一個女人和她的兒子，儘管女人因電影的傷感情節從頭哭到尾，卻拒絕帶孩子去上廁所，於是霍爾頓批判她擁有「天殺的野狼般的好心腸」。霍爾頓的說法也呼應了沙林傑從一九四八年開始深信不疑的人生哲學。

那年七月，沙林傑到威斯康辛州度假，在日內瓦湖畔的小屋度過了那年夏天。他坐在湖畔一個擁擠但舒適的小木屋套房裡，開始閱讀資料做筆記，其中包括一本爲納粹的種族清洗背書且令人無比心寒的專著《種族研究的新基礎》（*New Bases of Racial Research*），還有一篇五月一日刊登在《紐約客》的文章〈利迪策的孩子〉（The Children of Lidice）。

眞正緊抓住沙林傑注意力的是《紐約客》上的那篇文章，描述了孩子在戰爭期間遭受到的野蠻屠殺，還有那些長得像德國人的孩子，如何在想辦法活下來之後又淪爲奴隸。「我們知道，」沙林傑從文章中記錄下這段，「有超過六千名猶太、波蘭、挪威、法國和捷克的孩童，在海烏姆諾被毒氣殺死，或者被焚化爐燒死。」

他選擇引用的這句話非常駭人，而這篇文章不只觸及沙林傑本人的經歷，還有他始終不想面對奧地利家人下場的絕望。透過這篇文章，我們知道回憶帶給他的負擔似乎愈發沉重，而沙林傑覺得必須想辦法緩和內心的情緒。

〈與愛斯基摩人交戰前夕〉的結尾向讀者暗示他的寫作即將轉往新的方向，遠離從一九四六年以來籠罩他所有故事的黑暗主題。但那只是走往不同方向的微小嘗試，仍有所遲疑，畢竟他還有一部分心靈困陷在戰爭及大屠殺的經歷中。

沙林傑所引用的句子並非那篇文章中的最後幾句。關於利迪策那群孩子的悲慘故事，收尾的段落就緊接在沙林傑寫下的那個句子之後，而正是後面那些文字的力量——而不是沙林傑所選句子中的絕望——最後支配並引導了他寫作的方向：「我還沒放棄希望，」這篇文章如此宣布，「我們沒有人放棄希望。」

在日內瓦湖的那段時間，沙林傑的內心深處出現了某種改變，讓他願意不再任由筆下故事陷入心底的陰暗角落。或許是《紐約客》這篇文章鼓勵了他，又或者是窗外閃閃發亮的湖景起了作用。

沙林傑推開他針對納粹暴行所作的筆記，開始著手寫下一個新的故事，標題爲〈湖畔小船裡〉（Down at the Dinghy），故事中不但處理了反猶主義，也完成了沙林傑寫作風格的轉型：故事中的參與者是透過愛得到救贖，而非透過仇恨墮入地獄。

這篇故事原本的標題是〈湖畔小船中的殺手〉。我們能夠輕易想像出沙林傑一邊寫這篇作品，一邊凝望著附近位於日內瓦湖的小碼頭。這是一個透過小孩提供全新觀點的故事，讓人聯想到考菲爾德的系列故事。沙林傑也透過布布．坦南邦（Boo Boo Tannenbaum）及她的哥哥西摩和巴迪．格拉斯，預示了會出現在他未來作品中的角色。

〈湖畔小船裡〉是一個採第三人稱敘事且分成兩幕的故事。場景是湖畔的一間度假屋，屋主是布布．坦南邦、她的丈夫，還有他們四歲的孩子萊諾（Lionel）。故事發生時，屋裡有居家女僕珊卓（Sandra），和兼職的清潔人員史內爾太太（Mrs. Snell）。作者將萊諾描繪成一個過度敏感但觀察力敏銳的孩子，每當發生令他困擾的衝突時就會躲起來，拒絕面對整個世界。沙林傑透過萊諾身上印著「鮀鳥傑洛姆」字樣的T恤，將他的處世態度與自己的童年連結起來。就在故事發生的這一天，萊諾因爲無意間聽見某些嚇人的話，再次躲進父親那艘船的船艙內。他的母親一直試圖把兒子帶回來，還有找出他不開心的原因。

在坦南邦家的廚房中，珊卓緊張地來回踱步，不停告訴史內爾太太她「不會擔心這件事」。他們的對話似乎有些令人費解，但當珊卓譏諷地表示萊諾「之後會有個跟爸爸很像的鼻子」時，沙林傑已經暗示讀者，她不假思索地詆毀了這家人的種族背景。

碼頭上的布布再次嘗試把萊諾從小船勸上岸。但萊諾就是不聽話。他從船艙內怒氣沖沖地把一副潛水鏡丟進湖裡。當布布冷靜向他解釋那副潛水鏡曾分別屬於她的兄弟韋伯和西摩時，他只是自私地回答「我不在乎」。布布沒有因爲兒子的反叛行徑而大驚小怪，反而表示要給他一份禮物，那是一只掛滿鑰匙的鑰匙圈，顯然對應的是他丟入水中的那副潛水鏡——但前提是要讓他確實明白自己剛剛的行爲傷害了她。她威脅要把這些鑰匙丟進湖裡，就跟萊諾剛剛把潛水鏡丟進湖裡一樣。當他表示抗議時，她模仿了他的回應「我不在乎」。

沙林傑接著告訴我們，萊諾「徹底理解」地望著他的母親。這是故事的高潮，所有拼圖此刻都已落在正確的位置。就在那一刻，萊諾意識到自己傷害了母親。他突然明白自己剛剛所踐踏的，正是布布跟兄弟韋伯及西摩之間的有形連結。萊諾想要那份禮物，但知道自己已經沒有資格。就在母親依然把禮物交給他時，他明白她對自己的愛沒有任何條件。那是一種超越當前環境的純粹情感，讓萊諾得以完全信任布布的愛。爲了表示懺悔，萊諾將鑰匙圈丟進湖裡。他透過這個看似微小的犧牲，創造出關係中的平衡，也確實讓他再次和母親有了情感上的連結。他接著讓布布走上小船。就在他們對彼此的愛意融合之後，兩人都從彼此身上得到之前沒有的力量。萊諾承認他無意間聽到珊卓說爸爸是個「大懶鬼……猶太佬」，而布布也因爲感受到愛，沒做出什麼激烈反應。她沒有將珊卓污辱人的說法視爲對她個人的冒犯，反而關注的是對萊諾造成的影響。她向萊諾解釋，珊卓的說法「還不是最糟的事」。

萊諾只是直覺知道珊卓說了一些不好聽的話，其實並不了解珊卓使用的那些稱號，還把「猶太佬」（kike）誤以爲「風箏」（kite）。萊諾這輩子都得面臨這類歧視，而布布並沒有保護他免於這樣的衝突，反而是爲他提供了來自其他人的支持。透過這種做法，她也學到了某種接納現狀的方式，也就是不被挑釁及羞辱影響的能力。讓布布和萊諾結合在一起的這種愛，創造出一種更強大的力量，足以勝過珊卓那種盲目輕蔑人的態度。

萊諾透過母親而有了重要領悟。他開始理解跟人互動的價值、對他人的需求，以及他人對自己的需求。他開始理解相互依賴可以是一種力量，而將人結合在一起的愛是形式上最純粹的避風港。他在這個駭人的世界中不再是孤身一人。

爲了呈現兩人因爲彼此而有了成長，沙林傑讓這對母子計畫把已停在岸邊好幾個月的船開走。這象徵了重生，但他們需要彼此才能達成目標。「你得幫忙把〈你爸爸的〉帆搬下來。」布布告訴兒子。故事結尾呈現的是一種統合、平等，而且懂得妥協的狀態，不但認可了他們對彼此的需要，還有他們的愛所擁有的力量。萊諾和布布一起賽跑回家，而萊諾透過母親的愛成了贏家。

沙林傑在寫作這個故事時，大量使用了自己的兒時回憶。他在學齡及青年時期，面對的大多是上層階級的盎格魯—撒克遜白人清教徒，所以很可能也跟萊諾一樣，不停意識到大家會拿他有一半猶太血統的背景來說嘴。葛羅莉亞．凡德貝特是上層頂尖社會的代表，她就曾輕率地稱年輕的沙林傑爲「一個來自紐約的猶太男孩」。而在寫作〈湖畔小屋裡〉的沙林傑心中，這種被以刻板印象稱呼的不舒服感受，仍恍如昨日。

這個故事不是在表達沙林傑個人的抱怨，或者咬牙切齒的憤怒情緒，而是再次肯定了他在法國戰場上尋獲的信仰，也就是人與人之間的連結。他曾差點因爲死亡集中營帶給他的痛苦而失去這份信仰，但在〈與愛斯基摩人交戰前夕〉中確立了這份信仰的存在，並在〈湖畔小船裡〉使其開花結果。在懷疑人類心中是否存在上帝長達三年之後，回到康乃狄克的沙林傑驕傲地向伊莉莎白．莫瑞宣布，就精神層面而言，「這艘老船再次穩穩前行」。

□

從威斯康辛州回家的沙林傑，面對了一個熟悉的不愉快場面。《紐約客》之前退回了〈有刮痕的黑膠唱盤上的唱針〉，沙林傑只好不情願地把稿子投到《柯夢波丹》，當時A．E．赫奇納正在那裡工作。因爲〈倒轉森林〉帶來的種種教訓，《柯夢波丹》不太敢隨便刊登沙林傑的作品，而赫奇納宣稱是自己說服雜誌接受了這篇稿子。不過在刊登作品時，雜誌仍擅自將標題更動爲〈藍調旋律〉。沙林傑不只氣《柯夢波丹》這麼做，也把錯歸咎在赫奇納身上，於是兩人之間（無論有過什麼）的關係也結束了。這個事件意味著沙林傑與通俗雜誌之間的關係走向尾聲，不過在眞正終結關係之前，他還得忍受另一件讓他難堪的事。

沙林傑把〈湖畔小船裡〉交給《紐約客》後遭到退稿，由於太想看到這篇作品發表，他把這個故事賣給了《哈潑雜誌》。一九四九年一月十四日，他向葛斯．羅巴諾表示《哈潑雜誌》要他把故事縮短。沙林傑自然感到遲疑，但爲了不放棄這部作品，仍做了修改。這是他最後一次對通俗雜誌讓步，也是他的故事最後一次出現在《紐約客》以外的美國雜誌上。

一九四八年是豐收的一年，事後證明對沙林傑而言，這也是歸零重整的一年。他開始重新評估自己，同時鞏固跟《紐約客》之間的關係。他在〈康州甩叔〉中，對郊區鄰居進行了嚴苛批判，但還是在那年十一月開心續租了位於史坦福的單房公寓。

隨著一九四九年到來，《紐約客》手上又有了一篇即將刊登的沙林傑作品，標題是〈笑面人〉

（The Laughing Man）。這個故事明顯受到舍伍德・安德森影響，可說是以古怪手法改編了安德森於一九二一年寫的〈我想知道爲什麼〉（I Want to Know Why）【註】。這個故事檢視了孩童純真本質的脆弱，以及小說作家建構和拆解夢境的力量。直到今日，這還是沙林傑最富想像力、也最具玩心的故事，讀者也因此深受吸引。

一九四九年，沙林傑只發表了〈笑面人〉和〈湖畔小船裡〉兩篇故事。不過根據《紐約客》的紀錄顯示，他在一九四八年還交了三篇故事，一九四九年也交了七篇，但全數遭到退稿。在這十篇退稿中，我們只知道其中五篇的名字：〈我認識的一個女孩〉和〈藍調旋律〉寫於一九四八年；〈湖畔小船〉寫於一九四九年；另外兩篇未發表作品則是〈戴獵「人」帽的男孩〉（The Boy in the People Shooting Hat），和沙林傑特別喜歡的〈一場夏日意外〉（A Summer Accident）。

有證據指出，沙林傑交給《紐約客》的〈一場夏日意外〉其實改寫自〈滿是保齡球的海洋〉。唐諾・菲恩（Donald Fiene）是第一位沙林傑書目的編纂者，他在一九六二年爲沙林傑製作了研究書目提要，指出〈充滿保齡球的海洋〉曾在一九五〇或五一年投稿給《柯利爾》雜誌。由於依合約，他寫的所有故事都得先交給《紐約客》，〈滿是保齡球的海洋〉在投去《柯利爾》之前，應該就已

註：沙林傑承認〈西摩：小傳〉有受到舍伍德・安德森的影響，同時也坦承自己寫過一篇「和舍伍德・安德森關係非常密切」的故事。這句話談的也可能是《麥田捕手》，不過這種說法指的應該是篇幅較短的作品，因此〈笑面人〉是最有可能的選項。

先在一九四九年給《紐約客》看過了——也就是〈一場夏日意外〉出現在退稿檔案的那一年。去探究兩個故事是否一樣，確實有趣，但這主要是學術研究者的工作。比較重要的是，這個事件說明了沙林傑對〈滿是保齡球的海洋〉抱持的情感。一九四九年的他，已經完全放棄投稿通俗雜誌了，就算作品被《紐約客》退稿，通常也不會再投往他處，但卻爲這篇作品破了例，證明他對〈滿是保齡球的海洋〉多麼依戀。

《紐約客》退稿〈戴著獵「人」帽的男孩〉的過程，則特別令人感到諷刺。葛斯．羅巴諾審閱時既是讚嘆卻又覺得過於駭人，把稿子退給桃樂絲．歐汀時還附上了一封長信，表示他對自己必須退稿感到遺憾，卻又無法了解故事情節。「隨信附上，嗚呼，沙林傑的最新作品，」羅巴諾一開始如此寫道，「恐怕無法妥切讓妳知道我們對於必須退回這篇作品感到多麼沮喪。其中有些段落眞是精彩、動人，又有力，但整體而言，我覺得對我們這樣的雜誌來說，這個故事的衝擊性太強了。」

若你是《麥田捕手》的讀者，就會知道這個故事的標題指的就是霍爾頓．考菲爾德挑釁戴著的紅色獵人帽。根據羅巴諾寫的信，我們知道故事中發生了一場爭執，參與其中的包括主要角色鮑比（Bobby），和另一位性愛經驗豐富的男孩史泰德賴塔（Stradlater）。這場衝突起因於鮑比對舊情人茱恩．迦拉格（June Gallagher）的感受。根據羅巴諾的說法，雜誌認爲鮑比這個角色不夠完整，並指出「或許這個故事的主題需要更多空間來發展」，更奇怪的是，羅巴諾認爲這個故事帶有同性戀情的弦外之音。「我們無法百分之百確定，他跟史泰德賴塔吵架的原因是茱恩．迦拉格，還是因自己年紀太小而感到無力（尤其又被史泰德賴塔的英俊及勇猛凸顯出來），又或者是暗示鮑比的同性戀傾向。」羅巴諾接著建議這篇故事「須要大幅度擴寫」，並對於沙林傑沒有傳遞出一個「不那麼複雜的主題」感到痛惜。其實，鮑比就是霍爾頓・考菲爾德的化名，而這個故事幾乎就是《麥田捕手》第三章到第七章的內容。

九月，沙林傑收到某篇無名故事被《紐約客》退稿的通知，非常可能就是〈充滿保齡球的海洋〉。爲此感到沮喪的他，直到十月十二日才有辦法冷靜地回覆葛斯・羅巴諾的這項判決。他表示自己感到挫敗，但也明白羅巴諾一定覺得這是個困難的決定。他會回去繼續寫長篇小說，也就是那名就讀預備中學的男孩的故事，而不會繼續強求羅巴諾接受這篇稿件。

沙林傑在此時回去寫《麥田捕手》，或許也解釋了之後幾個短篇遭到退稿的原因，而其中有五篇我們並不清楚標題或內容。考量他在那段時期寫出的作品品質，若這些故事眞的佚失，確實令人感傷。然而根據現有資訊，既然已知的退稿作品都跟《麥田捕手》有關，或許其中有些作品後來都以不同形式出現在《麥田捕手》中。

□

即使多次遭到退稿，沙林傑在一九四九年於《紐約客》獲得的成功，不只讓他爭取到一直以來渴望的認可，名聲也早已擴展到雜誌讀者群之外。特別受他作品吸引的是全國的藝文界人士，包括電影工作者、詩人，還有其他作家。年輕的新秀作家寇特・馮內果（Kurt Vonnegut）、菲利普・羅斯（Philip Roth）和希薇亞・普拉斯（Sylvia Plath），都是受到沙林傑的寫作寓意及風格啓發，並在他開創出的新鮮視野中嶄露頭角。約翰・厄普代克（John Updike）公開宣示「從沙林傑的短篇小說學到很多」，而類似的發言並不少見。「就像大多數創新的藝術家一樣」，厄普代克指出，沙林傑

「創造了新的空間來呈現無形事物，以及人們生活的原貌」。

一九四九年，閱讀沙林傑描寫無形現實的讀者已增加了好幾倍，他的故事也因此被收錄在許多地方。道布爾戴出版社（Doubleday）將〈與愛斯基摩人交戰前夕〉收錄於選集《一九四九年的一流故事》（*Prize Stories of 1949*）。〈我認識的一個女孩〉則收錄於《一九四九年最佳美國短篇小說》（*Best American Short Stories of 1949*），負責編輯是瑪莎．佛利（Martha Foley）。一九五〇年，佛利又認定〈笑面人〉為「一九四九年發表在雜誌上最出色的短篇小說之一」。惠特．博奈在《故事：四〇年代的小說》（*Story: The Fiction of the Forties*）中收錄了〈婁易絲．泰格特的漫長初登場〉。不過對沙林傑而言，最甜美的成就是《紐約客》認可〈香蕉魚的好日子〉是那個十年中的最佳投稿作品之一，並將其收錄於《紐約客：一九四〇到一九五〇的五十篇短篇小說》（*The New Yorker's 55 Short Stories 1940-1950*）中。

這樣的美好讓沙林傑非常陶醉，但也讓他發現很難維持心靈的平靜。對於一個重視「均衡」概念的人而言，沉浸於個人成就帶來的滿足是種誘惑，而且會對他個性中的主要特質帶來潛在危機。

J．D．沙林傑一直非常在意別人對他的看法，他人的意見對他來說非常重要。因為如此，無論面對私人或公事上的往來，他總是全副武裝，以免被潛在讀者聽到什麼風聲。最重要的是，他不想再被認為是臭屁的傢伙。身為一名成年人，臭屁實在是最令人感到羞辱的標籤之一，他也花費了不少心力去避免被視為虛榮的人。沙林傑有一種與生俱來的自大，他敬慕的母親在他孩提時期將這樣的傾向一手養大，而他後來堅持不懈的野心也協助餵養。儘管許多作家都非常驕傲，自尊心也高，但對沙林傑而言，被當作高傲之人總是特別能觸及他的痛處。

一九四九年四月，除了〈湖畔小船裡〉，還有另一篇自傳性質的「稿件」也出現在《哈潑雜誌》上。自從《小姐》在兩年前要求他寫了自我介紹的文字後，他對這類自溺欄位的厭惡只是變本加厲。他之前是答應了《哈潑雜誌》縮短〈湖畔小船裡〉的要求，但不代表他因此變得聽話，不過這次的處理方式比較聰明。他針對要求寫了一段簡要的回應，表示他對這種草率要求的不耐，且還厭惡那些享受其中的人。「這一次，」沙林傑保證，「我會寫得很短，並一下就提到重點」。

首先，如果我是雜誌老闆，絕對不會規劃一個充滿投稿者自我介紹的欄位。我對作家的出生地、孩子姓名、工作規劃都不感興趣，當然也不在意他在愛爾蘭叛亂期間因走私槍枝（多麼英勇的流氓【註】！）被捕的日期。

這句「英勇的流氓」顯然是在抨擊海明威，畢竟他的自大及蠻幹個性眾所皆知。事實上，沙林傑通篇幾乎都在批評那些熱愛行銷自己的作家，而海明威就是這樣的例子。這個策略讓他有機會批評對手，同時將自己呈現爲一個謙遜的角色。爲了怕讀者沒看出他的重點，沙林傑還非常好心地點出自己實在「謙虛過頭」。

註：伊莉莎白・莫瑞的女兒葛羅莉亞（Gloria）之後回憶，沙林傑在寫這篇自介的幾個月前，曾花了好長一段時間談論海明威，而且還宣稱對海明威沒將兩人的關係維繫下去感到慶幸。

沙林傑透過針對自負文學人的謾罵，迴避了這篇文字原本的目的，也就是稍微介紹一些有關自己人生的細節。沙林傑只透過三個簡短句子，跟讀者分享了與個人有關的實際資訊。「我已認眞寫作超過十年。」他告訴讀者，「我在戰爭時屬於第四師」，以及「我描寫的角色幾乎都很年輕」。

不過，沙林傑確實在雜誌頁面上透露了一小段內情。「我曾爲幾本雜誌寫過自我介紹，」他坦承，「我懷疑我曾在裡頭說過任何眞話。」至少這段話的眞實性很高。不過，一旦要他透露一些生活細節，沙林傑家族對於隱私的保密本能就會全面啓動。他覺得這是一種強迫性的告解，也覺得沒有尊重這種要求的義務。畢竟，他還是那個會在入伍申請中頑皮捏造不存在事實的傑瑞．沙林傑。

若是將沙林傑寫過的幾份自傳檔案擺在一起看，就能發現許多刻意爲之的矛盾。在一九四四年爲《故事》寫的自介中，他宣稱是父親把他拖去歐洲殺豬。在一九五一年爲《麥田捕手》書衣寫的作者介紹中，他將那趟歐洲之行回顧爲「一年快樂的旅遊時光」。不過就在同一年，他在接受威廉．麥克斯威爾的訪談時，又坦承他「恨透（那一年）了」。

透過沙林傑這些展現出的公關人格，我們可以看出他是如何面對自己逐漸成名的處境。即便是一些無關緊要的生活細節，通常他也避免向外界透露，而且非常想表現出謙遜的模樣。對此，他的說詞是認爲「所有對他個人的關注都會分散人們對他作品的注意力」。但事實上，他展現出的謙遜只讓他的作品得到敬重，卻沒有讓他看起來謙虛。

沙林傑在一九四九年接連有所斬獲，而透過這份伴隨〈湖畔小屋裡〉的自我介紹，我們可以看出在輿論的鎂光燈下，沙林傑已開始感到扭捏。那年在進入尾聲時又發生了兩件事，不但讓沙林傑開始節制自大的傾向，也讓他有所警覺。面對受野心驅策而獲取的名聲，他開始重新思考可能帶來的後果。

沙林傑是詩人奧坦絲・弗萊克斯納・金恩（Hortense Flexner King）的朋友，她當時正在莎拉・羅倫茲學院（Sarah Lawrence College）教授創意寫作課程，那是一間位於紐約布隆克維高級地段的全女子學院。秋季學期開始時，她邀請沙林傑前來當客座講師，沙林傑接受了邀約，但之後向威廉・麥克斯威爾描述上課狀況時表示：「我說的話變得彷如神諭，也非常具有文學性。我發現自己開始為所有敬重的作家貼標籤……一名作家只要被要求討論他的寫作技巧，就得起身大聲說出自己所喜愛的作家名字，只有名字。」他接著開始一一點名自己最喜歡的作家。「我喜愛卡夫卡、福婁拜、托爾斯泰、契柯夫、杜斯妥也夫斯基、普魯斯特、奧凱西、里爾克、羅卡、濟慈、蘭波、伯恩斯、E・勃朗特、珍・奧斯汀、亨利・詹姆斯、布雷克、柯立芝。」

沙林傑在講課結束後非常難為情。上了講台的他，不但成為一名表演者，還展現出自大的傾向。這樣的身分顯然讓他不自在——又或者說，這樣的身分實在讓他太自在了，因此揭露出他不想表現出來的面向。「我那天過得很開心，」他對麥克斯威爾表示，「但不想再來一次了。」事實上，這不只是沙林傑初次進行這類公開行程，也是唯一的一次。作者通常會為了賣書進行這類公開行程，但未來無論是講座或簽書會，對沙林傑而言都是不可能的事。

另一個因出名而產生的棘手問題就發生在隔年十二月。他在前一年發表〈康州甩叔〉後沒多久，就賣出了電影版權，而買方是幫好萊塢製片山謬・高德溫（Samuel Goldwyn）接洽的戴瑞爾・賽納克（Darryl Zanuck）。自從一九四二年的〈瓦容尼兄弟〉後，沙林傑就一直想看到自己的作品登上大螢幕。〈康州甩叔〉的改編權讓他賺入豐厚報酬，也增加了曝光度，有可能大幅推進沙林傑的寫作事業。然而，〈康州甩叔〉的故事大多以對話組成，儘管篇幅非常適合搬上舞台，但要改編成電影，又不夠長，因此需要在搬進電影院之前進行大幅度擴寫。沙林傑一定有意識到這個狀況，但還是賣出了這個故事。此外，桃樂絲・歐汀同樣支持賣出改編權，沙林傑也在她的建議下放棄了插手改編的權力。於是，〈康州甩叔〉等於完全任由山謬・高德溫擺布，他立刻雇請了因《北非諜影》聞名的編劇朱利爾斯和菲利普・艾布斯坦（Julius and Philip Epstein）來寫劇本。

爲何沙林傑會讓自己落入這種境地？這實在是個謎。這位作家就連只是得知作品可能受到更動都會怒火中燒——之前雜誌在沒有徵詢下改了他的故事標題，他可是氣瘋了。他也曾在一九四五年警告海明威，別把故事的電影版權賣給好萊塢。沙林傑私底下熱愛電影，但在故事中對電影工業提出的批判也總是非常嚴厲。因此，沙林傑願意釋出〈康州甩叔〉的改編權，只有一個解釋：在文壇浮沉了這麼多年，他想獲取成功的野心已深植在心，甚至成爲一種膝反射本能。

由〈康州甩叔〉改編而成的電影，就是一九五〇年一月公開上演的《一廂情願》（*My Foolish Heart*）。飾演艾洛絲・溫格勒的是蘇珊・海沃德（Susan Hayward），而飾演華特・格拉斯（在電影中的名字是華特・德萊賽〔Walt Dreiser〕）的則是達那・安德魯（Dana Andrews）。爲了參與一九五〇年的奧斯卡金像獎，這部電影還在一九四九年十二月於紐約及洛杉磯的限定院線上映。沙林傑也是在此時才初次看到好萊塢對他的作品幹了什麼好事。

《一廂情願》開場的幾個場景，都非常接近沙林傑的原版故事，有些對話內容甚至跟小說一模一樣。不過在電影中，用來表達理解情緒的台詞「可憐的甩叔」被過度使用，而且用得淡而無味，接著電影又很快脫離了原本的故事，發展出幾乎完全不相干的情節。在電影開演後沒多久，心懷憤恨又厭倦一切的艾洛絲就在衣櫃深處發現了一條棕色和白色相間的洋裝，因而回想起自己曾是個「好女孩」。然後畫面淡出，背景響起豎琴樂音，觀眾進入了艾洛絲的回憶，其中包括了華特・格拉斯，以及她已經拋棄掉的美德。

好萊塢處理《一廂情願》的手法，用「擅自妄爲」都不足以形容。電影中被丟入了許多原本不存在的角色，包括艾洛絲的丈夫路（Lew）和她的父母，甚至還將蕾夢娜這個重要角色邊緣化。沙林傑創作這個故事，是爲了揭發郊區中產階級社會的內幕，並呼籲個人檢視自我內心，但這項意圖卻遭到好萊塢的扭曲，最後成爲一部滿溢著傷感情懷的愛情故事。《一廂情願》將蕾夢娜變成艾洛絲及華特愛的結晶，這樣的人物關係勢必讓作者大爲驚訝。電影中的華特，是因爲空軍訓練意外光榮犧牲，而不是毫無意義地因爲一個日本小火爐而死。華特死後，艾洛絲從朋友瑪莉珍手上搶走了路，好讓可能成爲私生女的蕾夢娜有一位父親。故事最後，因爲那件洋裝帶來的回憶，艾洛絲再次成爲了一個「好女孩」，所有人從此過著幸福快樂的生活。

沙林傑是以驚恐的心情看完《一廂情願》。他討厭這部電影，但他在把電影版權賣給賽納克時就已放棄了詮釋權。就跟去莎拉・羅倫茲學院講課一樣，他因爲野心而有了令他大感震驚的體驗，也因此決心不再重蹈覆轍。長久以來，大家也普遍相信，只要作品有被搬上舞台或大螢幕的可能性，沙林傑總是選擇頑強抵抗。不過這項猜測並不正確。之後數年間，沙林傑仍受到前進好萊塢的野心掌控、引誘，甚至有好幾次幾乎犯下跟〈康州甩叔〉一樣的錯誤。

《一廂情願》受到評論家的攻擊，他們普遍認爲電影太過感情用事。而可以確定的是，沙林傑也希望大家趕快忘記這部電影，可惜情況並非如此。這部電影大受歡迎，蘇珊・海沃德還因爲對艾洛絲的詮釋而獲奧斯卡提名。維克特·楊恩（Victor Young）所寫的電影主題曲也獲得提名。直到今日，那首曲子仍是音樂會的指定演奏曲目之一。

沙林傑的文學成就在一九四九年數度攀上高峰，達成了長久以來的夢想目標。不過他在《哈潑雜誌》上的自我介紹，還有在莎拉·羅倫茲學院的講課經驗，都顯示他不樂意成為舞台上的焦點人物，在此同時，〈康州甩叔〉的改編事件也讓他明白為了受歡迎，往往得犧牲藝術性。即便如此，他的野心仍絲毫不減。

到了十月，沙林傑和班尼已經離開位於史坦福的穀倉風公寓，搬到康乃狄克州的韋斯特波特，住進一間位於老路（Old Road）上的獨棟房子。費茲傑羅於一九二〇年開始寫《美麗與毀滅》（*The Beautiful and Damned*）時，就是住在這座小鎮。沙林傑在安頓好之後，將此地描述為「溫馨又適合工作的地方」，也是重新開始書寫長篇小說的理想所在。未完成的《麥田捕手》在過去十年始終陪伴著他，他也真的很想趕快完成。不過，在投入這項任務之前，他得先清償另一項未實現的承諾。

一九四五年，沙林傑覺得像他一樣的老兵「值得擁有一段令人顫抖的文字之歌，而且是演奏起來不讓人難為情或後悔的那種曲調」。我們或許可以說他從〈陌生人〉就已經開始這麼做，不然也絕對是從〈香蕉魚的好日子〉就開始了，之後他也為此寫了其他故事；不過，在允許自己處理目標的長篇小說之前，他覺得必須先完成這首「文字之歌」，而成果就是〈致艾絲美——獻上愛與齷齪〉。人們普遍認為這是二次大戰帶來的最佳文學作品之一。

在搬到韋斯特波特時，沙林傑很可能早已完成〈致艾絲美——獻上愛與齷齪〉的初稿，但在遭到《紐約客》退稿後，被迫重新處理這篇作品。一九五〇年二月，他向葛斯·羅巴諾表示已經將故事縮減為六頁。這個編輯過的版本，可說是沙林傑最緊湊的作品之一，對於細節的關注讓人聯想到〈香蕉魚的好日子〉。兩個月之後，《紐約客》刊登了這篇作品，而讀者心中無疑認定沙林傑已寫出截至當時為止最好的作品。

〈致艾絲美——獻上愛與齷齪〉的目標是「教化、指導」。透過這個故事，沙林傑希望能讓平民世界明白，經歷過二次大戰的士兵，心中仍帶有徘徊不去的創傷。不過，故事最主要的目的還是要向那些士兵致敬，並讓讀者明白愛的力量足以克服士兵所承受的一切。這就是沙林傑的「顫抖的文字之歌」，也是他對其他士兵的致敬。他在創作這個故事時，深入回顧了發生在自己身上的事件，因此得到了只有老兵才能轉化為文字的靈感。

這個故事出現在愛國主義不容置疑的年代，從眾的風氣正愈來愈盛。戰爭帶來的現實已在結束五年後淡化為公眾意識的背景，取而代之的是將其浪漫化的概念。由於這種強加於戰爭的浪漫視角，使得不光榮的創傷後壓力症候群所帶來的混亂，失去了能被討論的空間。對於曾經身為士兵的大多數人而言，由於羞恥跟不被理解，因此無法表達出自己每天都在與其奮鬥的創傷，只能沉默地受苦。透過〈致艾絲美——獻上愛與齷齪〉，沙林傑以其他人做不到的方式來為這些人發聲。

〈致艾絲美——獻上愛與齷齪〉的敘事者就像沙林傑本人：那是一名在二戰期間於歐洲服役的情報上士。一九四四年四月一個下雨的日子，故事在簡短的介紹後，於英國的德文郡展開。一開場的氣氛就非常沉重：這名上士非常寂寞，而且讀者能從他身上意識到再過幾個星期就是反攻日了。這位躁動不安的上士，在鎮上散步時，受到一間有孩子在練合唱的教堂吸引，於是走了進去。聆聽合唱團練習時，他的注意力開始集中在一個大約十三歲的女孩身上。離開教堂後的他，為了躲雨，走進附近一間茶室，之後兩個渾身濕透的孩子也跟了進來，其中的女孩艾絲美就是剛剛他在教堂內注意到的人，另一個男孩則是她七歲的弟弟查爾斯。因爲感受到敘事者的寂寞，這個女孩跑來跟他坐在一起，接著兩人展開一段既禮貌又發人深省的對話。

艾絲美和她的弟弟是孤兒，母親最近死了（推測是因爲倫敦大轟炸），而父親則在英國軍隊服役時身亡。爲了表示敬意，艾絲美驕傲地把父親巨大的軍錶戴在手上。就在她透露失去父親的祕密時，爲了不讓查爾斯回想起那份傷痛，她是說爸爸「那、個、了」（s-l-a-i-n）。離開茶室之前，艾絲美承諾之後與敘事者通信，而她想得到的回報是他寫一則有關「齷齪」的短篇故事給她。齷齪是她最近才有的經歷。儘管生命中充滿毀滅性事件，她還是想辦法保留了同情心，也試圖保護她的弟弟不至陷入憤恨。

故事接著快轉到一九四五年五月的巴伐利亞。根據我們所得到的資訊，後面這段也就是故事「齷齪，或者動人的部分」，其中包括場景跟「人物也變了」。此時敘事者「狡猾地」僞裝爲上士X，而他和其他士兵一起住宿在被占領的德國。在一間陰暗、混亂的房內，坐在桌邊的X想閱讀卻又做不到。他在那天因爲精神崩潰去了醫院接受治療。他的牙齦還在流血，雙手顫抖，臉部抽動，在廢紙簍中吐了一場後正坐在此刻的黑暗中。X面前堆了一整疊未拆的信件，他把手伸進那一座小山中，拿出一封哥哥從家裡寫來的信，信中要求他寄一些「卍字紋的東西回來」。

X既噁心又絕望地撕爛了信。然後有人打破沉默，來者是X的吉普車夥伴，下士克雷（Corporal Clay，在故事中也被稱爲下士Z）。身上掛滿綬帶及勳章的他，不停地打嗝，還對X糟糕的身體狀況大發議論。他提到自己寫信給女友說X精神崩潰了，還說上士X大概在戰前的狀態就不好了。

等到令人難以忍受的克雷終於離開之後，上士X再次跟沮喪的自己獨處，眼前還是那堆未拆封的信。他在那座小山中漫不經心地翻看，拿出一個小包裹。盒子中有一封艾絲美寫來的信，另外還附上了他父親的錶。她在信中解釋這隻錶「防水功能相當好，也耐震」，還說上士X可以在「作戰期間」戴著。信件最後，艾絲美希望能和上士X保持聯繫，而查爾斯則加上了自己獨特的招呼文字：「你好　你好　你好……愛你　親親　查爾斯。」

這些簡單的字句，讓上士X突然想起了過去的自己，也證明艾絲美的愛確實突破萬難，幫助查爾斯保住了他的純淨與純眞。他們給了X希望：或許愛也能讓他的生命戰勝一切。讀完這封信的他，仔細檢視這隻錶，然後變得很想睡，但他在睡著之前也向讀者保證，自己已經找到克服一切齷齪的力量，得以和戰前抱有的價值觀重新產生連結。

故事中最主要的象徵就是艾絲美父親的錶，這隻錶代表的意義隨著故事進展而不停地改變。在故事的第一段，它象徵著女孩和死去父親之間的連結，並讓讀者注意到艾絲美因戰爭所承受的痛苦。到了第二段，當X發現艾絲美將錶隨信寄來時，這隻錶象徵的其實就是上士本人。他在檢視這隻錶時發現不會走了，而且「錶面已經在運送過程中破了」，很顯然對應的是他自己的情緒狀態；錶的「運送過程」，對應的也是他參與戰爭的過程。X接著心想，不知道「它除此之外是否都完好」，其實思考的正是愛足以克服創傷的能力。到了此刻，既然意識到愛確實能夠戰勝齷齪，上士X也受到了轉化。

故事的最後幾個字，是X確定自己重獲「身、心、健、全」（f-a-c-u-l-t-y）的能力。此外，這幾個字可能也代表了錶運作的節奏，畢竟讀者至此已經深信這隻錶只是外觀損壞而已。這就是沙林傑相信希望存在的方式，也是他對其他老兵所提供的撫慰及保證。

在書寫〈致艾絲美──獻上愛與齷齪〉時，沙林傑必須回顧他的過往經歷。由於這個故事的作者是老兵，且和故事中提起的人承受同樣的創傷壓力，也讓〈致艾絲美──獻上愛與齷齪〉具有一定程度的道德示範。不過，這故事不是沙林傑個人的回憶，也不是要大家聚焦於他的經驗。相反的，他是希望透過自己的理解來增加故事的可信度。對那些想知道沙林傑人生細節的讀者而言，去比較作者及角色之間的相似之處，是非常吸引人的選項。不過這種檢視方法，和故事寫作的精神背道而馳。我們確實可能在上士X身上看到沙林傑的影子，但那個時代的老兵看到的卻是他們自己。

作者爲了故事，進行了最深刻的自我檢視，但並非在於其中的日期、事件，或場景，而是自己與角色情緒及精神處境的對照。在茶室時，艾絲美關於保有同情心的發言，呼應的正是沙林傑自己的狀態。一九四四年春天，就在德文郡等待反攻日到來期間，他曾和艾絲美一樣，決心不再表現得如此冷淡，也覺得該對身邊的人多一點同情心。他也跟上士X一樣，曾在戰後忘記自己下過的決心，並且都是透過艾絲美的話重拾當時心境。經由這樣的方式，沙林傑也參與了〈致艾絲美──獻上愛與齷齪〉中的療癒過程。

《紐約客》在一九五〇年四月八日發行時，是以〈致艾絲美——獻上愛與齷齪〉作為主打文章。沙林傑在一九四八年到一九四九年間，發表了許多作品，但在一九四九年四月到一九五一年七月間，只發表了這一篇作品。〈致艾絲美——獻上愛與齷齪〉立刻大獲成功，讀者看出沙林傑致敬的意圖，他於是收到了大量來信。四月二十日，他讚嘆地告訴葛斯．羅巴諾，說他因為這篇故事收到的信，比他寫過的任何一篇故事都來得多。

所有人都期待他發表下一篇作品。不過，就在受到讀者認可的寫作生涯高峰，他都在寫那部以心愛的霍爾頓．考菲爾德為主角的小說，因此在《麥田捕手》完成之前，沙林傑都沒再發表任何一篇作品。

這是一項會令人心生氣餒的工作。沙林傑手上只有一堆彼此不連貫的短篇故事，最早的甚至寫於一九四一年。儘管多年來陸續對草稿進行增補，但是他的人生哲學及看法都有了調整及改變，因此到了一九四九年末，他為了這部小說寫的每篇故事，幾乎都有不同的中心思想及主題。於是，眼前的挑戰就是將這些不同類型的故事組構成一個具有一致性的藝術作品。

為了讓自己全心投入，沙林傑不碰任何可能分心的事物。他認為自己正在創作一個高級的藝術作品，為了達成目標，他有意識地躲進屬於自己的倒轉森林。為了強化這樣的自我形象，他在為

《麥田捕手》收尾時還特別認眞探索了禪宗哲學。一九五〇年，他和鈴木大拙（Daisetz T. Suzuki）成爲朋友。鈴木是一位著名的作家兼禪宗大師，偏好將基督教神祕主義融入禪宗概念，而這條路線跟沙林傑的想法不謀而合。對沙林傑而言，將禪宗哲學跟他想將藝術及靈性連結的信念結合後，就會產生一種把寫作視同於冥想的信仰；而這個信仰早已在法國戰場上萌芽，當時他就會把創作轉化爲精神食糧的來源。自從那時候開始，他就發現禪宗思想可以完美融入自己個人的信念系統。禪宗幫助緩和了他在戰後經歷的低潮，也爲他的寫作增添了更多「均衡」的元素。

一九四九年末，因大眾關注而感到不自在之後，沙林傑開始將寫作當成一種冥想，這不但讓他得以自我實現，也是非常自然的選擇。不過，這麼做也讓他變得愈來愈難在他人的觀察及檢視之下創作。將寫作當作冥想，代表需要孤絕及能夠徹底專注的環境。一旦沙林傑決定採用這種方式，就開始把外界的喧擾及聲名當作阻止創作及禱告的障礙。因此，韋斯特波特成爲他個人的修道院，只有在身處其中時才能把這些以霍爾頓．考菲爾德爲主角的篇章連結起來。

一九六一年，根據《時代》雜誌報導，沙林傑爲了完成《麥田捕手》，將自己隔絕在「一個靠近第三大道高架道路的單人禁閉室」，藉此進入一種類似自我囚禁的狀態。「他把自己鎖在裡面，」雜誌宣稱，「在嘔心瀝血寫書期間，只點三明治和皇帝豆來吃。」然而，《時代》雜誌如此誇張的幻想內容，實在不太可能發生。首先，沙林傑是個時不時就會感到寂寞的人，儘管有機會把自己幽禁在韋斯特波特，但跟紐約保持不太遠的距離，對他而言仍是很重要的事，畢竟他的親友都住在那裡。至於所謂的「單人禁閉室」，很可能只是《紐約客》的一間辦公室。這份雜誌常爲供稿者提供工作空間，且確實有資訊指出，沙林傑會在一九五〇年的夏天利用編輯去度假而空出的辦公室書寫《麥田捕手》。

就算在康乃狄克州時，沙林傑也不是完全獨自一人，他有班尼能「陪伴自己打發時間」。沙林傑非常黏這隻雪納瑞，他會像是驕傲的父母般，把那隻雪納瑞當成獨生子談論。他們從德國到康乃狄克州一起經歷過這麼多事，因此似乎只有班尼能眞正了解牠的主人。「你不需要花時間去向一條狗解釋什麼，」沙林傑說，「就連一個字母也不需要，畢竟有時候就是得待在打字機前忙碌。」

沙林傑是把寫作視爲一種精神性的實踐，但即便如此，也不是純然基於信仰才投入這些艱難的工作。畢竟在沙林傑能於韋斯特波特好好專注於長篇小說時，就已經找好了出版社。一九四九年秋天，哈考特及布雷斯出版公司（Harcourt, Brace & Company）的編輯羅伯特．吉拉克斯（Robert Giroux），透過《紐約客》與他聯絡，表示要出版他的短篇小說集。沙林傑從未回信給吉拉克斯，不過在十一月或十二月的時候，卻毫無預警地出現在他的辦公室。

據吉拉克斯表示，沙林傑還沒準備好要出版短篇小說集，不過他提出了一個更吸引人的想法：

接待員打電話給我，說沙林傑先生想要見我。接著一個身高很高、表情憂傷、黑眼深陷眼眶的長臉男子走了進來，他告訴我：「該先出的不是短篇小說，而是我正在寫的長篇小說。」

「你想坐這張辦公桌嗎？」吉拉克斯問他，「你的口氣就像個出版商。」「不了，」沙林傑回答，「若你想要的話，之後還是可以出版短篇小說集，但我認爲，我現在寫的這部小說，有關一個紐約小子在聖誕假期間的故事，應該先出版。」

吉拉克斯又驚又喜。有鑑於沙林傑最近受歡迎的程度，他認爲美國的所有出版社應該都已經提議要幫他出書了。他非常著急地表示只要他的長篇一完成，他們就能立刻出版，然後兩人握手爲憑。離開吉拉克斯辦公室的沙林傑鬆了一口氣，因爲他終於不用再處理出版社的問題，可以全心投入寫作。

一九五〇年八月發生了一件類似的事。當時《麥田捕手》已經接近完成。八月十五日，英國出版社哈米什·漢密爾頓（Hamish Hamilton）找上沙林傑。這間出版社的創辦人傑米·漢密爾頓（Jamie Hamilton）在《世界評論》上讀了〈致艾絲美——獻上愛與齷齪〉後非常喜歡，親自寫信給沙林傑，表示這是個會在他腦中縈繞多年的故事，並詢問能否得到出版沙林傑選集的英國版權。而沙林傑給的卻是《麥田捕手》在英國出版的版權。

之後數年間，傑米·漢密爾頓將在沙林傑的人生中扮演相當重要的角色，他跟《紐約客》的創辦人哈洛德·羅斯一起填補了惠特·博奈留下的空缺。就漢密爾頓而言，這樣的類比其實非常諷刺，不過在沙林傑完成《麥田捕手》期間，漢密爾頓和羅斯是他真心喜愛的兩個人，也是在文學產業中最敬重的兩個人。

乍看之下，哈洛德·羅斯和傑米·漢密爾頓的類型非常相似。兩人都是白手起家，也都創辦了最爲人敬重的文學機構。一九二五年，羅斯在位於曼哈頓東區的公寓中創辦了《紐約客》，此後想方設法把它拉拔成美國最具知名度的文學雜誌。漢密爾頓則是在一九三一年設立了哈米什·漢密爾頓出版社（他非常以自己的蘇格蘭背景爲傲，所以在爲出版社命名時，沒有使用自己的英語名字James，而是凱爾特語的Hamish），靠著高超的編輯能力及強悍的個性，他很快就確立了哈米什·漢密爾頓作為英國最創新出版社的地位。這兩人都會對有興趣的作家表達密切關注，藉以吸引最好的人才。不過，羅斯和漢密爾頓其實是非常不同的類型，而沙林傑受兩人吸引的原因也完全不同。

哈洛德・羅斯對待作者的態度異常寬大，也和其中許多人成為密友。沙林傑無視他有些好鬥的個性，將他描述為「一個善良、反應快、靠直覺做事，又孩子氣的人」。沙林傑最被羅斯吸引的，是他即便身負許多現實責任，卻仍能保有孩子般的氣質。

至於傑米・漢密爾頓，沙林傑與他建立關係一點都不讓人驚訝，因為他們就像從同一個模子刻出來的人，個性也同樣激烈。漢密爾頓之前是奧林匹克運動員，好勝心強又固執。他是一個情緒化的男人，不喜歡評論家，對他而言，世界中的所有人非友即敵。一旦認定某人辜負了他，他能立刻和那人斷絕往來，就連跟對方同處一室都不願意。這類人通常因為相似的特質而聚在一起，但漢密爾頓及沙林傑恐怕是太相似了，兩人的野心也終究會產生衝突。

□

花了一年處理長篇小說之後，沙林傑在一九五〇年秋天完成了《麥田捕手》。這是一部具有淨化作用的作品。《麥田捕手》是告白、是滌罪、是禱告，也是啓示，這包含在敘事者聲音中的一切，即將改變美國的文化。這部小說不只是一連串回憶，也不只是青少年經歷的憂愁，而是對人類生命的淨化，其中也包括沙林傑本人的生命。自從沙林傑成年之後，霍爾頓・考菲爾德（以及寫了他的那些手稿）幾乎一直陪伴著他。沙林傑在戰爭期間也始終把這些珍貴的手稿帶在身邊。一九四四年，他曾向惠特・博奈坦承自己需要這些手稿提供的支持及啓發。於是，《麥田捕手》的手稿陪著他衝上諾曼第的海灘，也跟著他在巴黎的大街上遊行，不但參與了無數士兵於無數地區死去的現場，也跟著沙林傑走過了納粹的死亡集中營。現在，在位於康乃狄克州韋斯特波特鎮的庇護所中，沙林傑爲本書的最後一章寫下了最後一行字。他因爲完成這部作品而大大鬆了一口氣，然後把稿子寄給哈考特及布雷斯出版公司的羅伯特．吉拉克斯，準備進行出版工作。另一份副本則透過桃樂絲．歐汀寄給哈米什．漢密爾頓出版社的傑米．漢密爾頓。

收到手稿的吉拉克斯，「認爲那是一部傑出的作品，也認爲很幸運能擔任本書編輯」；他深信這本書將表現不俗，但之後也坦承「從未想過會成爲一本暢銷書」。他確定這會是一本出色的作品，也已經跟沙林傑握手爲憑，確立了口頭上的契約。因此，吉拉克斯把《麥田捕手》送去給出版社的副總裁尤金．雷諾（Eugene Reynal）。

不過在雷諾讀過手稿後，出版社清楚表明不會承認吉拉克斯和沙林傑之間的口頭契約。更糟的是，雷諾似乎完全不理解這部小說：

> 我一直不知道自己面臨了多大的麻煩，直到他（雷諾）讀了小說，跟我說：「霍爾頓．考菲爾德是瘋了嗎？」他還說他把稿子拿給我們的一位教科書編輯讀了。我說：「教科書？跟教科書有什麼關係？」「這個故事講的是一位讀預備中學的學生呀，不是嗎？」教科書編輯的反應不佳，事情也就沒有轉圜餘地了。

吉拉克斯用了最糟的方式把消息告訴沙林傑：他和這位作家一起吃午餐，然後非常難堪地告訴沙林傑，出版社希望他重寫這本書。對於沙林傑而言，這無疑是惠特．博奈與《年輕人》選集的噩夢重演。他在整個午餐過程中，用盡全力壓抑自己的怒火（吉拉克斯還帶了出版社的另一名員工來為自己壯膽），不過一回家就立刻致電出版社，要求拿回書稿。「那些混蛋。」沙林傑大罵。

倫敦那邊也出了問題。傑米．漢密爾頓也對出版此書抱持保留態度，但原因不同。他個人覺得《麥田捕手》相當傑出，但認為出版這本書有其風險。他自己有一半的美國人背景，所以很能包容小說中出現的粗話，但不確定其他英國人能否接受霍爾頓．考菲爾德的語言。漢密爾頓對同事表達了自己的憂慮：

> 我認為沙林傑的第一部長篇小說展現出驚人的才華，故事也非常有趣，但美國年輕人的用語能否吸引英國讀者？我不太有把握。

不過，漢密爾頓依然決定順從直覺，在英國推出《麥田捕手》。場景回到美國，桃樂絲．歐汀取回《麥田捕手》的手稿後，寄給波士頓的利特爾布朗出版公司（Little, Brown and Company），編輯約翰．伍德柏恩（John Woodburn）被作品迷住後，立刻決定出版。

哈米什．漢密爾頓終於放下對作品的憂慮，沙林傑也克服了被哈考特及布雷斯出版公司拋棄的震驚。這位作家終於覺得放心了。不過，他還要因為這部小說經歷最後一次打擊，出手的還是他最在意的機構。一九五〇年末，桃樂絲．歐汀將《麥田捕手》的稿子寄到《紐約客》的辦公室，那是沙林傑送給這份始終支持他的雜誌的禮物。他希望《紐約客》能刊登書中的節錄片段，並能認可他的才華，而且全心以爲對方會給予溫暖、熱情的回應。

一九五一年一月二十五日，沙林傑收到了《紐約客》的回覆，負責傳達消息的是葛斯．羅巴諾。根據羅巴諾表示，他和至少另一位編輯（應該就是威廉．麥克斯威爾）審閱了稿子【註】後，都不喜歡《麥田捕手》。他們認爲其中的角色沒有可信度，尤其是考菲爾德家的孩子每個都太早熟了。根據他們的看法，「一個家庭（考菲爾德家）裡有四個如此非凡的孩子……實在站不太住腳。」因此，《紐約客》拒絕刊登《麥田捕手》的任何片段。

羅巴諾不只對《麥田捕手》做下這樣的判決，還在信中針對沙林傑的寫作風格說教。就在寫完這部小說沒多久，沙林傑又寫了一個短篇〈歌劇魅影的安魂曲〉（Requiem for the Opera），而羅巴諾回絕刊登《麥田捕手》節錄片段的那封信，就是針對這個短篇的退稿信。羅巴諾覺得他在完成《麥田捕手》後太快開始寫這篇作品，「我實在忍不住想，」他指出，「你是否還困在長篇小說的情緒裡？或甚至場景中？」羅巴諾接著批評這個故事「太不巧妙，也太過內斂」，此外還提醒沙林傑，《紐約客》不看好任何展現「作家意識」的作品。

除了《麥田捕手》遭到《紐約客》回絕刊登所帶來的傷害之外，沙林傑似乎更把羅巴諾的批評放在心上。或許也是因爲這位編輯針對「作家意識」給他的指教，使得沙林傑在面對宣傳活動及出版方式時，完全反映出《紐約客》認爲作家及作品該擁有何種「妥當」關係的態度。這份雜誌所推廣的文學觀，就是提高「故事」的地位，而將作家視爲附屬品。若是作者在故事中出現的姿態太過刺眼，就會被視爲瞧不起雜誌的信念。《紐約客》相信所有針對文學的喝采，都應該歸功於這份雜誌，《紐約客》的故事就應該有《紐約客》的風格。

《麥田捕手》卻不是這樣的作品。這部作品孕育於十年之前，而所有認識沙林傑的人，都能在其中清楚看到作者本人的身影。對於羅巴諾而言，這種作法展現了作者的自大，他之所以在拒絕刊登《麥田捕手》的同時退回〈歌劇魅影的安魂曲〉，或許也是為了要重申自己的論點。然而《紐約客》沒有看到的是，《麥田捕手》的不尋常之處就在於向每個人訴說這樣一段個人經驗時，其喚起讀者私密情感的程度，已不會再讓人聯想到作者本人。沙林傑沒打算為了取悅葛斯・羅巴諾而重寫作品，但這封信或許讓他開始質疑自己，也讓他在面對這份打從心底敬重的雜誌時，更是加倍努力地仿效他們的文學觀。

更重要的是，這種觀點符合沙林傑的禪宗信仰。他在一九五〇年及一九五一年信奉的正是禪宗思想，而這種思想要求他在冥想中也要放下自尊。若沙林傑當時確實把寫作視同於冥想，他一定會迴避所有的新書宣傳工作，因為任何自我推銷的行為，不是讓他看起來自大，就是違反並褻瀆了《紐約客》的文學觀。寫作是冥想，作品是禱詞，而自我宣傳就是在強調自己身為禱詞作者的功勞，也違背了冥想的目的。在將自己融入小說的每一頁之後，此刻的沙林傑追求的是一定程度的匿名性，但之後證明這實在是不可能的任務。

放下自尊是一回事，要沙林傑將自己的影子從故事中抹去又是另一件事。他才不打算讓任何未

註：羅巴諾沒指出審閱《麥田捕手》的另一位編輯是誰。不過在小說完成後，沙林傑曾親自將《麥田捕手》的內容讀給友人威廉・麥克斯威爾聽，而麥克斯威爾不太可能在本人面前給出任何負面回饋。

知的編輯爲所欲爲地處理《麥田捕手》，也沒打算任由他們爲了出版社利益來質疑他的個人信念。雖然不想受到注目，他還是希望能掌控小說出版的所有面向。《紐約客》或許明白該怎麼處理「寫作諮詢」及「作者意識」之類的問題，利特爾布朗出版公司卻完全沒有概念。自從他們於一九五〇年底收下了《麥田捕手》的書稿，直到一九五一年七月正式出版前的這段時間，我們可以透過一連串插曲看出，沙林傑是如何爲了讓本書成功而竭力奮戰。

跟沙林傑協商會是什麼樣的場景？新美國圖書公司（New American Library）的經驗就是一個例子。利特爾布朗出版公司指派他們負責小說平裝版的出版工作，他們於是跟一位知名畫家詹姆斯·雅瓦提（James Avati）簽約，請他來爲本書設計封面。他的設計中畫了戴著紅色獵人帽的霍爾頓·考菲爾德。沙林傑非常不喜歡他呈現的畫面，那讓他聯想到多年前在《星期六晚郵報》雜誌上，那些跟他的小說搶奪讀者注意力的「歡快的《郵報》式插畫」。他自己構想的莊嚴畫面是菲比·考菲爾德沉靜地望向中央公園的旋轉木馬。「這是一個不錯的想法，」雅瓦提說，「但沒辦法表現出故事精髓」。事實上，無論是畫家或出版社，都已被沙林傑氣壞了，因爲他否決了他們提出的所有點子。最後，雅瓦提決定堅決表明自己的立場：

我問他：「我可以跟你談談嗎？」我們走進辦公室的一個小邊間。我只是告訴他：「這些傢伙知道如何賣書，你爲何不放手讓他們去做呢？」講到最後，他說沒問題。

沙林傑或許是默默接受了這個封面，但絕不是覺得「沒問題」。

爲避免和沙林傑再起衝突，利特爾布朗出版公司在處理精裝本時，非常睿智地接受了麥可・米歐爾（Michael Mitchell）的插畫設計。他是沙林傑在史坦福結交的朋友，當時也住在韋斯特波特。沙林傑對於這項決定自然感到開心，而事後證明，選擇麥可・米歐爾的插畫也是正確的決定。他描繪了一匹沐浴於爆裂怒氣中的風格化紅馬，非常精巧地傳遞出故事的深度，直到今日，都還是《麥田捕手》的象徵性畫面。

利特爾布朗出版公司開始進行小說的長條校樣印製時，沙林傑致電約翰・伍德柏恩，要求不要把公關本寄給書評家或任何媒體，而在書籍出版前發送公關本是出版圈的常規。伍德柏恩完全被沙林傑的要求嚇壞了。當他表示事先寄送這類試讀本是必要的宣傳手段時，沙林傑表示自己不想做任何宣傳。此外，他還對出版社的設計有意見，表示希望把自己的照片從書衣上撤下。那張照片，根據沙林傑表示，實在是太大了【註】。

這些要求讓伍德柏恩既不安又挫敗，他決定找出版社的副總裁D・安格斯・卡麥隆（D. Angus Cameron）幫忙。他解釋了目前狀況，尋求對方的幫助，卡麥隆立刻離開波士頓來到紐約和沙林傑見面。「你是希望這本書出版，還是只想要它被印出來？」他問。沙林傑努力壓抑煩憎的情緒，同

註：沙林傑在《麥田捕手》書背上的照片是著名攝影師樂天・雅各比（Lotte Jacobi）為他拍的兩張照片之一。因為某個不知名的原因，照片在印上書衣時左右翻轉了。當被問及對沙林傑作為被攝者的看法時，雅各比表示覺得他「很有趣」。

意讓出版社發送公關本，但沒過多久，伍德柏恩就會因爲把卡麥隆牽扯進來而付出代價。

一九五一年三月，就在和利特爾布朗出版公司搏鬥的過程中，沙林傑和傑米．漢密爾頓見了第一次面。這名出版商和他的妻子伊芳（Yvonne）一起來到紐約，爲的是跟他在美國的作者們見面。他立刻跟沙林傑相談甚歡，沙林傑也對他留下很好的印象，並在發現漢密爾頓顯然願意配合自己的各種想法時鬆了一口氣，覺得傑米．漢密爾頓會是個能夠好好處理《麥田捕手》的編輯。漢密爾頓回到英國後，寄了一批書給他，還附上一封好話說盡的信，使他更加確認自己的感覺沒錯。沙林傑對漢密爾頓的舉動感到開心，覺得自己不只找到了一名可敬的編輯，對方還是他的靈魂夥伴。

一九五〇年末開始，沙林傑幾乎都在忙著處理《麥田捕手》的出版準備工作。過程中的每個階段都是苦難，包括宣傳、校對、檢查長條校樣，還有書籍的呈現方式。到了四月，沙林傑發現自己捲入出版前忙亂的工作風暴中，而他對此大感厭惡。他感覺幻滅，而且愈來愈不自在，實在很希望這段過程趕快結束。

四月初的某一天，沙林傑正在韋斯特波特洗車，此時電話響了。他覺得這個時間點很不湊巧，但也只能惱怒地趕緊進房，上樓，接起電話。電話的另一頭是興奮的約翰．伍德柏恩。「你現在坐著嗎？」他問。沙林傑一身濕，氣也還沒喘過來。伍德柏恩告訴他，每月選書俱樂部在收到試讀本後，將《麥田捕手》選爲他們的夏季選書。這意味著他的書將因此確定能受到注目，可說是出乎意料的絕佳助攻。沙林傑從未期待靠這本書賺大錢，只怕這下書籍的出版時間會因此推遲，而他也得承受更長時間的壓力。「我想出版時間會延後了，對吧？」他問。這不是伍德柏恩預期的答案。他不知道該如何回應沙林傑，也不知如何解讀對方的反應。他以爲這不是什麼大事，所以還跟某些專欄作家講了這件事。在媒體上看到伍德柏恩重述此事件的說法後，沙林傑大爲光火。他告訴傑米・漢密爾頓，說這個小故事「讓我看來一副自命不凡的模樣」。在沙林傑看來，伍德柏恩犯下的是難以原諒的罪過【註】。

爲了尊重每月選書俱樂部，出版社似乎一度眞打算延後《麥田捕手》的出版時間，最後決定在七月中出版。在此同時，每月選書俱樂部的編輯對書名有意見，要求沙林傑更改書名，而他立刻大爲震怒地拒絕了這項要求，並堅持霍爾頓・考菲爾德不會同意這種做法，沒得商量。

到了這個時候，沙林傑認爲自己的耐性已到了極限，最好趕快抽身離開。他突然決定爲了避開書籍出版後的一切離開美國，而唯一理所當然的逃亡選擇，就是去找傑米・漢密爾頓，所以他買了張「伊莉莎白女王號」（Queen Elizabeth）郵輪的票，搭船前往英格蘭的南安普敦。

在這一切的背後，沙林傑的恩師惠特・博奈抱持著近乎病態的妒意，密切觀察著事態發展。就在沙林傑的小說受到每月選書俱樂部的青睞，確定會大獲成功之後，博奈似乎開始激烈地憎恨起利特爾布朗出版公司。在讀到《麥田捕手》出版的新聞稿時——那本書本來是屬於他的——他完全受到憎恨的情緒淹沒。四月六日，他怒氣沖天地寫了一封信到利特爾布朗出版公司的行銷部，認爲這間出版社忽視了他對沙林傑寫作生涯的貢獻：

註：這個事件讓沙林傑非常不滿，因此直到那通電話後八個月的十二月十一日，他才再次直接跟約翰・伍德柏恩開始有聯絡。

我得要求你們注意，我抗議，你們在爲我一位朋友宣傳時提供的描述並不精確，這位朋友由《故事》雜誌所發掘，我還曾編輯、發表，並贊助了他出道所寫的幾篇小說……你們的行銷部門指出，「他之前只在《紐約客》上發表過四個短篇故事」，這完全是胡說，我曾在《故事》雜誌上刊載過沙林傑先生的許多篇作品，其中的第一篇，就是他剛離開我在哥倫比亞大學的課堂後的作品。

博奈接著一一寫出他曾發表過的沙林傑作品，還有其他曾出現在《故事》雜誌的作者名單。「或許在你們之後宣傳的時候，」博奈做出結論，「這樣的錯誤不會再次發生。」值得讚許的是，博奈很快就收到了利特爾布朗出版公司的回覆，D．安格斯．卡麥隆本人向他恭敬、誠摯地致上歉意。不過傷害仍已造成：博奈不但無法出版他渴望已久的那部小說，甚至無法因爲這部小說得到任何好處。

□

五月八日星期二，迫切想躲開麻煩事的沙林傑，出發前往英國。他很清楚《麥田捕手》是他至今寫過的最佳作品，但也正是因爲這樣的自尊心，他無法忍受看到《麥田捕手》受到宣傳人員的蹧蹋，也不想看到評論家拆解這部作品。他原本的計畫是在書籍於美國出版時，花上好一段時間去英國進行小島漫遊之旅，並在《麥田捕手》於英國出版前結束旅程，同時希望當他回到紐約時，一切相關騷動都已逐漸平息。當他搭上「伊莉莎白女王號」前往英格蘭時，一定沒有意識到這只是他爲了逃避人們檢視的第一步，而此後更是一趟無休無止的逃亡。

他在南安普頓下船後，立刻前往出版社辦公室。漢密爾頓把他當作得勝進入倫敦的耶穌般殷勤招待。他爲他獻上伊莎·丹尼森（Isak Dinesen）的《遠離非洲》（*Out of Africa*）特別版，那也是霍爾頓·考菲爾德在《麥田捕手》中的愛書。另外還給了他《麥田捕手》的英國版。沙林傑眞心喜歡這個版本的內斂封面：在一片紅色與白色的原野上，只極有品味地放上了書名及作者名字，而且沒有任何相片或作者生平細節。

漢密爾頓開始每晚帶沙林傑享受倫敦的夜生活，還帶他去西區看了相當不錯的戲劇演出。於是在這樣的場合中，沙林傑初次體驗到《麥田捕手》出版後可能產生的尷尬處境。漢密爾頓請沙林傑去看戲時，選了兩齣跟埃及艷后有關的戲，擔綱主演的是傳奇演員勞倫斯·奧立佛男爵（Sir Laurence Olivier）和他的妻子費雯·麗（Vivien Leigh）。漢密爾頓稱他們爲「奧立佛夫妻」，兩人都是他的朋友，而他之所以選他們的戲，是爲了讓沙林傑留下好印象。看完戲之後，奧立佛和費雯·麗邀請漢密爾頓一行人到他們位於切爾西的住處吃晚餐。儘管沙林傑覺得那是「奢華的一晚」，但也很不自在。畢竟在《麥田捕手》中，霍爾頓·考菲爾德表示看過奧立佛於一九四八年演出的電影《哈姆雷特》，並抱怨「我實在看不出勞倫斯·奧立佛有什麼了不起之處，他看起來實在太像個天殺的將軍了，不像那種會搞砸一切的傢伙」。換句話說，霍爾頓覺得奧立佛是個「虛僞的人」，而此時沙林傑卻得和他共桌晚餐，並在明知自己強烈批評過對方的壓力下，優雅地交談。他在這個晚上，愈來愈覺得自己也是個虛僞的傢伙。這件事即便在他回家後，也仍在心上縈繞不去。他於是寫了封長信給漢密爾頓（讀過小說的他應該避開這種場面才對），表示自己跟霍爾頓·考菲爾德的看法不同，也不認為他演戲不真誠，並要求漢密爾頓把他的心情及歉意轉達給奧立佛【註一】。漢密爾頓照做了，之後沙林傑還收到這位演員殷勤熱切的回信。

為了好好探索英國，沙林傑在倫敦買了台希爾曼牌的車。他沒有規劃任何行程，只是直接開車穿越英格蘭與蘇格蘭，還去了愛爾蘭跟蘇格蘭的赫布里底群島，沿途所見的一切都吸引著他。他當時寫的信跟明信片中，滿是熱情及孩子氣的喜悅。他曾將車停在埃文河畔斯特拉特福（Stratford-upon-Avon）的皇家莎士比亞劇院前，內心掙扎著要去向這位偉大作家致敬，還是跟一名年輕女子去划船。結果終究還是女人勝出。到了牛津之後，他去基督教堂參加了星期日的晚禱，還發誓說在約克郡看到了勃朗特姊妹跑過沼澤地。都柏林非常讓他喜歡，但他真正愛上的是蘇格蘭，還曾表示要在那裡定居。

在英國待了七週之後，沙林傑終於還是忍不住期待看到書籍推出的渴望，決定為了趕上《麥田捕手》在美國的出版時間而回家。他先回倫敦，跟傑米．漢密爾頓再次見面，然後買了回紐約的頭等艙船票。七月五日，他在南安普頓搭上了「毛里塔尼亞號（Mauretania）」，七月十一日晚間抵達紐約，當時距他的小說出版還有五天。他不是獨自回來，那台希爾曼牌的車子也跟著回來了。

□

一九五一年七月十六日，《麥田捕手》在美國及加拿大出版。在〈致艾絲美——獻上愛與齷齪〉獲得成功之後，讀者對這部小說抱持高度期待，評論者之後針對小說提出的評價也比預期的好。這些因為《麥田捕手》而產生的深遠反響，顯示此書帶來的公眾效應不只超越了沙林傑的盼望，或許也遠大於他能應付的程度。

《時代》雜誌調皮地模仿了〈致艾絲美——獻上愛與齷齪〉的標題，針對《麥田捕手》寫了一篇名為〈獻上愛與正常視力〉（With Love & 20-20 Vision）的評論，讚美了小說的深度，還將沙林傑比作林格．拉德納（沙林傑對此感到頗為開心）。根據《時代》雜誌指出「《麥田捕手》送給讀者最驚喜的大禮，或許就是小說家沙林傑本人」。《紐約時報》（*New York Times*）認為本書「非凡傑出」，《週六評論》（*Saturday Review*）讚譽本書「出色又引人入勝」，美國西岸的《舊金山紀事報》（*San Francisco Chronicle*）則將其認可為「等級甚高的文學作品」。最令沙林傑滿意的是《紐約客》即便一開始抱持保留態度，仍評論《麥田捕手》「傑出、有趣」，而且「意味深長【註二】」。

當然，還是有些評論不那麼青睞這部作品，但數量相對較少，而且通常只是在挑剔小說的語言及主角的習慣用語。有一些評論者因為霍爾頓不停使用「天殺的」而深感冒犯，也特別受不了他說「幹」。在一九五一年，任何小說用這種話咒罵人，都會令人感到震驚。因此，《天主世界》（*The*

註一：沙林傑因為見到奧利佛而產生的不快，雖然絕對是真實感受，卻來得有些遲。在從英格蘭寫回家鄉的信中，他非常滿意地提到自己見到了奧利佛和費雯．麗。一直到返回紐約，得知奧利佛夫妻計畫來紐約拜訪，而且想見他之後，他才提筆寫了那封道歉信。

註二：《紐約客》利用了環繞著《麥田捕手》的各種宣傳，在小說推出的兩天前刊出了沙林傑於一九四八寫的故事〈俏嘴綠我眼〉（Pretty Mouth and Green My Eyes）。

Catholic World）和《基督科學箴言報》（*The Christian Science Monitor*）果然認為這樣的語言「令人反感」又「粗俗」。《紐約先驅論壇報》（*New York Herald Tribune*）的反應則是認為這部小說「不停又不停地碎碎唸，像唸咒一樣……然後偶爾說些猥褻的話」。

《紐約時報》的詹姆斯．史特恩（James Stern）模仿霍爾頓．考菲爾德的語氣，在七月十五日刊出了一篇機智的文章，標題是〈啊，這世界就是個爛地方〉（Aw, the World's a Crumby Place）。這篇文章以霍爾頓為敘事者，講述了一個名叫海爾嘉（Helga）的女孩在讀了〈致艾絲美——獻上愛與齷齪〉後，立刻興奮地讀完《麥田捕手》。儘管這篇文章看似在奚落沙林傑，甚至是嘲笑他的寫作風格，但海爾嘉仍在文章最後「把這部講『捕手』的書又讀了一遍」，作者還指出「這永遠是（小說）好看的徵兆」。

《麥田捕手》很快就竄上了《紐約時報》的暢銷書排行榜，並持續了七個月，八月時還曾爬到第四名的位置。之所以那麼受歡迎，主要是因為每月選書俱樂部將《麥田捕手》選推的內容寄送給數以千計的家庭，讓本書的讀者群大幅增長，也確保了沙林傑在全國的知名度。

除了他痛恨的超大照片之外，每月選書俱樂部選推《麥田捕手》的版本中，還包含了一篇很長的作者側寫文章。沙林傑之所以願意接受採訪，是因為採訪他的人是《紐約客》的編輯威廉．麥克斯威爾，沙林傑信任這位朋友，也相信他會以最友善的觀點呈現自己的面貌。不過，就跟之前的訪談一樣，他盡可能不透露任何私人細節。

這篇側寫中提到了沙林傑的童年、服役經歷，還有他生涯中最精彩的部分——當然就是他為《紐約客》寫的那些故事，也詳細談論了他工作的專業態度。根據麥克斯威爾指出，沙林傑寫作時會「針對自己寫作主題的技術面向，投入無限的精力、耐心及各種考量，這一切都不可能在定稿中呈現出來。」還補充說，「這樣的作家死後會直接上天堂，作品也不會遭到遺忘。」文章結尾，麥克斯威爾還爲了呈現沙林傑的謙遜，刻意引用了他說的一句話，指出寫作能帶來的「報償」實在「不多，但當有了報償，若是眞有報償，都是非常美好的」。

最重要的是，麥克斯威爾的這篇訪談強調了沙林傑與紐約的連結，尤其是跟霍爾頓．考菲爾德在書中活動地點相關的部分。透過將沙林傑放進中央公園及其中的淺水湖等場景中，還有他離開寄宿學校後，在中央車站搭乘計程車回家的描寫，麥克斯威爾將焦點放在J．D．沙林傑和霍爾頓．考菲爾德之間的相似處。從宣傳的角度而言，這一招實在太棒了。不過，若作者希望說服讀者自己並不是書中的主角，麥克斯威爾的訪談稿則完全消滅了這種可能。在這篇介紹中，沙林傑本人被拿來跟霍爾頓進行了精密的對照，果然立刻引起讀者的強烈興趣，自然也想知道更多有關作者的細節。這麼一個在意隱私的作家，竟沒料到這種結果，實在令人費解。

麥克斯威爾的文章指出，沙林傑「目前在康乃狄克州的韋斯特波特租屋，爲了獲得陪伴及消遣，養了隻名叫班尼的雪納瑞犬，而據他所說，班尼總是迫不及待地想要取悅他，而且一直都是如此」。這項資訊的揭露，一定讓沙林傑非常緊張。韋斯特波特的人口並不多，沙林傑一定開始想像會有讀者跑來尋找一個蹓著雪納瑞犬的高瘦男子（而且他的五官特徵只要透過書衣照片就能知道）。於是，從英國回來的沙林傑，並沒有回到韋斯特波特。他是回到家鄉沒錯，卻還是在逃亡。

□

讀者通常能在《麥田捕手》中獲得足以改變一生的閱讀體驗，而這本書也改變了美國的文化走向，幫助之後的幾個世代定義出新的文化精神。打從故事的第一個句子開始，沙林傑就讓讀者看到了霍爾頓．考菲爾德眼中奇特又奔放的現實樣貌，讓這部美國文學史上最全面的意識流書寫，充滿他漫漶的思緒、感受及回憶。讀者從第一頁開始，就能清楚感受霍爾頓的敘事本質就是雜亂無章，比如開篇的第一個句子就有六十三個字，第一段也超過一整頁，根本就是公然蔑視既有的文學傳統，也立刻意識到自己即將展開一場獨特的閱讀之旅。

儘管有許多反傳統之處，《麥田捕手》卻是傳承了查爾斯．狄更斯的傳統，並透過馬克．吐恩與美國文化鎔鑄成一體【註】。作為《塊肉餘生錄》及《頑童歷險記》的後繼者，《麥田捕手》持續透過青少年的角度去觀察人類，並使用完全忠實於敘事者處境及年齡的語言。這些在紐約街頭被重複說出的粗話之所以會受到部分評論者攻擊，是因為他們沒意識到藏在這些用語底下的幽微諷刺。

讀者也能在小說中感受到其他作家的影響，這似乎也呼應了沙林傑在一九四四年於巴黎時認定自己從海明威手上承接了文學傳統的想法。霍爾頓．考菲爾德的口氣其實就脫胎自海明威於一九二三年發表的故事〈我家老頭〉（My Old Man），而海明威本人也受到了恩師舍伍德．安德森的影響，尤其是他一九二〇年的作品〈我想知道為什麼〉。因此就本質上，《麥田捕手》是將三個世代的傑出美國作家連結在一起。

霍爾頓是在加州的一間醫院裡訴說自己的故事，包括導致他入院的事件，以及在前一年十二月時發生於三天內的事。他的敘事從寄宿學校的一個星期六下午開始，這間潘西中學位於賓州的艾傑斯鎮。由於除了英文外的所有科目都不及格，霍爾頓收到學校通知，教他聖誕假期結束後不用回學校了。故事開篇的橋段就將霍爾頓設定爲被放逐的人；他脫離所有同儕，獨自待在湯姆森山丘（Thomson Hill）上，只從遠處望著他們，同時透過內心獨白呈現出面對這個虛僞世界時所感到的疏離及厭惡，也讓讀者意識到霍爾頓．考菲爾德是個內心躁動不安的年輕人。

霍爾頓接著跟我們介紹了一些同學及老師，其中包括可悲的羅伯特．阿克萊（Robert Ackley），以及霍爾頓那位自戀的室友瓦特．史泰德賴塔（Ward Stradlater）。史泰德賴塔和琴．迦拉格（Jane Gallagher）有約，她是霍爾頓童年時期的朋友，也成爲他心目中代表「純眞」的理想化身。

霍爾頓．考菲爾德是個充滿衝突的角色，連針對他體格的描述都呈現出與他個性相反的面向。十六歲的他還不是成年人，但也不完全是青少年，內心因此充滿各種矛盾的動盪情緒。霍爾頓最顯而易見的矛盾，就是他一方面大肆埋怨、譴責他人的虛僞，另一方面又沉溺於揑造事實及各種藉

註：霍爾頓之所以在《麥田捕手》第一章提到《塊肉餘生錄》，或許還有第二層含意。狄更斯小說的第一章曾提到，主角考柏菲爾德出生時包裹著胎膜（caul），那是包在新生兒外部的一層薄膜。霍爾頓．考菲爾德的名字已經被人分析過無數次了，而分析者通常都會考量其中引用了這部小說，因此往往認定沙林傑是將胎膜和田（field）結合成考菲爾德（Caulfield），正如同霍爾頓（Holden）也是由緊抓（Hold on）這個片語連結而來。然而，沙林傑是在一九四一年初次將主角命名為霍爾頓．考菲爾德，當時他可能還沒構想出麥田的意象。也因為是一九四一年初次取名，認為沙林傑是將演員威廉．霍爾頓（William Holden）及瓊．考菲爾德（Joan Caulfield）兩人名字結合成霍爾頓．考菲爾德的理論也無從成立。

口，甚至還說自己是「最會撒謊的人」。這樣的態度有時很讓讀者心煩，他們會因為想要尋找一個能夠輕易認同的角色而開始挑剔霍爾頓的表裡不一。他呈現出的矛盾有好幾個功能，除了描繪他種種的言行不一致外，也讓這個角色更有真實性，並具有真實人生般的複雜層次。透過這些矛盾，作者將霍爾頓定義為一個典型的青少年。就另一個層面而言，霍爾頓的矛盾也是為了對照出《麥田捕手》在結構上的均衡。

在去跟琴．迦拉格約會前，史泰德賴塔硬是要求霍爾頓幫他寫一篇作文。霍爾頓選擇描寫一只上面寫滿詩作的棒球手套，而那是他小弟艾利生前的手套；透過這次寫作，霍爾頓也同時回顧了弟弟艾利三年前因白血病而病逝的往事。儘管他幾乎是用漠不關心的方式講述這個故事，在讀者眼前卻是整本書中最嚴肅的橋段。只有到了這個時候，讀者才開始理解霍爾頓內心有多痛苦。他所有的想法與作為，都是受到弟弟之死的影響。在他的回憶中，艾利擁有霍爾頓最為珍視的「純真」，但這項特質已經消失了，而霍爾頓也在失去對方的那一晚失去了這份純真，兩種失落可說是互為表裡。就他看來，進入成年生活就代表拋棄艾利，他與回憶中弟弟所擁有的純真也會因此失去連結。

霍爾頓不只透過回憶來留住艾利，還把弟弟理想化後提升到近乎「聖人」的層次。在沒有成年人照料的情況下，他將艾利重新建構為一名愛責備人的「父母神」（parent god），只要情緒低落時，就會向弟弟尋求安慰；遇到困擾時，也真的會向艾利禱告。霍爾頓在進入成年階段的同時，也變得跟艾利漸行漸遠，想符合艾利在他心中建立的純真及真誠形象標準，似乎也愈來愈力不從心。

霍爾頓因為回想起艾利而沮喪，再加上想到琴．迦拉格的純真可能受到史泰德賴塔糟蹋，因此跟史泰德賴塔打了一架。當天晚上，滿臉是血又氣餒的霍爾頓，拿著行李箱離開了潘西中學，當時家人還以爲他週四才要回家。

霍爾頓對整個世界表現出的反叛態度當中，包含了對人類的批判。戰爭結束後，沙林傑關注的是人性中彼此衝突的力量，後來發展成一種截然二分的世界觀，因而對立的包括眞誠與虛僞、明智及無感，以及老虎及羔羊。霍爾頓・考菲爾德也將世界分成「我們」和「他們」兩個陣營，但跟他同一陣營的人很少，只有他的妹妹菲比、死去的弟弟艾利，另外或許還有本書讀者。

一抵達紐約後，霍爾頓就決定入住旅館，以免當面見到父母收到他的退學通知。他在抵達中央車站後，搭上一輛計程車，住進髒兮兮且「充滿變態」的愛德蒙旅館（Edmont Hotel）。因爲有奶奶給的聖誕節零用金，他決定出外走走。他去了兩間酒吧，遇見把帳單扔給他付的三個女孩，還有他哥哥D・B的前女友。回到旅館後，電梯小弟毛里斯（Maurice）找他搭話，表示能用五塊錢的價格幫他叫一個妓女。霍爾頓接受了這個提議。

即便重視純眞的價值，霍爾頓仍深受成年世界吸引。無論是酒吧、妓女，還是車子的後座，總之一切都在引誘著他。不過，一旦眞正進入那種處境，他又處理不來。由於他決定和周遭世界切割，導致除了艾利之外，無法向任何人尋求建議，但艾利現在永遠都會是年輕狀態，也無法針對他的成年處境給予意見。霍爾頓因此變得退縮，只要遇到可能將他帶往艾利從未涉足之處的過渡性事件，他都拒絕涉入。

爲了將自己的疏離合理化，他嘲弄成年社會，也拒絕與其妥協。霍爾頓的輕蔑態度也不只針對成年人，他指出許多跟他同年甚至更年輕的人都一樣虛僞。霍爾頓其實是對活著的人不滿——那些人繼續活下去了，而他純潔的弟弟卻沒辦法。他在評價周遭生命時，不是用自己的標準，而是艾利的標準。霍爾頓面臨的挑戰是得為了在活人世界中尋得定位，重新檢視自己看待世界的方法。

霍爾頓對周遭採取的犀利觀點，也是他老是自嘲的原因之一。他已受到自己厭惡的事物污染，只能靠異想天開的言語掩護自己。但這些只能保護他一時，他發現自己逐漸必須與現實交手。即便他希望世界接受他的模樣，也知道終究必須妥協。就某方面而言，他在紐約度過的週末正是他最後一次的華麗逃亡。但那終究是一場屬於成年人的逃亡，也遮掩了霍爾頓必須面對的眞相：他已經長大了，是該做出妥協的時候了。

就在讀者陪伴霍爾頓經歷這三天的旅程時，他們也見識到各種差異甚大的場景及角色，而這一切象徵的是牽涉層面更廣泛的議題。那間上流的寄宿學校，以及位於上東區的公寓，傳遞出的是矯情及幻象，而髒污的愛德蒙旅館和霍爾頓在中央車站候車室湊合著睡的地鋪，訴說的卻是一種完全不同的現實。史賓塞先生的房間簡單莊重，飄散著維克斯滴鼻藥水味；而相對來說，安多里尼（Antolini）先生家的奢華公寓內，則是因為開過雞尾酒派對而顯得凌亂。身穿浴袍的史賓塞先生或許是坦露著胸口招呼霍爾頓，但最後證實，卻是安多里尼先生這種總是充滿防備地擺出正常姿態的人，才更具威脅性。《麥田捕手》透過不停改變的場景，強化了霍爾頓的矛盾及內在衝突。可能前一頁才看到他在酒吧裡喝得大醉，下一頁又看到他在學校的操場上，這種安排讓讀者懷疑霍爾頓是否眞能在任何一個場景找到歸屬感。

妓女桑妮（Sunny）出現時，霍爾頓發現她比自己想的還年輕，而整個情況都讓他很沮喪。他只想試著跟她聊天，但桑妮不感興趣，最後拿了錢就走。那天晚上，霍爾頓又被來到房間門口的桑妮和毛里斯叫醒，他們要求他再付五塊。拒絕付錢的霍爾頓，跟毛里斯打了起來，結果毛里斯揍了他一拳後，從錢包裡拿走了錢。毛里斯和桑妮是本書中最墮落、最不道德的角色，他們屈服於心中的陰暗天性，也就是威廉．布雷克詩中描述的那頭老虎。毛里斯爲人可憎，桑妮則顯得可悲；她的可悲不只是因爲奸詐的毛里斯而墮落、受到污染，也是因爲屈從於周遭的世界。若霍爾頓爲了避免衝突主動拿出那五塊錢，就代表他承認自己即將進入的世界就是這個樣子：充滿欺瞞、謊言，而且低俗。霍爾頓從此刻開始放下了童年，但意識到自己即將進入的世界中沒有任何事務足以補償這份失落，所以也開始感到絕望。

兩名修女在故事的中段出現，作者藉此透露主角即將有所轉變。她們的態度跟之前出現的毛里斯及桑妮截然不同。若是再次使用布雷克的意象，這兩位修女就是《麥田捕手》中的羔羊。霍爾頓深受這兩位女性啓發，他捐獻給她們的十美金，將他與毛里斯打的那一架提升到近乎高尚的層次。最重要的是，在霍爾頓所接觸的成年人當中，她們是他第一次能全心尊敬的角色。她們的純樸、體貼，以及自我奉獻的生活，讓霍爾頓知道自己有可能成爲一個不虛僞的大人。從見到那兩位修女開始，霍爾頓的情緒及身體狀態就迅速惡化，但他已經開始接受自己需要負起的責任，以及必須經歷的改變。

□

離開那兩位修女之後，霍爾頓的注意力完全被一對夫妻及他們的小兒子吸引。他們正沿著百老匯大道走著，此時霍爾頓所描述的畫面，是故事中最超寫實的一段。那個小男孩走在父母身後，雖然非常靠近人行道邊緣，但仍走在大馬路上，本質上就像在懸崖邊緣漫不經心地挑戰存亡極限。這個男孩一邊走一邊唱著羅伯特・伯恩斯（Robert Burns）的歌，這是在霍爾頓的故事中至關重要的一首歌：「要是有個人在麥田裡捉到了一個人。」這個男孩的處境非常危險，百老匯的車子幾乎全往他撞過去，司機們不是對他按喇叭，就是得猛踩剎車以免撞上。他的父母卻在這樣紛亂的百老匯大道上悠閒漫步，完全沒注意到孩子身陷險境。奇怪的是，霍爾頓沒有因爲他們忽視兒子而感到警覺或憤怒，反而開始訴說這個場面多麼讓他愉快。或許這是霍爾頓第一次覺得比起必須成爲麥田捕手的感受，他更有辦法欣賞眼前的純眞。另外的一個可能是，這個不存在的孩子，或許純粹是霍爾頓的想像，或是他幻想看到了自己。

在爲妹妹菲比買了張爵士唱片《小小雪莉・賓斯》（*Little Shirley Beans*）之後，他跑去和前女友薩麗・海耶斯（Sally Hayes）約會。小說的這個段落跟〈麥迪遜的小叛亂〉非常相似。薩麗和霍爾頓去看了場戲，然後在洛克斐勒中心的溜冰場吵了一架。吵過架之後，孤單又悲慘的霍爾頓去了無線電城（Radio City Music Hall），剛好看到正上演的聖誕歷史劇（Christmas Pageant），然後到威克酒吧跟老同學卡爾・路斯（Carl Luce）會合。路斯被描述成一個做作又愛吹牛的人，霍爾頓跟他吵了一架，接著喝醉的霍爾頓又打電話給薩麗，主動表示要實踐自己之前說要幫她修剪聖誕樹的承諾。

就在週一早上天未亮時，醉得一蹋糊塗的沙林傑，在中央公園中遊蕩。他走到淺水湖邊，不知不覺把《小小雪莉・賓斯》的唱片掉到地上，摔碎了。又是疲倦又是沮喪的他，撿起一地碎片，然後決定溜回家看菲比：她或許是他人生中最後一絲閃爍光芒的希望了。溜進老家公寓後，他直接走進D・B的房間，菲比正在裡頭睡覺。他帶著那片破掉的唱片（沙林傑常用這類物件來象徵難以挽回的過去〉，然後就像在〈我瘋了〉的情節一樣，短暫看了一下睡著的菲比後叫醒她。菲比收下了那張唱片的碎片，兩人進行了小說中最眞誠的一段對話，而且是唯一沒有表現出任何批判或評價的對話。

菲比只有十歲（就跟艾利死去時的年齡一樣），但她很快就意識到霍爾頓被退學了。她要他「說出一個（他眞正喜歡的）事物」，可霍爾頓只能想到艾利。霍爾頓接著把自己的幻想告訴菲比：他想成爲一名麥田捕手，那是一個夢境般的場景，霍爾頓是這片蔓生麥田中唯一的成年人，身邊全是在玩樂的孩子。不過高過他們頭頂的麥子害他們看不見一道危險的懸崖，而霍爾頓認爲自己的責任就是負責保護這些孩子，確保他們不至於落下懸崖。

麥田捕手是小說的中心意象，也是讀者理解霍爾頓心態所需的必要元素，但並不是這個場景中的重點。這個場景中的重點是菲比提醒霍爾頓，艾利已經死了，而且他引用的羅伯特·伯恩斯的詩句也錯了。唯有在此刻，霍爾頓心中才眞正理解到了些什麼。

一九七四年，《麥田捕手》初次於以色列出版。就在即將同意跟巴爾·戴維（Bar David）出版社簽約時，沙林傑才震驚地發現對方打算把標題改成《我、紐約，及其他的一切》（*I, New York and All the Rest*）。出版社當然爲自己的決定辯護，表示小說標題若直接翻成希伯來文，會顯得意味不明。沙林傑自然拒絕更動書名。他解釋，「麥田捕手」這個說法，在英文中的涵義不會比其他語言更清楚。他也提醒對方，這段話是因爲錯誤引用了羅伯特·伯恩斯的詩句而來，而其中的意義也在書中作了解釋。儘管沙林傑強調了這段錯誤引用的重要性，讀者和學者卻仍然常逕行忽略。霍爾頓透過將「要是有個人在麥田裡遇見了一個人」記成「要是有個人在麥田裡捉到了一個人」，改變了整首詩的涵義。爲了避免孩子落入成年的危險而去「捕捉」他們，代表是要透過拯救、防範或禁止等手段干涉，但「遇見」代表的是支持及分享，也就是與人建立連結。就廣泛的意義而言，霍爾頓的整段旅程，就是爲了發現自己錯誤引用了羅伯特・伯恩斯的詩作。他所面臨的困境，也只有在意識到「捕捉」跟「遇見」的差別時，才可能塵埃落定。唯有眞正意識到這件事，霍爾頓才能獲得啓發。

爲了最後一次逃避責任，霍爾頓決定逃去克羅拉多。他將計畫發展成一種幻想：他想像自己可以假裝成聾啞人過日子。他對菲比說了這個計畫，還借了她的存款來資助這個計畫，但霍爾頓忽略這麼做可能對妹妹造成的影響。他即將意識到自己跟死人畢竟不同，死者只要被記住就夠了，生者則需要考量當下的處境。

菲比知道霍爾頓的意圖後，當然感覺生氣又受傷。她也想出了自己的計畫。她打算收拾行李假裝要跟他一起去，並藉此將霍爾頓喚回現實。這麼做將迫使他在菲比及艾利之間做出選擇，也就是在責任及回憶之間做出選擇。她隔天和霍爾頓碰面時，就提著自己的行李箱，跟霍爾頓說自己也要一起去。霍爾頓無法接受這個想法，也試圖說服她打消念頭。此時菲比拒絕跟她哥哥對話，也不讓他碰自己，透過這樣的舉動，兩人的角色出現逆轉——菲比扮演起霍爾頓的角色，並強迫他以成年人的姿態與自己應對。

將霍爾頓連結到成年世界的那一刻，不是發生在旋轉木馬的場景中，而是霍爾頓之前跟菲比爭論的時候。在這個場景中，霍爾頓保證會去取自己的行李之後直接回家，前提是菲比得回學校上課。但這是霍爾頓想要「捕捉」菲比，而不是眞正想「遇見」她的嘗試，菲比也不相信霍爾頓這麼說是出自眞心。她告訴哥哥，他想做什麼就去做，可無論如何她都不會回學校了。接著她要哥哥閉嘴。這些話就像是搧了霍爾頓一巴掌，讓他有了改變。他請求菲比跟他一起走到中央公園的動物園。「如果今天下午，我不叫妳回學校，兩人一起小小散個步，妳會放棄這個瘋狂的點子嗎？」他問。「妳會像個好女孩一樣回去上學嗎？」儘管霍爾頓的話語變成熟了，菲比卻還是扮演著霍爾頓原本的角色：她像之前計畫逃家一樣，從霍爾頓身邊跑開。但霍爾頓不爲所動。接著，他說出了或許是這部小說中最重要的一句台詞：「但我沒有追上她。我知道她會追上我。」

我們可以在沙林傑之前的幾個短篇中，找到這個場景的各種衍生版本，以及霍爾頓轉變的軌跡。在〈致艾絲美——獻上愛與齷齪〉，查爾斯的話語爲X上士帶來重生的力量，正如菲比的話語喚醒了她的哥哥霍爾頓。在〈湖畔小船裡〉，萊諾．坦南邦意識到自己的行爲讓母親痛苦，而菲比說的話也爲霍爾頓帶來了同樣的頓悟。《麥田捕手》的這個場景中，也能見到貝比和麥蒂．葛雷德沃勒坐著雪橇滑下泉水街時，透過彼此依賴及妥協而帶來的力量。這不只是霍爾頓．考菲爾德進入成年世界的一刻，是人與人之間產生連結的一刻，是他停止「捕捉」而選擇去「遇見」他人的一刻。這個場景的某些部分，也能在其他短篇小說中找到，但其中將主旨表達得最清楚的，還是霍爾頓的弟弟在〈充滿保齡球的海洋〉中的角色。在那個故事中，肯尼斯——也就是《麥田捕手》中的艾利——警告文森不該如此壓抑自己，不該拒絕敞開心胸，並要他透過無私的愛去建立人和人之間的連結。在同個故事中，他也哀嘆地認爲霍爾頓不懂妥協，不知道他是否可能超越這種冥頑不靈的個性。

霍爾頓確實坦承了自己的需求，並因此得以妥協。他願意出於對妹妹的愛作出妥協。霍爾頓的妥協並不是投降，而是取得一種均衡。西摩·格拉斯想在玩彈珠時教會弟弟的，也是同樣的「均衡」概念。那是種透過釋放自己來跟人完美連結的均衡。從那一刻開始，霍爾頓·考菲爾德就是以成年人的身分在說話了。他不是因爲被整個世界圍攻強逼後才決定屈服地進入成年人的世界，也不是因爲理解了成熟足以帶來的美德。他之所以成爲一個成年人，是因爲妹妹需要他這麼做。

在《麥田捕手》的旋轉木馬場景中，瀰漫著一個屬於禪宗信仰但非常幽微的元素，而此場景也因此提升爲一個靈性層次。這個元素的重要性，必須透過讀者的直覺來感知，而非透過文本敘述。霍爾頓透過轉變帶來的訊息是無形的，讀者不是被指定要得到什麼訊息，而是親自體驗。沙林傑不需要針對禪學、純眞或甚至「愛」的主題來布道。在這個場景中，透過將各種物件及細微場景精巧地組合起來，就能在讀者心中匯流出全貌，並讓他們感受到這些價值的重量。

霍爾頓看著騎在旋轉木馬上的菲比，同時與人產生了不同層面的連結。他和菲比產生了連結，也藉此神祕地與艾利產生了連結。他在妹妹心中找到了純眞的化身，而他之前正是透過這種純眞，將自己和艾利綁在一起。透過找到菲比心中的純眞化身，霍爾頓放下了艾利，而他的價值觀及純潔已在妹妹的心中重生。藉由放下死者，他擁抱了生者。正如因爲緊抓著艾利的回憶而導致人生停滯如死水，霍爾頓也透過非常眞實的方式和菲比合而爲一，讓他的生命再次開始運轉。

最重要的或許還是霍爾頓重新與自己產生了連結。此時的他，是以成年人的身分望著菲比。不過，由於深深被她的美好觸動，使得他也碰觸到內心殘餘的純眞。意識到還有這種潛能的霍爾頓，既喜悅又鬆了一口氣，就這麼哭了出來。他接受自己可以不虛僞地進入成年世界的可能性。就算是成年人，他仍可以是「一流的」成年人。

對於J・D・沙林傑而言，書寫《麥田捕手》是一種淨化儀式。他透過這部作品，卸下從戰後就揹負在身上的重擔。霍爾頓因為弟弟的死而失去信仰，而我們可以透過這類描述看出，沙林傑是如何因為戰爭中充滿黑暗及死亡的恐怖事件，而面臨了信仰崩毀的威脅。朋友在戰場上倒地死去的回憶糾纏了沙林傑好幾年，就像霍爾頓不停受到艾利的鬼魂糾纏。沙林傑在此無意間洩漏了思緒，他為肯尼斯・考菲爾德重新命名時所選用的「艾利（Allie）」，其實就是在二戰期間代表友軍士兵的稱謂。

霍爾頓・考菲爾德的痛苦經歷，正是呼應作者本人的精神旅程，作者和主角經歷的是一樣的悲劇：破碎的純真。霍爾頓面對悲劇的反應，是嘲笑成年人的虛偽及妥協；而意氣消沉的沙林傑，則是因此望見了人類本質中更為黑暗的力量。

不過，兩人都跟他們揹負的重擔求得和解，最後也得到了相同的領悟。霍爾頓明白自己就算進入成年世界，也不用變得虛偽，或犧牲自己的價值，而沙林傑也開始接受自己即便見識過邪惡，也不必然會走向毀滅。

10 抉擇關頭

J．D．沙林傑寫了一部傑作《麥田捕手》，這部作品讓喜歡本書的讀者都想給作者本人打通電話；搞得他接下來二十年都不敢接電話。

——約翰．厄普代克（1974）

一九三九年，惠特．博奈在沒有介入「作者與他親愛的沉默讀者之間」的情況下，讀了威廉．福克納的作品，而沙林傑吸收了其中教訓，藉此在霍爾頓．考菲爾德及讀者之間建立了非常親密的關係。就像無數其他的美國人一樣，福克納也曾在一九五一年夏天經歷了這種親密關係，而且在《麥田捕手》的書頁中看見了自己的倒影。「沙林傑的《麥田捕手》，」他表示，「完整說出了我試圖要說的話。」他因爲看見自己的身影而起了共鳴，然而，在經歷過霍爾頓這個角色的旅程之後，福克納卻認爲，霍爾頓．考菲爾德走過的是一段無從補救的悲慘之旅。「他的悲劇，」福克納這麼感覺，「是當他嘗試要走入人類世界時，卻發現空無一人。」

威廉．福克納解讀這部小說的方式，將沙林傑無意間拋出的啓示，在幾經周折之後恢復了原貌。不過，他的詮釋也預示了沙林傑此刻正面臨的困境：讀者受到《麥田捕手》吸引的原因各有不同。由於霍爾頓這個角色非常吸引人，再加上這部小說容許大家做出各種不同的詮釋，讀者迫切希望其中的意義能受到釐清，或者有人能確認他們對這部作品產生的個人感受。爲了嘗試達到這樣的目的，唯一自然的選擇就是去尋求作者的意見。畢竟，霍爾頓似乎是以沙林傑的身分作出以下的宣稱，他表示在讀過一本好書之後，「你會希望這本書的作者是你非常好的朋友，任何時候只要你想，都能打通電話給他」。許多讀者將此視爲公開的邀請，但事實卻與此完全相反。

現實是，沙林傑憎恨成爲名人，但現在卻無時無刻受到鎂光燈的注目。「眞是天殺的尷尬透了，出版這本書。」他抱怨，「這個可憐的笨蛋根本是自找麻煩，還不如直接脫下褲子去麥迪遜大道招搖算了。」他不耐地想等書籍的銷售熱潮退去，也希望自己累積的「惡名」趕快淡去，但《麥田捕手》帶來的狂潮似乎沒有要減退的跡象。到了那年夏季尾聲，這部小說已經印了第五刷，還爬上《紐約時報》的暢銷排行榜。

此時沙林傑還希望自己能回去過正常的生活。到了一九五二年二月，儘管《麥田捕手》仍頑固地待在各家排行榜上，他卻堅稱自己能把小說出版一事丟到腦後，並重拾過往生活【註】。他在那個月接受英格蘭《每日鏡報》（*Daily Mirror*）專訪時，仍然表現得很樂觀。「事實是，」他貿然指出，「《麥田捕手》大獲成功的時節總算要結束了，我眞是大大鬆了一口氣。我在這段期間幾乎沒感覺到享受，大多時候只覺得慌亂，而且一切無論就寫作或個人而言，幾乎都令人洩氣。我現在狀

註：一九五二年的三月二日，《麥田捕手》最後一次出現在《紐約時報》的暢銷排行榜上，當時它排名第十二。

況愈來愈好，對於撞見自己的臉出現在書衣的放大照片上也愈來愈受不了。我期待有一天能看到那張照片黏在燈柱上飛舞，受到萊辛頓大道上濕冷寒風的吹拂。」此處沙林傑用來描述書衣照片的場景出現在〈笑面人〉中，敘事者被一張黏在燈柱上狂亂飛舞的紅紙巾給嚇壞了。沙林傑實在擺脫不了他對封底那張巨大照片的惱怒，就在第二刷及第三刷之間的短暫平靜時期，他終於成功移除了封底上的照片，此後也再沒犯過把照片印上作品的錯誤。事實上，就連拍照本身都開始讓他厭惡，所以直到今天，人們幾乎只能靠那張照片來認識他【註】。

沙林傑仍在成名後嘗試過正常生活。他從英國回來後，就搬回紐約，希望能隱身在熱鬧的城市中。他在曼哈頓薩頓廣場區的東五十七街三百號找了一間公寓。這是個宜人的中產階級社區，也是沙林傑這些年來早已習慣的氛圍。幫他找好這間公寓的桃樂絲・歐汀，就住在離此處幾棟建築之外。他的朋友賀伯・考夫曼也住附近，而薩頓影城更是他最愛的電影院。一搬進去，沙林傑就意識到此區原本令他舒適的氣息，此刻卻有些令人難為情。正如他所獲得的成功一樣，這個地段似乎違反了他竭力想擁抱的謙遜及樸素原則，所以他又找了一間較偏僻的小公寓，以令人震驚的禁慾風格來布置。

所有相關說法都將沙林傑的新居描述得簡樸又淒涼。根據沙林傑曾在一九五二年短暫約會過的作家萊拉・哈德里（Leila Hadley）指出，除了一盞燈、一張繪圖桌，還有他身穿軍服的照片之外，屋內幾乎沒什麼布置。牆壁之外的一切都是黑的：家具、書架，甚至是床單。哈德里覺得這種環境配置，顯示沙林傑太過看重自己了，更別說還放了自己的照片。另外有人對沙林傑的品味抱持更陰沉的看法，他們相信這間新公寓的黑色就是象徵他內心的絕望。

他在薩頓廣場這個區域創造出一種牢房般的空間，而這樣顯而易見的矛盾，就是沙林傑在一九五一年整年的狀態。這是他人生中最關鍵的一年，而他採取的行動在在顯示出個性中的矛盾，而且跟霍爾頓・考菲爾德非常類似。他本來要求約翰・伍德柏恩不要把《麥田捕手》的評論寄給他，還誇耀自己在英國時不讀任何新聞，不過一旦在東五十七街安頓好之後，他似乎狼吞虎嚥地讀了所有找得到的評論文章。原本他就不喜歡文學評論家，此刻更是迅速轉為憎惡，但還是繼續讀完了評論的每一個字。

沙林傑並沒有接受那些正面的評論，對於較負面的評論也保持輕蔑態度，總之就是抨擊所有評論。他認為那些文字都過於學究氣又自以為是，並宣稱其中沒有任何一篇講出讀者眞正的感受；他甚至譴責那些對《麥田捕手》讚譽有佳的評論太過於從知識層面去分析，而非解讀其精神層面，掩蓋了《麥田捕手》原有的美好。因此，儘管沙林傑重視評論者的意見，卻不是因為他們攻擊自己而反駁，反而是責怪他們無能去感受《麥田捕手》帶來的體驗；面對這樣的罪惡，他始終不停地表現出輕蔑的態度。

當《麥田捕手》在八月底於英國出版時，得到的反應冷淡許多。若說美國有部分評論者的觀察

註：沙林傑決定把《麥田捕手》的底封照片拿掉後，有照片版本的價值立刻大幅飆升。《麥田捕手》有書衣的首刷書據稱曾在拍賣場上以三萬美金賣出。第二刷的價值沒那麼高，但仍比之後沒有照片的版本高上很多。

力不夠敏銳，英國的評論者就是直接擺出高人一等的態度。《泰晤士報文學增刊》（*The Times Literary Supplement*）上有一篇內容反映當時普遍態度的評論，認爲這部小說是「一連串對上帝的褻瀆及下流的內容」。最糟的是，評論普遍對這部小說的文學結構有意見。事實上，真正讓英國評論者不滿的不是傑米·漢密爾頓以爲的那些美國口語用字，而是小說中看似散亂的結構。因此，《麥田捕手》在英國銷量不佳，沙林傑也對漢密爾頓感到非常不好意思。接著，他的怒火迅速轉向不值得尊敬的利特爾布朗出版公司，這間公司因《麥田捕手》賺的錢，比他的倫敦友人多上太多了。由於受到英國評論者的打擊，再加上感受到漢密爾頓的沮喪情緒，沙林傑發誓再也不會跟伍德柏恩扯上關係，當然還包括對方那些在利特爾布朗出版公司的討人厭同事。「他們都下地獄去吧。」他沉著一張臉表示。

《麥田捕手》出版後，沙林傑的社交生活遭遇到同樣的矛盾。正如大家所料想，他變得比之前更受歡迎。許多派對及晚宴邀約源源不絕湧入。女人們都很想跟他約會。陌生人也會來找他簽名。他收到的信件簡直是爆炸性的多。沙林傑承認自己一開始很享受這樣的關注，畢竟他長年來的努力就是爲了這一切。然而一旦真正置身其中，他卻在面對這些要求時顯得扭捏。他已經變得比較喜歡跟自己相處，而這種偏好跟他的社交本能起了衝突。他和自己無法信任的女人約會。他接受許多活動邀請，但又因爲感到不自在而喝太多，再爲了自己答應參加而懊惱。接著再隔一個星期，他又會接受另一場邀約。就跟霍爾頓·考菲爾德一樣，沙林傑似乎無法確定自己要往哪裡去。

除了《麥田捕手》的出版，一九五一年還有幾件事會在之後幾年對沙林傑造成長遠的影響。就在前一年秋天，他參加了《紐約客》的法蘭西斯·史第穆勒（Francis Steegmuller）及他妻子辦的派對。他的妻子就是藝術家畢·史坦恩（Bee Stein）。他在派對上認識了克萊兒·道格拉斯（Claire Douglas），她是知名英國藝品商羅伯特·蘭頓·道格拉斯（Robert Langton Douglas）的女兒，也是皇家空軍元帥威廉·蕭爾托·道格拉斯男爵（Baron William Sholto Douglas）同父異母的姊妹。克萊兒當時只有十六歲，卻立刻深受三十二歲的沙林傑吸引，而他也被這個有著一雙靈動大眼、個性孩子氣的嫻靜少女給迷住了。隔天他致電史第穆勒夫妻，表示自己對克萊兒有興趣，他們於是把她在希普利（Shipley）中學的地址給了他，諷刺的是，她讀的正是《麥田捕手》的琴·迦拉格可能讀的學校。沙林傑在那週聯絡了克萊兒，接下來的一年，這對情侶就一直斷斷續續在約會。

他們的關係有時非常激情，但一般來說相當純潔。兩人的關係在一九五一年的夏天一度中斷，當時沙林傑去了英國，而克萊兒因爲父親過世去了義大利參加葬禮，直到兩人都回到美國時才又復合。有趣的是，沙林傑在十二月寫給傑米·漢密爾頓的一封信中，表示自己和一位名叫「瑪莉」（Mary）的女子認眞談了一場戀愛，還坦承兩人在恢復理智前差點就要結婚了。沙林傑的口氣顯示，儘管他嘗試保持「理性」，卻仍被這名女子迷得昏頭轉向。其實，這名「瑪莉」很可能就是克萊兒。若沙林傑直接提起她的名字，漢密爾頓一定會知道她是誰，也會知道她有多年輕，畢竟道格拉斯家族在英國很有影響力，家人也都非常有名。

讓沙林傑的戀情冷卻下來的「理性」，其實就是宗教。他從歐洲回到美國後，就常造訪東四十九街的羅摩克里希那—辨喜中心（Ramakrishna-Vivekananda Center）。這座機構就位於他父母家的公園大道轉角，傳授一種東方哲學，一種以印度的吠陀思想——吠檀多——爲中心發展的哲學。沙林傑在那裡認識了《羅摩克里希那的福音書》（*The Gospels of Sri Ramakrishna*），其中特別強調性生活的節制。因此，雖然他在一九五一年常常約會，卻很少有他跟誰發生性關係的耳語傳出。事實上，沙林傑約會時進行的宗教討論，可能還比身體接觸多。

□

一九五一年末發生了一件令人震驚的事，當年十一月才剛滿五十九歲的《紐約客》創辦人哈洛德．羅斯，生了一場神祕的重病。

羅斯的病況在那年夏天尾聲變得嚴重，已經無法進辦公室工作。他從一九二五年以來就親手負責編輯每一期雜誌，因此他的缺席特別令人對未來感到憂心。覺得不對勁的沙林傑，寫了一封信關注他的病情，也希望他趕快回到工作崗位。這位編輯確實在九月中時回到《紐約客》工作，雜誌運作似乎也重回正軌。沙林傑原本打算在十月的一個週末去探望他，但突然又得了帶狀皰疹，只好延後這個計畫。十月二十三日，羅斯親自寫了慰問信給沙林傑，表示重約拜訪時間沒什麼問題。「我們春天見面。」他承諾。

十二月三日，身體復元的沙林傑，覺得需要稍微離開這座喧囂的城市，於是告訴葛斯．羅巴諾，他打算外出幾個星期以完成一個故事。然而這趟旅行卻永遠無法成行。

哈洛德．羅斯確實回到了工作崗位，也為隔年做好了計畫，但他的健康狀況卻開始惡化。他前往波士頓的新英格蘭施洗者醫院進行診治，並在十二月六日接受了探查手術。醫生發現有個巨大的腫瘤包裹住他的右肺，儘管他們早已仔細考量過各種處理方式，羅斯最後仍然死在手術台上。

沙林傑因為這個消息而大受打擊，他對羅斯的情感不容置疑。十二月十日，他和《紐約客》的

「作家家族」一起參加了羅斯的葬禮。除了因爲失去領導者而感到震驚及悲痛之外，大家心中也生起了一絲恐懼。沒有人預料到羅斯的死，他也沒有點名繼任者。在前來致哀的人群中，大家竊竊私語地聊起可能領導雜誌的兩個人選，最有可能的就是沙林傑的編輯葛斯．羅巴諾，而另一個人則是一九三三年以來就一直在《紐約客》工作的威廉．肖恩。

□

沙林傑此後再也沒像一九四八年那般多產了。他把一九五一年的大半時間都用來跟〈德．杜米埃—史密斯的藍色時期〉（De Daumier—Smith's Blue Period）這篇作品搏鬥，而我們也只知道他在那年寫了這個故事。沙林傑宣稱這篇故事寫了五個月，但眞正花費的時間其實更長。

〈歌劇魅影的安魂曲〉在一九五一年的一月被退稿，之後沙林傑似乎就立刻開始寫這個故事。沙林傑是在寫給葛斯．羅巴諾的信中第一次提到這篇作品，但那封信沒有標記日期【註】。就在沙林傑於五月八日前往英國之前，羅巴諾曾帶他去阿爾岡昆酒店（Algonquin Hotel）吃午餐，當時也討論了這個故事。沙林傑接著趕回家完成了這篇作品。他原本保證會在前一個週六交給羅巴諾，此刻

註：這封信沒有標記日期，但沙林傑是在韋斯特波特寄出這封信，因此一定是五月八日以前的事。根據這封信的大意及內容，我們可以推測是在他即將出發海外之前寫的。此外，他用忙亂的口氣提到自己買了一件有毛領的外套，而這是在紐約春天絕對用不上的衣物。

已經算是遲交。

才把故事交出去，沙林傑就跟羅巴諾說自己對這部作品沒把握。他覺得這個故事又長又曲折，擔心讀者讀了覺得「被冒犯」。羅巴諾不只同意他的說法，還認爲這篇故事很「古怪」。正式的退稿信直到十一月十四日才出現，但沙林傑可能在之前就已修改過，且再次送交給羅巴諾。

根據羅巴諾所言：「這篇故事就短篇小說而言並不成功，或許因爲其中的想法跟角色都過於複雜，沒辦法壓縮成這麼短的篇幅。」《紐約客》常用「壓縮」這個詞表示一個故事必須被改短；沙林傑就曾爲了符合《紐約客》的篇幅要求，在寫作生涯中花了無數時間在「壓縮」他的故事。出現在羅巴諾信中的這個詞，解釋了沙林傑花這麼多時間處理這篇作品的原因。隔天，沙林傑回信告訴編輯，他對退稿一事沒有意見，不過打算先開始寫另一個故事。我們可以在這封回信中明顯看出他的不滿，儘管《紐約客》做下了如此判決，沙林傑顯然仍不願放棄這個故事。十二月十一日，沙林傑仍很在意遭到回絕的事，於是跟傑米．漢密爾頓分享了這件讓他失望的事。他不打算把這篇作品束之高閣，只是還無法決定是要將它收入一部選集中，還是要發展成一部長篇小說。

漢密爾頓很可能對沙林傑伸出了援手。〈德．杜米埃—史密斯的藍色時期〉在隔年五月時不是刊登在《紐約客》或任何的美國刊物上，而是英國的《世界評論》；之前漢密爾頓也是在這本雜誌上讀到〈致艾絲美——獻上愛與齷齪〉。〈德．杜米埃—史密斯的藍色時期〉不只是沙林傑最後一篇刊載在《紐約客》以外刊物的作品，也是唯一初次發表是在美國境外的作品。

□

沙林傑的野心在《麥田捕手》出版後有了轉變，他開始投身書寫那些鑲嵌在宗教脈絡中的故事，並透過這些故事暴露美國社會始終存在的精神空虛現象。小說一般是根據現實創造故事，但沙林傑卻想轉化那些本質上無形的精神頓悟。他一開始做的幾次嘗試都不成功，之後也花了好幾年才發展出足以安放這類訊息的載體。

沙林傑初次嘗試的宗教小說就是〈德．杜米埃—史密斯的藍色時期〉，講述一位精神混亂的年輕人，因為一個超越性的頓悟而得救，是個具有省思性的故事。故事中的第一人稱敘事者是約翰．史密斯（John Smith），為紀念已過世的繼父，回顧了發生在一九三一年，他十九歲時的幾件事。

約翰．史密斯相信自己是個偉大的藝術家，矯情又自視甚高，他透過知識餵養自己的自尊心，也因此看不起那些被他認定沒才華的人。由於我們已經知道沙林傑會將藝術與精神性結合，所以史密斯將知識看得比精神更崇高，可見他與周遭的世界缺乏連結，也代表他和自己創造的藝術之間有多疏離。他的自尊太強大了。他指出自己跟艾爾．葛雷柯（El Greco）長得很像，同時毫無自覺地坦承已畫了十七幅自畫像。最重要的是，史密斯很孤單，尤其在他描述了看見所有紐約人都在玩大風吹遊戲，只有自己被排除在外時。而在這個橋段之後，他說了一段希望能獨處且不受打擾的禱詞，接著史密斯表示禱告獲得了應允。「我所碰觸到的一切，」他承認，「都成了純然的孤寂。」

一九三九年五月，史密斯找到自認為能走出僵局的方法。在一份法語報紙的分類廣告中，他發現有間蒙特婁的「美術函授學院」正在找老師，這間學院的名字是「大畫家之友」（Les Amis Des Vieux Maitres），校長是I．悠修多（I. Yoshoto）先生。史密斯回應了這則廣告，他美化了自己的資歷，宣稱自己是畫家奧諾雷．杜米埃（Honoré Daumier）的曾姪兒，還說自己是巴勃羅．畢卡索的好友；而他也非常做作又虛僞地選了尚・德・杜米埃—史密斯（Jean de Daumier-Smith）這個假名以掩飾自己平庸的身分。

史密斯在得到這個講師職位後前往蒙特婁，他從未想過自己可能是唯一的應徵者。不過，現場狀況也改變不了他自大的態度。結果，聽起來高級的「大畫家之友」機構，其實只是悠修多的公寓，而這間公寓位於城中最糟糕的區域，還跟一家整形醫療器材店分租同一個空間。

史密斯在蒙特婁期間，任由自己沉浸在幻想中，最後甚至對自己捏造出的身分深信不疑，他坦承「我在一九三九年說了謊，而我想說謊的信念比說出眞相更堅定」。他是如此沉迷於自己虛構的身分當中，於是在悠修多先生要求他進行翻譯工作時非常生氣。「我這樣一個人，不但得過三次大獎首獎，還是畢卡索的密友（我開始相信自己眞的是了），竟然被當作譯者使用。」他的謊言及美化自己的說詞，其實只對他自己有意義。此外故事也非常高明地指出，相對於豐富的想像力，他面對周遭人事物時的反應其實非常貧乏。換句話說，史密斯已經迷失在自己的倒轉森林中，而且他的森林沒有靈感，只有過剩的幻覺及自尊心。

若這間美術「學院」以及「講師」一職還不足以讓他氣餒的話，他的函授學生極其荒謬的無能狀態也足以讓他感到震驚又沮喪。史密斯原本被要求負責三位學生，但審閱前兩位的作品及履歷簡直是一場折磨。第一位是斑比・克雷馬（Bambi Kramer），她是一名家庭主婦，最喜歡的畫家是林布蘭和華特・迪士尼。斑比交出的畫作中有三個看來肢體殘缺的男孩，他們在一個同樣顯得扭曲的水池中釣魚，完全忽視（或是讀不懂）附近「禁止釣魚」的告示。斑比非常莊嚴地將這幅畫命名爲《原諒他們的僭越》（*Forgive Them Their Trespasses*）。第二個學生是一位名叫R・霍華德・瑞吉菲德

（R. Howard Ridgefield）的「社會攝影師」，他的妻子敦促他「跨足到繪畫這一行」，而他最愛的畫家是提香（Titian）。瑞吉菲德交出的畫作就跟斑比一樣「迷人」，描繪了一個年輕女孩在教堂的「祭壇陰影中」被牧師猥褻。這些描述是沙林傑寫過最幽默的橋段之一，不過，尙（約翰）可不覺得好笑，而是深陷絕望。

尙的第三個學生爲他提供了救贖。她是聖約瑟姊妹會的修女，這位艾瑪修女（Sister Irma）在修道院小學教課。跟前兩位學生不同，她忘了提供年齡資訊，還用一張修道院照片取代了自己的照片。她說自己最喜歡的畫家是道格拉斯．邦廷（Douglas Bunting），那是史密斯完全沒聽過的畫家。至於她的嗜好，則是「愛主、愛主的聖言」。艾瑪修女寄上了一張沒有標題也沒有署名的畫作。這幅畫了耶穌下葬場景的小畫作，展現了驚人才華，尙立刻瘋狂愛上。他對這位學生的未來感到歡欣狂喜，並立刻給這位艾瑪修女寫了封文詞雀躍的長信。

就跟霍爾頓在《麥田捕手》中遇到修女的場景一樣，史密斯也是在故事中段遇見了艾瑪修女。這個事件跟《麥田捕手》一樣象徵了主角的轉變。尙針對艾瑪修女而寫的信，正好生動解釋了他精神空缺的根源及程度。故事的這部分解釋了藝術及精神性之間的關聯，並透過點出精神及知識間的矛盾，觸及了「均衡」的概念。

到了故事的這個階段，讀者已清楚知道無法忽略書中有關精神信仰的主題。相關描述實在太多了。史密斯在寫給她的信中表示自己是不可知論者，同時提到自己崇拜亞西西的方濟各。史密斯不知爲何堅信他因爲艾瑪修女而找到了志趣相投之人。這又是史密斯自己的幻想。這名修女顯然跟他截然不同，而他的信更顯示兩人之間的差距有多大。

此外，史密斯也經歷了兩個幾近神祕的事件，而這兩個事件一起形塑了故事的高潮。第一個事件相對緩和，但卻毛骨悚然地讓他意識到自己內心的疏離，並將他帶到了崩潰邊緣。某天晚上散步之後，他看到學校那棟建築一樓的整形醫療器材店，被打光的展示櫥窗吸引。就在他凝視著那些展示物時——琺瑯尿壺、便盆，旁邊還有個身上綁了疝氣帶的木頭人偶——他的自尊心突然被剝去，暴露出內裡的疏離。他突然意識到無論自己作畫的技術能變得多麼完美，仍是跟知識邏輯緊密相關，而他仍不會得到任何啓示，只能漫無目的地漂流在這個被他視爲平庸、醜陋的世界中。他在此刻意識到自己是個精神蒙昧的人，與神聖啓示沒有任何連結，可眞正的藝術及生活需要這樣的啓示。他的藝術受到自尊心的污染。

史密斯試圖處理這些重要感受，而他的方式是躲回自己的幻想世界中想像起艾瑪修女。正如這個故事的開頭所示，這是這個故事中「下流」的部分。史密斯在幻想中試圖把艾瑪救出修道院。她在他的想像中年輕貌美，而他如同一陣旋風般把她帶走了。

這段幻想沒能持續多久。隔天，史密斯收到了一封來自艾瑪修道院的信，寄件者表示她無法繼續修習藝術課程。史密斯既震驚又憤恨，接著做出了非常殘酷的反應：他決定丟下其他學生不管，還心懷惡意地寫信要他們放棄成爲藝術家的夢想。接著，他又寫了一封信給艾瑪修女。此時史密斯的自尊心仍讓他非常頑固，他在信中警告修女，若是不繼續接受技術指導，她永遠無法完善自己的藝術創作。

史密斯將第二個事件描述爲「超越性」的經驗，那是沙林傑創造的角色所經歷過最露骨的頓悟。就像前往大馬士革路上的掃羅一樣，他因爲一道刺眼光芒帶來的神聖啓示而有了轉變。史密斯不願將此事貼上神祕主義標籤，但仍強調它眞的發生了。

史密斯在黃昏的光線中，再次被整形醫療器材店的展示櫥窗吸引。他透過窗戶往內瞧，看到裡頭有名女子正在爲木頭人偶換疝氣帶，就被她的身影迷住了。她突然意識到有人在看自己，於是不知所措、慌亂地跌倒在地，雖然難爲情，但還仍勉力保持尊貴模樣，起身繼續工作。

這個櫥窗內的女孩，對應的就是艾瑪修女。態度謙遜的兩人投身的是平庸卻又美好的志業。沙林傑在《麥田捕手》中也強調了類似概念。霍爾頓和艾利在欣賞無線電城的管絃樂隊演出時，就被定音鼓手的表現迷住了。儘管這名鼓手只在演出過程中打了一、兩下鼓，展現的卻是最眞誠的奉獻精神，讓沙林傑及艾利覺得他是兩人見過最棒的鼓手。沙林傑將他的無私奉獻視爲精神性的表現，於是讓霍爾頓表示：耶穌本人也會喜歡定音鼓手透過藝術所體現的純潔。

不過，這場景中最主要的元素不是櫥窗內的女孩，甚至也不是史密斯，而是店面前方的假人，它被史密斯視爲上帝的道具。他第一次看到假人時，只覺得它是一尊被琺瑯尿壺圍繞的無力神祇，並統御著自己這個盲目、無聲的旁觀者那平庸而情感疏離的人生。但在史密斯頓悟時，這個有了不同意義的假人，擔下了故事中最重要的訊息——所有其他主題也圍繞著這個訊息發展。

突然間……太陽出現了，且以秒速九千三百萬英哩朝我的鼻梁衝來。我盲目又害怕，手得扶著窗玻璃才能保持平衡。等我恢復視力後，女孩已經不在窗邊，只留下一片精美、閃亮，又看來格外神聖的琺瑯花海。

史密斯在這片突然閃現的光線中獲得了啓示：所有事物都有其固有的美好及價值，就連最平凡、最缺乏才華的人也一樣。更重要的是，這樣的價值宣示了上帝的存在。這些平庸的琺瑯尿壺及整形醫療器具，不只被變成琺瑯花海，還變得「格外神聖」。史密斯本身也改變了。他很快恢復那些學生的學籍，表示之前拒收他們的信件純粹是行政上的錯誤。他接著放下對艾瑪修女的執念，接受她去追求自身的命運。「Tout le monde est une nonne，」他作出結論，「每個人都是修女。」

在〈德．杜米埃—史密斯的藍色時期〉的結尾，沙林傑透過一個小小的段落，讓尚．德．杜米埃—史密斯變回平凡、滿足，而且活在當下的約翰．史密斯。這個段落顯示他已透過經驗學到教訓，也拿掉了生命中的虛僞及自尊心。透過這段過程，史密斯並沒有放棄藝術，而是成爲了藝術——比起那十七幅自畫像，這麼做更能忠實呈現他所擁有的價值。

這篇作品就跟當中的主角一樣，顯示沙林傑希望在通往頓悟的道路上獲得靈性指引。因此，儘管故事當中到處可見羅馬天主教的意象，卻不是在爲基督教信條背書。約翰．史密斯的經歷本質上仍屬於禪宗的哲學體系。這種頓悟在禪宗中稱爲「開悟」（satori），那是禪宗思想希望人達到的重要目標，也是人在靈光一閃之際獲得的啓發，是相對於智性知識的私密性直覺體驗。這種開悟通常經由冥想達成，無論抱持任何信仰的任何人都可能經歷。那是驟然閃現且持續時間短暫的光芒，通常是在一個人的自尊心遭受打擊後，「沒來由地」出現。

〈德．杜米埃—史密斯的藍色時期〉是個幽默但意義深遠的故事。同樣的，葛斯．羅巴諾的批評也是正確的。建構這故事的沙林傑，試圖在過短的篇幅內，就太多層面提出太多論點。因此，沒有任何訊息獲得清楚表達，組成故事的各個主題之間還出現矛盾，甚至模糊了彼此的樣貌。

《麥田捕手》大獲成功後，沙林傑原本以爲只要搬到曼哈頓，就能過著隱姓埋名的日子，但結果不如預期。他開始變得害怕被人認出，再加上迷人的城市生活中總有那麼多的社交聚會，跟令人分心的浪漫誘惑，他根本不可能一邊住在紐約，一邊還以理想的奉獻心態寫作。他計畫寫一部新的小說，但需要比住在大城市更多的獨處時間。

沙林傑打算在一月一日之後立刻啓程前往佛羅里達州及墨西哥，並希望能在那裡認眞開始寫書。不過卻發生了一些阻撓這項計畫的事件，導致他在紐約一直待到三月，其中最主要的就是《紐約客》的接班人事件。

《紐約客》的「作家大家族」中大多認爲，葛斯・羅巴諾會成爲哈洛德・羅斯的接班人，沙林傑無疑也希望朋友能接下這個職務。就算羅巴諾經常對沙林傑的作品表示不滿，但至少對方的看法中有值得敬重之處。沙林傑在雜誌編輯圈中以難搞聞名，他對外人的批評過於敏感，對作品又異常保護，只要有人對他的作品提出異議，大家都知道他會因此不高興甚至發怒【註】。羅巴諾已經懂得如何應付沙林傑，知道如何以敬意相待。他不會強硬地提出批評，語氣間總是懷抱著一絲歉意，甚至還會因爲「被迫」退回沙林傑的故事而表現出沮喪、痛苦，甚至遺憾的情緒。羅巴諾也不是不清楚沙林傑偶爾會因爲他的決定而生氣，但或許最重要的是，他懂得給沙林傑處理情緒的必要空間。在建立了這樣的和諧關係後，沙林傑或許覺得讓羅巴諾掌管《紐約客》對他個人比較有利。

然而，威廉・肖恩朦朧的身影卻從無人注意的陰暗角落中冒了出來。一月底，肖恩被選爲繼任者的消息傳出，沙林傑大感失望，羅巴諾也因此心生怨恨。沙林傑當時還無法知道的是，威廉．肖恩將成爲最支持他的人，而且個性跟之後的沙林傑異常相似。

打從一九三三年起，肖恩就在《紐約客》擔任過一系列職位，但職員幾乎都不太認識他。他是個非常注重隱私的人，和誰都不親近，在外的名聲幾乎都來自耳語及各種臆測。因此，羅斯和肖恩的差異打從一開始就非常明顯。哈洛德．羅斯一直是個活躍又愛社交的人，他用狂妄無畏的態度經營這份雜誌，而節制又內斂的肖恩卻是有禮到幾近苛刻。肖恩升爲總編輯之後，第一件事就是拆除羅斯的辦公室，然後把自己的辦公室搬到建築物的另一端。這項舉動似乎是在向那些虎視眈眈的《紐約客》「作家大家族」示威，謠言也因此滿天飛舞。其中一個謠言甚至指出，一九二四年李奧波德與勒伯（Leopold and Loeb）犯下的知名綁架謀殺案，原本預定的目標其實是威廉．肖恩。或許是急著確認或反駁這個謠言，《紐約客》的業餘偵探私下在一九六五年去芝加哥重新審閱了李奧波德與勒伯的案件紀錄，但其中完全沒有提到任何「威廉」，因此認爲那只是個毫無根據的謠言。不過，這些好奇的員工從不敢直接去問肖恩本人。

一九〇七年出生的威廉．肖恩，原名威廉．鍾（William Chon），大學沒有畢業。他因爲姓氏總被人誤以爲是亞洲人，所以改爲威廉．肖恩。隨著年齡漸長，他逐漸發展出一種重視禮節及忠誠，卻又同時極度古怪的個性。除了非常重視隱私之外，肖恩害怕的事也非常多。他有幽閉恐懼症，而且怕火、怕機器、怕動物，也怕高。據說他會在手提包內帶一把短柄小斧，以免哪一天被困在電梯內。他的這些恐懼原本可能對他的職涯發展造成限制，但肖恩是個非常有才華又觀點獨到的人，他擁有的犀利編輯直覺足以補償他的各種恐懼症，也讓害羞的他仍能在職業舞台上受到關注。無論如何，他是一名頂尖的專業人士，不但重視作者的意見，也尊重他們的隱私。「在《紐約客》這裡，」肖恩宣布，「如果我們說要給誰做個人物簡介，而對方不打算配合的話，那我們就不做。」肖恩具有藝術天賦，情感細膩（他來紐約本來是立志成爲作曲家），從沒有編輯能像他一樣和沙林傑搭配得這麼好，也沒人比他更了解沙林傑。

肖恩才升官不到幾星期，惠特．博奈就聯繫了沙林傑。當時《故事》雜誌正在計畫一個特別專題，有鑑於《麥田捕手》的成功，博奈想知道沙林傑是否願意貢獻一篇故事。「我們已經很久沒看到你的作品了。」博奈表示。沙林傑拒絕了，他還沒原諒博奈沒出《年輕人》選集的事，之後也始終沒有表示諒解。

在此同時，沙林傑發現自己必須應付約翰．伍德柏恩，以及對方在利特爾布朗出版公司的那些混帳同事。小說出版已經過了七個月，無論是出版社或桃樂絲．歐汀，都希望他考慮推出短篇小說集。他們打從一九五一年四月就開始討論這個計畫，而這也是沙林傑自從一九四四年以來的心願。他先見了羅傑．梅邱（Roger Machell），也就是傑米．漢密爾頓在紐約的代表，兩人討論了短篇小

註：在一九九五年一場難得的電視訪談中，威廉．麥克斯威爾回憶指出，曾有一次，因為編輯在他的手稿中加了一個逗點，沙林傑就因此大為震怒。「我們真是惹上大麻煩了，」麥克斯威爾如此回憶。當被問及這個事件如何說明了沙林傑這位作家，麥克斯威爾變得嚴肅起來，「沙林傑對於完美的概念，就真的是完美，」他說，「沒有任何被亂改的空間。」

說的出版計畫。梅邱把這件事回報給倫敦總部之後，漢密爾頓因為沙林傑似乎願意配合出版及後續可能的成功而大感興奮。但是，想到要跟約翰·伍德柏恩往來，沙林傑遲疑了。

他還在介意每月選書俱樂部事件帶來的不愉快，因此決定只透過經紀人跟編輯聯絡。不過到了三月，他又決定延後短篇小說集的出版時程，至少是暫時延後。沙林傑想到書籍出版後又得經歷一年前的慘痛過程，而自己仍未準備好面對這些隨著出版而來的動盪。

事實上，沙林傑在許多層面都遇上了困難。他知道自己跟「瑪莉」的關係不夠理性，更重要的是，他仍不知道如何面對成名這件事。他發現自己很怕被認出，也坦承只要走出公寓就會因為想像有人在觀察自己而不自在。他開始避開人群，大多時候都陰鬱地躲在住處嘗試寫作，電話響起也不接，別人寄來的邀請函也不開。沒過多久，他就開始抱怨自己像是被困住了，也覺得和外界失去聯繫。就在顯然就快要陷入憂鬱時，沙林傑為了嘗試走出困境，跑去佛羅里達州和墨西哥旅行，那是他去年一月就規劃好的旅程。

他刻意沒把行程規劃得很仔細，只是想在城市外的偏遠沙灘好好放鬆。儘管原本的計畫是在旅行時動筆寫新小說，我們卻從他與別人的通信中發現他在這段期間沒什麼寫作。他似乎不急著回家，還在墨西哥待到了六月。五月，〈德·杜米埃—史密斯的藍色時期〉發表於倫敦的《世界評論》，就在同一個月，沙林傑獲選為福吉谷軍事學院一九五二年度的傑出校友。頒獎晚宴預定在五月二十四日舉行，校方希望沙林傑能來參加、發表演說，並接受這項榮耀。收到這份通知及邀請函的人是負責為他照顧公寓的姊姊多莉絲【註】。她在問過弟弟的意見後，簡短回覆了校方，口氣篤定得令人瞠目結舌：「我的弟弟J·D·沙林傑現在正在墨西哥某處，聯絡不上。」這段回覆讓沙林傑得以避開那場晚宴，但仍能表現出禮貌。他在六月回到紐約時，寫了一封信到校友協會，謙卑地感謝他們授予的榮耀。

福吉谷軍事學院的頒獎事件，凸顯了沙林傑個性中幾個顯而易見的矛盾。所有跡象都顯示他對此感到榮幸，致謝函似乎也非常誠懇，不過，頒獎當天人不在國內也眞的是讓他鬆一口氣。諷刺的是，福吉谷軍事學院是因爲他的《麥田捕手》而頒獎給他，但那卻是一本諷刺學校生活的作品。我們無法確定校方當時是否清楚這點，但沙林傑一定是明白的，而他可不想以如此盛大的規模再經歷一次當年的「奧立佛事件」。

就在沙林傑旅行這段期間，桃樂絲・歐汀持續和利特爾布朗出版公司針對短篇小說選集一事進行協商。到了七月的第一週，雙方終於達成協議，沙林傑也寫信給漢密爾頓，表示打算將英國的版權賣給他。在此同時，他也把自己種種頓悟的根源之書《羅摩克里希那的福音書》分享給漢密爾頓，稱其爲「本世紀的宗教大書」。他自信滿滿地認爲漢密爾頓一定會跟他一樣受到啓發，因此寄了一本《羅摩克里希那的福音書》到倫敦，力勸漢密爾頓在英國推出未刪節版。

《羅摩克里希那的福音書》記錄的是孟加拉聖者羅摩克里希那和門徒之間的對話，書寫者是一個只署名爲「M」的門徒，本書於一八九七年出版，由辨喜（Swami Vivekananda）引入美國。這部

註：多莉絲很可能有在旅程中陪伴過沙林傑一陣子。根據這段時間拍攝的照片顯示，她曾和沙林傑在佛羅里達州的海灘別墅度假。

書篇幅甚鉅，密度也高，其中講述的哲學既莊嚴又繁複。沙林傑顯然是已經研讀了好幾個月（甚至可能好幾年），才內化了這些信條。

沙林傑是在紐約的羅摩克里希那—辨喜中心，初次接觸到羅摩克里希那的教誨。根據此中心指出，羅摩克里希那的一生「就是神從未間段的沉思」。羅摩克里希那所投身的信仰稱為吠檀多，並透過《羅摩克里希那的福音書》被引介到西方。據羅摩克里希那—辨喜中心指出，「吠檀多的四個基本要義可總結如下：神性的非二元性、靈魂的神聖、存在的統一，還有各宗教間的和諧。」

最重要的是，一神論的吠檀多認定世上只有一個神，而此神展現在所有事物之上。根據吠檀多指出，神才是終極的「現實」，而所有人類使用於事物的命名及分類，不過是幻覺。這些區別之所以不存在，是因為一切都是神，因此，每個人都因為屬於神的一部分而神聖，至於身體不過是軀殼。吠檀多的目標是看破這具軀殼，意識到其中的神聖性，並藉此真正看到神後與其合而為一。羅摩克里希那稱這種啓發為「神的意識」（God-consciousness），並表示此意識只能透過個人體驗取得。吠檀多是一種包容性哲學，它接受所有認可神存在的不同信仰。畢竟若是沒有了「神的意識」，宗教會變得荒瘠，也失去了改造個體生命的力量。

羅摩克里希那所提出的許多信仰，都不會讓西方人聯想到印度哲思。吠檀多主張真相具有普世性，所有的人類及存在皆為一體。吠檀多沒有拒斥沙林傑本來就擁抱的信仰，而是支持、強化他的信仰。此外，吠檀多還特別能跟禪宗思想彼此唱和。從一九五二年直到沙林傑寫作生涯結束，吠檀多思想都牢牢根植在他的作品中。他在一九五二年面臨的挑戰，是如何用最好的方式將這種東方思想引介給美國人，但又不能顯得說教，或因為怪異而令讀者感到排斥。

就算沙林傑有透過《羅摩克里希那的福音書》得到頓悟，我們也很難從他的舉止中看出端倪。他還是非常沮喪、避世。沙林傑多年來始終深受抑鬱所苦，或許一輩子都是如此，嚴重發作時甚至無法跟任何人交流。諷刺的是，沙林傑頻繁出現的抑鬱狀況，其實大多是孤獨所造成的，然而他一旦深陷抑鬱情緒，又會避開所有人，反而又加深了讓他抑鬱的孤獨感。

沙林傑透過角色來表達他的抑鬱，我們可以透過西摩．格拉斯感受到他的痛苦，透過霍爾頓．考菲爾德感受到他的挫折，也透過上士X感受到他的悲慘。不過，這些角色大多獲得了救贖，得以走向健康的人生，通常也找回了跟其他人的連結。反而是作者儘管和這些角色共享同樣的苦痛，卻幾乎無法像他們一樣找到解答，甚至有些時候，光是透過虛構角色的頓悟而獲得的替代性救贖，對沙林傑來說也已不夠。

沙林傑受到吠檀多吸引的原因很簡單。跟禪宗不同，吠檀多為他提供了一條可以與神建立個人關係的途徑。吠檀多為他帶來希望，不但給了他解憂的良方、活出他曾賦予角色的重生機會，還有重新跟周遭產生連結的方法，更保證能讓他找到神，並且終將透過神求得平靜。

到了七月，沙林傑終於覺得可以繼續工作了，這是他在七個月以來第四次做出這項宣言。他認為自己終於動起來的原因是七月的熱天氣，而非宗教給予的啓發。事實上，他要到十一月才會寫完下一篇故事，而他會將新獲得的信仰滿滿貫注在那篇故事中。

□

到了一九五二年秋天，情勢已很清楚，沙林傑沒辦法一邊住在紐約一邊工作。紐約令人分心的事太多了，不但太多人，他所需要的獨處時間也不夠。他在過去的十四個月中，有七個月都在出國遊歷，一邊在曼哈頓租屋一邊到處逃難的開銷實在超出他的負荷。雖然他因為《麥田捕手》累積了可觀資產，但沒人在一九五二年認為這部小說能持續受到歡迎。因此，內心感到不安的沙林傑想要買一棟房子。那棟房子不能在城市中，但距離《紐約客》的辦公室又不能太遠。不令人意外的是，他排除了所有紐約的郊區地段，把眼光望向更鄉村的地區，也就是在青年期讓他深受啓發，而且童年時總會去過暑假的那種地區。他聯絡了剛離婚的姊姊多莉絲，問她能否陪他去看房子。多莉絲立刻同意，於是她、她的弟弟及雪納瑞班尼就一起去了新英格蘭。

他們首先去了麻州，沙林傑在這裡愛上了安海角（Cape Ann）沿岸的老舊漁村。他們看了一些屋子，但是太貴了，只好繼續往其他地方去。接著他們沿著康乃狄克河往北進入佛蒙特州。兩人在文瑟爾市（Windsor）的一間餐館吃了午餐，還和當地的一名房地產經紀人希爾達・羅索（Hilda Russell）聊了起來。她提議帶他們去看新罕布夏州科尼什（Cornish）小鎮的一棟房子，認為那個地方可能剛好適合沙林傑。

科尼什小鎮位於紐約市北方兩百四十英哩處，但對沙林傑而言，這裡簡直就像另一個世界。這座散發恬靜氛圍的鄉間小村，位於林木茂密的丘陵地；沿著當中遠離人煙的道路往前行駛，眼前所見盡是科尼什的樹林、田野，以及農舍的宜人光景，康乃狄克河谷偶爾會闖入眼簾，那景致眞是令人心曠神怡。對沙林傑而言，科尼什確實是個理想的地方，實在沒有比這裡更適合隱姓埋名了。不但沒有人知道這座村莊，這裡甚至沒有鎮中心、沒有舉行重要活動的聚集地、沒有商業區，也沒有什麼產業。此地的美好及空寂，吸引了好幾世代的藝術心靈。這裡是受人敬重的藝術家梅斯菲爾德．帕里什（Maxfield Parrish）的家鄉，他透過畫作讓鄉村景致永久流傳【註】。在二十世紀之交，科尼什也因為作為奧古斯都．聖高登（Augustus Saint-Gaudens）的家鄉而聲名大噪，之後數十年，這名雕塑家的工作室都是後世藝術家的燈塔。事實上，羅索帶沙林傑來道奇路（Dodge）上看的這棟房產，屋主就是奧古斯都．聖高登的孫女。

這片土地位於森林深處，必須走過一條沿著山丘往上延伸的漫長小徑才能抵達。山頂林間有片空地，上頭有間像是穀倉的紅色小屋，羅索表示就是那間「房子」了。這片空地中有一邊突然往下陷落後連接到一片草地，而陷落處幾乎像一座懸崖。在那片草原的底端，有條沿岸都是濃密樹林的小溪。從草原頂端往下看的景觀美極了：康乃狄克河谷就開展在他們眼前，遠景是令人屏息的起伏田野和林地，更遠方則有雲霧繚繞的山丘。

景致雖然美麗，但是這棟房子的狀況卻非常差，其實就是棟荒廢到無法住人的穀倉。這棟房子不知幾年前曾經翻修過，兩層樓的屋內有裸露橫梁的起居間、一個小小的閣樓，側邊還有一間小廚房，完全展現出拓荒者生活匱乏的樣貌。屋子裡沒有自來水，沒有廁所，也沒有足以抵禦新英格蘭嚴冬的暖氣。儘管缺點這麼多，羅索還是開了一個幾乎要花光沙林傑存款的價格，因此就算他真買下了這棟房子，也不會有餘錢翻修。

註：帕里什在科尼什一直住到一九六六年過世為止，享年九十六歲。我們並不知道這位藝術家是否有見過跟他一樣有名的這位鄰居。

然而，沙林傑還是對這棟房子有興趣，這讓他姊姊簡直不可置信，她認爲自己的弟弟在公園大道長大，怎麼可能覺得住在這裡是好點子？她是布魯明黛百貨公司（Bloomingdale's）的採購員，還曾跟成功的衣飾商人結婚，這輩子可說活得非常時髦。不過沙林傑親眼見證過匱乏，他曾有無數夜晚都睡在結凍的散兵坑內，也曾努力在翻修過的車庫或穀倉中想辦法過得舒適些。此外，這是他完成霍爾頓．考菲爾德夢想的機會：逃到森林間的一棟小屋，遠離社會中的一切虛僞，就這樣待在自己的倒轉森林深處。這是個適合寫作及冥想的所在，他能在這裡釋放出想像中的各種角色。年底，他簽訂了有關這片九十英畝土地加房產的臨時契約，之後一生都住在這裡，實現霍爾頓的夢想。

□

一九五一年十一月十四日，〈德．杜米埃—史密斯的藍色時期〉被《紐約客》退稿之後，沙林傑開始改寫一篇以郵輪爲背景的故事。我們不確定他在三月離家前投入了多少心力在這篇作品上，不過根據他的信件，他在那幾個月寫的並不多。一直到一九五二年秋天，他的寫作才開始有了明確進展，十一月二十二日終於完成了這篇手稿。這種時間的斷裂感，我們可以在〈泰迪〉（Teddy）中直接讀出：故事的開端跟後面的部分相比，顯得比較鬆散。此外，沙林傑在跟利特爾布朗出版公司協商下一本書的出版事宜時，似乎在〈泰迪〉還沒完成前就表示想將這篇故事收錄其中，而這也導致沙林傑在寫這個故事時，刻意和預計放在選集開篇的〈香蕉魚的好日子〉進行對比及呼應。

因爲受到《羅摩克里希那的福音書》的激勵，沙林傑急匆匆地想將這部書宣揚的價值觀透過寫作傳達出來。在〈泰迪〉這個故事中，他將本來以私人冥想、治療或行動等形式鑲嵌在故事中的訊息，初次公開展示給讀者，並將此視爲實踐信仰的義務。

一九五二年時的美國人，大多認爲自己的生活方式比東方文化優越。沙林傑非常明白這種沙文主義，他很清楚他的讀者不會輕易接受神祕主義或「轉世」之類的概念。因此，爲了呈現這些想法又不讓讀者失去興趣，他創造出一個十歲的美國小男孩。這個小男孩出身中產階級家庭，非常聰明——這是他能夠自在書寫的角色，也希望讀者對這樣的設定有興趣。

讀者透過這個故事認識了傑出的泰迪．麥亞道（Teddy McArdle），他是一個獲得終極啓示的孩子。年幼的泰迪是個神祕學者，也是個先知，他對「與神合一」所進行的精神探索之旅已走得很遠，於是跟周遭實體世界的連結（包括他的父母）幾乎已經消失殆盡。這個故事發生在一艘郵輪上，泰迪和他的父母及妹妹布普（Booper）結束歐洲之旅，正在返回美國的途中。泰迪的一生幾乎都是學術研究感興趣的對象，而身處歐洲的泰迪更是被學者及社交聚會的參與者不停地拷問、記錄、刺探、挑弄，彷彿他是一條賽犬。

故事的開場是在郵輪的特等艙房。泰迪的父母曬傷了，而且顯然還在宿醉，儘管那個早熟的天才兒子靜不下來，他們仍希望能睡晚一點。泰迪卓越的心思在令人無從理解的層次中，以光速行進著。男孩的父親是個脾氣暴躁的演員，心情不太好的他，努力想展現管教孩子的權威。泰迪的母親躺在床被底下逗弄丈夫，同時無精打采地對試圖激怒父親的泰迪發號施令。泰迪跟父母的互動非常疏離，表面上有在聽他們說話，但父母的話語及態度顯然對他不具任何意義。

他站在父母的輕型旅行箱上，身體探出舷窗，彷彿那扇窗是連結精神及物質兩個世界的介面，也連結了現實及幻想的世界。他因爲看到被丟入海中的一大團橘子皮而著迷。隨著一片片橘子皮開始沉入海裡，他開始沉思，很快地，這些橘子皮只會存在於他的腦海中，而它們的存在完全取決於自己一開始有注意到它們。就在他沉浸於唯我論的思緒時，他的父母正對彼此口出惡言並互搧耳光。沙林傑在描述泰迪的性格時，強調的是他和父母的差異。泰迪優先思考的是跟精神性有關的議題，對於身處的實體世界不怎麼在意。

泰迪的父母被描述成只在意物質世界又以自我爲中心的角色。他們因爲行李箱的品質爭論不休，但泰迪只把行李箱拿來當凳子坐。泰迪把父親的徠卡相機給了妹妹布普當玩具，完全不在意它的物質價值，而他爸爸只一味地想把相機拿回來。

泰迪對橘子皮的興趣說明了禪宗中的「無常」，以及吠檀多認爲事物不可能各自獨立的信念。這個橋段也預示了故事的結尾。他離開父母的特等艙房去找妹妹，離開前提醒他的父母，他們或許再也無法在心靈以外的地方看見他了。「走出這扇門後，」他表示，「我或許只會存在於所有親友的腦海中……我可能就是一片橘子皮。」即便做了如此陰沉的預言，他仍拒絕在離開前「好好（給母親）一個大大的吻」。

泰迪已經有了羅摩克里希那所謂的「神的意識」，比起外在的表象，他更能看透內在的精神。他不太在意西方思想爲人事物貼上的那些錯誤標籤；相對而言，他的父母只能看到人事物的軀殼。他們似乎不把他得到的啓示當一回事，堅持把他當個小孩看待。他的父母在精神上的懈怠，正是他們一切言行的根源，也是泰迪對他們表現冷淡的原因。他仍尊敬他們身爲父母的身分，但也感受到他們內在精神的不成熟，並回以相應的態度。

見過泰迪和父母的關係後，他竟能如此容忍妹妹，實在非常古怪。她或許可說是沙林傑透過想像創造過最惡毒的孩子。不過，對於這個宣稱「討厭所有人」的冷血妹妹，泰迪之所以能夠容忍的原因很簡單【註】，他認爲她才剛剛踏上屬於自己的精神探索之旅，之後還有很多轉世的機會。

泰迪找到布普，跟她約定等一下在游泳池見面，之後就坐在日光浴甲板上的躺椅寫日記。就在寫日記的過程中，來自某間大學的學者巴布．尼可森（Bob Nicholson）來找他搭話，尼可森曾在某個聚會中聽過泰迪受訪的錄音檔。他不顧泰迪的意願講個不停，還問了對方一大堆哲學問題。尼可森這個角色有兩個作用，沙林傑把他當成一個傳聲筒，讓泰迪足以說出有關吠檀多及禪宗的思想，並讓尼可森擺出懷疑論的態度。他不是把泰迪當成孩子，甚至也沒當作一個人，只是一個可供學術研究的對象。簡而言之，尼可森體現的是毒害「神的意識」的邏輯，也呈現出知識足以讓人看不到精神眞相的力量。

沙林傑透過泰迪之口，清楚說明了吠檀多的信條，點出「愛」與「情感」之間的差異，並宣稱情感是「不可靠」的情緒。泰迪詳細闡述了他的「脫離」哲學，根據他的解釋，身體只是軀殼，而外在事物並非現實，已經開悟的他只會看到事物當中的神。

爲了讓西方人清楚理解這些論點，沙林傑用了一個常見的猶太—基督教（Judeo-Christian）意

註：布普表示「討厭這片海上的所有人」，這句話讓這個故事的背景多加上了一層維度，也讓其中的角色漂浮在沒有明確邊界的環境中，沒有開頭，也沒有結尾。這樣的背景也反映了禪宗及吠檀多關於存在的概念。〈泰迪〉是將角色即時同步呈現在讀者面前，沒有跟任何未來的事件相連。

象：亞當及夏娃失去神的恩寵的過程。泰迪告訴巴布，亞當和夏娃在伊甸園吃的蘋果就包含了邏輯及知識，而人應該將吃下去的蘋果從思想系統中吐出來。他解釋，人類的問題在於不想看到事物眞正的模樣，只執著於物理性的表象，而非一切與神連結的事實。

他們從邏輯及轉世的話題轉移到死亡。泰迪表示死亡只是生命的一種進程，就以他自己爲例好了，他五分鐘後有游泳課，並指出他去游泳時可能不會發現泳池沒有水，也可能在走到泳池邊緣時被妹妹推下去，並因此撞裂了頭骨。但他覺得若是以這種方式死去也不是悲劇。「我只是在做我該做的事，」他如此推理，「不是嗎？」

讀者幾乎不會注意到故事中悄然發生的最神祕事件。就在尼可森坐進泰迪身邊的躺椅後，泰迪立刻開始分心，注意力神祕地轉向了游泳池所在的運動甲板——彷彿聽到從那裡傳來的某種內在聲音。泰迪被某種不知名的思緒魘住而迷惘，還心不在焉地用一首松尾芭蕉（Bashō）的俳句打斷了他：「蟬鳴唧唧焉，不知其死期將至。」

泰迪起身去上游泳課之後，尼可森坐在原地思索兩人的對話。突然之間，他從甲板的椅子上跳起，衝往游泳池。沙林傑接著寫出最引人爭論的結局。還沒接近泳池邊，尼可森就聽見了：

> 淒厲刺耳、持續不斷的尖叫聲——顯然是一個小女孩發出來的。聲音極度嘹亮，彷彿在鋪了磁磚的四面牆上不斷迴響。

大多數讀者都認爲〈泰迪〉的最後幾行代表泰迪死在布普的手上。之所以會有這樣的結論，是因為泰迪先前說過的話，而不是文本呈現的結果。沙林傑的行文暗示在空蕩蕩的泳池裡尖叫的是布普，而不是泰迪。因此，讀者現在有三個選項。第一個選項是，布普可能一如泰迪所預測，冷血地把哥哥推進了泳池裡。然而根據文本指出，泰迪在意識到妹妹可能帶來的威脅後，同樣也可能在她有機會這麼做之前先下手為強【註】。第三個可能性則是泰迪接受了自己的死亡，也任由布普把他推進泳池，但因為早有預感，所以把布普一起拉了下去，並藉此將妹妹拉入了下一個轉世輪迴。由於覺得西方人怕死一事過於可笑，這個天才般的孩子或許覺得有義務加速妹妹的精神旅程，並認為自己「只是在做我該做的事」。

這些解釋都不能完全令人滿意，因此評論這篇故事的人——大多都覺得其中的東方思想信條有問題——就便宜行事地將抨擊主力對準故事曖昧不明的結尾，而非批判他們不理解的文化哲學。沙林傑自己也意識到這個故事的問題，他承認儘管〈泰迪〉「給人極強烈印象」且「難忘」，但也「帶有令人不悅的爭議性，而且整體而言並不成功」。

一九五二年將近尾聲，沙林傑卻仍站在一個分岔路口：若他想繼續透過作品呈現這些宗教教義，就得找到不同的手法，而且是《紐約客》會願意發表、讀者也能接受的那種故事。

註：好幾位學者都在沒有尋求進一步解釋的情況下，這樣詮釋了結局。若是將這樣的想法繼續推展下去，又會指出另一個可能性，也就是泰迪計畫了布普的謀殺，而且透過預言將責任推卸出去。若是如此，那麼，泰迪就會是沙林傑寫過最陰險的角色。

11 受到傷害

我用自己賺來的錢蓋了一棟小屋……
我準備把小屋蓋在樹林旁，而不是蓋在樹林裡，因爲我喜歡屋裡一天到晚都有充足的陽光。

——霍爾頓・考菲爾德的發言，《麥田捕手》

一九五三年二月十六日，J・D・沙林傑正式成爲新罕布夏州科尼什鎮那片九十英畝坡地的主人。對此，大家難免猜測沙林傑是想仿效作品中的生活。畢竟《麥田捕手》中的霍爾頓・考菲爾德，就曾夢想逃到佛蒙特州，然後在樹林小木屋中過著遠離塵囂的生活。爲了確保能夠與世隔絕，霍爾頓打算假裝成一個聾啞人。「這樣我就再也不用跟人說話了，」他如此合理化自己的行爲，「他們也不會來打擾我。」

沙林傑在那個冬天過得非常幸福，他自己砍柴，從溪中取水。他準備在眞正擁有的第一個家中創造出一種生活，他不想當對一切不滿又毫無作爲的人，而是想完全成爲社群中的一分子。他認爲自己能在科尼什平靜地寫作，投入周遭世界，並因此眞正感到快樂。若沙林傑的夢想眞的跟霍爾頓・考菲爾德類似，那麼他渴望的不是遠離一切，而是擁有一個屬於自己的地方。

科尼什確實對他造成了奇妙的影響。在一九五二年憂鬱了好幾個月後，沙林傑在這裡經歷了從戰前以來最眞摯的快樂時光。他迫不及待地想翻修這棟新買的建物，好讓這個雜物間成爲眞正的家。他想辦法湊齊了最後一點積蓄，找人來修整房子，補強結構中的裂隙，裝上防風窗，還鋪整了地面，打算與他的新鄰居一起在此落地生根。

科尼什這座村莊，環抱著分隔新罕普夏州及佛蒙特州的康乃狄克河，村中沒有居民集會處，村民的社交生活大多集中在鄰近佛蒙特州的文瑟爾市。文瑟爾市的住民規模也很小，但聚集了一些店家，在這鄉村區域已可算是商業中心。一九五三年在此開業的店家，包括了哈靈頓休閒中心（Harrington's Spa）和奈普午餐館（Nap's Lunch），當地的高中生都會聚集在此。沙林傑通常會經由一座古老廊橋來到文瑟爾市，收取郵件、買生活用品，也希望融入當地人的生活。由於他也常去哈靈頓休閒中心和奈普午餐館，當然也就會接觸到文瑟爾高中的學生。

一九五二年十一月二十日，知名攝影師安東尼・迪・哲蘇（Antony di Gesu）爲沙林傑拍了一組肖像照。沙林傑希望將拍好的照片送給母親，此外，迪・哲蘇還宣稱對方也打算把照片送給「未婚妻」【註】。

註：迪・哲蘇是在三十年之後回憶這次拍照的事件，他的記憶或許有誤，但若要說沙林傑打算為未婚妻拍照片確實也是有可能的事。一九五二年末，沙林傑的確有和神祕的「瑪莉」或克萊兒・道格拉斯交往。

當時的我和現在一樣，幾乎對他一無所知，所以我只是架好相機，調好光，要他坐好。他的表情僵硬，很不自在，我也束手無策，怎麼拍都不對。我決定做一件沒要求成年人做過的事。我先請他讓我離開一下，然後去樓上公寓拿了一本《麥田捕手》下來……要他想怎麼做就怎麼做。你可以默默讀書、大聲朗誦出來，或者就是抽菸……我拍了四十八張5×7的負片，包括嚴肅、沉思、微笑、笑開，還有狂笑出聲的各種樣子【註一】。

根據迪．哲蘇的描述，搬到科尼什的沙林傑，仍有一個非常活躍的內在小孩。而沙林傑與自身童年殘影連結的能力，正是讓他能夠採用獨特視角，洞察、創造出霍爾頓．考菲爾德這個人物的原因【註二】。

既然如此，沙林傑自然和鎮上高中生相處得不錯。沒過多久，他就開始常去咖啡店和一群群學生閒聊；他通常會招待飲料和食物，偶爾還會聊上好幾個小時。有些時候，他還會讓這些青春期的孩子擠上他爲了找房子而買的吉普車，然後載他們回家，在那裡討論他們的生活。他們會聊學校、運動、人際關係，還會一邊吃零食或聽唱片。其中一個學生回憶說：「他就像我們這個小圈圈裡的一分子，只是不會像我們任何人一樣幹些傻事。他總是知道誰常跟誰混在一起，若有人在學校遇上麻煩，我們都會想知道他的意見，尤其是那些比較叛逆的傢伙。」

三十四歲的沙林傑，已經是個成功的作家，卻和這些高中生相處得異常自在，彷彿透過他們重溫了青春期——只是這次他是團體中最受歡迎的人。不過，沙林傑雖然常和他們相處，卻沒有忘記自己是個成年人。他會護送這些孩子去參加體育活動、帶他們去露營，而且還在得到孩子父母的信任後，負責帶領當地教堂的青年團體。就各方面而言，他都心滿意足地成爲一個盡責的監督人，也是個能以不尋常視角理解青春期孩子的成年人。

□

不過，沙林傑不只是與這些青春期的孩子相處，許多科尼什的成年人也都記得沙林傑非常友善又健談，常會去拜訪鄰居，以及舉辦雞尾酒派對。沙林傑會好好招待客人，並熱情地跟他們聊宗教與地方活動、展示冥想及做瑜珈的方法，又或向眾人導覽家裡的裝修進度。他也模仿著當地人，建立起如同鄉村紳士的純樸生活。他把小屋旁的樹林整出一塊空地，好讓此地「有充足的陽光」。他還種了一片菜園，並開始種玉米。透過這些和鄰居一樣的鄉村日常，沙林傑開始有了融入大家的感覺。

註一：取自迪．哲蘇未出版的自傳，目前存放於聖地牙哥歷史協會（San Diego Historical Society）。沙林傑能讓迪．哲蘇拍四十八張照片是攝影師使用了特別方法的結果。之前為他拍照的樂天．雅各比（Lotte Jacobi）拍的張數還遠不到及迪．哲蘇時，沙林傑就已經奪門而出了。

註二：沙林傑要求迪．哲蘇不能把為他拍的照片拿給任何人看，而他三十年來也一直遵守這項約定。當被問起為何不想被認出來時，沙林傑表示人們會因此變得態度古怪，就怕自己被他寫進書裡。

爲了建立新生活，沙林傑容許自己稍微放下事業野心。因忙於房屋翻修，他取消了好幾趟到紐約的行程，其中最引人注目的就是二月時取消了和傑米・漢密爾頓的會面。兩人本來預定要討論即將在英國推出的短篇小說集，但沙林傑直到見面前夕才表示科尼什這邊有事讓他走不開。這純粹是個好用的藉口；沙林傑本就因爲這本選集和漢密爾頓有些爭執，因此或許也慶幸能避開這場會面。

沙林傑和漢密爾頓的關係初次出現緊張是在一九五二年十一月，當時漢密爾頓對《羅摩克里希那的福音書》沒有做出沙林傑預期或希望的反應。漢密爾頓收到那一大本書時簡直嚇傻了，在英國出版這本書顯然毫無利潤可言。事實上，他甚至連讀都讀不完。

他似乎開始避談這個話題，沙林傑必須不停試探，才能和他談起這件事。最後，漢密爾頓終於坦承難以消化那本書的內容。「我對《羅摩克里希那的福音書》那本書眞的很內疚，」他承認，「我順利收到了那本書，也讀了其中一大半，覺得享受也有收穫，但也得坦白告訴你，其中有些部分眞的難倒我了。」他敷衍地表示已有另一名出版商在考慮出版此書的節錄版，也懇求沙林傑放棄出版未刪節版的想法。沙林傑回覆時表示可以理解編輯對出版此書的意願不高，接著似乎也沒再把兩人的意見分歧放在心上，但其實他的心底仍感到受傷、失望。他沒想到在這麼重要的議題上，漢密爾頓竟然無法抱持跟自己相同的熱情。

接著因爲沙林傑即將出版的短篇小說集，兩人的歧見進一步加深。歐柏公司已經和利特爾布朗出版公司完成協商，打算在初春推出短篇小說集。這個時間點是爲了配合《麥田捕手》的平裝本推出。因爲之前出版《麥田捕手》有很多磨擦，這次推出短篇小說集，利特爾布朗出版公司和漢密爾頓已經不太會提出不同的意見，而沙林傑也變得更加固執。

沙林傑的頑固可以從收錄〈泰迪〉這個故事中看出，他甚至不願去思考這篇故事可能根本沒好到被收錄進選集裡，他就是直接把〈泰迪〉放在最終收錄名單內交給兩家出版社。這篇故事也到了《紐約客》的辦公室，儘管其中充滿宗教意涵，結尾也令人震驚，但威廉．麥克斯威爾和葛斯．羅巴諾還是立刻表示願意刊登。當時的葛斯．羅巴諾，還很在意威廉．肖恩被選爲接班人，而沙林傑顯然已經是《紐約客》的頂尖作家，他們大概也不覺得自己的地位穩固到可以對他提出質疑。《紐約客》在一九五三年一月三十一日刊出〈泰迪〉。接著，沙林傑立刻收到排山倒海的讀者來信，數量比〈致艾絲美——獻上愛與齷齪〉那次還要多，而且大多是爲了表達他們的憤怒。但沙林傑毫不退縮，始終堅持要將〈泰迪〉收進選集裡。

沙林傑在小說集的書名上也展現了控制慾。一九五二年十一月，他將九篇自認爲最好的作品收錄進選集——包括剛完成的〈泰迪〉。他決心不用任何一篇的篇名來定義整本書，所以向傑米．漢密爾頓表示不會接受《香蕉魚的好日子及其他故事》這樣的書名，更進一步表示：「最後我可能只想把書名取成《九個故事》（*Nine Stories*）。」漢密爾頓完全無法接受這個點子，而沙林傑堅決反對的書名其實就是他預定的書名。不過，他最後在英國推出沙林傑短篇小說選時，還是使用了《致艾絲美——獻上愛與齷齪及其他故事》這個書名。他對沙林傑表示「對於任何作品而言，這種標題（《九個故事》）簡直像是砍斷了書的手腳，我們眞心希望你不是認眞的。」沙林傑當然是認眞的，而現在他眞的被漢密爾頓的反應給惹怒了。

三月，《麥田捕手》的平裝本由圖章出版社（Signet Books）推出（那是新美國圖書公司的分公司），每本售價五十美分。沙林傑實在無法忍受那本書的外觀，但在一九五一年時就已被迫接受，此時也無法修改。這個曾讓沙林傑在兩年前提出異議的書封設計：畫著戴紅色獵人帽的霍爾頓．考菲爾德，手上提著行李箱，正天眞地往一間夜店內張望；旁邊站著一個顯然「墮落的女人」，正點起一根禁忌的香菸。這個俗麗的封面，想向讀者傳達書中充滿聳動的內容。「這本不尋常的書，或許會讓你感到震驚，」書封上宣稱，「會惹你發笑，也可能令你心碎──總之，絕對讓你忘不了」；封底文案盛讚沙林傑爲「文壇旋風」，還另外寫了六行不包含任何新資訊的作者介紹。

幸好，沙林傑這次選擇忽視小說平裝本推出的種種問題，因爲在他眼中，這不過是短篇小說集出版前的序曲，而且他已經確定能將選集命名爲《九個故事》。不過，就在圖章出版社推出《麥田捕手》後，他更覺得應該緊盯利特爾布朗出版公司，畢竟平裝本是由他們授權圖章出版社出版，所以也有責任。在沙林傑看來，利特爾布朗出版公司只擅長販賣印上墨水字的紙張，絲毫不在意藝術呈現，他甚至拒絕稱呼這間出版社的名字，只叫他們「暢銷書出版社」。這次沙林傑完全按照自己的意思，《九個故事》的封面沒有任何插圖，也沒有作者介紹，只提到他曾寫過《麥田捕手》，而同樣消失的還有他的照片，這點他最堅持。

《九個故事》在一九五三年四月六日出版，排在第一篇的是〈香蕉魚的好日子〉，最後一篇是〈泰迪〉。這部選集收錄了沙林傑從一九四八年到一九五三年在《紐約客》發表的所有故事，另外還有發表在其他刊物上的〈湖畔小船裡〉與〈德．杜米埃─史密斯的藍色時期〉。沙林傑理所當然地將此書獻給了編輯葛斯．羅巴諾和經紀人桃樂絲．歐汀，讀者是因爲他們才能讀到這些故事。明明是夢想多年的短篇選集，但是當沙林傑將《九個故事》拿在手中時，卻感到失望，表示這本書看起來過於輕薄又缺乏個性。不過，《九個故事》註定會受歡迎，因爲之前有《麥田捕手》平裝本重新點燃了讀者對他的興趣，而平價的平裝本也讓年輕讀者更有機會接觸這部小說，導致大家對《九個故事》趨之若鶩。然而，也是《麥田捕手》的成功讓《九個故事》有了先天上的限制。

評論對《九個故事》算是認可，也還算感興趣。大多數論者針對的都不是沙林傑的寫作技巧，畢竟這點無庸置疑，而是他似乎無法維持《麥田捕手》所設下的高標。這樣比較實在不公平，但卻難以避免。四月九日，《紐約時報》的查爾斯·普爾（Charles Poore）表示，《九個故事》「令人有些失望，畢竟作者曾在一九五一年寫過這麼傑出的小說」，並解釋了沙林傑此刻深陷的困境，「沙林傑身為一個這麼好的小說家，就是得面臨這種懲罰，」他提出觀察，「結果就是，當他交出一本能讓任何保守派年輕作家成名的小說集時，我們當然會抱怨，因為就是沒有比《麥田捕手》更好。」他哀傷地表示「沙林傑描繪角色心中不滿情緒的手法，已變得相當單調」，之後又針對〈香蕉魚的好日子〉和〈泰迪〉在他口中的「砰！砰！」槍響聲結尾提出批評，並稱讚〈致艾絲美——獻上愛與齷齪〉是因為二戰而出現的最棒小說。許多針對《九個故事》的評論，都跟查爾斯·普爾類似，一方面肯定沙林傑的才華，一方面又對他只拿出大家預期之內的作品感到失望。

相較之下，作家尤多拉·韋爾蒂（Eudora Welty）在四月五日於《紐約時報書評》的評論就比普爾寬容許多。韋爾蒂對沙林傑滿口讚許，表示他這類創作者的寫作「具有原創性，第一流的作品，既嚴肅又優美」。韋爾蒂是沙林傑的好友，很清楚沙林傑的個性，儘管兩人的友誼讓她顯得不夠中立，但是她對《九個故事》的評論仍具有啓發性。「沙林傑先生的故事，」她指出，「推崇每個塵世之人心中獨特、珍貴的特質。作者有勇氣——其實更應該說爭取到了這樣的權利及特權——甘冒不被理解的風險去實驗。」

讀者對《九個故事》的熱情，讓書店根本來不及補貨，並且很快就竄上了《紐約時報》暢銷排行榜的第九名，之後三個月也一直維持在前二十名。這是一項少見的成就，短篇小說集通常都賣得比長篇小說少很多，《九個故事》的成功也因此更顯驚人。而且，即便沒有大量宣傳，又沒附上令人分心的作者資訊，仍有如此好成績，似乎也合理化了沙林傑對宣傳的輕蔑態度，於是他更加確信未來要完全掌控作品的出版樣貌。

沙林傑決定忽視外界對《九個小說》的看法。在選集出版後的幾週內，他盡量避開報紙和雜誌，也交代桃樂絲．歐汀和葛斯．羅巴諾，絕不能讓任何人寄任何評論或剪報給他。他怕自己因爲這些關注而失去了內在的均衡，並解釋這樣受人檢視會害他無法專心工作。

在此同時的大不列顛，傑米．漢密爾頓已經跟沙林傑的經紀公司就選集的出版達成協議。爲了維繫彼此之間的關係，沙林傑少見地默許了漢密爾頓選擇的書名。六月，漢密爾頓推出了《致艾絲美——獻上愛與齷齪及其他故事》，而就跟之前的《麥田捕手》一樣，英國文壇的反應不怎麼熱烈。這已經是漢密爾頓第二次爲沙林傑承受失敗的後果。他完全相信作者的才華，但這段友情已經和他的商業直覺產生衝突，而商業直覺是他這輩子最主要的驅動力。隨著銷售量持續銳減，他開始思考要如何在這項風險投資中轉虧爲盈。

□

今日人們會從兩個層面去理解《九個故事》：那是一部組織鬆散的選集，每一篇都能獨立閱讀；同時也記錄了沙林傑精神探索旅程中的每個階段。選集中的〈湖畔小屋裡〉刊登於《哈潑雜誌》，而吉爾伯特．海耶特（Gilbert Highet）在一九五三年爲《哈潑雜誌》寫評論時，就已看出有關精神旅程的元素。海耶特在每個故事中察覺到沙林傑的身影，他表示自己有一種感覺，也就是讀者能在閱讀本書時經歷作者自我檢視的每個階段。他也表達了自己的擔憂，害怕沙林傑儘管擁有驚人才華，卻可能受困於極度限縮的關注視野。海耶特能確切地在九個故事中的某個角色身上看到沙林傑，「一個瘦瘦的、容易緊張，而且處於崩潰邊緣的聰明人：我們能看到他在人生不同階段的模樣，包括幼年、青少年，還有找不到目標的二十多歲年輕人。」

若我們把《九個故事》中的每一篇擺在一起看，就能清楚看出每篇故事分屬精神旅程中的不同階段。透過〈香蕉魚的好日子〉，這部選集以一種無從挽救的絕望開場；接下來的三個故事，包括〈康州甩叔〉、〈與愛斯基摩人交戰前夕〉，還有〈笑面人〉，談的都是在日常生活中出現的絕望。這四個故事組成了《九個故事》的第一部分，悲慘描繪了根植於現代美國的精神苦痛。每個故事中都充滿絕望的角色，他們想從人類本性中的陰暗面昇華，卻怎麼努力也是徒勞。不過，《九個故事》也提供了希望。故事的人生觀從〈湖畔小船裡〉有了轉變，這個故事透過眞摯的愛提供了不同的可能性，因此將讀者從前四個故事中解放出來，帶離原本那種揮之不去的無望感受。而這種希望帶來的力量，仍在本書剩下的四個故事中發揮效用，唯一可能的例外是類似道德劇的〈俏嘴綠我眼〉，這是選集中顯得比較過時的一篇故事。在〈致艾絲美——獻上愛與齷齪〉中，絕望的答案變得簡單，就是透過人與人之間的連結得到力量，而這樣的連結出現某種類似奇蹟的弦外之音；再到了〈德．杜米埃—史密斯的藍色時期〉，原本由人際連結提供的啓示，已經完全成爲精神性事件。至於最後一篇〈泰迪〉，則是爲這趟旅程作結。讀者透過〈泰迪〉抵達了最終目標，原本透過人際連結展現的愛的力量，此刻已轉化爲與神合一後的信仰力量。

許多評論者及學者都認爲，〈泰迪〉是將〈香蕉魚的好日子〉重新講了一遍。沙林傑自己也強化了這個論點，他在〈西摩：小傳〉中就曾拿泰迪的眼睛跟西摩・格拉斯的雙眼比較。〈香蕉魚的好日子〉跟〈泰迪〉非常具有象徵性地作爲選集的開篇及結尾，兩篇的發表日期正好相隔五年，結尾都有「砰！砰！」的槍響聲元素，而且都是以主角之死作收，且兩個悲劇性的最終幕都出現了「水」與「小女孩」。西摩・格拉斯和泰迪・麥亞道，也都跟這個將他們困住的世界很疏離。沙林傑顯然是想透過後見之明來以泰迪之死重新詮釋西摩的自殺，並試圖讓西摩・格拉斯在精神上接受自己的命運，而那是原本光靠〈香蕉魚的好日子〉無法做到的事。換句話說，沙林傑用〈泰迪〉重寫了〈香蕉魚的好日子〉，或者至少是重新改寫了讀者詮釋的方向。

□

一九五三年中的沙林傑，過得既開心又滿足，科尼什的新居已經被他裝修成一座舒適的鄉村小屋；他對新鄰居非常友善，他們似乎也很喜歡他，而當地的年輕人也跟他建立了友好關係。科尼什也刺激了他的創造力，他宣稱自己寫出了截至當時爲止最好的作品。他的寫作生涯一飛沖天，除了因爲《麥田捕手》平裝本的推出，也因爲《九個故事》受到正面肯定。沙林傑似乎終於找到屬於自己的定位，實現了霍爾頓・考菲爾德的夢想：一個眞正的歸屬之地。

就在這幾個月，神祕的「瑪莉」不再出現在沙林傑的通信中，反而是再次出現的克萊兒・道格拉斯與他共享這段時期的快樂。此時的克萊兒十九歲，比沙林傑小十五歲，正就讀雷德克里夫學院

（Radcliffe）。克萊兒的父親就比母親大三十五歲，所以年齡並不是太大問題，但沙林傑仍意識到人們會拿此事來八卦，所以盡可能對兩人的關係保密。這對情侶爲了不被別人發現，與高采烈地想出了各種約會方法，有時甚至會捏造出不存在的朋友，以解釋爲何克萊兒長週末假期時不在學校。沒過多久，沙林傑就已深深愛上克萊兒，而克萊兒的世界也開始完全以他爲中心，她不但信仰他的宗教，也以他的看法及品味爲依歸。

但這段和諧的時光並不長。根據克萊兒表示，正如霍爾頓・考菲爾德曾對薩麗・海耶斯提出要求，沙林傑也希望她離開學校，搬進他在科尼什的小屋。克萊兒拒絕，沙林傑也就退縮了。「我就只有那件事沒順他的意，讀大學的事，」她之後回憶說，「他就消失了。」

克萊兒當時談戀愛的對象不只沙林傑，在學校還跟另一個人約會，對方是在哈佛商學院讀工商管理碩士班的學生，名字是寇曼・M・馬克勒二世（Colman M. Mockler, Jr.）。馬克勒非常具有藝術感、不愛出風頭、做事非常有原則，是能瓜分克萊兒注意力的強勁對手。沙林傑因爲克萊兒另有追求者而沮喪。他也知道她只要待在學校，幾乎就是跟馬克勒在一起，因此才會要求克萊兒輟學，就是希望她對自己專情，同時中斷她和情敵的聯繫。克萊兒以她的拒絕清楚做出了選擇，沙林傑也開始失去原本心滿意足的生活。她不只拒絕離開學校，還在一九五三年夏天跟馬克勒一起去了歐洲旅遊，兩人在義大利待了一陣子，馬克勒很可能也見到了克萊兒的母親。如此一來，和沙林傑的關係也自然冷卻下來。她在那年九月中從歐洲回來，而沙林傑拒絕與她見面。

接著在十一月又發生了一件事，進一步擴大了沙林傑和克萊兒之間的嫌隙。他在文瑟爾高中的朋友當中，有一位名叫雪莉・布萊尼（Shirlie Blaney）的高三生。布萊尼表示要爲了學校作業訪問他，沙林傑同意了。十一月九日，他們在哈靈頓休閒中心碰面。沙林傑點了午餐，布萊尼（她還帶了一個朋友來壯膽）則開始進行訪談。這個女孩的問題非常直接，但不令人爲難：沙林傑上的是什麼學校？何時開始寫作？在戰爭期間負責什麼？《麥田捕手》帶有自傳性質嗎？沙林傑之前就回答過這些問題了，只不過那時是麥克斯威爾爲每月選書俱樂部採訪他，而此刻在他眼前的只是個帶著朋友的一般人，看起來坦率又純眞，他也就不疑有他。

一九五三年十一月十三日，雪莉．布萊尼的訪談文章不只出現在學校的報告中，還登上了地方報紙《鷹雙州望遠鏡日報》（*Daily Eagle—Twin State Telescope*）。那篇文章很短、文筆青澀，而且充滿錯誤——其中將作者在紐約大學就讀的時間多拉長了一年、讓索羅門．沙林傑跟著兒子去了奧地利及波蘭，而且還讓兒子少當了兩年兵。布萊尼更報導了很多顯然因爲解讀錯誤而出現的內容，包括沙林傑去倫敦是爲了拍電影，而他位於科尼什的小屋是在兩年前購入。這篇文章最讓人牢記不忘的一點，是引用了沙林傑針對《麥田捕手》的發言，當被問到這部小說是否帶有自傳性質時，沙林傑似乎有所遲疑。「算是吧，」他顯得防備，「我寫完後覺得輕鬆不少。我的少年生活過得跟書中的少年很像，能把這一切告訴大家，確實讓我寬心不少。」這句話直到今日還很常被人引用，但其實他之前和麥克斯威爾說得也差不多是這樣。

這篇文章之前還有一段引言，布萊尼以好壞參半的筆法簡短描寫了這位作家：

> 沙林傑先生雖然才來這裡幾年，卻已和此地的高中生成爲非常好的朋友，同時也有很多年長的友人。他偏好獨處，希望能不被打擾地好好寫作。他很高，長得像外國人，三十四歲，個性非常討

人喜歡【註】。

沙林傑對此深感受傷。在他看來，布萊尼和他說訪談是爲了做學校作業的說法全是謊言。《鷹雙州望遠鏡日報》顯然利用了這位年輕女孩，但這不是沙林傑關注的重點，他離開紐約就是要遠離那些侵犯自己的行爲及詭辯，因此在他眼中，該事件只代表在這個看似牧歌般的美好社區裡，那些侵犯已死灰復燃。

由於這件事就發生在遭克萊兒．道格拉斯背叛之後，沙林傑的反應非常極端。他不再去文瑟爾市，也不再跟那些高中生來往。他開始迴避鄰居。沙林傑不再舉辦雞尾酒派對，不再送孩子去參加籃球比賽，也不再去哈靈頓休閒中心，或者跟朋友一邊閒聊一邊吃薯片、聽唱片。就跟在紐約一樣，沙林傑開始避開人群。當學生們跑去他的小屋想知道發生什麼事時，沙林傑一動也不動地坐在小屋內，假裝沒人在家。之後不到幾個星期，他開始在房子外建造籬笆。

從那時候開始，J．D．沙林傑不再想辦法得到周遭的接納，而是專注於用自己的方法找到人生中的平靜。在一九五三年末，沙林傑再次將日子活得像自己的創作，但過程是一場悲劇。《鷹雙州望遠鏡日報》的文章對他造成的影響，就跟《麥田捕手》中最後一個「幹」對霍爾頓．考菲爾德

註：在針對沙林傑的描述中，「長得像外國人」及「有異國風情」之類的說法反覆出現，幾乎可以確定指的是他的猶太背景。

造成的效果一樣，而沙林傑也跟霍爾頓一樣，選擇屈服於當時所認知的悲慘現實：

你永遠找不到一個舒適、寧靜的地方，因為這樣的地方並不存在。你或許以為有這樣的地方，但當你到了那兒，只要一不注意，就會有人偷偷溜進來，在你的眼前寫個「幹」。

12 弗蘭妮

一九五三年冬天，沙林傑因爲跟克萊兒分手而陷入孤絕，但事後證明，克萊兒受到的打擊更嚴重。由於沙林傑從克萊兒眼前徹底消失，她甚至以爲他已經離開美國，還因此病倒了。

時間剛進入一九五四年的頭幾天，克萊兒被診斷出腺熱（glandular fever）後住院。醫生同時決定切除她的盲腸，因此她的情緒狀態及身體都非常虛弱。在她經歷這一切苦難時，沙林傑沒送來隻字片語，而守在她床邊的始終是寇曼・馬克勒，也是他爲她提供必要的情感支持及安慰。他也利用克萊兒最脆弱的時候，不停地跟她求婚。克萊兒終於同意了，兩人很快就辦了結婚登記。

關於克萊兒前夫的資訊很少。一九六一年，克萊兒同父異母的哥哥蓋文（Gavin）接受《時代》雜誌採訪時，只模稜兩可地表示對方「不是個壞人……但就是個混蛋」。事實上，馬克勒之後的人生過得很精彩，有很多基金會及獎學金都以他命名，其中許多帶有宗教背景，而且馬克勒後來還成爲吉列刮鬍刀公司的執行總裁，在事業、家庭生活，以及熱切的宗教信仰之間，取得了難得的平衡。

馬克勒的宗教奉獻精神，形塑了他與克萊兒的婚姻生活，也造就了〈弗蘭妮〉這個故事。根據馬克勒的第二任妻子指出，大概就在跟克萊兒結婚的那段期間，他開始全心投入信仰。由於已經接受了沙林傑的宗教觀，克萊兒很可能因此陷入危機；她自己的信念已經逐漸傾向禪宗及吠檀多，但在面對新丈夫的基督教基本教義派思想時，她被迫要做出抉擇。克萊兒似乎很快就下定了決心。她在跟馬克勒結婚幾個月後就回到了沙林傑身邊，那一段婚姻關係也註銷了。

那個時候的克萊兒，可說是最適合讓沙林傑拿來發展成小說角色的對象。她的人生跟〈致艾絲美——獻上愛與齷齪〉中的艾絲美極度相似。一九三三年十一月二十六日，克萊兒．道格拉斯生於倫敦。沙林傑熱愛任何有關英國的事物，克萊兒的國籍一定增加了對他的吸引力。克萊兒跟艾絲美一樣由女家庭教師撫養長大，童年也深深受到二次大戰影響。一九三九年，為了避開倫敦大轟炸，她跟同父異母的哥哥蓋文來到鄉間，克萊兒被送到一間修道院，父母則留在首都。一九四〇年，她在倫敦的家被炸彈摧毀，為了確保六歲的她和八歲的蓋文能夠安全，他們的母親急忙將兩人帶出英格蘭，並護送他們來到美國。

一九四〇年七月七日，珍．道格拉斯（Jean Douglas）和孩子們搭乘「賽西亞」（SS Scythia）郵輪抵達紐約。一到美國之後，克萊兒的母親就一直在紐約等丈夫前來會合，而兩個孩子則在戰爭期間被不停地輾轉送到不同的寄養家庭。一九四一年，克萊兒的父母定居在曼哈頓，但仍跟孩子們分隔兩地，兩人繼續在不同的寄養家庭中流浪。因此，即便克萊兒和蓋文的父母在戰爭期間都沒出事，但就跟艾絲美及查爾斯死去的父母一樣，始終沒跟孩子待在一起。

就算沙林傑能在故事中為艾絲美及查爾斯提供精神及情感上的支援，但在真實生活中，戰爭帶來的衝擊仍讓克萊兒和蓋文失去了方向。蓋文受到的打擊特別嚴重，不像〈致艾絲美——獻上愛與齷齪〉中的查爾斯那般奇蹟似地保有純真。這兩個道格拉斯家的孩子到處漂泊，戰爭結束時已換過七個寄養家庭【註】。接著克萊兒又被送去給修女照顧，這次是位於紐約薩芬的瑪麗戴爾修道院

（Marydell Convent），後來才到了希普利中學，並在入學就讀的一九五〇年認識了沙林傑。

考量她混亂的出身，我們很能理解沙林傑對她同時具有父親、老師、保護者及愛人的角色，至於對沙林傑而言，克萊兒的背景、年輕貌美，以及纖柔魅力，都讓她有如艾絲美的化身。兩人也有很多一樣的興趣，他們都深受宗教哲學吸引，而克萊兒在希普利中學表現優異的科目也跟沙林傑之前在福吉谷軍事學院一樣：戲劇、語言和體育。克萊兒是非常聰明的女人，在美國一些名聲卓著的學校中都是優等生，一九五四年的她就算個性敏感脆弱，也不是個會對沙林傑的狂想照單全收的空皮囊。不過她確實深愛著沙林傑，而且擁有一種能讓沙林傑放下所有防備的神奇力量。在她身邊的沙林傑，不再抱持戒心，不但變得有趣，也能重拾自己幼時的純眞。克萊兒把他從孤獨及憂鬱中拯救出來，在兩人人生的這個階段，她應該也非常清楚他們正好是彼此需要的人。看來此刻正是兩人該忘卻過往，好好定下來建立新生活的時候了。

事後證明，沙林傑在一九五四年一整年關注的都是他和克萊兒・道格拉斯的關係，不過他也沒有因此失去讀者關注，《麥田捕手》和《九個故事》仍賣得非常好。而且就在這一年，他的多篇短篇作品也被收錄在許多合輯中。〈康州甩叔〉被收錄於戴爾出版社（Dell）的《美國短篇小說傑作選》（*American Short Story Masterpieces*）；〈與愛斯基摩人交戰前夕〉收錄於班坦出版公司（Bantam

---

註：克萊兒和蓋文待的其中一個寄宿家庭，就位於紐澤西的錫格特（Sea Girt），距離烏娜・歐尼爾家不遠，在〈一個在法國的男孩〉中，麥蒂・葛雷德沃勒曾在寫給貝比的信中提過這個小鎮。

Books）的《曼哈頓故事：來自偉大城市之心》（*Manhattan: Stories from the Heart of a Great City*）；《九個故事》也由美國圖書公司出版了平裝本，封面一樣沒有使用插圖。

在此同時，沙林傑作品的曝光度愈來愈高，勞倫斯・奧立佛男爵透過傑米・漢密爾頓跟沙林傑聯繫，希望他能將〈致艾絲美——獻上愛與齷齪〉授權給英國廣播公司（ＢＢＣ）改編成廣播劇。「他眞的非常想將這篇故事收入這個系列，」漢密爾頓對沙林傑轉達時這麼說，「希望你能同意。」在奧立佛的廣播劇系列中，沙林傑原本可能成爲當時唯一被收錄的當代作家，他也應該對此感到榮幸，但終究還是回絕了。他仍無法忘懷《一廂情願》的慘況，就算是奧立佛，他也不允許讓他在可能摧毀故事精神的狀況下重新詮釋〈致艾絲美——獻上愛與齷齪〉。基於一九五一年的失禮事件，若說奧立佛對於沙林傑的拒絕感到驚訝，傑米・漢密爾頓更是因此感到心寒。

□

沙林傑跟克萊兒・道格拉斯的戲劇化關係就是〈弗蘭妮〉這篇故事的背景，而那也是沙林傑在一九五四年唯一完成的作品。自從發表以來，就不斷有學者指出克萊兒是弗蘭妮這個角色的原型。沙林傑很常把個人的生命經驗嵌入故事，而弗蘭妮呈現出的樣貌，幾乎能確定就是克萊兒・道格拉斯。她的同父異母哥哥蓋文也如此認爲。一九六一年，他告訴《時代》雜誌，故事中弗蘭妮帶的那只「白色皮滾邊的海軍藍提袋」，就是克萊兒去找寇曼・馬克勒時帶的袋子。蓋文接著不屑地指控，沙林傑在寫這篇故事時，總拿作爲〈弗蘭妮〉這篇故事主要驅動力的「耶穌禱詞」去煩克萊兒。「她非常依賴那段禱詞，」蓋文回憶，「傑瑞很擅長讓人依賴上什麼。」姑且不論蓋文對沙林傑的厭惡，他的論點也從未遭到反駁。若情況眞是如此，可見這段讀者很少誦唸的禱詞，確實讓沙林傑有了共鳴。

〈弗蘭妮〉這個虛構故事和眞實事件的相似之處，還出現在弗蘭妮的男友蘭恩·庫陶（Lane Coutell）身上。一直以來，大家都推測該角色的原型就是克萊兒的第一任丈夫，但沙林傑筆下的蘭恩浮誇又高傲，還因過於強調知識追求而無法滿足弗蘭妮的精神性需求。事實上，跟弗蘭妮一樣經歷了宗教性突破的是馬克勒，而非克萊兒，倒是馬克勒的突破在克萊兒心中掀起了精神性的危機。

此外，沙林傑似乎早在克萊兒逃離第一段婚姻前，就開始架構這個故事。事實上，這個故事的概念源頭或許跟《麥田捕手》一樣老。一九五一年，〈德·杜米埃—史密斯的藍色時期〉被《紐約客》退稿時，沙林傑表示他打算另外寫一個「以大學校園爲背景的故事」。因此，儘管沙林傑在故事中灌注了許多自己的生活經驗，卻不是在重述他和克萊兒之間的關係。沙林傑筆下的許多角色都源自眞實人物，但身爲小說家的想像力沒過多久就會開始自由馳騁，角色面貌也不會再跟眞實原型那麼像了。因此，蘭恩·庫陶跟寇曼·馬克勒的相似程度，大概等同於羅伯特·阿克萊和沙林傑的同學，還有雷蒙·福特和查爾斯·韓森·陶恩的相似程度。

□

〈弗蘭妮〉是一位年輕女性質疑身邊所有人價值觀的故事。她深信除了自我爲中心的矯情姿態以及彼此競爭之外，人生應該還有更多值得追求的事，因此決心要找到通往幸福的道路。由於急著想獲得啓示，弗蘭妮發現一本名爲《聖徒之路》（*Way of a Pilgrim*）的綠皮小書時，立刻深受吸引

【註】。讀者很快就會發現弗蘭妮沉迷於此書，其中描述了一名俄國農民想實踐聖經中要人「不止息地祈禱」的呼籲，她也因此迷上書中寫的「耶穌禱詞」，「主耶穌基督，請憐憫我。」她不停反覆誦唸這句禱文，幾乎跟心跳同步。

〈弗蘭妮〉乍看是一篇沒什麼高潮起伏的文學作品，幾乎全由對話組成，只有兩個角色在說話，場景也幾乎沒有更換。不過，沙林傑切換敘事觀點的操控能力在〈弗蘭妮〉中顯得特別出色。故事開始時，讀者在第三人稱敘事者的帶領下，輕易理解了整體狀況，也揭露了角色的動機及內在思維。然而，一旦讀者覺得進入狀況之後，第三人稱敘事者就立刻離場。弗蘭妮開始跟男友蘭恩起衝突時，沒有第三人稱敘事者向讀者揭露她的內在想法，讀者只好爲了理解她的動機，專注於對話內容。到了故事結尾，第三人稱的敘事口吻變得冷淡，只是單純描述發生的事件，將一切的詮釋責任交給了讀者。

沙林傑在〈弗蘭妮〉中的每個句子，都充滿象徵意涵，爲的是顯示身處人世間的弗蘭妮並非眞正屬於此地。在美國這片人們自尊心過高又虛僞的荒原中，弗蘭妮是一位到處漫遊的聖徒，試圖尋找她自己也不太確定的眞相。爲了預示弗蘭妮之後遭遇的兩難，沙林傑使用了過去的意象，他從〈與愛斯基摩人交戰前夕〉取用素材，重現了雞肉三明治作爲聖餐禮的象徵——只不過這次還搭配了一小杯牛奶。他也再次使用了〈泰迪〉中的比喻，將自尊心高的知識分子比喻爲失去神之恩寵的亞當與夏娃，並藉此來解釋弗蘭妮的處境。打從弗蘭妮和蘭恩坐在高級法式餐廳的那一刻起，沙林傑就開始把弗蘭妮類比爲《聖徒之路》中的那位求道者。

〈弗蘭妮〉中最具象徵意義的畫面，出現在故事中段，作者也藉此標記出敘事觀點的轉變。或許正是因爲這個畫面，讓這個故事與〈祖伊〉（Zooey）那用一個個比喻性場景、敘述及舉止來建構故事的手法最爲相似。

蘭恩開始喋喋不休地談起自己以福婁拜爲主題寫的一篇報告。他進行了一段有關文學及學術的獨白，內容高傲又自滿。弗蘭妮打斷他的高談闊論，認爲他高傲的自尊心就跟某位「代理大學講師」沒兩樣。那名代理講師是來幫某位文學教授代課的助理，但因爲見識短淺又自尊心過高，上課時總要詆毀每一位介紹的作家。蘭恩聽得目瞪口呆，而覺得一切難以忍受的弗蘭妮則躲進女廁最裡面的隔間，淚眼婆娑。蜷縮成胚胎模樣的她，在心底深處尖叫。此刻，弗蘭妮作爲一位精神性的尋道者，讀者看到她在追求悟道的旅途中，受到人類的侷限性拖累，而隔間的四面牆就象徵了這些讓她受限的特質：自尊心、知識主義、虛僞，還有從眾；正是這一切的共謀，阻撓了她的靈性追求。她試圖將這些壓力阻隔在外，盡量不去接觸、不去看，但還是被壓得喘不過氣。她絕望地啜泣起來，不是因爲對自己追求的目標沒有把握，而是因爲明明很清楚自己的方向，卻被整個世界威嚇到無從前進。只有那本被她壓在心口的綠皮小書，才能讓她有振作起來、繼續前行的力量。尚・德・杜米埃—史密斯第一次有了足以摧毀自尊心的頓悟時，也經歷了類似過程，而這個廁所中的場景成

註：之後，弗蘭妮這個角色被納入成為格拉斯家族的一個孩子，但沙林傑在後來的故事中改寫了她發現《聖徒之路》的場景。在〈弗蘭妮〉中，我們知道她是在一堂宗教課上讀到了這本書，但作家在〈祖伊〉中讓她在已故哥哥西摩的抽屜中發現了這本書。

爲弗蘭妮日後開悟的基礎。

弗蘭妮相信自己要瘋了，但其實她的腦子沒有任何毛病，只是對現實的感知方式有了改變。她正在褪去原本使她盲目的種種傳統，從物質世界逐漸淡出，轉而用不同的觀點看待世界。這些傳統和外在的表象變得不再那麼眞實。這樣的效應不只發生於感受及精神層面，也發生於生理層面。弗蘭妮整個人開始發白、盜汗、感覺噁心。

身體狀況急速惡化的她昏了過去，接著被帶到了餐廳辦公室。就在她逐漸清醒之際，讀者眼前出現了故事的最後一個場景，那個逐漸淡去的畫面沒有透過敘事者給出任何說明：

弗蘭妮一個人靜靜躺著，她盯著天花板，雙唇開始扭動，說出了沒有聲音的話語。那兩片嘴唇還在動個不停。

隨著逐漸消失的弗蘭妮與耶穌禱詞的力量合而爲一，她也就一步步走進了靈性的國度。不過，作者沒把她寫成那種百分之百英勇又無私的人，又或者因此變得神聖。她是因爲失去了知覺，才能使用耶穌禱詞的力量，所以這次的悟道經歷也充滿瑕疵【註一】。她找到的新觀點中沒有愛，也因此顯得傲慢，而且跟蘭恩嘲笑知識水準不高的人一樣惹人厭。弗蘭妮對蘭恩的譴責沒有錯，但她的精神生活帶有一種輕蔑人的元素，而這所帶來的壞處甚至可能遠大於其潛在的好處。

弗蘭妮將耶穌禱詞跟自己的心跳同步，並嘗試藉此無休無止地祈禱，讓禱詞將她帶離這個墨守成規的世界，但那又是她唯一懂得的世界。因此，弗蘭妮面臨的危機是無法同時活在兩個世界當中。這個難題跟沙林傑自己所面臨的困境驚人地相似。他也是夾在兩個世界中間的人：一邊是周遭的社交世界，一邊是追求純粹藝術的隱居生活【註二】。

□

〈弗蘭妮〉在一九五五年一月二十九日發表於《紐約客》時立刻引起轟動，也馬上成爲評論家及讀者之間最熱門的話題。沙林傑因短篇小說收到的讀者來信再創高峰，《紐約客》也因爲〈弗蘭妮〉而收到史上最多的讀者來信。在大眾眼裡，沙林傑似乎是不可能犯錯的。不幸的是，儘管沙林傑爲了避免與〈泰迪〉犯相同的錯誤，把弗蘭妮這個角色建構得迷人又自然，也去除了所有說教，但讀者卻因此更無法「正確地」理解這個故事。

一九五〇年代，美國學術圈出現一波強烈的反精神生活風潮，無論是讀者還是學者，都傾向以

註一：沙林傑非常同情弗蘭妮這個角色，儘管如此，他還次對她作出了幽微的批判。為了暗示她以錯誤的方式使用了耶穌禱詞，就在她解釋耶穌禱詞時，沙林傑讓她彈菸灰的手沒對準菸灰缸。

註二：這也是《聖徒之路》中的尋道者遇上的兩難。在書的一開始，他就宣稱，「我讀了聖保羅寫給帖撒羅尼迦（Thessalonians）的第一封書信，其中特別有感受的是——『禱告，無休無止。』這個句子比起任何其他字句都打動我的心，於是我開始想，該如何才能無休無止地禱告，畢竟一個人為了維生，不能不考量其他事。」

不同於沙林傑意圖的方式詮釋文本。許多讀者認為這篇故事是在譴責當代的學術研究，也有人認為是弗蘭妮進入成年的過渡期，有些人甚至認定蘭恩．庫陶才是真正的主角，而且幾乎所有人都誤以為弗蘭妮懷孕了。

《紐約客》的編輯群也認為弗蘭妮懷孕了。對此，沙林傑作了些修改，希望排除人們的誤解。但一刀兩斷式的清楚表明違反他的寫作哲學，他因此陷入兩難，畢竟對讀者的尊重讓他無法排除他們的個人分析。一九五四年十二月二十日，他因為這個困局寫信給葛斯．羅巴諾，表示他不認為弗蘭妮懷孕了，可這不是由他來認知或決定的，讀者有權作出自己的結論。想到讀者可能基於弗蘭妮懷孕來詮釋這故事，就讓他極為痛苦，但他也拒絕玷污自己對讀者抱持的信心。在此之前，他已針對〈弗蘭妮〉作過幾次重大修改，不過在幾經考慮後，只加上兩行字，然後將一切交給運氣決定。他加上的是「我們飲酒作樂的間隔實在太久了。我就是說得比較粗魯啦。」並希望讀者意識到蘭恩指的是兩人的做愛間隔，而非經期間隔。沙林傑最後輸了這場賭局，他對此感到非常後悔【註二】。

弗蘭妮受到耶穌禱詞吸引的情節，反映了沙林傑對東方人生觀的興趣，以及他認為美國文化阻撓精神性發展的看法。正如那位在《聖徒之路》中被迫流浪的西伯利亞農民，沙林傑把弗蘭妮塑造成一個在美國知識主義叢林中的流浪者。不幸的是，沙林傑對客觀性的維繫或許過於小心翼翼，儘管〈弗蘭妮〉的重點無疑是在哀悼西方世界對精神世界的無感，但由於缺乏明確的敘事觀點，許多人誤解了這個故事，認為作家是在批判弗蘭妮於靈性追求上使用了錯誤方法。無論如何，現實生活中的沙林傑，很可能對耶穌禱詞及其代表的力量抱持著相當程度的敬意，許多讀者也認為，這段持續在弗蘭妮身上累積力量的禱詞終究能將她治癒。

13 兩個家庭

一九五五年二月十七日，傑洛姆·大衛·沙林傑跟克萊兒·艾立森·道格拉斯（Claire Alison Douglas）結婚了，兩人在治安法官主持下完成了婚禮。婚禮在距離科尼什北部二十英哩的佛蒙特州巴納德（Barnard）舉行，只邀請了雙方最親近的親友參加。兩人在二月十一日進行了婚前血檢，隔天就辦理了結婚登記。或許是爲了象徵兩人攜手迎向全新開始，克萊兒跟沙林傑拒絕在結婚證書上留下之前的婚姻紀錄，因此根據這份文件，兩人都是初次結婚【註二】。

典禮結束後，兩人回到科尼什辦了一場小型婚宴，參與者包括米莉安·沙林傑、姊姊多莉絲，

註一：一九六三年出版的《J·D·沙林傑》一書中，華倫·法蘭區非常精準地指出，這兩個插入的句子反而更讓讀者相信弗蘭妮已經懷孕了。

註二：沙林傑的個性就是愛提供錯誤資訊。他這輩只要是覺得是跟別人無關的個人資訊，就會習慣擅自進行更改。他特別喜歡拿官方文件上的次要項目來胡鬧，他在一九四二年的兵役表格上也這麼做過。不過，透過他的結婚登記文件，仍證實了他知道母親是在愛荷華出生，之後卻容許他人否認這項資訊的真實性。

還有足以令人感到古怪的寇曼，也就是克萊兒的前夫。沙林傑送給每位參與者一本簽名版的《麥田捕手》當作禮物，對克萊兒則獻上了向她致敬的故事〈弗蘭妮〉。科尼什的居民不只參加了婚宴，還遵循傳統將一個榮譽職位授予新郎：小鎮的哈里葛夫先生（hargreave）。可以確定的是，沙林傑對此習俗心存懷疑，畢竟這個搞笑頭銜的工作內容，是必須將迷路的豬趕回來，他之前在波蘭也曾為了趕豬不得不抓住豬的後腿猛拖，早已發誓絕不再幹類似的事。

結婚後的沙林傑和克萊兒，決心建立屬於自己的生活，而這種生活必須跟他的宗教信念一樣純潔，並與沉浸於地位及表象的一九五〇年代風潮劃清界線。這樣的生活不涉及虛偽及物質主義，畢竟無論是沙林傑的作品或是兩人抱持的信念，都是在否定這兩項特質；他們的信念就是簡樸，並重視精神追求及大自然。這種非常苦行僧式的生活，是沙林傑紐約東五十七街公寓生活的禪宗版本。夫妻倆從舊井內汲水，也種植自己的食物（沙林傑之後一生都熱衷於有機園藝）。此外，兩人也誓言尊重所有的生命；根據蓋文．道格拉斯指出，他們連最小的昆蟲都不殺。這對夫妻的下午時光總是在冥想跟做瑜珈，晚上則窩在一起閱讀，通常是讀《羅摩克里希那的福音書》和帕拉宏撒．尤迦南達（Paramahansa Yogananda）的《一個瑜伽行者的自傳》（*Autobiography of a Yogi*）。

沙林傑對這樣的新生活有什麼想法？根據克萊兒同父異母的哥哥在一九六一年接受《時代》雜誌的訪問指出「他希望可以自給自足，」蓋文表示，「他有自己的菜園，麥克斯威爾跟其他人都會寄東西給他種，就是挺原始的那種生活——你要說是禪宗生活還是什麼的都行。」就在婚禮過後沒多久，沙林傑帶蓋文參觀他的園地時，指了一間廢棄穀倉給對方看。「他們已經成為歷史了，」他指的是前任屋主，「他們沒能經營成功，但現在我會讓這片土地豐盛起來。」在這樣一個不尋常的時刻，克萊兒的哥哥將沙林傑這段話當作「一種斷言……是對人性抱持信念的宣言」。確實，沙林傑似乎在新生活中過得很好。那年六月，他的友人S．J．佩洛曼（S. J. Perelman）前來這對新婚夫妻的家拜訪時，沙林傑說了婚姻及目前的生活方式爲他帶來的正面影響【註】。「在我認識傑瑞之後，持平來說，他似乎就是這個時候過得最好。」他告訴萊拉．哈德里，「顯然他是因爲婚姻的庇佑而過得好，或是從婚姻中獲得了能量。」

不過，科尼什的這棟小屋擁有兩個面向，兩者各自反映了這對夫妻在此生活的不同心情。俯瞰緩坡草原的那一面坐擁康乃狄克河谷的華麗景觀，而且確實明亮又「有充足的陽光」，但這棟別墅也被濃密的新罕布夏林地包圍，反映了沙林傑人生現實中受陰影籠罩的那一面。

沙林傑打從一開始就擔心克萊兒無法適應這種孤獨又簡樸的生活；跟在科尼什的生活相比，她過去的人生充滿太多的動盪及遷徙，且身邊總圍繞著很多人。她成長於一個知識分子家庭，這個家族在世界各地都有房子，是擁有大量財富及極高地位的稀有貴族。就和之前的烏娜．歐尼爾一樣，與有錢的社交名流來往或許讓她感覺很自在，但在新英格蘭地區過著農夫生活卻是全然陌生。

兩人訂婚期間幾乎都在旅行，沙林傑似乎想要藉此減緩即將到來的苦行生活對克萊兒的衝擊。

註：有很長一段時間，人們一直以為沙林傑和克萊兒是在一九五四年透過佩洛曼介紹而認識彼此。這項錯誤資訊是沙林傑一手煽動出來的。他早期都是和克萊兒．道格拉斯私下來往，就怕因為和未成年的克萊兒談戀愛而遭人閒話。

他們常去紐約，此時通常住在沙林傑的父母家，沙林傑也將克萊兒介紹給《紐約客》大家族認識。沙林傑還帶克萊兒去了離他父母家不遠的羅摩克里希那—辨喜中心。克萊兒如同沙林傑所盼望的，愛上了這個中心，不過，她究竟能否在新英格蘭持續過著虔誠簡樸的生活，就只有時間能驗證了。

這段婚姻幾乎立刻就出問題。婚後才沒幾個月，克萊兒顯然已開始重新思考自己對沙林傑吠檀多信仰的看法是否過於理想化——在此同時，沙林傑也變得愈來愈沉浸於信仰。由於在訂婚期間受到《一個瑜伽行者的自傳》啓發，這對夫妻寫信給此書的出版商自我實現協會（Self-Realization Fellowship），詢問可以在哪裡找到指導老師。基金會建議他們去找普里曼南達大師（Guru Swami Premananda），他在馬里蘭州的大學公園市主持一座會堂。一九五五年三月，他們搭上了前往華盛頓特區的火車，希望能和帕拉宏撒大師見上一面。

克萊兒除了跟沙林傑研習過吠壇多之外，所有相關知識都來自紐約的羅摩克里希那—辨喜中心。這個中心座落於高級街區的赤褐砂石建築中，資金來源充沛，奢華的異國風情陳設，散發出迷人風采。但馬里蘭州的這間會堂完全是另一回事：紅磚建構的門面毫不起眼，而且位於低下街區，克萊兒一定因此感到不自在。事實上，任何人進去後都能感覺到其中的裝潢非常廉價。在體驗過禮拜儀式及冥想之後，克萊兒和沙林傑單獨跟帕拉宏撒大師見了面，而克萊兒覺得這位大師就跟神殿本身一樣不起眼。他們接受了有關呼吸的指導，也奉上了捐獻金，接著，這對夫妻獲得了一句如同弗蘭妮所仰賴的耶穌禱詞一樣的眞言，還接受了自我實現協會的入會儀式。克萊兒對這一切感到幻滅，沙林傑卻欣喜若狂。在返回科尼什的火車上，這對夫妻做了愛，之後克萊兒跟女兒瑪格麗特表示就是在這天懷了她。克萊兒．沙林傑在婚後兩個月就懷孕了。

隨著孕期推展，克萊兒變得愈來愈不開心，她向朋友抱怨，表示在此之前的性生活頂多只能說是時有時無，而現在更指控沙林傑根本就是厭惡她的身體。克萊兒認爲她的肚子明顯隆起後，沙林傑就回頭遵循羅摩克里希那針對女人及性生活的教誨。羅摩克里希那曾表示，性只該爲了繁衍後代而存在，不然就是俗世的放縱作爲。既然克萊兒已懷孕了，性便成爲一種罪惡。《羅摩克里希那的福音書》針對戀愛關係的內容，幾乎沒什麼詮釋空間，也比自我實現協會的《一個瑜伽行者的自傳》更不寬容：

透過在孤獨中冥想著神，心靈就能得到知識、靜定，以及奉獻精神。但這樣的心靈若是留戀俗世，就會往下墮落，導致俗世間的男人滿腦子只想著女人及金子。

即便是在婚姻關係中，《羅摩克里希那的福音書》也認爲愉悅的性關係必須受到譴責。因此，克萊兒在一九五五年後半幾乎煩惱到要發狂，而讓情況更糟的是，埋首工作的沙林傑還常跑去紐約，窩在《紐約客》的辦公室裡工作。隨著懷孕到後期，克萊兒逐漸無法再跟著丈夫外出，到了冬天時更發現只剩自己被留在科尼什的別墅中。賣力工作的沙林傑對新生活很滿意，但孤獨的克萊兒開始覺得自己跟囚犯沒兩樣。

批評者往往以鄙夷的口氣談論沙林傑在一九五五年的生活，並認爲這就是他個性古怪的證明，也指控他遺棄、甚至是虐待妻子。但在了解沙林傑對於寫作的奉獻及其本質之後，眞相其實更爲慘淡。住在科尼什勢必會創造出孤絕的環境，這座小鎭非常偏遠，人口也分散，生活風格數十年、甚至數世紀以來都未曾改變。若想享受未受破壞的美景，通常就得住在這種偏遠地方，而S．J．佩洛曼對此地的描述是「足以俯瞰五州的私人山頂」，確實證明即使以佩洛曼的高標準，沙林傑及克萊兒住的地區也美得無與倫比。

即便到今天，科尼什都還是一座鄉村小鎮，但在一九五五年，大自然更是支配當地的主要力量。這裡的冬季漫長又嚴酷，任何一場降雪都會立刻中斷人與外界的聯繫。鎮上很少有水泥道路，春天融雪期總讓道路變成難以跨越的泥流。由於當地人大多都已在此地住了好幾代，從不覺得與外界隔絕的自給自足生活有什麼問題，因此也不特別覺得沙林傑有什麼古怪，更何況，現在他還有個妻子能跟他一起打發時間。

沙林傑選擇這種生活方式也是非常自然的結果：那是一種隱密、規律，而且完全奉獻於寫作的生活。他打從青年時期開始就是個獨行俠，也一直想找到能讓他好好寫作的寧靜處所。在軍中服役時，當別人在週末及休假時追女孩子，他都在狹窄的旅館小房間內一鍵一鍵地按著隨身打字機。現在他有了屬於自己的地方，而且占地廣大，終於可以創造出足以收容他寫作熱情的庇護所。

他在一九五五年非常多產。一九五五年第一天，他爲〈弗蘭妮〉進行了發表前的最後修潤，接著立刻寫了一篇九十頁的中篇小說，事後也證明這是他生涯中極具開創性的作品。他將過往投注的不同心力匯聚在這個故事中，爲寫作開創出新的道路。〈抬高屋梁，木匠們〉（Raise High the Roof Beam, Carpenters），那是屬於格拉斯家族系列的第一個故事。

那一年的沙林傑，奮力不懈地處理這個故事，是他自《麥田捕手》以來，再次如此投入一部創作。他不停地改寫、潤飾，並「壓縮」，直到符合《紐約客》所要求的品質及長度【註】。葛斯．羅巴諾很少參與這段過程，當時他的健康狀況已經惡化，沙林傑反而開始跟葛斯．羅巴諾的天敵威廉．肖恩合作。面對肖恩的各種怪癖，沙林傑總是表示讚許，認爲他就是個非常傑出的編輯，而且致力於將最不出色的作品打磨出光采。他和沙林傑連續好幾個月一起關在《紐約客》的辦公室裡，努力處理這個故事。十一月完成後，這篇作品跳過了雜誌編輯群的審閱機制（也就是審閱過〈弗蘭妮〉的同一群人），直接在《紐約客》上發表。

□

〈抬高屋梁，木匠們〉的開頭幾頁寫得非常細膩。敘事者回憶了二十年前的一個夜晚，他和哥哥當時都還是青少年，年僅十個月大的妹妹剛搬進他們的房間。當妹妹在某個晚上哭泣時，哥哥跟他說了一個道家的故事。他說有名中國官員指派一位平凡的蔬果小販踏上不可能的旅程，要他去尋找一匹完美的種馬，當後來發現這位蔬果小販無法分辨馬的性別及毛色時，這名官員感到非常沮

註：儘管〈抬高屋梁，木匠們〉受到非常仔細的關注及修改，在《紐約客》發表時的兩處打字錯誤仍直接出現在之後的收錄版本中。一九六三年利特爾布朗出版公司的精裝本第六十八頁使用了「天殺的」（God damn）的說法，但第六十九頁卻出現了「天、殺的」（God-damn）。最引人注意的錯誤出現在第十八頁，其中因為印刷疏漏出現了一個怪句子：「因為這麼做，我敲到頭屋頂上可以聽見碰的一聲」。

喪。這樣一個人要怎麼去分辨馬的好壞？不過小販找來的確實是匹上等好馬。這名出身低微的蔬果小販高秋凡（Chiu-fang Kao音譯），是透過感應馬的內在本質作選擇，而非基於馬的外觀細節。

由於這段操作熟練的溫情開場，沙林傑將讀者如羊群般輕易趕入他筆下的想像世界。他本來就有將讀者吸引進作品世界的能力，而隨著一篇篇故事的產出，這種帶有溫情的操作手法愈發精進，最後在〈抬高屋梁，木匠們〉中達到高峰。透過故事開頭的幾個句子，儘管讀者還不清楚敘事者身分，就已重新認識了兩個原本就已熟悉的角色：一個是沙林傑最近一篇故事中的憂鬱角色弗蘭妮，另一個則是〈香蕉魚的好日子〉中的悲劇英雄西摩。這些角色立刻讓讀者感到既親切又自在，而敘事者把這個道家故事讀給嬰兒期的弗蘭妮聽的橋段，更是顯得莊嚴華美。

但現實的殘酷隨即迎頭襲來，讀者很快就得知這個有智慧、觀點傑出，且極為親切的西摩其實已經死了。然而讀者已經無從反悔，他們已經進入沙林傑創造的寫作宇宙，只能把同情心投注於說故事的人，因為他赤裸表現出對於西摩之死的悲傷。這份悲痛的情緒，讓這個道家故事多了一絲憂喜參半的氣味。「能這樣看穿現實事物核心的人（就跟那位蔬果小販一樣），就是西摩了。」他痛惜地說。西摩在佛羅里達的度假村自殺已經是七年前的事，但這位敘事者仍認為「在我關愛的人當中，（沒有人）能像他一樣去為我找出一匹好馬。」〈抬高屋梁，木匠們〉的敘事者是西摩的弟弟巴迪．格拉斯，當西摩把中國官員和蔬果小販的故事講完後，巴迪的故事就開始了。

巴迪的故事發生在一九四二年六月，就在西摩於二戰期間結婚那天。這也是由巴迪講述的首個故事。他先介紹了西摩的個性，接著為了搭建故事的舞台而開始描述格拉斯家的其他成員。這些敘述不只是要讓讀者熟悉巴迪及其手足，也是要解釋為何只有他代表其他家人出席了西摩的婚禮。

巴迪的妹妹布布被強制送到「全無戰事波及的未知所在」，巴迪在她的要求下，從喬治亞州的班寧堡（Fort Benning）前往紐約市參加哥哥西摩的婚禮【註】。他和其他賓客擠在「一間巨大（高級）的赤褐砂石建築」中，一起等待西摩到來。就在他們徒勞地等了一個小時二十分鐘之後，新娘穆瑞爾・菲德爾（Muriel Fedder）終於接受了自己在婚禮上被放鴿子的事實。她的家人把她帶出這棟建築，在沒有新郎的陪伴下，坐上結婚禮車揚長而去。

菲德爾家族的人深感羞辱，也很氣西摩，他們向賓客宣布儘管婚禮被迫取消，但婚宴照舊。群眾只好意興闌珊地上了接駁車，前往菲德爾家。

巴迪在這群賓客中的處境尤其尷尬。更糟的是，巴迪在上了豪華轎車之後，發現跟自己同車的是最支持新娘的一群人，包括她的伴娘、她的嬸嬸跟叔公，另外還有伴娘的丈夫「中尉」。氣炸的伴娘猛烈抨擊新郎，讓巴迪的立場顯得很為難。沒有人知道他是西摩的弟弟。他應該要承認自己跟新郎的關係，並在自己也不清楚西摩消失的原因下為他說話嗎？又或者是繼續保持沉默，努力隱藏跟西摩之間的關係？

註：一九四二年的沙林傑駐守在紐澤西的蒙茅斯堡，而〈抬高屋梁，木匠們〉西摩寫日記當下也是駐守此地。不過，沙林傑透過班寧堡這個地名強化的是自己與巴迪之間互相映照的關係。班寧堡很常被當作班布里治陸軍基地的代稱，兩者都位於喬治亞州。此外，班寧堡也曾是沙林傑所屬第十二步兵團的根據地。

就在一連串好笑又有些詭異的事件之後，他們搭乘的豪華轎車受到一支遊行隊伍的阻礙而沒有抵達菲德爾家，反而到了巴迪和西摩一起住的公寓樓下。就在作爲西摩避風港的家中，伴娘繼續大罵西摩，此時巴迪決定爲他挺身而出，也因此坦承了自己就是西摩的弟弟，於是遭到伴娘更嚴重的撻伐。

就在吵架的過程中，巴迪發現西摩藏在廁所裡的日記，讀了之後總算明白哥哥放新娘鴿子的動機，而讀者也因此理解了他的爲人及性格。

故事中有兩場主要衝突，一場發生在巴迪及伴娘之間，另一場發生在巴迪跟自己之間（就在他試圖將西摩狀似莽撞自私的行爲合理化之際），而這兩場衝突結束於伴娘打電話給新娘的家人，並把新郎、新娘已經私奔的消息帶回去給所有人。

〈抬高屋梁，木匠們〉和沙林傑之前的故事有許多對應的地方，另外也無疑跟他本人的經歷有許多相似之處。他和西摩在戰爭期間都是在陸軍航空軍隊服役的下士，也都在紐澤西的蒙茅斯堡接受了基礎新兵訓練，之後才被調派到喬治亞州（也就是巴迪駐守的地方）。就私人層面而言，考量故事設定在一九四二年，我們幾乎可以確定沙林傑筆下的穆瑞爾．菲德爾就是烏娜．歐尼爾。巴迪在故事中從未見過西摩預定結婚的對象，不過在妹妹布布寫給他的信中曾提到穆瑞爾長得很美，但腦袋空空，而傑瑞在一九四二年約會的那位美人也總是得到這樣的描述。此外，西摩在日記中記錄了他常會到紐約找穆瑞爾，就跟沙林傑於一九四二年和烏娜約會時一樣。

〈抬高屋梁，木匠們〉的內容也和沙林傑一九五五年的人生密切相關。這是一個有關婚禮的故事，而沙林傑就是在這年結婚。此外，這是在他妻子懷孕時寫的故事，這個爲兩個家庭（格拉斯及沙林傑家族）的誕生揭開序幕的故事，可說特別富有深意。在爲這個故事命名時，沙林傑透過布布‧格拉斯，引用了一首希臘詩人莎弗（Sappho）的婚禮詩作。我們非常能想像在一九五五年時，沙林傑一邊看著工人擴建科尼什的小屋，一邊想著莎弗的詩，同時加入屬於自己的變化：「抬高屋梁，木匠們！【譯註】」

此外，〈抬高屋梁，木匠們〉中也交織了一些禪宗及吠檀多的主題，不過跟之前的故事相比，可說幽微許多。其中最重要的主題是無差別心（indiscrimination），亦即如何將神的意識應用在個人生活中，以及和現存傳統世界之間產生的衝突。巴迪透過〈抬高屋梁，木匠們〉開場的故事呈現了這個主題，因爲蔬果小販是透過感受馬的內在精神來選出一匹好馬，而非藉由針對外在表象的評估。隨著故事進展，這個主題藉由巴迪面對的困境不停延伸。巴迪敬重也熱愛西摩，但無法理解他的行爲，而且他的部分行爲似乎自私到殘酷，比如西摩在婚禮上丟下了穆瑞爾，還有他曾在小時候拿石頭砸了夏綠特‧梅修（Charlotte Mayhew）。巴迪所面對的挑戰是要看穿這些行爲的表象，了解背後動機的深意。在周遭人群批判西摩的壓力下，巴迪也開始質疑起哥哥的美德，而這也正是他實踐信仰的機會。

西摩在日記中記錄了和穆瑞爾的約會，還有造訪菲德爾家的幾次經驗。這些日記解釋了開場那

譯註：「抬高屋梁，木匠們！」取自古希臘詩人莎弗的詩作，原段落為「抬高屋梁，木匠們！如同新郎（戰神）艾瑞斯降臨，比高大的男人還要高大許多。」

個道家故事的重要性。西摩將穆瑞爾描述爲重視物質又自大的人，但又說她心思純樸的美德足以勝過這些特質。當她爲西摩獻上親手做的點心時，他感激又開心地哭了出來。西摩最能夠感受到的，是穆瑞爾純樸性格中的美好，而不是她屈從於世俗價值的那一面。若以那個道家故事作爲比喻，西摩選的馬儘管外在條件不佳，但仍是一匹貨眞價實的好馬。不過，巴迪卻不太願意接受這樣的邏輯，他的行動也顯示他並不同意西摩的選擇：在閱讀西摩的日記後，他生氣地把日記丟下，開始瘋狂喝酒。

巴迪的作爲也和故事的另一個主題有關：由信仰學會接納。透過夏綠特・梅修的橋段顯示，我們可以知道沙林傑始終著迷於人性中彼此拉鋸的不同力量。西摩希望追求至善，但仍擁有對人殘酷的潛能；這樣的殘酷並非預謀，而是本能性的舉動。西摩・格拉斯這個角色代表了沙林傑希望追求「羔羊」的特質，但西摩內心也存在著「老虎」，正如人性中的靈性總伴隨著更爲黑暗的力量。

寫下〈抬高屋梁，木匠們〉的沙林傑，仍試圖合理化這些共存的各種力量。他不明白神爲何要透過人性製造出衝突，但已開始接受這是神不可測知的計畫。在故事中經由一個與小貓相關的案例，西摩譴責了人性中傾向透過虛假的感傷，來逃避神所創造的殘酷現實。「我們的感傷，只是因爲對某些事物付出了比神給的更多的感傷。」他如此判斷。神的計畫是完美的，人們一定要接納，即便這個計畫跟社會觀念有所衝突。人類常會否定人性中有不同的面向，並爲了符合自己的感傷幻想而自行重塑「神」這個概念，西摩認爲這是瀆神之舉。「人類以妄言共謀，玷污了地上的一切。」他如此警告。

〈抬高屋梁，木匠們〉中眞正的接納是基於信仰，而非邏輯。穆瑞爾崇尙物質主義，西摩卻仍接納了她；西摩看似有殘酷的一面，巴迪也接納了他。直到故事的結尾，巴迪仍不明白西摩小時候爲何要對夏綠特．梅修丟石頭，讀者也不明白，但重點已經很清楚了：若我們要接納西摩．格拉斯，就不能只是接納他的美德，也得接納他的複雜性及所有缺點，因爲這一切都是神聖的。

穆瑞爾嬌小的叔公，也象徵了透過信仰而接納的價値所在。他絕對是這個故事中最吸引人的角色，也是唯一不會妄加批判的人。爲了強化他與主題的連結——包括透過信仰去接納，以及「神的意識」兩個主題——沙林傑把他描繪成一個聾啞人。在故事的倒數第二個場景中，透過巴迪．格拉斯跟這位叔公獨處的段落，沙林傑暗示巴迪透過這個經驗獲得了那兩項能力。故事的最後一句是巴迪考慮將這個角色抽剩的雪茄屁股（明明整個故事都沒有點燃，但最後突然就抽完了）和一張白紙（象徵了對一切的接納及無差別心），當作結婚禮物寄給西摩，而這正是他學到教訓的證據。

〈抬高屋梁，木匠們〉的角色刻畫，一直被譽爲是沙林傑的巔峰之作，出場的每個人都非常自然，對話具有韻律感。故事潛在的主題是針對人性本質的提問，以及爲推崇「神的意識」而舉出的種種例證，然而，故事文字散發出的玩心從未曾在沙林傑之前刊載於《紐約客》的短篇故事中見過。〈抬高屋梁，木匠們〉的創作，純粹是爲了讓人讀來喜悅，而所有跡象都顯示沙林傑寫作時令人感同身受的愉悅心情。故事中有一種圓滿的感受，讀者因此被格拉斯家族吸引，沙林傑也藉此探索出不同的寫作風格。雖然這樣的感受是因爲讀者早已熟悉這些角色，但主要還是歸功於沙林傑書寫這篇故事時（以及讓讀者感受到）的態度。故事中的每個字詞、每段沉默、每道偏斜的眼神，都有其意義，但卻不是需要深刻剖析的意義。〈抬高屋梁，木匠們〉之所以讀來讓人愉快，主要是因爲反映了尋常生活的尋常片刻。沙林傑之所以創作出格拉斯一家人，尤其是西摩．格拉斯，就是爲了讓人們注意到：神聖的美好就活躍在我們所有人當中。

在沙林傑的人生中，這個故事具有非常個人且正向的意義。西摩這個角色代表了沙林傑對人性的肯定——每個人類內在的神聖性就足以勝過一切絕望。西摩這個虛構的角色，代表了沙林傑對人性重新有了信心，之前的他已對此懷疑多年，而這份信心是經過緩慢的復健過程，才透過格拉斯家族綻放出耀眼光芒。他之前寫的考菲爾德家族，總是質疑人生的意義，他們總是無法達成目標又一天到晚抱怨。格拉斯家族卻是肯定人生的意義，但他們就跟考菲爾德家族一樣平凡。沙林傑認為每個人都擁有西摩藉由奉獻於神而發展出的力量。而就沙林傑個人而言，他將西摩逐漸變得神聖的形象推崇為一個榜樣，雖不是他之前預想自己會變成的模樣，卻已成為他需要達成的目標。

一九六一年，《弗蘭妮及祖伊》（*Franny and Zooey*）推出了精裝本，而沙林傑在書衣上的作者筆記足以精準說明〈抬高屋梁，木匠們〉這個故事。他明確指出自己是將格拉斯家族的故事視為一系列作品，也揭露他對這家人的柔情：

> 我正在寫一個在二十世紀定居於紐約的移民家族：格拉斯家族。那是一個系列故事，而本書包含了其中較為初期、也較具關鍵性的兩個故事……我很享受寫這個家族故事的過程，我的大半生都在等待他們到來，而我認為我已擬定了相當妥切且狂熱的計畫，就希望能以應有的謹慎及所有可用技巧，來完成這些故事。

沙林傑將這個移民家族公諸於世，其實是步險棋。當時沙林傑這個名字已跟霍爾頓．考菲爾德家族畫上等號，大家也已開始接受、喜愛這個家族，讀者想看的是考菲爾德家族的故事，他自己也知道很多讀者對於取代考菲爾德家族的另一批角色沒什麼興趣。

但在嘗試寫了兩個自認爲並不成功的宗教故事之後，沙林傑覺得終於找到足以傳達信念的理想方式。他搜集了過往故事中的角色特性，將他們集結成一個家族，於是，藉由貝西及雷斯·格拉斯（Bessie and Les Glass）的七個小孩，刻畫出人們努力在現代社會中生存、追求崇高及永恆眞相而經歷的痛苦。他也可以用這些角色，爲所有追求精神及宗教生活之人，開啓那趟終究會進入他們人生的旅程：追尋完美的旅程。

14 祖伊

一九五五年十二月十日，在新罕布夏州漢諾瓦的瑪莉·希區考克紀念醫院（Mary Hitchcock Memorial Hospital）中，克萊兒生下了一個七磅三又四分之一盎司的小女嬰，沙林傑因此當了父親。這對新科父母將女嬰命名為瑪格麗特·安（Margaret Ann）【註一】。沙林傑原本想將女兒取名為菲比，也就是霍爾頓妹妹的名字，但是克萊兒不願意。或許是為了取得折衷，即便女兒正式命名為瑪格麗特·安，但實際生活中父母會以〈藍調旋律〉中那個小女孩的名字佩姬來叫她【註二】。

沙林傑當然因為女兒的出生而感到非常開心，他可是曾在想像中孕育出麥蒂·葛雷德沃勒、菲比·考菲爾德，還有傑出的艾絲美這些女孩。甚至在佩姬出生之前，沙林傑就曾表示自己會是、也決心要做一個好父親。就在佩姬出生的三週前，西摩在〈抬高屋梁，木匠們〉的日記內容就足以讓世界知道沙林傑內心的盼望及抱負【註三】：

> 我整天都在讀有關吠檀多的各種雜談。婚姻伴侶是為了服事彼此而存在，是為了提升、幫助、教導、強化彼此，但最重要的還是：服事彼此。我們得用值得尊敬、充滿關愛及保持距離的方法撫養孩子。孩子是家裡的客人，必須獲得愛及敬重——孩子不是你的所有物，因為他屬於神。這事有多麼令人讚嘆、明智、美好又艱難，那就有多麼真實。這是我人生中初次因為須負起責任而快樂。

其實沙林傑和克萊兒還沒做好為人父母的準備。在處理孩子的日常需求時，他們過往的經歷、性情，還有生活環境，都無法讓他們發展出相應的能力。克萊兒才二十二歲，父母在她的童年時期幾乎不見人影，她除了對保姆及寄養家庭的回憶外，實在沒什麼經驗，也沒有可以參考的對象。此外，在科尼什的孤絕環境中，必須面對沒安全感的克萊兒，也變得脆弱。沙林傑雖然已三十七歲，但對當一個父親必須面對的現實也沒什麼概念。他對為人家長一事抱持著理想，但除了小說創作之外，真正和孩童接觸的經驗仍相當有限。關於照顧嬰孩的那些基本細節，比如換尿布，還有回應他們想受到關注的需求，都是他在小說中從未認真思考過的。根據沙林傑家人說過的一則逸事指出，某次被他抱著的女兒剛好尿尿了，結果沙林傑立刻抬手把嬰兒甩了出去。雖然佩姬安全落在一個枕上，但是只因為尿尿時機不佳，加上爸爸缺乏經驗，她差點付出慘痛代價。

註一：瑪格麗特這個名字應該是克萊兒提議的。這在道格拉斯家族中是具有傳承意味的名字，其上可追溯至亨利七世的女兒瑪格麗特・都鐸（Margaret Tudor），也能透過她追溯至蘇格蘭的斯圖亞特王朝（Scottish House of Stewart）。

註二：瑪格麗特・安的出生證明中有一處錯誤：這份文件錯將克萊兒的中間名和名字寫反，讓她成了愛麗森・克萊兒・沙林傑（Alison Claire Salinger）。

註三：沙林傑女兒出生的時機可說很不湊巧。她本來預定在十一月十九日出生，也就是〈抬高屋梁，木匠們〉在《紐約客》上發表的同一天。不過，她有自己的規劃，結果晚了三週才出生。

另外還有些不是一般新手家長會面臨的挑戰，而這些挑戰也預示了更大的隱憂。對於必須照看一名嬰兒的克萊兒和沙林傑而言，科尼什突然成爲一片令人害怕的荒原。而且，佩姬出生於十二月，也就是說之後將面臨四個月的冬天，而他們還身處在前一年讓克萊兒心煩意亂的孤單及寂寞處境中。隨著天氣愈來愈冷，他們住的小屋顯得愈來愈狹隘，克萊兒再次感覺像個囚犯。更令她處境艱難的是，由於沙林傑的注意力集中在嬰兒身上，她發現自己必須跟孩子爭奪沙林傑的關愛。可以理解的是，突然間揹負了母職又無從掙脫的克萊兒，開始憎恨自己的孩子。一九五六年時，人們對於婦女產後的心情變化沒什麼概念；女人只能默默承受，任由內疚及迷惘的感受淹沒自己。據沙林傑在這個時期寫的信件指出，他確實有意識到妻子的不對勁，但也只是隱約有種感覺。

佩姬經歷了一連串嬰兒常見的疾病，這一切讓她的父母非常惶恐。由於最近的醫院位於二十英哩以外的漢諾瓦，沙林傑坦承總是活在驚恐的情緒中。他嘗試透過祈禱治療孩子，但身體總是不太好的佩姬卻哭個不停。於是，沙林傑和陰鬱的妻子及總在嚎哭的孩子擠在科尼什的小屋中，發現自己根本無法工作。於是，沙林傑在佩姬出生後沒多久就做了一個決定，而這個決定對他的寫作生涯有利，但卻讓私人生活成爲一場災難。

在距離小屋大約一百碼的溪流彼岸，沙林傑建了一棟用來隱居寫作的小型水泥建築。他總是將這間獨幢工作室稱作是他的「堡壘」，這個空間裝潢簡單卻異常舒適；與其說是個避難所，還不如說是個能讓他想像力馳騁的所在。

沙林傑在小屋旁的草地上建造了一條隱蔽的小徑。由於地面在草原連結樹林的邊界處陡然往下傾斜，因此這裡有一連串的踏腳石階梯；到了底下的平地後，小徑又往前延伸至一片開闊原野，還可以聽見湍急的水聲，前面隔在原野和陰暗樹林間的是一條有湧泉和瀑布的溪流【註一】。沙林傑在溪流上建造了一道簡單木橋，橋的對面就是他的隱居所。這座隱居所還爲了融入周遭環境而用了綠色水泥焦渣磚當作建材。

這間「碉堡」中有一座足以暖和新罕布夏冬日空氣的柴爐。天氣好時，大量的天光可以照亮屋內所有空間。這個隱居所內裝置了一張床、幾個書架、一個檔案櫃，還有一張沙林傑用來寫作的長桌，他的打字機就置於其上【註二】。沙林傑沒用椅子，只擺了一張巨大的皮製汽車座椅，他也常盤腿坐在上頭。不過，隱居所中最驚人的畫面，就是牆面上那如野生動物奔馳、交織的寫作筆記了。當格拉斯家族的生命故事從他的腦中傾瀉而出時，他會把每次湧現的點子寫下並貼於周遭的牆面上。於是，無論是這些角色的個人生命史、格拉斯家的族譜，還是沙林傑關於過去及未來各種故事

註一：這座湧泉噴出的是冷水，就連夏天也一樣。沙林傑會把這裡當作克難的冰箱使用。他常在湧泉距離小徑伸手可及之處存放一罐罐的可口可樂。

註二：沙林傑對他的打字機很迷信。他盡可能不更換打字機，《麥田捕手》跟〈哈普沃茲16，1924〉（Hapworth 16, 1924）就是用同一台打字機寫的。事實上，他在寫作生涯中可能只換過三次打字機，且通常都是因為已到了不得不換的地步。他在戰爭期間是用軍方派發的打字機寫作，跟他在公園大道的公寓中用的機器不同。沙林傑非常喜歡那台打字機。結束戰時工作返家後，他似乎又買了跟那台很像的打字機，這台打字機後來也被帶到科尼什。儘管熱愛自己的打字機，沙林傑卻從未學過按指打字法，他在打自己的作品時從未一次使用超過兩根手指。

的想法，全都在牆面上的這些複雜系統中找到了適當的位置。

沙林傑在這間碉堡完工後，就養成了一個習慣，而且一直持續到晚年。他每天早上六點半起床冥想或做瑜伽，用過簡單的早餐後再將午餐打包，然後就躲進他用來工作的隱蔽小屋。他在那裡不會受到任何干擾，一天待上十二個小時是正常，十六個小時也不能說不尋常。有些時候他會回家吃晚餐，然後再回碉堡，很多時候甚至整晚不回家。

長久以來，沙林傑在樹林中建造隱居所都被譏斥爲與世隔絕的最佳明證，事後看來，這個決定對他的個人生活造成了毀滅性的影響，但他仍深信值得爲了寫作做出這樣的犧牲。他堅持每天爲了工作避開自己的家人，說明他對自己的野心非常執著。他沉浸在自己一手造就的舒適環境中，遠離總是使他分心、困擾的一切事物，而他創作的各種豐沛活力也因此起死回生。在他幽居的地方，現實與想像的邊界可以變得模糊，整座碉堡幻化爲格拉斯家族的國度。他想像中的角色在此統御一切，要求沙林傑寫下他們的故事，彷彿透過靈媒傳送來自另一個世界的訊息。沒有來自外在的阻礙之後，他們對作家來說就跟有血有肉的人類一樣眞實。

□

佩姬在春天降臨後就不再那麼常生病，沙林傑到處吹噓她已經長成一個喜愛咯咯笑的快樂小孩，還說隨著日子一天天過去，他和克萊兒愈來愈深愛這個小傢伙。小屋的狀況仍然非常原始，增建工程仍在進行，此時終於設置了自來水系統，連唯一缺漏的洗衣機也裝上了。此外，沙林傑也不情願地在他的私人碉堡中裝置了電話，但警告克萊兒只有急事才能打電話找他。由於進入融雪期，沙林傑也開始去麥克斯威爾家拜訪，通常也會帶佩姬一起去。沙林傑愉悅地照看著他的花園，平日仍只吃有機食物。人們會看到他在小鎮內開著吉普車經過，或者去鄰近的文瑟爾市購買生活用品。沙林傑在文瑟爾市跟歐林和瑪格莉．圖克斯伯里（Olin and Marguerite Tewksbury）成為一輩子的朋友，他常跟這兩位當地農夫購買農產品。沙林傑會花上好幾個小時跟歐林坐在他們家的前廊，一邊眺望田地一邊聊著地方大小事；在此同時，克萊兒則向瑪格莉介紹當時還非常前衛的有機農作。這對夫妻後來也開始接受這種耕種方式。在和圖克斯伯里夫妻聊天時，玉米和肥料是可以聊的話題，但卻不能聊沙林傑的工作，根據瑪格莉事後回憶指出，這是絕對的禁忌。

隨著春天到來，沙林傑夫妻最期待的莫過於比林斯．樂恩德．韓德法官（Billings Learned Hand）和妻子法蘭西絲（Frances）的回歸。這對年長的夫妻【註】是距離他們最近的鄰居，每年會在融雪期來科尼什待上六個月，然後在冬季肆虐前回到紐約。當韓德夫妻待在科尼什時，沙林傑夫妻每週都會去他們家吃一次晚餐；他們會一起快樂地朗讀，討論時事、靈性，以及各種社會議題，當然也聊在科尼什的日常生活。沙林傑會在冬天的那幾個月寫信給韓德法官，為他更新科尼什當地的大小消息。沙林傑和克萊兒期待這兩位鄰居回來科尼什的熱情，可不是開玩笑的（佩姬長大以後也一樣）。某次韓德夫妻在漫長的冬天結束後回到科尼什，沙林傑還在信中寫道：「他們代表的就是

註：韓德法官出生於一八七二年，一九五六時的年紀是八十四歲。

平安及喜樂，這兩個好傢伙。」

沙林傑的人生總是充滿了驚人的奇遇，總恰巧在正確的時間遇見正確的人。若沒有上到惠特．博奈的課，他很可能就去演戲了。在靈魂最需要支持的時候，他見到了海明威。他因爲利特爾布朗出版公司的編輯而氣得跳腳，最渴望一位靈魂伴侶時，又有傑米．漢密爾頓主動與他聯繫，而威廉．肖恩則在他的事業最需要認可時走入他的生命。克萊兒在一九五五年回到他的身邊，又將他從可能被徹底吞噬的絕望谷底救了出來。而現在，沙林傑和樂恩德．韓德法官的友誼，正是證明他運氣過人的最佳例證。

比林斯．樂恩德．韓德法官儘管沒有進入最高法院，人們卻普遍認爲他是美國歷史上最重要的法官之一。他常被稱爲「最高法院的第十位法官」，可見他對美國法界的影響有多深遠。一九四四年，韓德發表一篇演說探討「自由」的本質，這篇演說思慮周延又雄辯滔滔，立刻讓他聲名大噪，直到現在都還是全美法律系學生的必讀教材。在五十二年的聯邦法院生涯中，韓德以個人自由的擁護者聞名，也是言論自由的狂熱守護者。

除了擁有相似的信念，韓德法官和沙林傑的相似特質也讓他們因而親近。韓德也是一名寫作者，正如同沙林傑的作品在小說圈具有影響力，他的著作也是人們討論憲法時的重要參考。這兩個人都非常注重隱私，也總是提防別人扭曲自己的話。他們都著迷於宗教，非常樂於花上數小時討論跟靈性相關的主題。可惜的是兩人的婚姻都問題重重，也非常努力地對外隱瞞。另外，或許是最重要的，兩人都會時不時地深陷抑鬱狀態，而這種只有同類人才懂的憂鬱傾向，將他們連結在一起。

樂恩德．韓德法官的晚年生活中，最享受的恐怕就是與沙林傑的這段友誼，而沙林傑也無疑對這段關係抱持著感恩之情。他很常在寫給韓德的信中坦承自己無法處理克萊兒的寂寞及孤絕感。沙林傑的女兒出生時，韓德是他第一個通知的人，他也讓韓德擔任女兒的教父。

□

一九五六年三月一日，長年擔任沙林傑編輯的葛斯・羅巴諾因癌症過世，得年五十三歲。對於《紐約客》家族而言，羅巴諾的死讓他們非常震驚。「他是一個多好的人呀，」沙林傑如此哀嘆，「我甚至不知如何開口告訴你……我眞的很想念他。」儘管在工作上有很多的意見不合，但沙林傑和羅巴諾仍然是合作上的好夥伴，兩人的關係維繫了十年。對於懷念哈洛德・羅斯的人而言，羅巴諾就是他曾經存在的活見證。之前正是羅斯教導羅巴諾要敬重作家，而這項少見的特質在與沙林傑應對時顯得特別重要。

羅巴諾是《紐約客》小說部門的總編輯，地位非常重要，他的死也讓雜誌內出現了權力空缺，導致的混亂幾乎要危及沙林傑與《紐約客》之間的關係。羅巴諾驟逝之後，許多可能的接替人選都搶著奪取大位，其中最可能的人選是凱瑟琳・懷特；羅巴諾在一九三八年就是接替了她的位置。自從回到《紐約客》之後，懷特夫妻就一直希望能重新確立自己的影響力。在這樣彼此較勁的氛圍中，沙林傑實在不太可能找到一個足以取代羅巴諾的可用編輯。

《紐約客》編輯辦公室內的衝突確實產生了受害者。沙林傑的朋友S・J・佩洛曼，就是因為這樣的瘋狂鬥爭而暫停了和雜誌的來往。佩洛曼一直跟羅巴諾很親近，他無法理解之前讓肖恩取代羅斯的決定；在看到大家在羅巴諾死後沒多久又為了這個職位大耍手段，更是在大開眼界之餘感到心寒。就連雜誌的供稿者似乎也被捲入了這場鬧劇，根據他的說法，大家都「表現得連紙都像是他們發明的一樣」。某次，佩洛曼眞的跟漫畫家詹姆斯・瑟爾柏爾（James Thurber）吵起來，「瑟爾柏爾喋喋不休地在講自己多有影響力，還有他如何爲這間公司確立了風格之類的。我終於受夠了，就柔聲說：『好啦、好啦，不過就是一份賣十五美分的雜誌罷了。』他都快瞎了，卻還是整個人撲向我，要掐我的脖子。後來得靠兩個魁梧的印刷部編輯才有辦法架開他。」

等到《紐約客》這場錯綜複雜的奪權大戲落幕，是凱瑟琳・懷特溜上了羅巴諾留下的位置。她和丈夫被視爲《紐約客》內部的陰謀集團，許多之前和羅巴諾親近的人都非常不安。「葛斯・羅巴諾死後，」佩洛曼表示，「懷特鞏固了自己的編輯勢力，根本等於把雜誌坐在自己的屁股底下，逐漸讓這份雜誌窒息而死。」

沙林傑接受了新的現實，也盡力嘗試跟懷特合作，但最後證明只是徒勞。懷特在羅巴諾死後主動聯繫沙林傑，寫了一封信表達慰問之情，但主要是爲了鞏固她和雜誌一線供稿者之間的關係。沙林傑在三月二十九日非常直率地回了信。他承認很難接受羅巴諾的死，但也表示懷特的支持讓他感覺好了一些，他對此表示感激。「雖然還有很多想說的話，」沙林傑突兀地說了，「但我確實正在寫一篇故事，也希望能很快交給妳。」

就在沙林傑逐漸習慣科尼什的生活節奏，同時努力跟上《紐約客》的變化腳步之際，他得知《柯夢波丹》選擇在鑽石喜慶特刊中重新刊登〈倒轉森林〉。沙林傑沒有訴諸法律途徑，但仍對此提出抗議，並懇求《柯夢波丹》重新考慮這個決定，不過最後並沒有成功。對《柯夢波丹》的編輯而言，刊出沙林傑的首部中篇小說實在是太大的誘惑，他們迫不及待想利用這位作家近期的名氣【註】。雜誌編輯還爲故事寫了一小段作者介紹（沙林傑當然拒絕提供任何資訊，就連最含糊的那種也不願意），提醒讀者他們擁有沙林傑的〈倒轉森林〉和〈藍調旋律〉，而且兩篇都是沙林傑在《麥田捕手》出版前書寫、發表過的作品。沙林傑非常生氣，因爲除了一行隱藏在故事首頁底下、不起眼的免責聲明之外，《柯夢波丹》任由讀者將〈倒轉森林〉誤以爲是新發表的作品。

這是沙林傑首次嘗試阻止雜誌重新刊登他在《紐約客》之前的作品，以前他都是毫無怨言地任由他們重複刊登，六年前甚至曾放下過往恩怨，同意惠特・博奈重刊他的〈婁易絲・泰格特的漫長初登場〉。不過，沙林傑對於〈倒轉森林〉初次於一九四七年發表後的讀者反應感到難爲情，從此就不太喜歡這部作品。現在的他全神貫注於格拉斯家族的故事，實在不想看到可能讓讀者混淆的舊作重新出現，因爲舊作的結構與訊息都跟他的新作有所衝突。

沙林傑針對舊作發表提出抗議可說是情有可原，此外，這件事也預示了沙林傑的某種傾向即將成爲難以動搖的習慣：他愈來愈不想讓讀者檢視之前技巧較不精練時期的作品。早在一九四〇年他就曾表示，自己會因爲看到之前寫作上的缺陷而感到不自在。「完成一篇作品後，」他曾說，「要我再讀一次會很尷尬，彷彿沒把那傢伙的鼻水擦乾淨一樣。」事實上，沙林傑常會懷念自己早期故事中的純樸風格，不過隨著格拉斯家族的故事一篇篇寫出後，他覺得有必要全力追求更高程度的

註：在《柯夢波丹》的那期雜誌中，沙林傑和許多更了不起的作者並列，其中包括溫斯頓・邱吉爾（Winston Churchill）、賽珍珠，還有海明威。

完美。一九五六年，隨著《九個故事》的大受歡迎，而格拉斯家族的出現也確保了他的未來寫作方向，沙林傑開始想要將那些沒有集結出版的作品，包括其中那些顯眼至極的不完美之處，全數從讀者的目光中掃除。

□

沒有故事比〈祖伊〉更能展現沙林傑追求完美的一面。沙林傑花了一年半的時間處理這篇作品，爲了斟酌每個字詞和標點符號而苦惱。光是建構〈祖伊〉這篇作品的過程，就是牽涉到《紐約客》奪權鬥爭的一場傳奇，也對沙林傑的私人生活造成了難以估量的衝擊。在凱瑟琳·懷特的領導下，《紐約客》編輯辦公室對這篇作品的反應，幾乎終結了沙林傑與這份雜誌的關係。他爲了寫出〈祖伊〉，付出了一心一意的奉獻精神，但也差點因爲太過投入而讓自己的婚姻觸礁。

一九五六年二月八日，沙林傑收到了《紐約客》付給他的年度薪水（優先退稿合約），那張送到沙林傑經紀人辦公室的支票還附上一張威廉·麥克斯威爾寫的短信，表示雜誌希望能刊登他的下一篇作品。「若有機會編輯他的下一篇作品，我們會感到非常開心。」麥克斯威爾指出。

那年二月的沙林傑，確實正在碉堡中進行下一個寫作計畫，但他打算寫的並不是短篇小說，而是一部有關格拉斯家族的長篇小說。他本來就打算在寫完《麥田捕手》後立刻著手寫下一部小說，只是始終沒有實現。而現在，他已經有一個可以好好寫作的私密環境，也想像出一組讓他著迷的角色，覺得時機終於到了。他在一九五六年及一九五七年的通信中，不停興奮地提到正在進行的新作，其中也清楚顯示我們現在讀到的中篇小說〈祖伊〉，原本就是這部小說中的一部分。

在嘗試寫出這部野心勃勃的作品時，沙林傑試圖使用之前讓他順利寫出《麥田捕手》的作法：他希望用一個個短篇故事湊接成新書，同時每個故事也都能獨立成篇，而〈祖伊〉就是足以獨立成篇的絕佳範例。不過，儘管從他的信件中，我們清楚知道〈祖伊〉將成爲新作的一部分，但這篇故事寫作當下的目的是要作爲〈弗蘭妮〉的續篇。

一九五六年四月中，沙林傑已經快要完成〈祖伊〉，然而當時他對這個故事還不太有把握，而且考量《紐約客》內部的混亂，也擔心這篇故事會被退稿。他的擔憂不是沒有理由，〈抬高屋梁，木匠們〉所獲得的反應就非常冷淡。

〈抬高屋梁，木匠們〉的結構幾近完美——也讓迫不及待要批評沙林傑熱愛宗教寫作的評論者無從發揮。根據作家本・雅高達（Ben Yagoda）多年後的觀察，〈抬高屋梁，木匠們〉的可取之處在於沙林傑「著迷於神聖的西摩，但在描寫格拉斯家族的其他人時，卻又爲了忠於文學及敘事的種種價值而有所節制」。根據沙林傑自己表示，〈祖伊〉中的宗教書寫沒有那麼節制，若他不能複製〈抬高屋梁，木匠們〉中的精準筆法，評論者及編輯一定不會喜歡。

沙林傑盡力想降低〈祖伊〉中的宗教占比，但發現實在做不到。就算他坐在打字機前決心寫出一篇「關於運動鞋被偷的愛情故事」，結果仍會是一篇宗教性的布道。他宣稱這是他無法控制的事，似乎也已經放棄嘗試。「素材的選擇似乎從來就由不得我。」他無可奈何地說。沙林傑的信仰顯然已和他的寫作緊密交纏，無從分割，而他面對的問題就是大眾將如何看待這種將「禱告者」及「寫作者」合爲一體的狀態。

沙林傑把〈祖伊〉交到《紐約客》的「編輯團隊手上」時，團隊早已迫不及待地想要審閱這篇作品。對這群新任編輯而言，這是一個讓他們得以好好「規訓」這位《紐約客》中最具聲名作家的機會。他們認爲這篇故事太長，不著邊際，當中角色都似乎被當成寶貝，顯示作者對他們太過於溺愛。不過他們最毫不留情的指控，還是故事中充滿宗教元素。〈祖伊〉不只受到《紐約客》的編輯團隊否決，且還是一致性的否決。

葛斯・羅巴諾離開後，負責傳遞退稿消息的工作落到了威廉・麥克斯威爾身上，爲了讓沙林傑好受些，他援引了《紐約客》的政策，表示〈祖伊〉之所以被退稿，是因爲雜誌不刊登任何故事的續作【註一】。但眞相其實再明顯不過了，沙林傑也因爲這樣的怠慢而感到心煩。他花了大量時間及心力在寫作〈祖伊〉，而且到了一九五六年，他已不考慮把作品投給任何其他刊物了。

沙林傑發現自己的處境很爲難。他爲格拉斯家族系列擬定了龐大的寫作計畫，現在也不願放棄。〈祖伊〉被否決似乎讓他有志難伸。此外，他也有財務上的考量。《九個故事》和《麥田捕手》的銷量始終維持得非常穩定，版稅極爲豐厚，但也不能就以爲找到了鐵飯碗。現在的沙林傑在一片九十英畝的土地上擁有自己的房子，最近也才大規模進行了整地及裝修工程。他還有妻子和一名新生兒。若是沒了《紐約客》的稿酬，他或許就得擔心了，這樣他要如何養家呢？

基於對前景的不安，沙林傑作了一個狗急跳牆的決定：他開始把眼光望向好萊塢。他決定壓下〈康州甩叔〉在一九四九年被製片商搞砸的憎惡心情，考慮賣出《九個故事》中另一個故事〈笑面人〉的電影改編權。爲了找人代表自己跟製片商洽談，他雇用了歐柏經紀公司的一位商業合作夥伴H・N・史旺森（H. N. Swanson），朋友都稱呼他爲史旺仔（Swanie）。史旺仔在當時是好萊塢最知名、最成功的劇本經紀人【註二】，他曾代理過威廉・福克納和厄尼斯特・海明威，另外最知名的案例則是史考特・費茲傑羅。如果沙林傑必須淪落至此，非得將〈笑面人〉的電影改編權交給他所痛恨的產業不可，那至少得有個聲名卓著的人來幫他經手這項工作。

史旺森帶著沙林傑的提案去找好萊塢的製片人談，而他們的反應完全在預料內。當然，他們不是沒興趣，但他們眞正引頸企盼的還是將《麥田捕手》搬上大螢幕。沙林傑拒絕了這項提議。事實上，他願意出售〈笑面人〉的電影版權還有個附帶條件：他絕不會以任何方式參與劇本改編工作。

百老匯也看上了《麥田捕手》。知名導演伊力・卡山（Elia Kazan）懇求沙林傑讓他將這部小說改編成音樂劇。就在卡山用盡各種方法說服他，連話都說得上氣不接下氣之後，沙林傑卻只是搖搖頭，喃喃地說：「我沒辦法答應。我怕霍爾頓・考菲爾德不會喜歡這個點子。」至此計畫確定告吹，但這個小故事很快就成了被大家爭相傳誦的逸聞。

沙林傑在面對好萊塢及百老匯時，之所以變得如此謹言愼行，除了是要尊重霍爾頓的意願之外，或許還有另一個原因。一九五六年十一月八日，沙林傑收到了《紐約客》因爲〈祖伊〉開給他

註一：麥克斯威爾提出的退稿原因非常不真誠，他本人和沙林傑一定都覺得這個藉口很彆腳。這位編輯必定還記得，就在《紐約客》接受了沙林傑的第一篇稿件〈麥迪遜的小叛亂〉時，曾希望他再為霍爾頓・考菲爾德這個角色寫其他續篇。

註二：史旺森的形象跟〈抬高屋粱，木匠們〉中針對雷斯・格拉斯的描述非常相似：「電影公司中活力充沛的人才」。這或許是（也或許不是）一場巧合。

的稿費支票。原來，威廉・肖恩推翻了編輯部的決定，堅持在他們的反對下刊出這篇作品，而且還堅持由他本人來編輯這篇作品。對懷特和麥克斯威爾而言，這個決定一定讓他們心寒。肖恩駁回了他們的判決，不只是爲了懲罰編輯部的高傲及見識短淺，也代表徹底和沙林傑站在同一陣線。接下來六個月，肖恩獨自和沙林傑一起修改〈祖伊〉這篇作品，雜誌團隊中其他人都無法讀到內容或施加影響。他們會關在肖恩的辦公室內好幾天，嚴格地一字一字進行修改，而兩個男人也在這段過程中成爲了最親近、最忠誠的好友。肖恩不只救了這部中篇小說，也保全了沙林傑跟《紐約客》之間的合作關係。沙林傑永遠不會忘記這份恩情。

沙林傑在修改〈祖伊〉的過程中遇到的最大障礙，似乎是故事長度。就跟〈抬高屋梁，木匠們〉一樣，《紐約客》表示沙林傑必須在刊登作品前將故事「壓縮」到符合雜誌要求的長度【註二】。最後刊登的〈祖伊〉有四萬一千一百三十字，是沙林傑除了《麥田捕手》之外最長的作品。在肖恩買下這篇故事之後，他們又花了六個月才獲得這個成果，可見原本的篇幅有多長。

可以想見的是，凱瑟琳・懷特對兩人在肖恩辦公室偷偷進行的計畫，既是眼紅又是著迷。爲了能夠參與這個計畫，她寫了很多信給沙林傑，表達自己的強烈意願。一九五六年十一月底，沙林傑似乎在修潤故事方面有了長足的進展，懷特以充滿算計的溫情祝賀他所獲得的成就：

> 我只想讓你知道我有多開心——爲了你，也爲了雜誌——因爲你終於將故事縮減到可刊登的長度。很遺憾我們無法立刻發表這篇作品……我們得等到特刊發表時，才能消化這麼長篇幅的故事。

六個星期之後，她又再次寫信給沙林傑，不過這次提到他的進展時，口氣似乎不再那麼篤定，這一定讓沙林傑起了戒心。這封信讓他想起了有關惠特・博奈的往事，以及他努力勸說沙林傑寫《麥田捕手》的過程：

> 我最近很常想到你。你必須大費周章，才能將小說長度刪減到雜誌可以刊登的努力，我也表示支持。我明白這對你來說一定是非常辛苦的過程，希望一切還算順利，不至於讓你太過勞累。我們熱切地在等待這篇小說，也希望這一切不會過度拖累你的進度。

懷特在前一封信中也表示正在熱切期盼收到這篇故事。「我很希望能盡快拿到你根據這篇故事修潤出的更新、更短的版本，」她寫道，「這樣我們才能立刻發表。」

除了提到沙林傑尚未完成的作品，懷特的信還有另一個有意思的面向。沙林傑和肖恩努力想要「壓縮」的那篇作品，學者都認定是〈祖伊〉，但其實懷特和《紐約客》都表示他在修改的是〈可怕的伊凡諾夫〉（Ivanoff the Terrible）【註二】。雖然之後的學者都認定這篇故事就是〈祖伊〉，但他們的推論或許不是基於邏輯，而是情感因素，畢竟光是想到格拉斯家族故事中，有這麼大篇幅的未

註一：一九四三年時的沙林傑比較年輕，也比較順從，面對《紐約客》要他「壓縮」〈麥迪遜的小叛亂〉的指示，他稱為「自以為是的字數要求」。

發表段落佚失，根本難以接受。

□

至於在科尼什家中，由於沙林傑把全部心思都用來修改〈祖伊〉，所以總是好幾天都窩在碉堡裡不見人影，而克萊兒在新罕布夏的第三個冬天也因此更顯苦澀。她跟前兩年一樣陷入了絕望，總是一臉憂思，覺得被遺棄。沙林傑幾乎沒有注意到克萊兒愈來愈消沉，而他想讓〈祖伊〉變得完美的野心很快就會讓他付出代價。

一九五七年一月的第三個星期，傑米．漢密爾頓和妻子伊芳從倫敦來到紐約。沙林傑覺得這是把孩子介紹給他們的好時機（也可以順便去跟肖恩討論〈祖伊〉），於是和克萊兒把佩姬包得密不透風，一起出發前往紐約。

由於他的母親和姊姊正在百慕達的郵輪上，沙林傑沒有回到位於公園大道的老家，而是住在曼哈頓的一間旅館內。重新回到曾經熟悉的紐約，克萊兒光想到得再回科尼什，並在那裡孤單地度過下一個冬季，就覺得完全無法忍受。於是，當沙林傑回到旅館時，發現房間裡空無一人。之後，無論沙林傑獨自回到科尼什時有多自責——事後證明他確實極度自責——他都選擇沉默地接受這一切，不管是私人信件或是工作上的通信，都沒提到克萊兒離開以及失去佩姬的事，只是繼續不停地修改著〈祖伊〉。

在此同時，備感挫敗的沙林傑收到了好萊塢經紀人H．N．史旺森的消息，〈笑面人〉的電影版權協商確定破局。這個作品最後到了製片人傑瑞．瓦德（Jerry Wald）手上，他原本以爲能藉此寫出一齣喜劇，但後來仍認爲故事太短，很難拍成長片，也因爲沙林傑不願修改而頗有怨言。

我認爲作品捕捉到一些獨特的元素，也正是這些元素讓故事有了特別的魅力及感染力，不過一旦放上大螢幕，這些元素就很難傳達出來……當然，這需要一個跟故事主題完全合拍的劇作家來改寫，而……沙林傑先生又不考慮親自進行。我最主要的不滿，是〈笑面人〉能供人運用的素材眞的太少了。

瓦德退回〈笑面人〉的決定，全面終結了沙林傑對好萊塢的想望，他再也沒考慮將作品的改編權釋出給任何製片商或舞台導演。從那時候開始，他就像對待《麥田捕手》一般，小心翼翼地保護自己的所有作品，而且從未動搖。就在拒絕改編〈笑面人〉的那封信中，瓦德再次希望能夠翻拍《麥田捕手》。「是否能請你轉達沙林傑先生，」瓦德懇求史旺森，「我仍然對他傑出的《麥田捕手》感興趣。我希望能有機會做些什麼來說服他，那眞是一部該被搬上螢幕的作品。」不過考量瓦德製作過的其他電影（他當時正在進行的電視電影是《冷暖人間》〔*Peyton Place*〕），再加上他打算以喜劇形式來詮釋〈笑面人〉，兩人合作的破局可說是救了這篇故事和沙林傑，沒讓他陷入幾乎

註二：《紐約客》在將編輯與作者之間的通信內容編纂歸檔時，習慣將那封信正在討論的故事標題記錄在文件最下方。

確定會備受羞辱的處境。

完成〈祖伊〉之後，沙林傑決心要挽回妻女。他在一九五七年五月月初再次來到紐約，當時克萊兒跟佩姬住在由克萊兒繼父承租的公寓裡。在把已經完成的〈祖伊〉交給威廉·肖恩之後，沙林傑去找了克萊兒，希望說服她跟自己回科尼什。克萊兒害怕極了，當時的她每週看三次心理醫生，而心理醫生鼓勵她跟丈夫開啓對話。

克萊兒跟沙林傑見面時表示可以考慮讓步，但她有些要求：沙林傑必須多花一點時間跟她和佩姬相處。在他去工作時，她和嬰兒可以一起在家裡接待客人。小屋必須整修、擴建，並加上一間育嬰室。另外還得進一步打理戶外地面，並以建造遊樂場爲目標重新設計。最重要的是，她堅持要擁有出外旅行的自由，不只是在沙林傑有需要跟編輯見面時去紐約，而是要在冬季天氣變得酷寒時去比較溫暖的地方，又或者是在她躁動不安時去海外渡個長假。

沙林傑答應了她的全部要求，也開始著手進行。他找了一位承包商來建造育嬰室，也雇了一位園藝師設計遊樂場【註一】。他向克萊兒保證兩人會更常在家招待客人，他也會多花時間陪伴妻女。兩人也一起規劃了前往英國小島的長假，同樣的行程曾在一九五一年讓他非常愉快，而且那也是克萊兒度過童年時光的國家。他非常興奮地寫信通知樂恩德·韓德與傑米·漢密爾頓，表示兩人即將前往歐洲拜訪。他甚至思忖著，兩人或許會像他曾長年幻想的那樣定居在蘇格蘭，再也不會回到科尼什了。

□

〈祖伊〉終於在一九五七年五月十七日發表於《紐約客》【註二】。在閱讀這篇故事前，讀者就已被告知〈祖伊〉其實完全不是一則故事，「而是某種散文式的家庭電影」，這是作者在嘗試寫「關於一雙球鞋被偷」的故事，他以格拉斯家族最年輕的兩個孩子弗蘭妮及祖伊爲主角，讓讀者窺見這個家族的生活，正如〈抬高屋梁，木匠們〉也是圍繞著西摩及巴迪這兩個角色一樣。整部中篇小說的大半篇幅都在拉近讀者及這個家族之間的距離，不過仍能明顯看到沙林傑想關注靈性議題的嘗試。因此，關於〈祖伊〉中出現的各種層次意義，雜誌先在開篇幾頁就向讀者揭示：「在〈祖伊〉中，我們現在就能確定，我們所面臨的是複雜、交疊，而且分歧的一切。」

一九四五年十月，沙林傑告訴《君子》雜誌，自己沒辦法坦率、自然地寫出一個故事。「我的心中堆積了許多黑領結，」他表示，「雖然我已盡可能排除它們，但總還是會留下一些。」一九五七年，他的寫作中仍留有一些「黑領結」，不過原本的「黑領結」代表的是殘留在他心中、自命清高的文學信仰，現在則轉化爲一種精神層面的傲慢，這種傲慢把世界區分爲受啓蒙及仍然蒙昧的兩群人。而在〈祖伊〉中，沙林傑試圖把他在文學及精神層面的「黑領結」全數拋棄，透過這個寫得坦率又自然的故事，嘗試要滌淨作品中所有精神層面的自以爲是，也因此將弗蘭妮．格拉斯

註一：根據佩姬的描述，她父親堅持自己設計育嬰房，而結果非常慘烈。他在沒考量大自然的力量下把屋頂設計成平的，於是冬天時得剷除屋頂上的積雪，雨水也會積在上方後滲入育嬰房。

註二：五月中的這期《紐約客》因為刊登了〈祖伊〉，幾乎已沒什麼刊登其他文章的空間。

逼到崩潰的境地——這一段也是〈祖伊〉跟前作內容有所重疊之處。〈祖伊〉的故事發生在〈弗蘭妮〉故事的三天之後，一開始，弗蘭妮蜷曲在格拉斯家的沙發上，因爲專心致志於「耶穌禱詞」而面臨精神及身體上的危機。敘事者早就決心以第三人稱來說這個故事，但一開始仍扭捏地坦承自己其實是弗蘭妮的哥哥巴迪·格拉斯。

乍看之下，格拉斯家的孩子似乎完美建立了一個足以抵禦粗野世界的巢穴，或者正如巴迪·格拉斯所說，是「某種語意的幾何學，其中任兩點的距離都是一個完整的圓圈」。這種沙文主義或許可說是以極致高傲的方式展現出沙林傑的「黑領結」——他又建立了一個足以過度珍愛其中角色的封閉世界，也因此失去了客觀性——但若我們進一步檢視〈祖伊〉，會發現他其實是專注於角色的缺陷，而非他們的美德。

正如之前在〈弗蘭妮〉的故事中所預示，她對「耶穌禱詞」及《聖徒之路》的信仰其實孕育出了一種精神層面的傲慢，這種傲慢不但斬斷她跟周遭世界的聯繫，甚至對她跟家人的關係產生威脅。在〈弗蘭妮〉中，這樣的菁英主義基本上是獨立存在的，但在〈祖伊〉中卻是傳承自西摩及巴迪【註二】。爲了呈現這個論點，沙林傑被迫收回原本弗蘭妮在學校圖書館與《聖徒之路》相遇的橋段，於是在〈祖伊〉中，這本書是她在西摩的書桌上找到的，而且早在他七年前過世時就已經放在桌上。透過這個修正，沙林傑不只譴責西摩把信仰教條強加在家庭中最年輕的幾個成員身上，也將弗蘭妮精神上的傲慢，跟自以爲超然離群的格拉斯家族連結起來。

讀者先看到弗蘭妮的哥哥祖伊出場，母親貝西·格拉斯趁他待在浴缸中走不了的時候找他講個不停。貝西希望祖伊能試著讓弗蘭妮振作起來，但祖伊自己也正面臨一場較爲幽微但同樣具有毀滅性的精神危機，他正專心跟自己的自尊心對抗。他因過度深入的宗教養成，導致自我成長受到阻礙，面對他人時也顯得偏執。

沙林傑讓祖伊將浴室稱爲他的「小禮拜堂」，還讓貝西唸出浴室藥櫃中超過四十種物件，而每個物件顯然都跟自尊心有關。除了乳霜、指甲銼刀、蜜粉和牙膏，另外還混放了一些足以標記家中重要片刻的紀念品，但此刻早已被人遺忘：貝殼、一場舞台劇的票根，還有一只壞掉的戒指。若是讀者沒注意到這些物件代表的涵義，以及祖伊因爲自尊心而面臨的困境，之後祖伊還會做出沙林傑最常讓自我中心之人做的事：他開始恭敬又仔細地修整自己的指甲。

故事的第二部分發生在家中起居室，以祖伊和弗蘭妮的對話組成。這個段落或許是故事中最具有象徵意涵的部分。一開始的起居室被描寫爲弗蘭妮的精神墓塚，有大量過往幽靈出沒。由於堆滿各種物件和家具，起居室內非常陰暗、凝滯，而且滿是灰塵。每個風格各異的家具、每道裂縫及污漬，又或者是書及紀念品，都得到了詳細的外貌描述，作者也仔細交代了它們的歷史。每個物件及其中的不完美之處，都讓場景滿滿閃現著過往回憶，彷彿早已長大或是死去孩子的鬼魂不停地糾纏著睡夢中的弗蘭妮【註二】。

表面上，這個空間正在等工人用一層新油漆蓋掉過往留下的大量污跡。爲了作好準備，貝西把

註一：巴迪認為弗蘭妮大半困境的源頭都是自己和西摩，儘管如此，他的敘事暗示弗蘭妮也有菁英主義的傾向，因為她自認嬌弱又精於世故。

厚重的花緞窗簾取下，而弗蘭妮就睡在近旁的沙發上。突然之間，或許是無數年來的第一次，這個空間中溢滿陽光，照亮了那一片顯然讓油漆工無法工作的凌亂。

沙林傑針對格拉斯家公寓的描寫筆法非常獨特，跟其他故事相比，這是他所寫過最錯綜複雜的一個場景。他之前作品中的房間、環境和家具通常不是重點，反而是衣著相關物件占有最關鍵的地位。不過這次沙林傑卻沒對弗蘭妮和祖伊的衣物多加著墨，而是讓這些角色透過和讀者相遇的空間來呈現。讀者先在供奉祖伊自尊心的小禮拜堂中見到祖伊，之後在起居室見到了弗蘭妮，也就是埋葬了格拉斯家所有回憶的那片墓地。跟其他回憶相比，最主要占據此地的就是西摩的鬼魂了。正是這個鬼魂將弗蘭妮逼入靜默的絕望中，也讓祖伊總是怒氣奔騰。「這整間天殺的房子，都是鬼魂的惡氣。」他狂吼。

這個空間也象徵了弗蘭妮的精神及情緒狀態。一旦意識到這個場景象徵了弗蘭妮，就能意識到其中蘊含的深意，也預示了故事最後將提供給讀者的頓悟。因為除了弗蘭妮及祖伊之外，這部中篇小說的第二個場景中還出現了第三個角色：太陽。當貝西取下老舊、厚重的窗簾，讓陽光流瀉入有弗蘭妮蜷曲在古舊沙發上的房內時，也就等於是容許外在世界——就是對街學校階梯上有孩子在玩耍的外在世界——進入了格拉斯家的巢穴，也彷彿讓光線射入墓塚。

祖伊試著要弗蘭妮從抑鬱不樂的狀態中振作起來，他認為她過度執迷於「耶穌禱詞」，也表示她錯用了這段禱詞。他指控她想藉由反覆誦唸禱詞來累積自己的精神財富，接著把對精神財富的追求等同於對物質財富的貪慾。更糟的是，他指控弗蘭妮在精神方面過度高傲，表示她「開始散發出那種信仰虔誠的微弱惡氣」。他還譴責弗蘭妮根本是在進行一場「自以為是的小型聖戰」，認為她把自己視爲殉道者，還以爲身邊充滿針對她的敵人。換句話說，她是利用「耶穌禱詞」來鞏固一種自以爲高尚的形象，劃清自己和整個世界的界線，只因爲世界中的其他人被她認定在精神層次方面比不上自己。祖伊的這番話幾乎讓弗蘭妮變得歇斯底里，但他沒打算放過她。他繼續說，若她堅持要把自己逼到崩潰，那就該回學校去，而不是在這個把她當成寶貝寵愛，且櫃子裡還收著她的踢踏舞鞋的家裡。

祖伊說得欲罷不能，甚至開始質疑弗蘭妮的信仰。他問弗蘭妮，若她不接受耶穌原本的樣貌，又怎能繼續誦唸「耶穌禱詞」。他提醒弗蘭妮，在她還是孩子時，就因爲發現耶穌將人的地位提升到甜美、逗人喜愛的鳥禽之上，而怒不可遏。那樣的耶穌完全不符合弗蘭妮腦中對祂的想像，她認爲耶穌應該是慈愛的，比較像是亞西西的方濟各，而不是會在聖殿中粗魯翻桌的預言家。祖伊建議弗蘭妮，若想妥當使用「耶穌禱詞」，而且要以時時禱告的姿態生活，她必須先能看清耶穌的容貌。他將這種能力稱爲「基督意識」（Christ-Consciousness），是一種跟上帝合而爲一的生活方式。「上帝萬能，弗蘭妮，」他對她大吼，「如果妳還想繼續使用『耶穌禱詞』，至少要對著耶穌

註二：在描述格拉斯家族的公寓時，沙林傑如同之前常做的一樣插入了足以誤導人的小細節。格拉斯家族的公寓完全是以他父母在公園大道的家族為藍本。不過，巴迪．格拉斯表示這間公寓擁有來自南面的日照，這個細節跟沙林傑父母的公寓不同。他們那間令人垂涎的公寓擁有的是來自北面及東面的日照，也就是面向中央公園。

說，而不是對著方濟各、西摩，以及海蒂（Heidi）祖父的綜合體說。」

〈祖伊〉中無疑包含了許多宗教象徵，不過當中角色眞正展開精神領悟之旅的開端，卻因爲沙林傑細緻的處理手法而顯得莊嚴華美。爲了書寫這樣的開端，沙林傑沒有使用近期作品中常用的說教手法，而是運用了考菲爾德時期那種無以名狀的柔情。

就在祖伊說教到中途時，窗外街道上有個簡單的畫面吸引了他的注意力。那個場面讓他深深著迷，但他一開始不確定原因爲何。那是一個大約七歲的小女孩，身穿海軍藍的制服羊毛外套，正在跟狗玩捉迷藏。女孩把自己藏在一棵樹後方，那條沒想太多的臘腸犬找不到她。心慌又迷惘的狗狗來回跑著，著急地尋找。就在這條臘腸犬著急到快要受不了之際，牠聞到了女孩身上的味道，然後立刻撲到她身上。女孩開心地大叫，狗狗也愉快地吠個不停。重逢的兩人相擁，然後雙雙朝中央公園走去，消失在祖伊的視線之外。

但祖伊的解釋或許破壞了這個細緻動人的場景。「世界上有美好的事物，」他繼續對弗蘭妮勸說，「我們是很會誤入歧途的白痴。一天到晚呀，只要發生什麼天殺的事，就都立刻覺得跟我們糟糕的自尊心有關。」這句台詞可被詮釋爲沙林傑將過去及此刻的寫作主題匯合而成。祖伊因爲偶然看見的一個尋常事件而覺醒，明白世界上仍存在著美好事物，正如沙林傑之前寫的貝比．葛雷德沃勒和霍爾頓．考菲爾德一樣，祖伊也是因爲一個小女孩的純潔及天眞，而有了這樣的領悟。不過，〈祖伊〉進一步揭示了貝比和霍爾頓所沒理解到的主題，也就是自尊心常會讓人看不見生活中豐盛存在的神聖美好。

沙林傑寫〈祖伊〉時，有兩個主要的靈感來源：一本由自我實現協會出版的著作，以及他曾跟自尊心搏鬥的經驗。在寫作〈祖伊〉的過程中，沙林傑仍持續和自我實現協會保持聯繫。這個協會成立於一九二〇年，創始者是印度智者帕拉宏撒·尤迦南達，沙林傑因爲在一九五四年讀了他的著作《一個瑜伽行者的自傳》而重新鞏固了自己的信仰，也影響了他和克萊兒的婚姻。就在深入研究《一個瑜伽行者的自傳》後，他將其中的幾個教誨融入寫作，而且就跟閱讀《羅摩克里希那的福音書》一樣，他也詳細研讀了尤迦南達的其他著作。其中最重要的就是他的雙冊著作《基督再臨：基督在你之中的復活》（*The Second Coming of Christ: The Resurrection of the Christ Within You*），書中提出的宗教信條，就是沙林傑在〈祖伊〉中針對精神生活傳達的訊息。

尤迦南達宣稱獲得了神聖啓示，成爲唯一能夠眞正詮釋基督福音以及基督生命的人【註】，《基督再臨：基督在你之中的復活》這部內容繁複的文本，就是他在詮釋基督言行後提出的解釋，書中逐條檢視了四部福音書中的所有經文。根據尤迦南達指出，耶穌本人就充滿了「神的意識」，因此已和全能的上帝合而爲一，又或者就尤迦南達的觀點而言，他成爲了「上帝之子」。這樣的定位強調的是耶穌的聖德，而非其神性。尤迦南達認爲所有人都是上帝的孩子，可以透過冥想及禱告喚醒心中的聖德。因此，所謂的基督再臨，不是眞正會在未來發生的物理性事件，而是任何人只要能在精神上與上帝合一，基督保證回歸的承諾就隨時能夠兌現。尤迦南達將這樣的精神覺醒稱爲「基督

註：透過尤迦南達獲得的啓示，讀者得知基督在開始布道之前，就已經在印度待了好幾年。此外，尤迦南達也權宜拼湊使用了靈智派及杜撰的文本，來為四部福音書都不支持的主張背書。

意識」，並將其描述爲人類透過認知到上帝存於萬物因而成聖的一種能力。

目前許多評論家認爲，除了霍爾頓．考菲爾德之外，祖伊是沙林傑塑造最成功的一個角色。儘管沙林傑是透過巴迪．格拉斯這個單一敘事者來推動故事，但是他本人的精神卻是在祖伊．格拉斯這個角色中留下最深刻的印記。自從完成《麥田捕手》之後，沙林傑就始終維持著創作等同於精神冥想的人生哲學，尤其在科尼什的孤絕生活讓他不用直接面對令人煩擾的公眾關注及名聲之後，他更是對這樣的哲學深信不疑。大眾對沙林傑的興趣，包括那些書迷來信跟各種稱頌的話語，還有那些攻擊他的書評以及盛讚他的文章，都只會中斷他的冥想；他對這一切感到不滿，因爲這些關注及檢視只會阻礙他寫作，而且他只要感覺自己「成爲新聞追逐焦點」，就會失去生產力。不過，儘管沙林傑總是公開迴避外界的注意力及肯定，私底下的他仍算是因爲這一切而獲得了些許動力，而這也是他人生中最大的諷刺。他將寫作視爲冥想的一種形式，但爲了追求完美而寫出的作品，卻也滋養了他的自尊心。

身爲演員的祖伊也陷在類似的處境中。他意識到自己選擇的職業會滋養足以使靈性墮落的自尊心，因此也跟沙林傑一樣，用虔敬的態度面對工作。巴迪在一封信中敦促祖伊追求他的演員事業，之後西摩也是以同樣的態度鼓勵巴迪投身於寫作——拿出最好的表現，並當作信仰的實踐。沙林傑認爲全心奉獻工作就等於全心全力進行精神性追求，還爲此在巴迪及西摩房間門上引用了一段《博伽梵歌》（*Bhagavad Gita*）的內容：「你有工作的權利，但只能爲了工作而工作。你無權擁有工作的成果。對於工作成果的渴望，永遠不該是你工作的動機。」另一段引言也預示了故事的結局：「執行所有行動時，心都要堅定想著至高的主。徹底拋棄對於成果的依戀。」無論是沙林傑或他筆下的角色，面對的都是同樣的挑戰：他們必須全力投入工作，但又不能受到成果引誘。

祖伊詳述了一大堆有關靈性的道理，但全都是白費工夫，弗蘭妮聽了只是開始哭。巴迪告訴我們，祖伊嗅到了自己遊說失敗的氣味後，挫敗地離開了起居室。祖伊對弗蘭妮提出的主張非常合乎邏輯，但在這套邏輯中少了某種關鍵元素，導致這場遊說失敗。在故事的這個階段，祖伊仍不明白自己失敗的原因，於是在離開起居室時，我們又看到他對母親擺出了粗魯、不耐的態度。

故事的最後場景發生在巴迪和西摩一起住的兒時房間，祖伊在那裡假扮巴迪，打電話給弗蘭妮。這個房間被當作聖壇般仔細維護著，一切都保持著七年前西摩自殺時的樣子。巴迪堅持在書桌上留下一具登記在西摩名下的電話，一方面作為與哥哥之間的連結，一方面也是拒絕承認他的離去。房內還保有很多孩子氣的雜物，另外還堆滿了書。身處其中的祖伊，被那具電話吸引，「彷彿身上綁了木偶的牽線。」他拿起話筒，用本來綁在頭上的手帕包住話筒，撥了號碼。

沙林傑筆下最飽滿的場景，就是能透過簡單的行動點燃意義之火，甚至引發一連串的烈焰。〈祖伊〉中出現了沙林傑作品中最超寫實的畫面：弗蘭妮被叫到電話旁，母親跟她說打電話來的人是巴迪。弗蘭妮沿著走廊走進父母的臥房，身邊都是因房屋整修而散落的各種凌亂——走廊中滿是新油漆的氣味，弗蘭妮必須踩過為了保護地板而鋪上的舊報紙。就在接近電話的過程中，她每走一步就變得愈年輕，等走到走廊末端時，已經成為一個小孩，就連身上穿的絲質睡袍也都神祕地變成了「一件小孩子穿的羊毛浴袍」。這樣的畫面一閃而逝，故事結尾的敘事口氣也沒有因此有所起伏，不過，弗蘭妮的身影不只是和新油漆的氣味融為一體，也跟祖伊對基督意識的呼求融為一體；而這樣的弗蘭妮，或許神祕地體現了耶穌說過的話：「你們若不回轉，變成小孩子的樣式，斷不得進天國。」

一直到了弗蘭妮和祖伊最後的對話，故事的所有片段才眞正匯聚起來。有那麼一段時間，弗蘭妮竟然眞的深信自己是在跟窩居於紐約的巴迪講電話【註】，也因此得以發洩對祖伊的怒氣，表示祖伊的精神修養沒有好到足以批判她的「耶穌禱詞」，而最讓人確信她誤以爲對方是巴迪的證據，就是她指控祖伊態度刻薄。

弗蘭妮最後當然會意識到自己說話的對象是祖伊。之後這對兄妹之間發生的事，其實非常類似《麥田捕手》中霍爾頓和菲比的衝突。儘管身分已經暴露，弗蘭妮也很不高興，但祖伊還是堅持講下去。弗蘭妮勉強同意聽他說完最後一個論點，但要求他講快一點，也希望他之後別再煩她了。弗蘭妮要祖伊「別煩我了」的要求，讓祖伊就像霍爾頓被菲比叫「閉嘴」時一樣備受打擊。電話中出現一陣窒息的沉默，弗蘭妮意識到自己說過頭了。

面對這些話時，祖伊的反應是放下自尊心，選擇照顧妹妹的需求。他改變了自己的態度，用一種妥協口氣要弗蘭妮繼續使用「耶穌禱詞」，但懇求她用恰當的方式。他希望她能先了解，一碗無條件的愛烹調的簡單雞湯也非常神聖。他也滿心痛苦地請弗蘭妮繼續發展她的演員生涯，而痛苦是因爲他表示人會想演戲就是出於慾望；且所謂慾望，就是人會因爲付出心力而想獲得認可及報酬。並悲傷地表示，宗教生活仰賴的是跟慾望完全相反的超脫心態。但他認爲弗蘭妮沒有選擇，她一定得演戲，因爲那就是上帝賦予她的才華。所以她得用盡全力去演戲，努力在過程中取得平衡。「妳唯一能做到最虔誠的事，就是演戲。」他告訴弗蘭妮，「若願意的話，爲上帝而演——作上帝的演員。」

當然，祖伊這番話不只是說給弗蘭妮聽，因爲這也是他正在面對的窘境。祖伊沒有要干涉弗蘭妮，也不是引領她獲得啓示，而是兩人一起走到了頓悟的目標。之前在祖伊的邏輯系統中缺少的並不是什麼靈性眞理，而是透過人際連結所產生的神聖啓示。從母親那碗雞湯所傳承下來的聖德，還有小女孩和她的狗共享的愉快時光，都不過是日常生活中世俗而平庸的小事，但它們都是反映出上帝容貌的奇蹟。弗蘭妮接著說了一個「胖女士」的故事，那後來成爲沙林傑作品中最激勵人心也最知名的意象之一。祖伊曾在很小的時候上過一個名叫《機智小鬼》（*It's a Wise Child*）的猜謎節目，就在快上台時，他的哥哥西摩跑去叫他先把鞋子擦亮。祖伊氣壞了。他覺得攝影棚裡的觀眾都很蠢，製作人也很蠢，他才不想爲了這些蠢傢伙擦鞋子，更何況他的鞋子在台上會被擋住，根本不會有人看到。但西摩非常嚴正地駁斥了他的看法，他要弟弟「爲了胖女士」把鞋擦亮。西摩從未解釋胖女士是誰，祖伊就自己想像了一個畫面——一個全身都是癌細胞的女人坐在屋子前廊聽收音機。自從腦中有了這個畫面，加上西摩的堅持，他每晚上台前都會擦鞋。弗蘭妮也在腦中幻想了自己的胖女士，西摩鼓勵他把胖女士想像得有趣一點。

這是西摩鼓勵弗蘭妮和祖伊盡其所能做到最好的方式。不過究竟「胖女士」是誰，或者她所代表的涵義，兩人始終不清楚，直到他們有所頓悟的那一刻，也就是兄妹倆因爲產生連結而有了基督

註：為了確實騙到弗蘭妮，祖伊在假裝巴迪時用她的小名「小弗弗」（Flopsy）叫她。（譯者按：Flopsy是繪本角色彼得兔的姊姊。）

意識，以及窺見上帝容貌的能力。「你不知道那個胖女士其實是誰嗎？」祖伊問，「……啊，好傢伙呀。啊，好傢伙呀。那就是基督本人呀。基督本人。眞是好傢伙。」

祖伊對於擦亮鞋子的理解，並不比弗蘭妮對誦唸「耶穌禱詞」的理解來得深刻。本質上而言，他們都是在進行某種既定的儀式，並希望能因此獲得撫慰。西摩規勸兩人的方式之所以美好，是因爲沒有推翻「耶穌禱詞」存在的意義，甚至可以說是透過美國人的現代眼光，去詮釋古代俄國農民透過恩典看清神之容貌的「耶穌禱詞」。

弗蘭妮因爲被理解而感到無比喜悅，因此做出了跟貝比・葛雷德沃勒和上士X在獲得啓示時同樣的反應：她幸福地睡著了。

沙林傑在〈祖伊〉中呈現了靈魂的樣貌，揭露了內在那場發生於靈性及自尊心之間的激烈爭鬥。格拉斯家的孩子們感受到的痛苦，也就是跟周遭世界格格不入的痛苦，作者本身也非常了解。接納他人，並且認知到存在於世界中的良善，不只是弗蘭妮及祖伊必須要努力的課題，賦予他們生命的作者也面臨同樣的挑戰。透過〈祖伊〉，沙林傑或許也分享了最讓他挫敗的問題：當絕望和孤獨促使他透過寫作去尋找上帝時，卻發現自己的創作是最可能阻撓自己與神合一的障礙。他得想出一個辦法，讓自己繼續透過寫作敬拜上帝，並同時迴避因寫作而來的物質性報償。

15 西摩

〈祖伊〉非常受《紐約客》讀者的歡迎，於是之前相信沙林傑即將失寵的各方行家只能沉默，或者克制住攻擊的慾望。這些評論家（包括凱瑟琳．懷特在《紐約客》的親衛隊）都認爲，這部中篇小說之所以受歡迎，是因爲《紐約客》的讀者基本上已是老練的讀者，也開始習慣沙林傑寫作風格中難以預料的特性。不過，抨擊這篇作品的人仍堅稱：若把〈祖伊〉送到廣大的一般讀者面前，絕對毫無勝算。很少有人相信沙林傑有勇氣以書籍形式出版這篇作品；〈祖伊〉是在《紐約客》雜誌中生產出來的作品，人們也預期〈祖伊〉只能在這份雜誌中終老。

評論者的沉默並沒有讓〈祖伊〉完全免於墮落的命運，至少在沙林傑看來是如此。一九五七年五月二十一日，〈祖伊〉刊出後才過了一個星期，圖章出版社就在《紐約時報》上刊登了一則廣告，將這部小說跟平裝本的《九個故事》及《麥田捕手》相提並論【註】。沙林傑對他們這種呈現自己作品的方式感到不滿，也對他們將舊作及新作擺在一起的手法大感憤怒。他把自己受到的羞辱怪罪到利特爾布朗出版公司頭上，立刻衝動地發了一封電報到波士頓，一方面譴責這種將新舊作類比的方式，也表達對圖章出版公司行銷手法的不滿。利特爾布朗出版公司立刻表達了深切歉意，並宣稱和這則廣告無關，也不清楚有這則廣告出現。沙林傑整理了一下情緒，過了幾天，他回信給利特爾布朗出版公司的總編輯奈德．布雷德佛德（Ned Bradford），態度冷靜許多，但斥責力道依舊不減。他重申自己一直以來對於推出平裝本的反感，另外也表示，圖章出版公司的廣告幾乎等於暗示〈祖伊〉即將出版，畢竟廣告詞寫了「悄然來臨，卻是時機正好」。

這似乎只是個小插曲，但卻顯示沙林傑內心一直醞釀著對出版商的蔑視情緒。透過他跟圖章出版公司及利特爾布朗出版公司因為《紐約時報》的廣告而起的爭執，我們可以看出他認為自己是為了保護作品，而不斷地跟掌控這些作品的公司進行泥淖戰。就在沙林傑追求完美之際，光是想到那些追求利益的編輯可以拿他的作品亂搞，就心裡有氣，而且這一切都是為了錢。根據沙林傑的看法，他的出版商根本就是在斂財，因此在信中不停地抱怨他們的貪婪。

這個事件直接反映了沙林傑在〈祖伊〉中描寫的困境，也就是存在於藝術創作及藉此獲取收益之間的矛盾。在〈祖伊〉中，沙林傑花了好大的心力在成功可能危害靈性發展的前提下，合理化自己持續出版作品的舉動。祖伊就曾告訴弗蘭妮，她沒有選擇，只能繼續演下去，因為那是上帝賦予她的才能。沙林傑對自己的天職也抱持同樣的感受，深信自己的責任就是透過持續出版來分享觀點。不過，他勢必會在寫作獲得成功時獲取各種利益，就像弗蘭妮在台上演得好時會獲得掌聲一樣。這些勞動帶來的成果，正是西摩及巴迪嚴正警告過的誘惑，因為這些成功跟自尊心相連，而且會帶來精神層面的死亡。這些收益可能帶來的後果讓沙林傑非常不安，然而真正將大半利潤放進口袋的，其實是利特爾布朗出版公司，這點讓沙林傑非常不滿。

不過由於克萊兒和佩姬回到科尼什，沙林傑對出版社的厭惡情緒也有所減緩。到了一九五七年夏天，小屋的翻修工程已經完成，佩姬搬進了育嬰室，也開始在新規劃過的草地上玩耍。多了一台電視和鋼琴的客廳，幾乎是仿照格拉斯家公寓的布置。佩姬當時還不到三歲，卻非常討父親喜歡，沙林傑在寄給他人的信中寫滿她做過的古怪動作，還有她每天爲自己帶來的喜悅。他認爲她是個開心、活潑的孩子，還因此暱稱她爲「小發電機」（the Dynamo）。他非常沉迷於播放爵士音樂給她聽，也愛教她跳舞。她已經開始說話了，到了一月時，沙林傑還對韓德法官炫耀她終於認得自己的姓氏。當然，她以爲所有人都叫作沙林傑，就連電視上的人也不例外。

就在這些稱頌佩姬童年的信件中，沙林傑詛咒了科尼什漫長的冬天，也對冬天可能對克萊兒造成的影響表示焦慮。而當刊登〈祖伊〉的《紐約客》剛出現在書報攤時，沙林傑已經投入下一個寫作計畫中，也代表他將被另一個格拉斯家的故事吞沒。到了他承諾要帶克萊兒去歐洲渡長假的時候，沙林傑發現自己無法離開科尼什，也無法丟下手邊的工作。「事實是，我想是這樣，」他有些尷尬地解釋，「我喜歡在這個地方工作。」根據沙林傑表示，儘管這趟旅程延期了，克萊兒仍拿出耐心、溫和的態度面對，沙林傑對此表示感激，但也不無怨嘆地表示，他明白自己嚴謹的寫作日程對妻子造成的負面影響，並語帶諷刺地抱怨：「跟一個五年內只帶妳去阿斯伯里帕克市（Asbury Park）度週末的男人結婚，一定美好極了。」儘管有所悔悟，沙林傑卻還是愈來愈沉迷於工作。

註：圖章出版公司在一九五四年推出了《九個故事》的平裝本。書本的外觀呈現就算在美學上不是那麼討人喜歡，也算是有品味，書封不像圖章出版的《麥田捕手》平裝版一樣放上了俗艷的插畫，也沒有煽動性的推薦詞。不過那個時候的沙林傑已經開始厭惡「平裝本」（也就是讀過即丟的書）的概念，因此他看不起《九個故事》平裝本的程度，並不亞於《麥田捕手》的平裝本。

一九五八年二月，當傑米·漢密爾頓在美國的代表羅傑·梅邱打算跟沙林傑約在紐約見面時，沙林傑拒絕了，表示自己恐怕還得花上好幾年才有辦法從工作中抽身。

透過這些心懷歉意的說詞，沙林傑傳達出的訊息很清楚：家人對他很重要，他也很高興她們能回到他身邊，但工作仍然是他最在意的事。他是眞的成了寫作的囚徒。對他而言，寫作格拉斯家族的系列故事，已成爲一種無法抑制的衝動，而且需要不計代價地達成目標，就算是會爲此再次失去克萊兒及佩姬也無所謂。因此，從一九五八年的一整年，到一九五九年的大半年時間，J·D·沙林傑將自己的生活及建構下一個格拉斯家族故事結合成同一個故事。等到他完成下一部作品〈西摩：小傳〉時，他已深陷在自己的創作中而無法自拔。

□

沙林傑在一九五八年一月一日滿三十九歲，當時的他正穩定進行著書寫工作，對工作的節奏及內容也相當滿意。不過八個月後的他仍未完成這個故事。當時《紐約客》已打算用一整期來主打他的新作，但是到秋天時，新作的長度已超越了〈抬高屋梁，木匠們〉。由於在沒有休息的狀況下，孜孜不倦地工作了一整年，沙林傑開始生病。他在夏天快結束時連續傷風了好幾次，還得了幾次流行性感冒，胸腔因此嚴重發炎，只得暫停工作臥床休養。在此同時，《紐約客》已經等新作等得愈來愈不耐煩，表示至少希望能得知確切的完成日期，並指責他的拖延鬧得雜誌內部人仰馬翻。十月時，在服用了一大堆維他命之後，沙林傑相信自己已經可以寫作了，但卻因爲中斷了幾個月而難以找回原本的寫作狀態。一九五九年初，《紐約客》發現這部中篇小說仍未完成，催稿的口氣也愈來愈不耐。

之前，當沙林傑遇到創作瓶頸時，通常會去旅行，他認為周遭環境的改變有助於喚醒創造力。當然，那幾趟短程旅行是否真有幫助，其實也很難說，但沙林傑太想完成〈西摩：小傳〉了，所以在一九五九年三月獨自離開科尼什，住進了大西洋城的一間旅館裡。克萊兒期盼的假期被取消，西摩・格拉斯卻得到了去澤西海岸旅行的機會，她的反應可想而知。而在沙林傑如此明確地宣告他的優先順序之後，我們幾乎可以確定她心中的怨憤一定更難遏抑。

在大西洋城時，沙林傑發現就算離開科尼什，還是無法完成〈西摩：小傳〉。急瘋的他又跑回紐約，並在《紐約客》辦公室的一個街區外租了一個房間，然後就像一九五〇年為《麥田捕手》收尾時一樣，使用《紐約客》的一間辦公室來寫作。但這次也一樣失敗了。就在抵達紐約沒幾天，沙林傑又得了流行性感冒。他又是絕望、又是沮喪，而且還體衰力竭，只好帶著仍然支離破碎的稿子回到科尼什家中。

沙林傑終於在一九五九年春天完成〈西摩：小傳〉，之後直接將手稿送到威廉・肖恩的手上，他立刻決定刊登，也不接受《紐約客》小說部門的任何建議。凱瑟琳・懷特因為再次被拒於門外而光火，身為懷特親信的威廉・麥克斯威爾，因為可以理解威廉・肖恩的動機而承擔起安撫她的工作。「我確實覺得沙林傑必須透過快速手段來處理，」他告訴她，「也覺得唯一務實的方法就是肖恩的作法——親自由他本人處理。我的意思是，考量這些故事的長度、其中的禪宗意涵，還有〈祖伊〉發生過的問題。」

除了委婉地安慰懷特之外，麥克斯威爾的這番話也解釋了〈西摩：小傳〉是如何避開了《紐約客》編輯部針對作品的例行性砲火攻擊。爲了幫肖恩找理由，麥克斯威爾強調了沙林傑難相處的一面，最後提及〈祖伊〉的部分，也顯示他和懷特非常不想再針對沙林傑的新作提出質疑，免得像〈祖伊〉那樣下不了台。

□

〈祖伊〉發表於一九五七年五月，〈西摩：小傳〉則是一九五九年六月，這段期間，沙林傑人生最重大的事件，就是躍上了一個比新罕布夏州的科尼什和《紐約客》辦公室更廣大的舞台。大眾原本只把沙林傑當作一位短篇小說家，但在這段期間，他突然一躍成爲某種傳奇人物。在美國人心中，沙林傑留下了一個難以磨滅的神話形象：他是個禁慾的隱士，總是心不甘情不願地將珍貴的啓蒙知識傳授給大眾。就在沙林傑將西摩提升到聖人境界時，發現自己也被一群人提升到了同樣地位，而且這群人的數量不容小覷。他透過保護隱私來追求的謙遜形象，爲他賦予了一種虔誠又難以接近的光環，許多讀者因此深受吸引，他讓人霧裡看花的形象也因此多出了各種不同的詮釋空間。這名作家確實因此變得跟作品密不可分，正如霍爾頓・考菲爾德的名字常被用來支持對社會有所不滿的訴求，J・D・沙林傑的名字也常被用來爲許多社會議題背書。

一九五〇年代中期，美國社會出現了一場自發性的青年運動，這些人在父母那代所建立的物質社會中感到格格不入。爲了反抗自戰後就瀰漫在美國社會各個角落的從眾氛圍，許多一九五〇年代的年輕人希望找到一個能代表他們心聲的人物，以表達自己從周遭世界所感受到的幻滅與挫敗。這些人希望有人能認可他們心中愈來愈強烈的不滿，而這樣的不滿也確實在持續擴大後徹底改變了社會。他們當中有許多人就是在《麥田捕手》中確認了自己的感受，於是將霍爾頓．考菲爾德視爲他們年輕世代的代言人，覺得霍爾頓就是自己，而和虛僞及消費主義對抗的沙林傑則說出了他們對社會的不滿，因此，他們以沙林傑的作品號召同類人團結。這種現象常被稱爲「捕手密教」（the Cult of *Catcher*），以這部作品及其作者爲中心，出現一批幾乎是宗教性的狂熱支持者。學生之間也開始流行隨身帶著《麥田捕手》或《九個故事》。年輕人爭相模仿霍爾頓．考菲爾德的態度及衣著。諷刺的是，在一個將不從眾當成自我價值的次文化中，卻非得跟霍爾頓．考菲爾德這角色產生連結。

由於不理解流行於學生族群當中的這種現象，學術界做出了令人驚訝的反應。一九五六年及一九五七年間，出現了第一篇有關沙林傑作品的知識性分析：

沙林傑這名作者本身沒從大學畢業，而且一有機會就對學術圈大加撻伐，但他卻突然之間發現自己成爲學界熱議的主題。全美的大學校園中，沙林傑成了教授及學生在學術研究上的焦點。

早在一九五六年末，我們就能用一個例子來解釋沙林傑獲得的新地位。當時他收到安娜堡市密西根大學邀約，希望他到該校任職。剛過完三十八歲生日的沙林傑，語氣溫和地回信數落了對方一頓。他表示自己很難跟別人一起工作，最好還是留在科尼什就好。另外沙林傑也坦承之所以不考慮到密西根大學任職還有其他原因，而且跟他的「個人信念」有關，他對「職業小說家該在何地以何種方式生活」早有規劃，並認爲這種生活的特性是「意志堅定」但「絕不有趣」。

密西根大學的邀約自然讓沙林傑想起一九四九年在莎拉．羅倫茲學院的不愉快經驗，以及他的信念跟自尊心之間因而產生的衝突。沙林傑無疑是個自尊心很強的人，然而考量自身的宗教信念，他這輩子都在想辦法壓制自己的自尊心，這或許也解釋了科尼什相對隱遁的生活對他來說如此吸引人，也對他的創作如此重要的原因——因爲能遠離總圍繞在他身邊的崇拜者。

隨著沙林傑持續寫作並出版作品，他的影響力也愈來愈大。之前大眾就已將沙林傑的作品跟反叛精神連結在一起，到了一九五九年，這種對反叛的召喚已逐漸滲透進主流社會。劇場界的演出充滿了貝托爾特·布萊希特、尚—保羅·沙特，還有亞瑟·米勒提出的概念，他們描繪出個體在傳統社會中面臨的疏離問題，其內容跟霍爾頓·考菲爾德的抱怨非常相似。美國人書架上開始出現像是約翰·厄普代克、寇特·馮內果等這些年輕時受到沙林傑影響的作家作品。弗拉基米爾·納博科夫承認他的爭議小說《蘿莉塔》（*Lolita*）就是受到〈香蕉魚的好日子〉的啓發，這部在一九五五年被查禁的作品，卻仍緊密地嵌入美國人的文化意識當中。在那些年期間，希薇亞·普拉斯因爲讚嘆於沙林傑的強烈特色而完成了顯然是向《麥田捕手》致敬的《瓶中精靈》（*The Bell Jar*）。就連好萊塢也無法抵抗沙林傑的影響力。就各方面而言，演員詹姆士·狄恩都可說是霍爾頓·考菲爾德的化身；《養子不教誰之過》（*Rebel Without a Cause*）這部電影至今仍被拿來跟《麥田捕手》相提並論；這類電影在當時也是立刻大受歡迎。

當沙林傑開始寫〈西摩：小傳〉時，「垮世代」已站上時代舞台的中央。傑克·凱魯亞克和威廉·柏洛茲之類的作家，仍在進行由沙林傑開啓的對話，並將疏離及流離的討論帶上全新的層次【註】。對於這些「垮世代成員」（beatnik）而言，詩歌是他們主要的表達形式，而像艾倫·金斯堡這樣的偉大詩人，更是以貼近沙林傑心聲的方式，延續他對人在世間的定位爲何的提問。

垮世代的詩人及作家提出許多理想化的抱怨，卻沒有提供任何救贖。沙林傑成爲這些創造性反叛者的偶像，但這位作家提起他們時總是語帶厭惡。對沙林傑而言，這些人眞的就是「達摩流浪者」，並將他們數落爲「頹廢、懶散，又莽撞的一群人」，其中抨擊力道最猛的說法就是稱他們爲「禪宗殺手」。不過情勢已經很明顯了，社會上有許多由沙林傑觸發的改變已開始運作。沙林傑發現自己落入了一個尷尬處境：當他在譴責那些漫無目標的書迷援引他的名字時，他的作品卻又因爲他們而獲得了全新的賞識及敬意。

在科尼什，沙林傑將自己藏在遠離俗世的森林深處，試圖忽略圍繞著他展開的一切騷動，但這是不可能的。開始有陌生人在小屋前出現，他收到的信件中出現一大堆要他評論的文章及學校報告，媒體上開始出現跟他有關的逸事及謠言。而這一切還只是開始，之後的數十年，有一小群熱切關注他的人會不停地騷擾他，他也會被迫在寫作中談起這個問題。

註：沙林傑和凱魯亞克之間的關聯性非常驚人。據說「垮世代」（Beat Generation）是凱魯亞克創造出來的詞彙，為的是描述受夠社會上從眾風氣的同代人，而他本人就各方面而言都跟霍爾頓・考菲爾德很像。沙林傑無疑也曾在〈西摩：小傳〉中直接向凱魯亞克喊話，他在故事中抨擊了「達摩流浪者」（the Dharma Bums），而那正是凱魯亞克一九五八年寫的小說標題。有趣的是，沙林傑和凱魯亞克在哥倫比亞大學的就學時間只差了一個學期，若不是哥大要求凱魯亞克到新英格蘭的預備中學短期就學，兩人本來會成為同學。就事業而言，沙林傑和凱魯亞克都同樣抱持野心，但也同樣憎恨自己得到的名氣。這兩位作家都是那個世代的指標性人物，但也因為他們的名字被用來為自身不支持的議題及立場背書感到沮喪。面對這一切，沙林傑選擇了宗教及隱居，而凱魯亞克則因為深陷酒精而早逝。

一九六二年秋天，沙林傑收到一封非常有意思的書迷來信，又或者應該說是他的回應非常有意思。有一位應該是大學生的「史帝文斯先生」，對沙林傑掏心掏肺地表示，自己極度厭惡成人社會追求物質成就的價值觀。他擁有東方人生哲學的概念，對於別人將「物」看得比「精神」重要感到挫折。史帝文斯先生將信寄給沙林傑時，無疑是帶著滿意的心情，畢竟要說世間有誰能了解他的焦慮，那一定是J．D．沙林傑了。

十月二十一日，沙林傑回信給史帝文斯先生，那封信非常有禮且一反常態地坦率。他先感謝他的來信，並對他的觀點簡單表示認同，接著立刻切入重點。那封來信最讓沙林傑在意的是墨水的顯色問題：史帝文斯的打字機色帶已經快要乾了。「在我看來，」沙林傑表示，「最重要的是，你是個需要爲打字機換上新色帶的年輕人。認清這個事實，不要爲此附加上任何多餘的意義，接著好好把你的這一天過完。」

對某些人而言，沙林傑的反應似乎顯得瞧不起人，史帝文斯先生的感受很可能也是如此。不過此信完美記錄下沙林傑在面對書迷加諸於自身的敬意時所抱持的態度。他不是什麼大師，也不是偉大的奧茲，他的故事從未將角色帶往足以獲取不尋常成就的境地。他不是反叛者，更不是先知。他譴責社會的膚淺，但也始終將責任放在個人身上。寫出了〈西摩：小傳〉的沙林傑，抱持著正式回應史帝文斯先生信件的態度，以及一本正經的調侃語調。若他的書迷是希望偶像能肯定自己的立場，最好還是從他處尋找——從自己人生中的小細節去找——然後繼續過好自己的生活。

□

〈西摩：小傳〉的敘事者又是公認爲沙林傑化身的巴迪．格拉斯，故事中的他跟寫這個故事的沙林傑一樣四十歲。這部中篇小說想要寫的是巴迪的哥哥西摩。他是在尋找神的旅途中獲得啓示的人，即便一九四八年三月在佛羅里達州自殺，卻仍是格拉斯家族的精神導師。就在巴迪將這個故事寫出來時，也因爲重新檢視西摩的人生及性格而遭遇了一連串的情感及身體問題。這些突發事件迫使他幾乎數度放棄這個寫作計畫，而他也毫無隱瞞地跟讀者分享了這一切。

巴迪從一開始就對讀者提出警告：這段故事很長，而且組織龐大，當中還會離題去談一些他覺得有意思的話題。爲了預示這部作品的文本有多麼不受拘束，他先爲讀者獻上一大串括弧內的插入語。沙林傑透過巴迪來發言，並試圖藉此開創出一條通往全新文學領域的道路。藉由故事的敘事、風格，還有主題，他丟棄了非常多的通則，著手探索尚未有人嘗試過的方向。在沙林傑的作品中，從未有作品像〈西摩：小傳〉這樣徹底違反《紐約客》的信條，畢竟《紐約客》反對「作者意識」，而〈西摩：小傳〉卻明擺著打破了所有沙林傑被要求恪守的作者規範。不過，就是在這樣看似混亂的故事結構中，沙林傑的人生哲學才眞正清楚呈現出來。

〈西摩：小傳〉這篇作品帶有一種謎樣的液態質地，不同支線各自流動，卻又彼此交互衝擊，就像是在同一條溪中朝不同方向運行的水流。這部中篇小說可以被粗略分爲幾個部分，每個部分都有其要旨，但在表面下也都存在著相互抗衡的潛流，而這些潛流使巴迪談的每個主題都擁有層次豐厚的意義。這也會讓任何針對〈西摩：小傳〉的評論變得難以成立，因爲讀者的感受通常是受到作品中潛藏的逆流所推動。

這部中篇小說以法蘭茲．卡夫卡及索倫．齊克果的兩段引文開場，另外還有一篇巴迪自己的前言。這兩段引文解釋了作者及作品之間的關係，包括小說作家跟角色之間的愛，以及這份愛如何決定了作家寫作的方向。巴迪接著直接向讀者喊話，他將讀者稱為「賞鳥人」，指控他們在作者及其私生活中灌注了不存在的美好特質。這段思緒直接連接到故事的第二部，巴迪在此抨擊評論家及他們的分析手法，還有垮世代在追求精神生活方面的盲目。故事的這兩部分是透過巴迪的痛恨而緊密接合，他痛恨那些透過知識而非精神性思考分析自己作品的人，並將這些試圖粗暴剖析自己故事的人痛罵為「一群沒鑑賞力的同夥」。

巴迪在〈西摩：小傳〉第三部所分享的主題，是如何把小說當作認識作者的自傳性書寫。這或許是故事中談得最扭捏的橋段。透過這一部，我們知道這個故事不只能幫助我們窺見西摩．格拉斯的一生，也能窺見J．D．沙林傑的一生。沙林傑在〈西摩：小傳〉放入這個段落，無疑讓這個故事多了一絲諷刺意味，即便是最意興闌珊的賞鳥人，在看到巴迪提起過去的種種作品時，也一定會全神貫注起來，因為沙林傑的讀者一定會感到熟悉。

第四部是針對西摩詩作的漫長評析。他的詩作受到日本及中國詩歌的高度影響。沙林傑在此重申了自己的信念，他認為詩歌代表了精神生活——自從寫了〈倒轉森林〉後，他就一直抱持這樣的信念。他重申自己的信條，表示真正的詩歌是獲得神聖啟示的結果，並指出「真正的詩人無法選擇題材，絕對是題材選擇了他，而非他去選擇。」於是，透過巴迪．格拉斯之口，沙林傑再次將詩歌的特質等同於追求精神生活的完美，而且不只將西摩視為真正的詩人，或許還是最傑出的詩人。這種說法讓讀者意識到西摩的聖者地位，並將他跟那些在求神路上最受磨難的人相提並論。

西摩．格拉斯並不完美。巴迪很快在故事的第五部寫出了他的人性，提起了西摩和巴迪曾經擔任雜耍演員的過去。這裡提到了幾段非常具象徵意味的回憶，包括小丑索索、迦拉格和格拉斯家族的聯姻，還回想了西摩騎在喬・傑克森（Joe Jackson）那鍍鎳腳踏車把手上的事。這是在這部中篇小說中最令人無法忘懷的美好場景之一，但沙林傑並沒有清楚解釋這個故事的始末。

傑克森也被稱為「流浪漢腳踏車手」（Tramp Cyclist），這位在世界巡迴的雜耍小丑，總能用腳踏車特技迷倒觀眾。他打扮成一個流浪漢，透過默劇形式與觀眾互動。他表演時會騎上腳踏車，艱辛、緩慢地騎到腳踏車解體為止。一九四二年，傑克森剛結束在紐約羅克西劇院（Roxy Theatre）的表演時心臟病發作，躺在地上垂死的他，還能聽到觀眾愉快的歡呼聲，而他的遺言是「他們還在鼓掌」。他的兒子喬・傑克森二世在他死後繼承演出，內容就跟父親表演的一模一樣。由於兩人的付出，喬・傑克森的鍍鎳腳踏車特技帶給觀眾一百年的歡樂時光。

透過五歲的西摩・格拉斯的眼光，我們能看到他開心地坐在喬・傑克森的腳踏車把手上，也能看到他目睹腳踏車解體到「整個舞台都是」，而且「繞呀繞個不停」。這個畫面非常飽滿地說明了有關「信任」及「信仰」的主題，讀者也因此得知西摩就是這樣過著他的一生：因為單純活著而感到狂喜，完全沒有意識到（又或者是並不在意）周遭正在破敗的一切。沙林傑也是用同樣的精神寫出這個故事，他選擇忽視這種寫作風格及創新手法勢必會為他帶來的危難。西摩和沙林傑一起坐在喬・傑克森的鍍鎳腳踏車上，一起面對了勢必由這個場景引發的質疑：若是西摩・格拉斯熱愛生命中的豐盈，也心懷信任地走在人生的道路上，為何最後會選擇結束自己的生命？正如沙林傑如此享受恣意寫作帶來的自由，也不在意外人給予的評價，又為何選擇結束自己的寫作生涯？

〈西摩：小傳〉的第六部讓我們足以從作家肩頭窺見創作現場，並探討巴迪之所以沒有出版作品的可能原因：他在寫作上遭遇的困難、健康問題，還有西摩的形象轉變。在這部中篇小說中最具有互動性質的段落，巴迪跟讀者對話的口氣愈來愈親密。隨著敘事結構不再那麼嚴謹，自我意識也不再那麼強悍，巴迪也愈來愈能敞開心胸，變得更快樂。在這一部當中，巴迪分享了一封西摩在一九四〇年寫給自己的信，信件開頭寫了「親愛的沉睡老虎。」引用的是威廉．布雷克詩作中的意象。這封信的內容直接反映了沙林傑的寫作哲學，「寫作什麼時候成為你的職業了？」西摩如此提問。「寫作始終都只該是你的信仰。只是信仰……既然是信仰，你知道死後會被問到什麼問題嗎……你拿出最好的表現了嗎？你有好好地把心聲寫出來嗎？」接下來，巴迪饒富興味地描寫了西摩的身體細節，還用了很長的篇幅提到鑲嵌在童年回憶中一個彷彿「家庭電影」的場景，而以上這些部分讀起來都像某種禪宗寓言。巴迪提出的每段回顧、每個故事，還有舉出的每個例子，都讓西摩的精神更穩固地掌控了他，直到〈西摩：小傳〉最後的第八部，巴迪顯然因為漫長的「家庭電影」式描述而精疲力竭。但這個段落也帶來了啓示。無比滿意的巴迪表示他已經和生命和解，甚至也能接受哥哥的死去。

□

巴迪的描述口氣帶著相當私密的憂傷氣息。這個故事讓讀者激起許多不同情緒，不過也確實應該如此，畢竟〈西摩：小傳〉是一個探討了許多不同層次主題的作品。若沙林傑原本的意圖是希望透過〈祖伊〉這部作品，將自己文學衣袍上的那些做作黑領結移除乾淨，但此刻其實是在這篇故事上妝點了更為俗麗的飾品：一個不只會在暗處發光，還會旋轉的領結【註一】。〈西摩：小傳〉整體而言就是一場特技表演，沙林傑自己也很清楚。他用這篇作品讓讀者震驚地目睹了一個大型雜耍場面，彷彿在舞台上同時演出一大堆把戲。

根據推測，這部小說是格拉斯家族系列故事中的其中一部，讀者也能透過巴迪·格拉斯的描述更了解這個家族的歷史。個人傳記及宗教教誨在此融為一體，針對西摩的人生描述也帶有提供精神教誨的功能，巴迪使用一連串如同「公案」[註二]的過往回憶，來讓讀者熟悉哥哥的個性，同時針對靈性主題提出探討。在這部中篇小說中，這些如同公案的寓言，是維繫故事生命的力量。這些公案被壓縮為一個充滿驚喜的「法貝熱彩蛋」，讓巴迪的故事散發出一種婉言啓發讀者的美好氛圍。

這部小說也可被視為一個作家正在寫小說的故事。巴迪親密地向讀者表達自己的看法，一邊寫作，一邊提及他的個人處境及內在情緒；他不只呈現筆下的文本，也分享自己對文本的感受。

作為一部家族史及靈性教誨書，〈西摩：小傳〉非常精彩，但讀者覺得最被吸引的是這部小說的第三個面向：〈西摩：小傳〉常被理解為描繪J·D·沙林傑生平的傳記性作品。

以此觀之，沙林傑是在呈現這部作品時，轉化了格拉斯家族故事的意義。除了巴迪在寫作上遭

註一：沙林傑在〈西摩：小傳〉中寫的領結是「番紅花的黃色」，不過這個出現於一九四六年的隱喻仍然有延續下去。巴迪坦承他的領結仍無法避免地會在文章中出現。

註二：「公案」是歷史及禪宗傳說中的一種故事、對話、提問，或者就是一種主張，其中通常有無法單靠理性理解，而是要透過直覺去感知的面向。

遇的試煉及磨難之外，他不是以傳統概念描述一個持續進行的故事，而是透過文本討論一系列對自己人生造成影響的議題：「達摩流浪者」、他的名氣，還有他對保有隱私的渴望。沙林傑藉由這種作法直接向讀者喊話，揭露他們對沙林傑個人生活著迷的面目，以及他們對沙林傑形象的錯誤想法。他似乎也希望透過巴迪來澄清種種誤解。在責備讀者根本就是「賞鳥人」，還有人在他家的玫瑰花叢留下胎痕之後，他似乎提供了許多足以認識他個人生活的管道。不過，若以為只要讀了〈西摩：小傳〉就能更認識沙林傑，那純粹就是一種精心操弄出來的幻覺。就跟西摩寫的詩作一樣，沙林傑在這部小說中「沒有洩漏出任何有關自己的祕密」。

事實上，這些詮釋都不完全正確，但同時又全部正確。〈西摩：小傳〉中有三條平行發展的敘事，其中兩條帶有傳記性質，一條帶有自傳性質，而沒有任何一條是穩定不變或純粹的線性敘事。相反的，沙林傑在這個文本中，讓三條敘事線持續融合、分開、產生變化，再重新混合，結果就是讓之後數十年的讀者對此又是著迷、又是迷惑。

無論是要辨認出〈西摩：小傳〉中種種具有自傳性核心的主題，或是辨識巴迪．格拉斯與作家之間的相同特徵，其實都是非常吸引人的，但卻不過只是解讀這部中篇小說中的次要工作。〈西摩：小傳〉中最大的祕密存在於標題所寫的這個角色，而最強大的莫過於創作帶來的獻祭力量。

故事中到處都徘徊著西摩．格拉斯的幽魂。巴迪因為西摩的肉體缺席而產生的痛苦，深深烙印在他傳達出的每個思緒中。（當西摩站在人行道邊看著弟弟在逐漸侵蝕而來的暮色中玩彈珠時，讀者不只看到那個場景，還能感覺、聽見、嚐到那個場景的種種滋味。）沙林傑之前就曾告訴A．E．赫奇納，小說是一種「將體驗放大的藝術」。〈西摩：小傳〉最大的祕密在於：沙林傑在刻畫西摩這個角色個性上的種種幽微之處，而且將其精準描寫得栩栩如生時，是從什麼樣的經驗中汲取素材？作者究竟是向內心的何處探索，才尋獲了書寫巴迪．格拉斯一切深刻苦痛的沉痛根源？沙林傑沒有兄弟，在他的一生中也沒有任何親友跟西摩．格拉斯有幾近相似之處。將近四十歲的沙林傑沒認識過任何自殺的人。事實上，除了哈洛德．羅斯和葛斯．羅巴諾之外，他自參戰以來就始終幸運地與死亡無緣。但西摩這個角色如此眞實，顯示他在現實生活中一定有足以參照的對象。而巴迪．格拉斯感受到的悲痛又是如此鮮明、強烈，絕不可能只是沙林傑從他人身上複製而來的情感。

巴迪在〈西摩：小傳〉中說了一個有趣的故事。他曾在軍中染上胸膜炎而病了三個月，最後是以一種幾乎神祕的方式康復：他把威廉．布雷克的一首詩放在口袋中，那首詩就像敷料般散發出治療的能量，或者如巴迪指出就像一種「生效異常快速的熱療形式」。巴迪講這個故事是爲了舉出靈性擁有療效的例子。他運用這段回憶來解釋自己想搜集西摩詩作並出版的動機。不過比起給予讀者精神性啓示，這個故事或許也觸及了沙林傑創作背後更爲私人的動機。

若我們假定巴迪的故事反映出沙林傑人生中的眞實事件，那麼，這個故事或許也能幫助我們進一步理解西摩的性格，以及沙林傑在描寫巴迪．格拉斯的悲痛時，是從何處挪用了相關經驗。關於巴迪故事根源的最合理推測，就是沙林傑使用了一九四四年十月的痛苦經歷，當時他正跨越齊格菲防線朝許特根森林前進，而他是到當年十二月才終於腳步蹣跚地脫離了那場血戰。就是在那幾個月，沙林傑開始把寫詩當作一種慰藉，而他也是在許特根森林完成了〈一個在法國的男孩〉，並在故事中將威廉．布雷克的「羔羊」當作精神食糧的源頭。

巴迪重申沙林傑打仗時爲了生存而堅持的信條，讀者因此想起在戰爭期間，沙林傑曾必須痛苦地習慣身邊弟兄接連倒下的事實。二戰結束後，沙林傑的人生中不曾再有類似的死亡事件，可以作爲他在書寫巴迪・格拉斯弔念哥哥時的參照，因此，沙林傑或許必須回顧戰爭歲月，才有辦法重現這些以小說文字呈現的苦難。西摩・格拉斯及肯尼斯・考菲爾德的前身誕生於二戰期間，一方面爲了象徵希望及戰勝死亡，也爲了回應眼前所見的絕望。沙林傑之所以發展出西摩這個角色，或許也是基於同樣的動機，而我們可以合理地確信，西摩・格拉斯就是誕生於他當時的戰鬥過程中。

這些與過往的連結之所以令人敬佩，是因爲沙林傑顯然在十四年後仍有能力栩栩如生地重現當時的痛苦，並爲其賦予全新的生命。不過，西摩的死確實讓巴迪心碎，隨後也一直使他憂傷，卻不是沙林傑希望透過這些角色呈現的最主要議題。事實上，這些角色代表的是沙林傑對生命的肯定——他始終迷戀世界的美好，也相信救贖帶來的力量。經由巴迪的描述，西摩・格拉斯被描繪爲一首倏忽而逝的詩作，是短暫閃現的神聖俳句。他的價值不存在於長生不老，而是基於一個簡單的事實：他存在，而且觸動了周遭之人的生命。巴迪因爲了解哥哥而獲得了啓示，也覺得將此啓示傳承下去是他的責任，同時希望透過搜集、出版西摩的詩作，來向世界分享這項啓示。因此，沙林傑不只把西摩的詩作當作藝術創作，而是一種「生效異常快速的熱療形式」，一種爲陷於精神苦難的世界提供治療的敷料。

西摩所象徵的啓示及內在美，以及巴迪對西摩天賦的賞識，儘管帶著沉重的悲痛情緒，卻跟沙林傑這一代人憤世嫉俗的消極心態呈現出強烈對比。西摩及巴迪的性格是在質疑垮世代對「美」的厭惡，以及垮世代總愛凸顯世界中各種病灶的心態。沙林傑提供的是希望，而垮世代只豢養出一堆抱怨及精神性的盲目。沙林傑運用長期受苦及敬愛上帝的巴迪及西摩兩個角色，來指責這些「禪宗殺手」都「用他們未受啓示的雙眼，看不起這個燦爛的星球——這個基爾羅伊【譯註】、耶穌和莎士比亞都曾駐足的星球」。對於當時的沙林傑而言，這些垮世代詩人及作家，不夠有創造力，也不是靈性追求的同路人。就跟那些專業讀者一樣，他們是必須受到訓斥的「一群沒鑑賞力的同夥」。

最後，若要分析沙林傑寫下〈西摩：小傳〉的動機，其實無法從作者的文學意圖或帶有傳記意味的訊息中得知，但他在一九五八年寫了一封信給樂恩德・韓德法官，而我們能透過其中展現的精神看出他眞正的動機。「持續在平靜中與上帝合一，不要多想，你有多少義務要完成就好好去做，」他提出忠告，「若上帝需要你做得更多，會想辦法讓你知道。」

過去的沙林傑嚴格對待自己的工作，也將《紐約客》的寫作信條視爲指導原則，並希望藉此讓作品臻於完美。到了一九五九年，他開始意識到所謂的「完美」，其實跟《紐約客》在客觀標準上要求毫無瑕疵是兩件不同的事，而他相信最大的差異在於靈性追求。沙林傑在一九五六年寫信給韓德法官，重申了他的信念：他無法選擇自己要寫什麼主題，一切靈感都是源自上帝。就像在〈祖伊〉中的弗蘭妮被哥哥稱爲「獻身上帝的演員」，沙林傑現在也將自己視爲「獻身上帝的作家」。此外，正如巴迪・格拉斯相信自己有義務把西摩詩作中的領悟分享給全世界，沙林傑也認爲自己有責任把個人獲得的啓示之美分享出去——透過那些此刻讓他全心投入的角色，他把內心堅定不移的

譯註：基爾羅伊（Kilroy）是一個常在塗鴉中看見的角色，出處來源不明，但二戰期間，美國大兵流行在各處留下「基爾羅伊到此一遊」（Kilroy was here.）的塗鴉。

愛隨著啟示傳遞出去。他很可能沒有將〈西摩：小傳〉視為一個組織建構的故事，而是根據只有信仰能提供的自由，自然讓筆尖湧現了神聖啟示，而西摩也是抱著同樣的信仰騎在喬．傑克森的鍍鎳腳踏車把手上。至於巴迪真正的幸福根源，則是在將西摩的領悟分享出去的過程中，擺脫了傳統文學規則的束縛。最後能裁決〈西摩：小傳〉這篇作品價值的人，不是《紐約客》，不是評論者，甚至也不是讀者，而是上帝本人。

這就是巴迪．格拉斯在〈西摩：小傳〉中的終極領悟。作家的義務只在於找出自己應有的靈感，拿出最好的表現，而創作最正確的手段，就是將其中的信仰傳遞出去。一旦完成了他的神聖義務，巴迪的雙眼就能真正看到環繞周身的真理。此刻的他明白：世俗所有之處都是聖地。他透過跟別人的連結而找到平靜，就連３０７房那個可怕又畸形的小女孩，他都覺得跟布布或弗蘭妮一樣是自己的妹妹。接著，如同之前故事中的弗蘭妮，巴迪在頓悟後以沙林傑筆下角色獲得啟示時常有的反應作結：他滿足地、安穩地睡了一覺。

16 黑暗巔峰

我有一個相當顛覆性的想法，若一個作家感覺自己沒沒無聞，那就是他在寫作的這些年間，從老天借調來的、第二有價值的資產。

——J・D・沙林傑，《弗蘭妮及祖伊》的書衣，1961

刊登了〈西摩：小傳〉的《紐約客》，在一九五九年六月六日出刊【註】。那期雜誌的封面上有三個小孩在田野上玩耍，眼睛都愉悅地望向天空。對於沙林傑的忠誠崇拜者而言，讀到雜誌中這篇不拘一格的故事，確實令他們愉快，但整體讀者對〈西摩：小傳〉的反應卻是褒貶不一。大部分讀者完全不知道該如何解讀這篇小說：這是在非難還是在肯認某種價值？這是虛構小說還是自傳性告解？是一部藝術作品還是自我沉迷？

就在讀者爲了小說中的意涵感到困惑，評論者也因其奔放的風格而目瞪口呆之際，許多人立

註：那期的《紐約客》幾乎全本都用來刊載〈西摩：小傳〉。

即針對沙林傑的新作熱烈討論起來。也因爲如此，沙林傑的〈西摩：小傳〉成爲一九五九年必讀的文學作品，當期雜誌很快就銷售一空——這也正是《紐約客》所預見的結果。這個故事當然有其優點——威廉・肖恩在接受這篇稿件時，其實不太清楚有哪些優點——但當時《紐約客》只單純想利用沙林傑的名氣讓雜誌大賣。

然而，讓沙林傑成爲《紐約客》銷量保證的力量，也讓他落入了尷尬的處境。報紙及雜誌開始出現評論新作的文章，語氣既不屑又推崇；在此同時，《紐約客》的當期雜誌幾乎被幸運的沙林傑崇拜者掃貨一空，很快變得一本難求。由於《麥田捕手》及《九個故事》已翻譯成各種語言，並在許多國家出版，對於他在海外的書迷而言，只有特定的一小群讀者才有機會讀到作家發表在《紐約客》上的新作，實在是件不公平的事。當時距離沙林傑推出《麥田捕手》已過了將近十年，《九個故事》也已經出版快六年。大家不只期待他可以出版有關格拉斯家族的長篇小說，甚至覺得根本是箭在弦上。事實上，沙林傑也曾在一九五五年向《紐約客》承諾要寫一部格拉斯家族的長篇小說。

〈西摩：小傳〉發表之後，讀者自然認爲作者是將自己夾藏在巴迪・格拉斯這個角色當中。巴迪抗議讀者「不知道接收到哪裡的假消息，以爲我每年會到一座佛教寺廟中待上六個月，另外六個月則待在精神病院。」這一切只讓大眾更確信沙林傑是個古怪但已然開悟的隱士。而沙林傑也妥當扮演了這個角色，在〈西摩：小傳〉發表後沒多久，幾乎像是要模仿巴迪・格拉斯的性格，沙林傑開始出現在達特茅斯學院（Dartmouth College）的學術大廳，經常花上好幾個小時在那裡的圖書館工作，而在讀者的想像中，巴迪・格拉斯也很可能基於他的文學審美觀做出同樣的事。他曾經短暫留了鬍子，還刻意穿上蠻荒林區居民的丹寧連身裝搭配彩格呢上衣，是一身適合去砍樹以及進行學術研究的衣著。爲了更徹底散發出憂傷天才的氛圍，他還手拿一根菸斗，從中呼出「壽百年菸草」（Sobranie）燒出的一波波甜香。

扮演這個角色的沙林傑，一定會讓自己暴露在大眾好奇的目光之下，但又總是保持一臂之遙，免得受到過度檢視。講白一點，他就是要確保自己在公眾面前呈現出正確形象，但又想保持適當距離：一方面近得足以激發他們的崇拜之情，但又遠得能夠逼退他們仔細觀察的渴望。這是他拿自己的困境來玩的一場遊戲，也是一場他註定要輸的遊戲。

到了一九五九年末，沙林傑已經扮演過許多角色：發展不順的藝術家、戰爭英雄、被踢開的愛人、著重精神生活的禁慾者，還有整個世代的代言人。但是他的形象中仍少了一塊拼圖。就在進入一九六〇年前夕，美國社會經歷了一連串自南北戰爭以來，史無前例的社會及政治議題。藝術創作中出現許多原子彈、種族隔離，還有財富分配不均的主題，這些也成爲詩人、作家及劇作家最常談論的議題。然而，沙林傑始終沒有對政治表現出興趣，除了用〈藍調旋律〉譴責種族主義之外，他的故事中通常看不到當代社會議題。

私下的沙林傑厭惡所有類型的政治。他在寫給樂恩德・韓德法官的信中指出，他對用來建立美國社會的基礎理念非常有信心，而且深信只要是爲了保護這些理念，所有政府、政治，還有文化上的缺陷都能想辦法克服。他也擁有一些親近的人脈，讓他能針對當下事件及將社會團結在一起的種種原則，發展出屬於自己的獨特看法。除了非常緊跟時事的韓德法官之外，沙林傑也一直跟戰時的反情報同僚約翰・基南保持聯絡；基南因爲戰時經歷加入了紐約警察局），並在局內升上了警長一職【註二】。有了這些見識廣博的朋友提供看法，沙林傑也首次針對公眾社會事件發表了僅此一次的看法。

一九五九年秋天，《紐約郵報》（*New York Post*）刊登了彼得．J．麥克艾爾羅伊（Peter J. McElroy）的一篇文章，標題是〈誰來爲那些該下地獄的人說話？〉（Who Speaks for the Damned?），內容主要是針對紐約州法不讓被判終生監禁的囚犯假釋的決定。沙林傑很可能因爲韓德法官及基南而對這個法律議題有了認識，因此對他而言，這篇文章的標題彷彿是在對他提出挑戰。十二月九日，《紐約郵報》在第四十九頁刊出了沙林傑的回應，他指出「『正義』充其量是個能讓我們迴避不看，或者豎起領子不管的最佳字詞之一，而『沒有慈悲的正義』，無疑能成爲語言中最嚴峻、冷酷的字詞組合之一」。沙林傑的立場明確，寫給編輯的信也非常尖銳。紐約州法禁止假釋的問題不只是因其中缺乏「慈悲」，還因爲否決了救贖的可能性。就算囚犯已徹頭徹尾改變，但如此嚴苛的法律卻讓他們的刑期無法獲得重新評估的機會。紐約州不讓囚犯有悔罪的可能，且堅持讓這些求助無門的囚犯被迫終生監禁後「衰敗至死」。如同沙林傑語帶嘲笑的說法：「死在一個跟十六世紀相比，各方面都更衛生、通風的牢房內。」對於將獲得救贖當作人生目標的沙林傑而言，紐約州否定這種可能性的作法根本是褻瀆之舉；而那些褻瀆之舉的受害者，也就是因爲缺乏任何改變希望只能被關在牢房裡的人，在他看來就是「世間最遭到漠視、最受到遺棄的一群人」。

□

一九五九年十一月七日發生了一件令人不安的插曲，沙林傑收到了之前的編輯兼恩師惠特．博奈的來信。《故事》雜誌在十年前遭遇了營運困難（博奈將錯怪在一名做事不謹愼的業務經理身上），因此被迫暫停紙本雜誌的定期發行，只能偶爾靠著出版過往刊載作品的精裝本維繫命脈。一九四九年，沙林傑曾同意將〈婁易絲・泰格特的漫長初登場〉收錄在其中一本精裝選集中，這次博奈因爲計畫重新發行《故事》雜誌而寫信給沙林傑，希望他能同意將其他故事以同樣的方式授權給他。這項要求提出的時機不對，而且信中的口氣幾乎帶有說教意味。「收到這封信應該讓你很驚訝——竟然聽到了來自過去的消息，」博奈在信件開頭如此寫道，「但不是像你還坐在哥倫比亞大學的教室望向窗外，那麼久遠的過去。」博奈接著表示自己還握有兩篇沙林傑的作品，希望他能允許發表【註二】。這兩篇故事都曾在多年前遭博奈退稿，而現在由於沙林傑既成功又有名氣，這兩篇故事也就有了全新的吸引力。「其中一篇戰時故事或許有些過時，」博奈解釋，「我說的是〈一位

註一：沙林傑和基南之間的對比非常有意思。由於基南在戰時跟沙林傑都在反情報部隊工作，兩人的經歷比所有其他活下來的人都還要相似。然而，這兩人對同樣事件的反應卻截然不同。沙林傑因為目睹的一切而嚴重受創，之後的一生都在權衡自身經歷，想找出其中更深刻的意義。基南似乎選擇了一個看似高尚且超然的應對方式。戰後返鄉的他加入了紐約市警察局的重案組，根本上延續了反情報部隊的工作。沙林傑在一九五〇年時寫下〈致艾絲美——獻上愛與齷齪〉時，基南的選擇一定令他費解，但他的朋友非常盡心為紐約市服務，對方成為紐約市的重案組警探，並在一九七〇年代時帶領偵辦惡名昭彰的「山姆之子」案件。

註二：沙林傑曾為了《年輕人》選集，將〈一位古板的年輕人〉還有〈已故，偉人的女兒〉交給惠特・博奈。這個要求一定讓他回想起跟選集有關的事情，也堅定了他拒絕博奈的決心。

古板的年輕人〉，但我認爲仍是我們在這個類型中讀過最好的故事之一。另外一篇比較像〈伊蓮〉和〈婁易絲·泰格特的漫長初登場〉，也就是〈已故，偉人的女兒〉。」

在博奈提出這項要求之前，沙林傑應該已把這兩篇作品忘得一乾二淨。博奈提起〈伊蓮〉和〈婁易絲·泰格特的漫長初登場〉是因爲《故事》曾發表過這兩篇作品，也希望藉此讓沙林傑想起自己幫過他不少忙。沙林傑絕不可能想讓《故事》發表這些作品，就算是以最膚淺的方式詮釋〈西摩：小傳〉，博奈應該都清楚沙林傑對於發表舊作有多反感，更何況那兩篇故事中有一篇談的是戰時回憶，另一篇則涉及他和烏娜·歐尼爾那失敗的戀情。評論家及書迷一定會堅持細究故事中的所有情節。

彷彿爲了確保自己一定會白做工，博奈在信件最後重提了一九四六年的《年輕人》選集慘劇，也就是終結兩人友誼的那個事件，並堅稱該爲結果負責的人並不是他。「這一直是我們最沉痛的遺憾之一。」他嘆息地表示。

沙林傑不爲所動。他不只要桃樂絲·歐汀拒絕博奈的請求，還要求他歸還那兩篇原稿。三天之後，歐汀把這個消息告訴博奈。對於沙林傑的經紀人而言，這實在是件棘手的工作，畢竟她認識博奈的時間幾乎跟認識沙林傑一樣長。此外，沙林傑不知道的是，歐汀已經收下了《故事》支付的款項，所以還得將博奈寄來的支票退回去。

十二月十五日，博奈再次寫信給他之前的學生，希望沙林傑重新考慮，尤其是〈一位古板的年輕人〉。這封信的語氣非常愁苦，而且似乎已經徹底接受沙林傑目前的地位：

據我所知，這是你的要求，所以我將你在一九四五年或一九四六年寄來的兩篇故事歸還回去──〈一位古板的年輕人〉和〈已故，偉人的女兒〉。我很遺憾沒有收到來自你的任何回應，但也理解現在的你不再需要親自回應了。

沙林傑不只是將過往友情拋在腦後，而是斬斷了兩人重拾舊情的一切可能性。

□

一九六〇年二月十三日凌晨三點十三分，沙林傑再次當爸爸了。二十六歲的克萊兒生下了兒子馬修・羅伯特・沙林傑（Matthew Robert Salinger），生產地點在住家附近的文瑟爾醫院，這間醫院位於一棟小小木造建築中，前身是一八三六年蓋的一棟私人房舍。從馬修出生後，沙林傑就在他身上看到了自己的種種強項及缺點。他認爲這個新生兒的雙眼散發出聰慧、歡快的光芒，但也擔心他似乎比姊姊佩姬更纖細、敏感。隨著馬修進入青春期，沙林傑開始在腦中想像他成爲學者的畫面，「纖瘦、害羞、一頭非常蓬亂的頭髮，而且成天都在看書。」那樣子幾乎就是他年輕時的翻版。

馬修的出生爲沙林傑帶來喜悅，但在一九六〇年四月，他受到了事業及個人生活的雙重打擊，這份喜悅因此打了折扣。威廉・肖恩是他現在最強而有力的支持者，除了他之外，沙林傑在事業上最信任的朋友就是英國編輯傑米・漢密爾頓。在跟利特爾布朗出版公司合作時，爲了保護自己作品的完整，沙林傑覺得有必要仔細監管他們的一舉一動，包括他們的代理公司圖章出版公司；相對而言，漢密爾頓總是能尊重他的意願，也因爲能以符合作品精神的方式來進行出版工作，因而獲得沙林傑的全心信賴。沙林傑幾乎是全權授權漢密爾頓幫自己作所有決定。

把時間拉回一九五八年二月，沙林傑當時曾向羅傑．梅邱表示自己收到一份來自英國某間平裝本出版商的合約，對方希望推出《九個故事》的英國版本，並將選集標題訂為《致艾絲美——獻上愛與齷齪》。他基本上很不喜歡推出平裝本，但還是不情不願地簽了合約，因為傑米．漢密爾頓已把一切都安排好了。沙林傑之後對這件事也沒再多想。但是當羅傑．梅邱將沙林傑的決定回報給倫敦總部時，漢密爾頓嚇壞了。漢密爾頓本來沒打算讓沙林傑收到那份合約，也始終刻意隱瞞了有關《致艾絲美——獻上愛與齷齪》在英國推出平裝本的種種細節。事實上，漢密爾頓很清楚，若沙林傑明白這份合約代表的意涵，是絕對不可能簽字的。

一九五九年底，《致艾絲美——獻上愛與齷齪》平裝本在英國出版，但漢密爾頓沒有寄書給沙林傑。到了一九六〇年四月，這位作者都還沒看到實體書，也開始聽到有關這本書整體設計的傳聞。他和克萊兒計畫到公園大道的老家過復活節，沙林傑的母親也迫不及待地想含飴弄孫。在這趟紐約行程中，沙林傑也開心地和漢密爾頓在美國的代表羅傑．梅邱約了見面。他對這次的見面只有一個要求：希望能看到《致艾絲美——獻上愛與齷齪》的平裝本。這是他自己的作品，可沙林傑提出要求時卻幾乎是滿懷歉意，還保證不會「扣留」下來。他就是如此信任他在英國的合作夥伴。

沙林傑沒有在那次的復活節假期跟梅邱見面，因為他在出發之前就已經拿到了一本《致艾絲美——獻上愛與齷齪》，而且在看到實體書時驚愕不已。這本選集的外觀模仿了廉價的「一角錢小說」，書封是俗艷的黃色調，上頭有個比艾絲美年紀大上很多歲的誘人女子凝望著讀者。為了怕這名女子誘人的眼神不夠有號召力，出版商還用粗體字在她頭上強調了本書有多浮誇，表示此書描寫了「一群痛苦、可憐的男人、女人、青年及孩子的眾生相」。這讓沙林傑大受打擊。他在一九五三年就曾為了選集標題跟漢密爾頓爭論過，當時妥協就是為了維繫兩人的友誼，然而現在看到了封面的低俗插圖，還有聳動的宣傳語，沙林傑開始覺得漢密爾頓只是為了賺錢，打從一開始就計畫好要降低《九個故事》的格調。

漢密爾頓辯稱自己是無辜的，說一開始將選集交給了企鵝出版社，也就是之前推出《麥田捕手》平裝本而且處理得極有格調的出版社，但是他們回絕了，於是將版權賣給了哈爾博洛出版社（Harborough Publishing），平裝本的出版商則是王牌圖書（Ace Books）。就在王牌圖書推出包著之後被漢密爾頓稱為「特別粗野的書衣」的沙林傑選集之後，他宣稱自己無力改變既成的事實。事實上，沙林傑在匆促簽下合約時，確實對王牌圖書的出版風格一無所知，但漢密爾頓絕非如此。甚至還有更讓漢密爾頓難以脫罪的赤裸事實：他因為和王牌圖書交易賺得的利益，是截至當時為止從沙林傑身上撈到的最大一筆。

沙林傑再次覺得受到背叛，對象還是他曾經最為敬重的工作夥伴兼友人，因此深感受傷及憤怒。漢密爾頓懇求他理解並原諒自己，還拜託妻子伊芳及羅傑·梅邱為他求情，若是沙林傑肯見面，他也願意到美國當面跟他談一談。原本沙林傑打算若之後想在英格蘭推出精裝本作品，漢密爾頓將擁有優先審閱權，但此時他告訴漢密爾頓，寧可不在英國出版任何作品，也不想再讓漢密爾頓糟蹋自己的創作。他們是將近十年的親密摯友，但這卻成為兩人最後一次對話，之後沙林傑再也沒跟傑米·漢密爾頓說過一個字。

沙林傑不停地在跟出版商合作時遭遇困難，也常對他們的手法表達不滿，因此在寫作生涯中，他總是為了建立理想關係而下意識地緊抓著某些編輯不放，也常因此模糊了私生活及工作關係的界線。也就是說，只要對方做出他認為有損自身權益的商業決策時，他都自動認定是對他個人的背叛。他一次又一次地落入這樣的窘境中，總是無法學到教訓。一九六一年，他將《弗蘭妮及祖伊》題詞獻給威廉·肖恩，稱他為「我的編輯、恩師，以及（上帝保佑！）最親密的友人」，但是事後證明，威廉·肖恩是最後（也是唯一）的例外。就在傑米·漢密爾頓事件之後，沙林傑對編輯抱持的懷疑心態已成為深植內心的第二天性，每次簽約（包括作品的外譯）都要確保有加上附加條款，好讓自己對呈現方式擁有最終決定權，而且是針對其中的每個細節。因此，沙林傑之後出版的作品，幾乎都沒有任何插圖、宣傳語、作品描述，以及非沙林傑親筆寫的作者介紹，還有最不令人意外的未曾出現過任何作者相片。很少有作者能對寫完的作品擁有如此徹底的掌控權，很多人認為沙林傑對細節的執著只是基於一種古怪的偏執，但他認為自己只是在保護作品的完整性；這是惠特·博奈、約翰·伍德柏恩，還有傑米·漢密爾頓讓他好好學到的一課。

□

一九六〇年春天，沙林傑覺得該是推出新作的時候了，但不是他之前承諾的格拉斯家族小說。他決定向評論者提出挑戰，於是把〈弗蘭妮〉和〈祖伊〉收錄在一起，於美國出版。他的野心在此超越了和出版商交手的種種不情願，至於這次的對手，則是利特爾布朗出版公司的奈德·布雷德佛德。約翰·伍德柏恩死後，奈德·布雷德佛德接下了和沙林傑交涉的工作，正如《紐約客》在葛斯·羅巴諾過世後改由威廉·肖恩與沙林傑接洽一樣。沙林傑一方面希望盡可能跟出版過程保持距離，卻又堅持掌控宣傳及書封設計的所有細節。他透過桃樂絲．歐汀對出版社提出了一連串要求，也指示歐柏公司直接去跟出版商溝通。不過就在幾個月間，沙林傑即將推出新作的消息仍然走漏，媒體一片譁然，並颳起一陣旋風。這一切一定促使了沙林傑重新檢視自己的生涯走向。

除了《時代》雜誌之外，一開始侵犯沙林傑隱私的最主要媒體還有《新聞週刊》（*News-week*），那也是美國最受歡迎、聲譽最卓著的雜誌之一。《新聞週刊》是一份權威雜誌，但搜集沙林傑個人資訊的手法，卻會讓我們聯想到當代的狗仔隊。他們之所以這樣做，是因爲沙林傑以偏好隱居聞名，而且可以爲了避免與媒體接觸而不惜一切代價。大家都知道沙林傑希望保有個人生活的隱私，但《新聞週刊》仍決心要搞出一篇報導，於是派出記者梅爾．艾兒芬（Mel Elfin）到科尼什調查這位神祕作家。艾兒芬花了一個星期監視報導目標，卻連一眼都沒瞧見，只好去採訪沙林傑的朋友、鄰居和舊識，但又發現很難找到願意受訪的人。就算有人願意開口，提供的資訊也不怎麼可觀。艾兒芬挖掘到的資料只顯示沙林傑可以花好幾個小時閒聊音樂、偵探小說（他讀了不少）、禪宗思想、日本詩歌，還有瑜伽。其中一位鄰居提供了一個怪異的細節，表示沙林傑曾在婚前練習過「頭倒立」。不過這些描述基本上都不影響沙林傑的公眾形象。「傑瑞像隻狗一樣不停地工作，」藝術家伯川德．伊頓（Bertrand Yeaton）受訪時告訴艾兒芬，「他是個一絲不苟的工匠，總是在修改、潤飾，並重寫作品。」

《新聞週刊》還派了一名攝影師跟艾兒芬去拍下沙林傑的影像。某天，這名攝影師將車子停在通往沙林傑小屋的路旁，坐在車內等他出門。沙林傑帶著佩姬出現，可以是按照慣例要前往文瑟市拿取信件。當攝影師還沒反應過來時，或許是因爲天生有禮，又或許只是因爲四歲的佩姬在身旁，總之沙林傑主動找了攝影師搭話。爲了掩飾眞正的意圖，攝影師只能隨口胡謅，並因此感到愧疚。之後有人重述了當時狀況：「他看到沙林傑走過來，完全沒意識到發生了什麼事，身邊還帶了小女兒；這名攝影師的決心立刻就瓦解了。他從車上走下來，自我介紹，並解釋自己的目的。」他坦承自己是被《新聞週刊》派來拍攝這位作家的照片。結果沙林傑並沒有轉身跑走，而是感謝這名攝影師坦誠相告，並解釋自己爲何拒絕接受拍攝的原因。「根據我的工作方式，只要受到打斷就會出差錯，」他解釋，「除非確定完成一開始設定的目標，我才能接受拍攝或訪談。」

這個知名的故事並沒有出現在《新聞週刊》一九六〇年五月刊出的文章中，其出處是後來《紐約郵報雜誌》（*New York Post Magazine*）中一篇作者爲愛德華．科斯納（Edward Kosner）的文章；科斯納是引述自《克萊蒙特鷹報》（*Claremont Eagle*）的尼爾森．布萊恩（Nelson Bryant），而布萊恩則又是透過一名攝影師引述了沙林傑的話。在一封落款日期標記爲一九六一年五月九日的信件中，布萊恩向唐諾．菲恩表示，眞實情況跟科斯納寫出來的不一樣。根據布萊恩的版本，那名攝影師沒有開車，是沙林傑開車載著佩姬時，注意到有人在通往他們家的路上，所以停車問他的車是否拋錨與是否需要幫忙，攝影師回答說不，沙林傑就繼續往前開了。攝影師意識到剛剛和自己說話的就是拍攝對象，於是繼續走到小屋向沙林傑一臉愧疚地解釋了自己前來此地的任務。無論是哪個版本，這個沙林傑和《新聞週刊》攝影師之間的故事，都被說得煞有其事又無比溫柔，然而，基本上就與海明威和雞的那個故事一樣，在經過三次轉述後，實際細節沒有遭到修改的機會可說是微乎其微。

《紐約郵報雜誌》的文章直到一九六一年四月三十日才刊出，和《新聞週刊》的專題報導相隔近一年的時間。沙林傑此時已能確定，就算《新聞週刊》揭露過一些微不足道的內幕，這次的文章卻是連那一丁點也沒有了。跟艾兒芬相比，愛德華・科斯納更找不到願意受訪的對象，他最後刊出的文章中有很長的篇幅都在抱怨沙林傑的朋友不願受訪。威廉・肖恩告訴他「沙林傑就是不想被報導。」而歐柏公司只表示沙林傑有權保護自己的隱私，也不該受到打擾。不屈不撓的科斯納去了科尼什一趟，但完全沒人願意向他開口。不過最後他還是交出了這篇文章，通篇幾乎都是普羅大眾早已知道的資訊。

這類事件勢必打亂了沙林傑的世界，讓他少有的正常生活陷入危機。他很享受跟佩姬一起散步的時光，也會在去文瑟爾市的郵局時帶著她，或者兩人一起去當地餐館用餐。但現在會有鬼鬼祟祟的陌生人出現在他家的土地上，他們會試圖爬過籬笆，或者在通往他家的路上等待，就希望能撞見他或他的家人。他本來會定期去鎮上參與聚會及教會活動，但現在開始會有記者躲在現場的陰暗走廊裡，也會有攝影師在鎮中心盯梢。沙林傑試著在這種危機四伏的氣氛下養育他四歲的女兒及一歲的兒子，同時希望在這恐懼環伺的環境中保有他們的純眞魔力。克萊兒一定也很不好過。若是之前的她感覺像犯人，那麼現在這些總在附近徘徊的陌生人則讓她寸步難行。更令人感到不安全的是，沙林傑的崇拜者中有些人精神狀況不穩定。隨著他追求超然的名氣及聲譽水漲船高，他也開始收到威脅信，最糟的是，有些寄信的人還威脅要對他的孩子不利。於是任何樹林間的陰影、徘徊不去的人影，或者是在鎮中心滯留的人，都很可能是失去理智且決心要傷害他及家人的狂熱分子。

就在沙林傑的親友開始不停地躲避記者時，美國國務院也開始針對這位作家展開調查。在跟沙林傑有工作往來的對象中，許多深受敬重的人都收到了教育和文化事務局爲了解沙林傑而寄出的問卷。相較於一般大眾對沙林傑的認識，這份問卷的目的無知到令人驚訝。「爲了推動海外文化交流計畫，我們希望將傑洛姆．大衛．沙林傑的名字加入美國專業人士的名單中，」那封信的開頭如此寫道，「若你能簡短、坦誠地針對他的專業及私人資歷提出意見，我們會非常感激。」

其中一封信寄到了韓德法官的手上，他非常熱情地為沙林傑背書。「他是我的一位密友，我願意對他的知識及個人品格致上最高的敬意。」韓德之後還解釋了沙林傑對東方哲學的興趣，還強調他對寫作技藝的執著與奉獻。「他總是堅持不懈地投入寫作，而且不停地重寫作品，直到認為已經盡可能把自己的想法表達清楚為止。」

不過，韓德法官仍不太確定所謂「文化大使」的工作內容為何，因此在信件結尾希望國務院能清楚解釋這份工作對他朋友的要求為何。他在一個星期後收到回信，信中表示沙林傑「會在這份工作中被要求前往各個國家，除了為相關的專業及業餘團體演講、舉辦非正式的圓桌論壇，還會花一些時間和同業討論他們的工作」。這讓韓德不敢置信，看來政府完全不了解沙林傑的個性。韓德對他們沒做好事前調查工作而深感憤怒，他試圖向國務院解釋沙林傑的個性以及他們所面對的處境。「他這個人希望大家都別去煩他，只想獨自生活，」韓德語帶指責，「我真想不出來有誰比他更不可能『舉辦非正式的圓桌論壇』，並花時間跟同業『討論他們的工作』了。」

想讓沙林傑到處旅行和演講本身就是個可笑的想法，不過這個事件不只惹毛了韓德法官，也讓沙林傑開始提防。由於韓德法官回覆的語氣非常篤定，我們可以推測政府應該很快就放棄了正式招募沙林傑的計畫。但這不是重點。之後許多年，政府的許多不同部門，包括美國總統本人，仍會堅持不懈地希望沙林傑能夠為國效命。

□

一九六一年一月，利特爾布朗出版公司在幾份報紙上刊出了一系列廣告，沙林傑計畫出書的傳聞因此獲得證實。廣告畫面中有許多本《弗蘭妮及祖伊》分別以金字塔、直線隊伍，或骨牌陣的方式堆疊或排列。沙林傑允許他們事先推動行銷工作，但要求廣告必須跟沒有插畫的書封一樣沉靜、簡樸。沙林傑極度嚴格地掌控有關新作發表的一切細節，儘管如此，桃樂絲．歐汀和利特爾布朗出版公司仍小心試探，希望說服沙林傑跟出版《麥田捕手》時一樣，接受一些讀書俱樂部的邀約。不過沙林傑早在一九六一年五月，就已經回絕了每月選書俱樂部和讀者訂閱俱樂部（Reader's Subscription Book Club）的邀約。他也拒絕了尋書俱樂部（Book Find Club），並向奈德．布雷德佛德表示：這個俱樂部已經糟到出現了一種美感【註】。事後看來諷刺的是，沙林傑曾表示，《弗蘭妮及祖伊》或許會因爲沒有跟任何讀書俱樂部合作而行銷得有點辛苦，但終究有辦法在單打獨鬥的狀態下「持續增加銷量」。

註：沙林傑回信給奈德．布雷德佛德，表示要婉拒這些讀書俱樂部的邀約時，還附上了一份令人感到有意思的文件。因為某種沒有明說的原因，沙林傑列表蒐羅了從一九四一年七月（〈訣竅〉）到一九五〇年四月（〈致艾絲美——獻上愛與齷齪〉）間所發表的所有故事。透過這張清單，我們可以合理懷疑，沙林傑和利特爾布朗出版公司曾考慮再次推出沙林傑的短篇選集，或許是以和二次大戰有關的故事為主。

不過，利特爾布朗出版公司的編輯是行銷大師，儘管沙林傑的規定嚴格，他們還是找出了聰明的行銷方法。最早一批廣告在書籍出版前六個月推出，當中用撩撥讀者的方式寫了「全美都在閱讀的書籍」，而這種草率的誇大之詞讓沙林傑的書迷陷入瘋狂，全都在作品出版之後衝去搶購，但讀了卻只有失望。

由於出版社早在《弗蘭妮及祖伊》眞正推出前就大肆宣傳，結果不只逗得讀者心癢難耐，也讓評論圈有很長的時間備足攻擊火力。他們上場表現的時刻終於到來，而沙林傑也一直知道這事遲早會發生。九月的第二週，《弗蘭妮及祖伊》正式出版，評論圈立刻一面倒地嘲諷、抨擊這部作品。

一開始的幾篇評論內容非常正向，讓人產生一帆風順的錯覺。查爾斯．普爾是《紐約時報》的評論家，曾在八年前對《九個故事》表達過不滿，但這次卻在九月十四日發表了一篇幾乎可說是興高采烈的書評。「《弗蘭妮及祖伊》比沙林傑先生之前的所有作品更好。」他宣布，還說那「或許是他那個世代一流名家中最棒的一本書」。在之前的書評中，普爾曾嘲笑過〈泰迪〉及〈香蕉魚的好日子〉的結尾，但之後就一直深受格拉斯家族的角色吸引。「這些格拉斯家族的人，或許很會閒扯個不停，」他表示，「但這些儀式性的絕望，卻散發出奇蹟般的活力。」

然而，普爾這次的書評純粹是個例外，大多數評論者都痛恨這本書，而且會分段攻擊。首先是將整本書分成兩部分，然後通常稱讚〈弗蘭妮〉的角色刻畫、語調，以及結構，然後因爲〈祖伊〉中的篤信宗教、缺乏形式、篇幅過長等特質而瞧不起這篇作品，此外最致命的是，他們認爲沙林傑根本是溺愛〈祖伊〉中的角色，祖伊也因此成爲一個毫無現實感的人。簡而言之，在兩篇故事中，〈祖伊〉受到了全國性的一連串攻擊，而當初在《紐約客》的編輯辦公室中，這篇故事也是受到了類似的耳語抨擊。

大多數評論家不是在斟酌作品的好壞，而是在公開責難這位作家。隨著沙林傑一年比一年有名，這些評論者對他抱持的不滿及憎恨持續累積，終於在此刻全面爆發。有些評論根本只是在口出惡言，也有評論則是怯生生地提出指責，但這一切都比不上諾曼・梅勒（Norman Mailer）在一九五九年提出的洞見，他懷疑這些針對沙林傑作品（及所獲成就）的批評，「其根源或許不會比忌妒更優雅」。

除了針對沙林傑及其角色提出批判，這些評論最喜歡攻擊他的讀者，這些讀者被認定為年輕、上中產階級，而且因為受過太多教育而顯得無趣。阿爾弗雷德・卡津（Alfred Kazin）就在《大西洋月刊》（*Atlantic Monthly*）中指控沙林傑是在討好這類讀者過剩的自我意識，技巧性地暗示沙林傑的所有操弄手段就是為了從這些人身上撈油水。他認為：「沙林傑的廣大讀者……認為自己無比易感，精神上孤獨，天賦異稟，而苦難則源自對自己的認知變得狹隘……內心的希望、信任，及對偉大世界的讚嘆感受正逐漸枯竭。」其他評論者也對此表示贊同。瓊・迪迪恩（Joan Didion）在《全國評論》（*National Review*）指控沙林傑有「諂媚讀者內心淺薄本質的傾向」，並指責「他有指導他人如何過日子的嗜好」。

在針對《弗蘭妮及祖伊》的眾多評論中，最重要也最知名的一篇，或許就出自小說家約翰・厄普代克，這篇書評在九月十七日出現於《紐約時報書評報》上【註一】。厄普代克向來敬重沙林傑，也相當喜愛他的作品，不過這次跟激烈抨擊他的陣營站在同一陣線。他的批評非常委婉，而且語帶歉意，讀起來像是一名年輕人要求老師把幾塊錢還給自己，但又非常難為情，因為這個老師曾經借他一大筆錢，而且還沒打算要他還錢。

厄普代克的評論有自我意識過剩的問題，但仍呈現出大多數評論者挑剔《弗蘭妮及祖伊》的論點。他為兩篇故事各自找了開脫的理由，但也表示兩個作品「在同一本書中是完全無法和諧共存的獨立元素【註二】」。他拿兩篇故事中的弗蘭妮作比較，而且顯然就跟大部分評論者一樣，認為〈弗蘭妮〉說的比〈祖伊〉好。對於厄普代克而言，〈弗蘭妮〉發生在一個他可以輕易理解的世界，但〈祖伊〉就像是在夢境中發生的故事：弗蘭妮在彷彿鬧鬼的公寓中莫名就因為跟祖伊的對話而獲得安慰。此外，厄普代克也覺得那段漫無邊際的對話姿態過高。

厄普代克批評的是格拉斯家族所有角色的概念化——根本上是在質疑沙林傑的寫作方向。格拉斯家的孩子太美好、太聰明，也太超脫了，而且沙林傑也過於深愛他們。「沙林傑比上帝還愛他們，」他痛惜地說（模仿的是西摩在〈抬高屋梁，木匠們〉中的說法），「他過於占有性地愛著他們。這些創造出來的角色成了他的庇護所。他對他們的愛已經損害了藝術創作應有的節制。〈祖伊〉實在是太長了；其中有太多香菸、太多『天殺的』，還有太多停不下來的碎碎唸。」

厄普代克的這篇評論確實無法令人愉快，但當中沒有一處讓人覺得心懷惡意，行文間也帶有一定程度的敬意，因此，即便是最擁護沙林傑的讀者，也會喜愛這篇評論【註三】。厄普代克在批判完作品之後，又善意地為文章注入一些活力，他提醒讀者，無論這篇作品有多少缺陷，仍是一位偉大藝術家才能寫出的成果：

他所描繪出的格拉斯家族史，具有創造出偉大長篇小說的潛能。關於作家所選擇的創作方向，在我們妥切使用了油腔滑調又戒慎恐懼的語調，談完對作家創作方向有所保留的部分之後，仍須要意識到，這樣的創作方向，以及作家拒絕因爲自滿止步，也願意爲人類的種種執念代言而干犯可能顯得冗贅的風險，正是藝術家跟表演藝人的不同之處，也讓藝術家成爲足以代表我們的冒險家。

小說家瑪莉．麥卡錫（Mary McCarthy）則寫了一篇截至當時最尖刻的批判文字，當中可不像厄普代克那般具有善意。瑪莉．麥卡錫之所以能建立名聲，是因爲之前寫了一系列文章，意圖摧毀文學中不容置疑的信仰。她的種種人生觀都跟沙林傑南轅北轍。她在自傳作品《天主女孩的回憶》（*Memories of a Catholic Girlhood*）中陳述了對宗教的厭惡、成爲無神論者的經過，以及把信仰轉化爲

註一：厄普代克的那篇評論標題為〈格拉斯家族的焦慮日子〉（Anxious Days for the Glass Family）。由於文章被刊載於《紐約時報書評報》的首頁，成為了針對沙林傑的書評中最廣為人閱讀的一篇。

註二：厄普代克在評論中指出，〈祖伊〉這篇故事消除了人們認為弗蘭妮可能在第一個故事中懷孕的誤解，並做下結論表示，「那樣的想法似乎不符合格拉斯家族的超脫世俗的特質。」

註三：《紐約時報》因厄普代克針對《弗蘭妮及祖伊》的書評收到大量來信。十月八日，《紐約時報》刊登了一篇讀者來信，其中宣稱要「更正」厄普代克文中「某些不正確的事實及可能令人誤解的言外之意」。厄普代克也以很長的篇幅回應這封來信，這篇文字證明了他極熟悉沙林傑的作品，還有對這位作家的推崇。不過他也為自己的立場辯護。「最忠誠的沙林傑迷竟會真心認為我的評論充滿敵意，這點讓我深感遺憾。這不是我的本意，而且在重讀文章後，我仍不這麼覺得。」

知識的過程，可說是跟沙林傑筆下的弗蘭妮完全相反的人物。對於了解麥卡錫的人而言，她會攻擊《弗蘭妮及祖伊》和沙林傑，實在不怎麼令人驚訝，但大家沒預料到她的攻擊會如此猛烈。

一九六二年初，麥卡錫為一份週日發行的英國報紙《觀察報》（*The Observer*）寫了書評，在這篇後來重刊於《哈潑雜誌》的文章中，她指控沙林傑偷了海明威塑造角色的手法。她除了批評《弗蘭妮及祖伊》以外，還抨擊了《麥田捕手》，「沙林傑眼中只有盟友和敵人之分。《麥田捕手》跟海明威的作品一樣奠基於一個排外體系。所有角色都被分成自己人跟非自己人。」而她口中的身為「自己人」與否，此刻顯然取決於是否屬於格拉斯家族。因此，麥卡錫自然認為攻擊沙林傑最好的方式，就是攻擊作者在想像世界中的後裔。「這些神奇的孩子不就是沙林傑本人嗎？」她問，「……看著這七張沙林傑的臉，每個都睿智又可人，簡直像是望進一潭恐怖的自戀水池。沙林傑的世界中除了沙林傑本人以外，一無所有。」

麥卡錫一舉攻擊了三個目標：《弗蘭妮及祖伊》的主題、《麥田捕手》的原創性，以及作家的寫作動機【註】。沙林傑因為麥卡錫的評論而氣到不行，在他看來，其中最可怕的是拿他在世間最痛恨的兩個標籤來進行指控：自大及虛偽。這是沒有人能無視的攻擊。就算有些遲，威廉·麥克斯威爾仍出聲為沙林傑辯護。他提出的論點主要是回應麥卡錫的文章，但也能用來回應各方論者對沙林傑發動的種種攻擊。「噢，老天，（沙林傑）簡直就是一頭待宰的羔羊。」麥克斯威爾悲傷地說，「他的長處不是她會欣賞的那種——包括他筆下的對話、簡潔文風，還有智性的全面缺席。格拉斯家族的故事不是智性的故事，而是神祕主義的故事。」

《弗蘭妮及祖伊》在今日被廣泛認定為一部傑作，許多世代的讀者都推崇這部作品，並肯定這是一部充滿了慈悲、人性及靈性的故事。在現在的讀者聽來，沙林傑那代評論者的訕笑及嘲諷，不過是一些已過氣的思想在當時發出的微弱迴響，而《弗蘭妮及祖伊》卻超越了時間。我們無法想像〈弗蘭妮〉獨立於〈祖伊〉存在，也不可能認爲〈祖伊〉的寫作手法不知節制或篇幅太長。之前許多人認定沙林傑這部作品不會有好下場，但這些說法早已遭人淡忘，而《弗蘭妮及祖伊》自從一九六一年以來仍每年再版，讀者的需求量也隨時間增加。

沙林傑不需要靠時間驗證自己，也不用仰賴威廉・麥克斯威爾這樣的朋友來爲自己辯護。一九六一年九月十四日，利特爾布朗出版公司正式推出《弗蘭妮及祖伊》，而那天發生的事不只讓沙林傑滿意，也是對所有評論者最佳的回擊。興致勃勃的讀者在書店前大排長龍，迫不急待想買到沙林傑的新書。就在出版的前兩個星期，《弗蘭妮及祖伊》賣出了十二萬五千本，猛然躍上《紐約時報》暢銷書排行榜的第一名，這是《麥田捕手》也未曾獲得的佳績。和出版社合作的印刷廠幾乎趕不上市場需求。《弗蘭妮及祖伊》出版的第一年，精裝本重刷了不下十一次，而且在排行榜上待

註：當時人們懷疑麥卡錫之所以攻擊沙林傑，是為了私怨而對《紐約客》展開報復。《紐約客》之前一直以「優先退稿合約」的優渥待遇支持這名作家，那年期滿終止後卻沒有續約。大家都知道麥卡錫因為《紐約客》的勢利眼而氣壞了。當那篇大力譏諷雜誌明星作家的文章出現時，除了攻擊沙林傑，人們也普遍認為那是對《紐約客》的復仇之舉。麥卡錫也在一九六二年六月十六日寫給威廉・麥克斯威爾的信中承認了此事。

了六個月，就連掉出排行榜後仍還是不屈不撓地爬回了榜上。因此，《弗蘭妮及祖伊》在一九六一年及一九六二年都有出現在暢銷排行榜上。

《弗蘭妮及祖伊》的封面設計非常穩重，兩個故事的內容也跟發表在《紐約客》時一模一樣。沙林傑透過在書衣摺頁提供的新訊息，詳述了兩個故事的定位：他正在進行格拉斯家族的系列故事，而《弗蘭妮和祖伊》是其中的一部分。除了已出版的格拉斯家族故事外，沙林傑也保證這系列的其他故事很快會在《紐約客》上出現。這當然不是事實，但沙林傑讓讀者相信《弗蘭妮及祖伊》不過是這系列故事馬拉松的第一棒。「我也已在紙上寫下許多尚未嚴密組織過的素材，」他宣稱，「但我打算進一步仔細處理，用現在非常流行的貿易術語來說：會是『在未來的一段時間內』。」

我們幾乎可以確信，沙林傑在寫下書衣摺頁的這段話時，是眞心預期自己會完成對讀者的承諾，但比較無法令人諒解的是，他爲了自身利益在結尾所說的話絕非事實。「不過，基於一股想要向大家坦誠的衝動，我太太要我補充，我現在和我的狗一起住在韋斯特波特。」這段附加說明不但沒必要，內容也完全不眞實，更令人遺憾的是他還用了「坦誠」這個詞。他住在科尼什已是眾人皆知，這樣的宣稱除了顯示他爲了保護隱私已無計可施之外，也證明他對自己的名氣之大毫無概念。

九月十五日，在《弗蘭妮及祖伊》出版後隔天，沙林傑現實中的處境也變得更無處可逃。就在書店前方又排起漫長隊伍，報紙上也持續有人嚷著沙林傑太愛自己筆下的角色之際，美國發行量最廣也最受推崇的新聞雜誌《時代》週刊上架了，而出現在封面上的正是沙林傑本人。美國文化很少以如此規格去認可任何一位名人的重要性，能登上《時代》雜誌封面，實在是值得珍惜且令人欽羨的經驗。不過，沙林傑卻覺得深受冒犯。考量之前幾次試圖揭露沙林傑私人生活的失敗經驗，《時代》這次決心打破沙鍋查到底，不但派了記者去科尼什，對他的鄰居和附近的雜貨店老闆窮追猛打，連郵差也不放過；還派了調查員去弗吉谷及華盛頓，找出他的老同學和第十二步兵團的同袍。還有些人被派去監視《紐約客》的動靜、在他位於公園大道的舊住處附近徘徊，還跑去他姊姊工作的布魯明黛百貨公司埋伏，就希望能跟她說上幾句話。

結果就是這篇名爲〈桑尼：小傳〉的專題報導，文章的開頭一定讓沙林傑看了內心一沉，當中轉述一群不具名的科尼什當地人的說法。這群人因爲太過好奇，偷偷爬過籬笆偷看沙林傑住處的動靜。這些鬼祟的傢伙顯然沒有被發現，並在觀察過後描述了他們看見的一切：沙林傑的每日生活習慣、那座神祕碉堡的局部樣貌，甚至包括沙林傑的膚色。接著這篇文章歸納了沙林傑人生中的重要事件，也對《弗蘭妮及祖伊》做出了持平的批判。整體而言，《時代》的這篇文章算是雷聲大雨點小，比起揭露內幕更像是在致敬。確實，《時代》希望討好那些對沙林傑的私生活愈來愈好奇的讀者，但其實沒有在文中透露太多祕密。其中宣稱揭發的最大祕密，也不是由那些調查員或爬籬笆的鄰居提供，而是沙林傑自己說過的話。「邪惡的眞相是，」《時代》雜誌故弄玄虛地說，「他這陣子並不住在韋斯特波特，也沒有一隻飼養多年的狗【註】。」

沙林傑恨透《時代》雜誌的這篇文章了，他向所有願意聽的人抱怨了這件事。首先，他認爲這是侵犯他的隱私。他原本想把那些愛偷窺的傢伙從科尼什引去韋斯特波特，但這篇文章徹底粉碎了他的願望。此外，這篇文章諷刺地拆穿了他要的詭計，也讓他看起來很傻。最重要的是，沙林傑非常厭惡那期《時代》雜誌的封面設計。這點並不令人意外。《時代》雜誌的封面會被建檔，也常有人搜集，沙林傑之前可是花了好大心力才確保自己的書封不會長成這種模樣。《時代》雜誌對此也非常清楚；事實上，在他們刊出的文章中，也提及他對這類插圖的厭惡，而他們顯然非常享受能把他的臉大大地印在封面上。負責繪製封面的插畫家是羅伯特．威克利（Robert Vickrey），他畫的沙林傑顯然已出現老態，頭髮開始灰白，面容憔悴。他的雙眼彷彿同時望向一切與空無，表情看起來非常內向，而且哀愁又憂傷。背景理所當然是一片過度茂盛的麥田，上頭有個孩子般的身影張開雙臂，在斷崖絕壁前努力保持平衡。

負責設計的藝術家是羅素．霍邦（Russell Hoban），他發現沙林傑討厭這個設計時非常沮喪。霍邦是沙林傑最忠實的支持者之一，還為了向沙林傑筆下的角色致敬，將兩個女兒分別取名為菲比和艾絲美。然而，他基於崇拜心情做出的成果，卻拉遠了和這位作家之間的距離。一九六一年或許可說是沙林傑最聲名大噪的一年，也是他寫作事業的巔峰，但這一切帶來的後果也令人感傷。若沙林傑的支持者希望能在某天跟他成為朋友，甚至像霍爾頓在《麥田捕手》中所提的那般跟他通上電話，這樣的可能性在一九六年秋天已經全然消失。

《弗蘭妮及祖伊》帶來的迴響非常巨大，再加上伴隨作品出現的無數文章，大眾變得比之前更著迷於沙林傑的私人生活，而且完全超越沙林傑一年前所能想像的程度。任何紙媒只要出現標題像是〈神祕的J．D．沙林傑〉的文章，都能賣得非常好。這樣的主題能引起讀者的好奇心，也能刺激雜誌銷量。不過，他們捏造的迷思將沙林傑變成一個抱持禁慾主義的隱士，這個逃離現實世界的他只在想像力中尋求庇蔭。接著，這些記者動手去揭開由他們自己披上的神祕面紗。而這樣操作的結果，就是讓原本透過紙筆虛構的一切落實在現實生活中，並在過程中讓作家愈來愈難以擺脫這樣的形象。由於媒體們無止盡地窺探，用各種方法侵犯隱私，沙林傑被迫進入本來或許不在計畫內的避世狀態，想要保持低調的決心也愈來愈強。但隨著他愈是注重隱私，也就變得愈難保有隱私。

□

冬季很快就降臨科尼什，秋老虎在九月底出現了身影。一九六一年一個不尋常的日子，光腳的克萊兒．沙林傑懷裡抱著九個月大的兒子，手裡牽著四歲的女兒，正打算出門度過快樂的一天。才剛走出小屋，就聽見籬笆外有人大叫。心懷警戒的她，以佩姬能跟上的速度盡快走向大門。就在克萊兒透過大門向外望時，原本歡快的心情應該立刻消逝無蹤。站在門外的是恩尼斯特．海夫曼（Ernest Havemann），他向克萊兒解釋說《生活》雜誌派他來爲她的丈夫進行報導。「噢，老天，」克萊兒煩惱地說，「別又來了。」

註：其實沙林傑在一九六一年時確實有養一隻狗。就在《時代》雜誌的文章刊出時，《生活》雜誌的攝影師有拍到狗的畫面。沙林傑宣稱自己和一隻狗住在韋斯特波特的說法，是取自他因為《麥田捕手》接受威廉．麥克斯威爾訪談時所說的內容，而當時說的狗是他深愛的雪納瑞犬班尼。班尼死掉之後，沙林傑似乎很難找到取代班尼的狗，而《生活》雜誌拍到的還是一隻小狗，看起來應該是佩姬養的狗。

17 — 抽離

一九四四年七月八日，在同盟軍拿下瑟堡一個多星期之後，第十二步兵團的一位中士因爲吉普車輾到地雷而遭炸死，沙林傑自從反攻日以來就一直跟這名中士同生共死。這名中士死後獲頒紫心勳章，他的父母哀痛欲絕，軍方保證他們的兒子是爲了崇高目的而犧牲。不過，那場意外發生在兩場交戰之間的空檔，當時他應該要感覺安全才是。他撐過了猶他海灘、埃蒙德維爾和蒙特布爾，但就在最不覺得可能出事的時候，死亡選擇將他撂倒。

死亡的獨斷特質在沙林傑腦中留下深刻印象，後來也出現在他的作品中。文森．考菲爾德在許特根森林暖手時突遭迫擊砲攻擊而死，華特．格拉斯也因爲一座看似無害的日本小火爐而死；面對生死只有一線之隔的隨機命運結構，這一切都是沙林傑所發出的悲鳴。戰爭期間，沙林傑的身邊充滿這種不幸，因此逐漸理解「死亡」沒有任何高尚情操可言，純粹是毫無目的地選擇被害者。他自己是倖存下來了，但這樣的倖存沒有任何道理可言。一九四四年七月，駕駛那輛吉普車的人很可能是他，在森林中受到迫擊砲攻擊的人也同樣可能是他。因此，沙林傑退役之後的一生，始終是個根深蒂固的宿命論者。

到了一九六〇年，沙林傑的宿命論傾向顯然已經發展出一種宗教信仰的力量。一九五七年時，他告訴傑米．漢密爾頓，他沒辦法控制自己要寫什麼主題，是更崇高的力量決定他要寫什麼。他曾在一九五九年對韓德法官提出忠告，表示若上帝需要一個人做得更多，會想辦法讓他知道，就連沙林傑的角色都跟這項信念遙相呼應。在〈西摩：小傳〉中，巴迪．格拉斯勸告讀者：「眞正的詩人無法選擇題材。絕對是題材選擇了他，而非他去選擇。」

一九六〇年四月，沙林傑看到了一個陰沉的異象，看到自己坐在一個舞廳中，眼前是許多舞者隨著樂隊演奏的旋律跳著華爾滋。奇怪的是，樂音變得愈來愈微弱，舞者也愈來愈遠。在那個孤獨的畫面中，沙林傑逐漸從周遭的世界抽離——與其說是出於選擇，不如說是因爲命運。「多年來，我始終知道這就是老天對我的安排。」他悲傷地說。不過他拒絕爲此口出怨言，堅持那是他唯一明白的工作方式，也認爲離群索居是爲了投身寫作必須付出的代價。

在科尼什的每個冬天似乎都變得更漫長，沙林傑愈來愈覺得與世隔絕。他很常感到憂鬱，但不容許任何事情阻止他工作。更糟的是，在一九六一年九月，佩姬開始上學了。沙林傑之前總把注意力放在女兒身上，兩人每天一起散步的時光已成爲他生活中最快樂的事。於是，他的每日行程因爲女兒上學而出現空白，只好把原本跟佩姬一起度過的時間都用來窩在碉堡裡工作。沒過多久，工作就開始變得比一切都重要，他也開始經常錯過跟家人相處的機會。一九六一年冬季，沙林傑和克萊兒帶著兩個孩子到紐約市，四人一起在沙林傑父母位於公園大道的住處歡度佳節；但這次的旅行是少見的例外。隔年冬天，佩姬和馬修都染上了支氣管炎，克萊兒把他們帶去佛羅里達州的聖彼得堡市（Saint Petersburg），而沙林傑則待在家中的打字機前。到了一九六二年冬天，克萊兒和孩子到巴貝多（Barbados）找克萊兒的母親一起度假【註】，沙林傑則又留在家裡，這次的藉口是得寫新書。

在此同時，沙林傑發現自己沒什麼朋友可以尋求幫助。他之前拋棄了不少朋友。而因爲傑米．

漢密爾頓的關係，也不再跟羅傑．梅邱來往；若兩人在不同的情況下認識，其實可以建立非常眞誠的友情。一九五九年十二月之後，他和惠特．博奈的關係已無可挽回，而膽敢在一九六一年接受記者訪問的人也早已被他斷絕往來。

沙林傑當時或許還不知道，雖然他這一生曾經遇上許多貴人，但這樣的好運已經用完了，不會再有人去塡補那些離去友人留下的空缺，或在他需要肯定時提供慰藉。那些消失的人只留下一堆空白，提醒著沙林傑，他在舞廳中坐的那張椅子離眾人有多遙遠。

一九六一年七月二日，作爲沙林傑戰時友人兼心靈慰藉的海明威，在愛達荷的家中自殺。六個星期後，沙林傑的密友兼知己樂恩德．韓德法官在紐約過世。對於沙林傑而言，充滿樂音的舞廳開始變得安靜。他因爲工作習慣而離群索居，因爲媒體而變得更不愛接觸人，不過到了此刻，一切已進化成因爲他所深信的宿命論而無從逃避的孤寂。

沙林傑並沒有刻意選擇遠離這個世界，他的孤絕是由於許多因素默默發展後將他吞噬的結果。令人傷感的是，他有意識到自己逐漸被這道陰影籠罩，卻又覺得無力回天。他的工作成爲一種神聖的義務，而他也接受若要完成這項義務，就得承擔孤獨以及與世隔絕的代價。在《弗蘭妮及祖伊》的書衣摺頁上，他在自我介紹中向大眾分享了自己的感受。他坦承感覺自己逐漸消失在筆下的作品中，也表示「我想，這眞的很危險，我遲早都會陷入其中，甚至可能徹底消失在自己的寫作技法、語調，還有古怪癖性中。」但他仍希望能在實踐這份寫作天職時保有自我。「不過，整體而言，我還是非常樂觀。」然而在這段對大眾的自白中，沒有任何跡象顯示他打算改變自己的人生走向。就外界看來，這段話證明了他將生命交給反覆無常的命運，不過就沙林傑個人而言，他只是遵從上帝的意志，從未考慮過其他可能性。

□

《弗蘭妮及祖伊》大受歡迎，但沙林傑的名聲仍主要是建立在《麥田捕手》。一九六〇年，《麥田捕手》悄悄爬回《紐約時報》的暢銷排行榜上（第五名），銷量到了一九六二年已經累積超過二百萬冊。因此，當圖書館、學校董事會及教職員激烈反對引進《麥田捕手》，而此舉可能害他失去一大批熱情的年輕讀者時，沙林傑選擇保持沉默，這非常令人費解。

《麥田捕手》是在一九五四年第一次遭受質疑，當時表示不滿的是加州某間學校的董事會。於是從那時開始，就有許多人曾嘗試審查這部作品，除了要求學校教室不准出現這本書之外，也禁止教師推薦學生閱讀。圖書館、學校董事會及家長團體指出，《麥田捕手》中的霍爾頓滿口髒話，再考量他面對權威人士、性愛及教育的態度，實在不該讓他對孩子產生影響。由於《麥田捕手》賣得很好，爭議也隨之擴大。小說愈受歡迎，受到反對的力道就愈強。《麥田捕手》一開始是被使用在一些大學課堂上，但隨著本書在學界愈來愈風行，開始有高中老師會在課堂上推薦給學生，有些老

註：從克萊兒的母親和第二任丈夫在一九五七年時收容過她之後，沙林傑就一直對他們心懷怨恨。由於沙林傑始終不想讓金恩・道格拉斯和家人有太多接觸，佩姬・沙林傑表示她是去巴貝多時才初次見到外婆。之後幾年，克萊兒和孩子常去拜訪金恩，但母女之間的關係始終瀰漫著一種疏遠的氛圍。

師甚至會試著公開教授這本書，藉此測試學校的容忍度。只要有老師教這本書，都能立即收效，許多學生都覺得霍爾頓講出了他們內心最深處的感受。不過，家長普遍認爲霍爾頓既不得體又滿口穢語，因此總會在發現孩子對這個角色著迷時大感驚駭，更何況這傢伙喝酒、抽菸、滿嘴髒話，沒事會去雞尾酒吧，還會付錢召妓。據一份一九六二年的調查指出，加州大學教授將這本小說放在推薦學生閱讀清單中的第一本，而在此同時，《麥田捕手》也成爲全美查禁規模最廣泛的書籍。

據我們所知，沙林傑只針對這個議題公開發言過一次，而且就連那次的發言也不痛不癢，因爲與其說是回應這一切，不如說是表達早已預料到這一切的發生。就在書籍出版前沒多久，利特爾布朗出版公司曾針對特定媒體發出一份新聞稿，其中引用了沙林傑的話，表示他擔憂《麥田捕手》可能會因爲使用的語言及內容受到審查。「我有一些最好的朋友還是孩子，」他這麼說，「事實上，我最好的朋友都是孩子。光是想到我的書會被放在他們拿不到的書架上，就幾乎讓我難以承受。」這段話主要是對批發商說的，後來卻成爲作者唯一針對審查議題做出的公開發言。

到了一九六〇年，就連之前對《麥田捕手》可能遭受打壓的微弱反抗意志，都已消融在擁抱宿命論的心境中。沙林傑再次將寫作視爲自己必須接受宿命的理由。多年來一直有個名叫唐諾．菲恩的研究生寫信給他。唐諾曾經是高中英文老師，卻因爲推薦了《麥田捕手》給學生閱讀而遭學校開除。他現在是路易斯維爾大學的講師，同時也在攻讀碩士學位，而他給了自己一個艱難的任務，就是要搜羅沙林傑的所有作品及譯本後編纂研究書目提要，並將此當作碩士論文的內容。在寫了許多信給沙林傑卻沒有得到回應之後，菲恩非常震驚地在一九六〇年九月收到了作家的來信。沙林傑在信中致歉，表示無法爲他的計畫幫上忙，但接著針對《麥田捕手》遭受打壓的審查爭議談起了個人感受。「這件事讓我非常難過，」沙林傑寫道，「我常會想，我是否已經無能針對這個議題做些什麼了。」他說他自己已經決定徹底忽視這項爭議；爲了全心投入新作，他目前正在「全心沉潛」，已經選擇放下，也不再感覺必須對舊作負責。

□

一九六二年六月的第一個星期，《弗蘭妮及祖伊》在英國出版了。在和傑米・漢密爾頓鬧翻之後，沙林傑盡量不再跟出版商直接往來，但同時對書籍出版的呈現細節也控制得更徹底。歐柏公司負責幫他在英格蘭尋找合適的經紀人，歐汀選了代理哈波・李的休斯・麥西公司（Hughes Massie & Co.），並將爲《弗蘭妮及祖伊》找出版商的任務交給他們。第一批出價的出版商當中，也包括了傑米・漢密爾頓，就法律上而言，出價一萬英鎊的他應該是得標者，但是沙林傑不管這些而直接接受了威廉・海恩曼（William Heinemann）四千英鎊的出價。傑米・漢密爾頓可以因爲違約而告他，但他沒選擇這麼做，也希望藉此了結他口中「生涯中最痛苦的經驗」。

不過，休斯・麥西和威廉・海恩曼的苦難才正要開始，他們很快就體驗到利特爾布朗出版公司隨時會被沙林傑惹惱的工作日常。沙林傑立刻就拿自己追求完美的標準來要求他的新任經紀人及出版商。沙林傑的經紀人在一九六二年三月草擬了準備跟海恩曼簽訂的合約，其中附帶了許多規定周密的細節，在海恩曼看來，想必相當不可思議。合約內容規定任何宣傳活動都得經過沙林傑同意，他的相片不能出現在書衣上，所有廣告在送印前都必須先給他看過，而且不能使用任何對他「有利或不利」的引言。不過，威廉・海恩曼還是簽了這份合約。

五月，沙林傑在英國版的《弗蘭妮及祖伊》出版前收到了樣書（可以想像的是，在經過始終沒拿到《致艾絲美——獻上愛與齷齪》的成書後，這也是在合約中明訂的流程），之後立刻寫信給英國的經紀人休斯．麥西。海恩曼版本的《弗蘭妮及祖伊》，遵照了沙林傑的所有要求，但他還是覺得成品看起來很廉價。沙林傑宣稱，這本書讓他聯想起「任何低成本的鐵幕國家有可能製造出的產品，甚至他們還做得比較好」。對於沙林傑的失望，休斯．麥西在回應桃樂絲．歐汀時，語帶歉意，態度堅忍，但話語間的諷刺也非常高明；他的回應指出：沙林傑的不滿似乎基於兩個層面：紙張的尺寸，以及裝訂封皮的材質。最後英國版的《弗蘭妮及祖伊》在一九六二年六月送到讀者手上時，一切狀態都跟沙林傑在五月收到的版本一樣，不過兩年後，當沙林傑的下一本作品在英國推出時，紙張尺寸及裝訂封皮的材質都有升級。

□

一九六三年一月二十八日，沙林傑出版了第四本作品，現在我們知道這是他的最後一本發表作品。正如《弗蘭妮及祖伊》一樣，《抬高屋梁，木匠們和西摩：小傳》（*Raise High the Roof Beam, Carpenters and Seymour—an Introduction*）也是由之前發表在《紐約客》上的兩個故事集結而成，標題也是兩個篇名的結合。沙林傑在一九六〇年決定出版《弗蘭妮及祖伊》時就打算出版這本書，也同時進行出版工作。他之前就希望能在出版《弗蘭妮及祖伊》後接著推出《抬高屋梁，木匠們和西摩：小傳》，基本上發行時間是依照出版社規劃的日程進行，不是為了回應外界對《弗蘭妮及祖伊》的批評，也不是因為第一本書的成功。

就跟之前的合集一樣，沙林傑也針對《抬高屋梁，木匠們和西摩：小傳》提出了一長串例行要求，包括封面上不可以有圖像設計、宣傳語和相片，除了沙林傑本人寫的文字之外，也不能有任何附加文字。出版前不能有太多宣傳，少數刊登出來的廣告風格也非常沉靜、節制。一月七日，有一頁全版廣告出現在《出版者週刊》（*Publishers Weekly*）上，宣告這本書即將發行，畫面中除了書籍本身的圖片之外，沒有任何插畫。四月七日，在《紐約時報書評報》刊登的廣告中，有一批書被疊成金字塔，風格跟之前《弗蘭妮及祖伊》的廣告類似。事實上，《抬高屋梁，木匠們和西摩：小傳》的宣傳手法就跟《弗蘭妮及祖伊》一樣，只是開始的時間比較接近正式出版日期。

乍看之下，在《弗蘭妮及祖伊》受到評論界的大肆攻擊之後，沙林傑還敢推出這部新作，實在是臉皮很厚，更何況其中還收錄了令人費解的〈西摩：小傳〉。不過到了一九六三年，沙林傑對創作抱持的宿命論信仰已無比堅定，專業讀者提出的意見已無法對他造成影響。確實，他原本害怕消失在作品中的恐懼，此刻已轉化為對寫作的全面性臣服。在《抬高屋梁，木匠們和西摩：小傳》的書衣上，他提到自己現在的身心都深陷於格拉斯家族的系列故事中，而且沒打算為此提出任何辯解。他不再像之前那樣害怕自己陷入作品的泥淖中，反而向讀者解釋，他之所以將〈抬高屋梁，木匠們〉和〈西摩：小傳〉合為一本書出版，是為了不跟後續出版的格拉斯家族故事產生衝突。他向讀者保證，關於格拉斯家族歷史的新故事正在進行中，目前正在「成形、擴增細節——每個部分都各自進行著」，無論在紙上或腦中都有所進展。若說此刻的他已陷入格拉斯家族的羅網，對此沙林傑表示，受到監禁的他也是幸福的。「奇怪的是，」他補充表示，「創作格拉斯家族帶來的喜悅及滿足，竟然隨著時間過去而增長、變得深刻。」

然後是一九六三年，讀者獲得了承諾，他們相信未來會讀到沙林傑的許多作品——作者保證會繼續寫作、出版格拉斯家族歷史的故事；其中有些篇章正在進行，另外有一些接近完成。這不是一個空泛的承諾，當利特爾布朗出版公司推出《抬高屋梁，木匠們和西摩：小傳》時，就已在協商要為他的新作支付七萬五千美元的預付金了【註二】。

可以預期的是，無論格拉斯系列為作家帶來多少喜悅，評論者都不想再被這系列故事荼毒——而且這系列目前看來還會無止盡地發展下去。整體而言，評論者對《抬高屋梁，木匠們和西摩：小傳》的敵意不像對《弗蘭妮及祖伊》那麼強烈，不過對於此書之後還會出現格拉斯家族故事的可能性，幾乎都大發牢騷。他們非常明確地呼籲沙林傑停止這個系列。《紐約時報書評報》對沙林傑提出指控，認為他是個「賣弄智慧深度的自溺作家，過程中還故作扭捏，一副困窘的模樣」。不過，真正勇敢將許多評論家不願透露的惱怒情緒說出來的，卻是《時代》雜誌，他們諷刺地出言嘲弄：「所有成年讀者都開始懷疑，這個令人猜不透的西摩是否擁有一個值得跟大家分享的祕密。若是有，沙林傑又是何時才要跟大家分享？」

《弗蘭妮及祖伊》大獲全勝的經驗，讓沙林傑學會不把那些評論家的訕笑當一回事，反正從一般讀者身上尋求認同即可。而當《抬高屋梁，木匠們和西摩：小傳》出版後，讀者確實也再次站在他這邊。這本書極受歡迎，不但很快就賣出超過十萬冊，還在《紐約時報》的暢銷排行榜上占據了第一名位置。《抬高屋梁，木匠們和西摩：小傳》的銷售量沒有《弗蘭妮及祖伊》來得好，但因為《弗蘭妮及祖伊》取得的成就太高，這樣的比較其實也沒必要。《抬高屋梁，木匠們和西摩：小傳》仍在文壇造成轟動，也是在一九六三年高居年度第三名的暢銷書。

有了讀者的推崇，沙林傑才能對抗評論者提出的建議，因此，他知道自己對這些讀者有所虧欠。《抬高屋梁，木匠們和西摩：小傳》二刷時，他遲來地將本書獻給讀者，柔情地將他們稱爲自己的家人。這段獻詞不只表達了他對一般讀者的感謝，也是在嘲笑那些專業評論者。沙林傑在這本書中的許多話都被流傳，不過其中這段絕對是文學史上最著名的獻詞之一：

若這個世上眞還有業餘讀者——又或者是能「讀完就算了」【譯註】的那種人——我懷抱著難以言喻的情感及感激，要求這位「他」或「她」跟我的妻子及小孩四人共享這份獻詞。

這份獻詞寫了二十四年之後，沙林傑證明自己徹底實踐了自己從惠特·博奈身上學到的一課。他尊敬讀者，也相信他們能讀懂作品中的啓示，而他的事業也因此獲救。當他周遭的世界逐漸消失，家人變得疏遠，朋友也一個個消失之際，是被他稱爲「賞鳥人」的一般讀者拯救了他，也就是福克納深愛的那些沉默讀者。至於其他人，沙林傑的態度非常簡單：管他們去死。

註一：一九六三年的七萬五千美金是很大一筆數目。沙林傑既然願意考慮接受這個價格，就表示他有意願繼續出版，也對自己之後的創作有信心。

譯註：這裡的「讀完就算了」（reads and runs），也呼應了本書作者之前說沙林傑寫作時有「惹事後逃逸」（hits and runs）的特質。

18 ─ 道別

一九六三年一月，《抬高屋梁，木匠們和西摩：小傳》出版前兩週，為了慶祝辨喜的百年冥誕，羅摩克里希那─辨喜中心在華威酒店舉辦了一場宴會。會中的主題講者是聯合國祕書長吳丹（U Thant），他在演講中談及辨喜對於促進多元族群彼此理解，以及這個中心對世界和平的貢獻。在所有宴會桌最前方的座位上，幾乎正對著演講台的就是J·D·沙林傑，當時他才剛結束新書的最後潤飾工作。沙林傑在現場拍的團體照中，掛著輕鬆滿意的大大微笑，那可是他在海外郵輪「康絲宏姆號」上工作時才出現過的微笑。而這張一九六三年的晚宴照片，也跟一九四一當年一樣，見證了世界即將翻天覆地的前一刻。

短短兩年間，沙林傑的人生發生了太多變化。一九六一年初，格拉斯家族的角色還只是在《紐約客》雜誌上微弱碎語，之後卻猛然躍上國際舞台。這些角色為作家帶來的物質及事業成功也超越了他的預期。在此同時，《麥田捕手》更是受到了爆炸性的歡迎，也建立了在美國文學史中的經典地位。

其實前一年的三月，就已經有人預見沙林傑會在一九六三年大放異彩。那個人是艾略特·弗列芒─史密斯（Eliot Fremont-Smith），他在《村聲》（*The Village Voice*）報紙上刊登了一篇遲來的《弗蘭妮及祖伊》書評。弗列芒─史密斯（這名字一定會讓《九個故事》的書迷捧腹大笑）指出一個毋庸置疑的事實，「J・D・沙林傑在當代作家中的處境非常特殊，相對於他稀少的產量……所得到的關注卻能輕易讓任何其他作家相形失色。」

沙林傑能獲得《村聲》的讚美，可說是極高的成就，但這也無意間強調出此時讓沙林傑陷入僵局的兩個私人困境。無論是成功、財富、讀者對他的崇拜，還有在科尼什隱居處都躲不掉的外界關注，都直接餵養了他的自尊心，也重新掀起了他在〈祖伊〉中痛苦承認自己內心所面臨的掙扎。就在沙林傑嘗試駕馭內心傲氣之際，他知道自己有義務出版作品，也知道必須是新作。正如弗列芒―史密斯委婉地指出，沙林傑最近出版了兩本為他帶來成功的作品，但兩本都是發表過的舊作。到了一九六三年一月，沙林傑已經將近四年沒有發表新作品。當然，他手上是有新作，私人通信內容也顯示他一直在寫格拉斯家族的系列故事，但他就是遲遲不願發表。

一九六三年的沙林傑顯然醉心於創作，而他的內在矛盾也反映在角色中。他不只跟祖伊一樣面臨與自尊心搏鬥的危機，也跟西摩・格拉斯一樣在沒歸屬感的世界中感到危機四伏，因而與世人漸行漸遠。考量他當時的名聲，沙林傑或許覺得若再經歷一次成功——尤其緊跟著前兩次作品大賣的經驗——他或許就要無法控制自己的傲氣，精神修煉也可能誤入歧途。沙林傑的作品就是他的禱詞，兩者在這些年來始終是同一件事。沙林傑的抱負不再是獲得成功，而是要持續禱告。儘管出版作品會帶來物質報酬，但他仍在不追求報酬的前提下實踐的自己的抱負。他持續透過寫作禱告，也繼續出版作品。目前的他仍是「獻身上帝的作家」，也嘗試遵循羅摩克里希那的教誨；羅摩克里希那認為「我們不可能徹底放棄工作」，並指導他的追隨者「去做你的工作，但將成果交付上帝」。

沙林傑小心翼翼地將出版當作一種精神性義務，同時還要抗拒受到勢必會因勞動而生的成果誘惑。他從羅摩克里希那的話語中汲取力量，相信自己能夠做到。而現實狀況是，寫作一直是沙林傑人生的驅動力，他不知道該如何用其他方式生活。

沙林傑透過勞動獲得的成果確實有其意義，他也不反對物質帶來的種種舒適，但若考量其地位，確實會發現他發展出一種少見的簡樸習性，畢竟他成長於富裕的環境，之後又在事業上獲得了非凡成就。他從未滿足於因爲書籍出版而獲得的財務報酬，也不停咒罵出版社的貪婪。所以他錢花得很省，必要時也通常都是用在科尼什的房屋裝修或家人身上。

相較於沙林傑及克萊兒的成長環境，佩姬和馬修的童年過得非常樸素。科尼什當地沒有任何居所足以和沙林傑在公園大道的老家相比擬，當然也比不上克萊兒老家在義大利的夏季別墅【註一】。沙林傑夫妻最不希望看到的，就是孩子覺得自己比同儕優越。不過，在佩姬和馬修的成長過程中，仍因爲家長的上流背景而建立了廣大人脈。他們沒有過著本來能過的輕鬆、高人一等的生活，但若未來選擇進入上流世界，沙林傑仍確保他們絕對能夠如魚得水。無論沙林傑本人參不參加，他們全家每年二月都會去佛羅里達度假。到了一九六〇年代中期，他們常會在旅行後花很長一段時間待在歐洲或是加勒比區域。馬修會在那裡上網球和騎馬課，還能去私立學校上課，佩姬則會在廣場飯店的橡木廳學習餐桌禮儀【註二】。沙林傑的兩個孩子從未受到溺愛，但過的生活仍跟科尼什當地的農家孩子非常不同。

《弗蘭妮及祖伊》的版稅讓沙林傑的收入增加不少，因此他決定用其中一部分來翻修、擴建科尼什的小屋。他們又爲馬修多蓋了一個房間，在此之前，兩歲以前的馬修都跟佩姬擠在同一個房間裡。佩姬的房間進行了整修，兩個孩子生活中長期面對的大量漏水問題也總算獲得解決。沙林傑擁有一輛吉普車跟一輛房車，之前冬天時總放在韓德法官家的車庫中，而既然法官過世了，他得自己有座車庫。他不但爲此建了一間車庫，還爲了增加舒適度，從車庫建了一條通往屋內的地下通道。

曾有一段時間，克萊兒滿腦子想的都是這些翻修工程。這些承包商會做出小屋的迷你模型，配上許多可以移動的附加組件，好讓她確認各種排列組合的可能性。沙林傑痛恨施工帶來的騷亂，但克萊兒對此感到開心，而她的投入也引發了另一個有趣的提問。這次的工程在沙林傑的新車庫上建起一間公寓，其中還附有廚房及浴室。沒人清楚究竟是誰決定增建公寓，有可能是克萊兒希望能在這裡招待訪客住宿。不過一旦完工後，沙林傑就自己住了進去，可見他愈來愈沉迷於孤獨的傾向，也能看出他的婚姻關係變得更爲緊張。

一九六六年，沙林傑以最昂貴的代價擴張了手上擁有的地產。就在前一年，他家隔壁的農場出售，沙林傑對自己九十英畝的土地非常滿意，所以一開始並沒有表示興趣。但他在得知上面要蓋拖車公園時嚇壞了，立刻拿既有房產去貸款，買下隔壁的土地。購買這片土地花掉他大半存款，但也

註一：就在那一年，克萊兒的母親輪流在三個家中居住：曼哈頓的公寓、百慕達的家，還有另一個位於義大利的家。二戰時期，克萊兒的童年雖然在不同寄養家庭流浪，卻從未忘記自己的上流出身。

註二：在孩子的教育方面，沙林傑不同意霍爾頓・考菲爾德對寄宿學校的看法。馬修後來被送去菲利普斯學院（Phillips Academy Andover）就讀，那是全美最富盛名的私立學校之一，他在那裡和小約翰・甘迺迪成為同學（他的祖母為此感到開心）。

讓他跟科尼什當地人的關係變得更親近，因爲他們都不想看到拖車公園糟蹋這座小鎮，但又拿得標的開發商沒辦法。這個事件帶來的影響非常深遠。鎮上居民始終不忘他出手拯救的恩情，很快就發誓效忠這位當地最有名的居民。之前沙林傑是透過建造籬笆來保護自己的隱私，現在這些居民則選擇幫沙林傑抵擋來自外界的侵擾。

沙林傑在一九六〇年代初期的成功，也反映了美國的繁榮盛況。一九五〇年代是停滯的年代，也是從眾及沙文主義的年代，此時社會卻因爲沒有預料到的經濟榮景而活躍起來。自我探索及質疑傳統的風氣逐漸滲入美國人的性格中，在此同時，多彩多姿的浪漫氛圍也重新進入美國人的生活。人們開始擁抱多元，也願意敞開心胸接受新的可能性。一九六三年，當沙林傑在華威酒店參加百年冥誕的宴會時，美國是一個自信滿滿的國家。這個國家對自己的世界定位深信不疑，也確信未來能夠穩當地發展下去。

沒有什麼能比美國的第一家庭更能象徵這個時代的樂觀主義了。甘迺迪一家年輕、有文化素養、富有，又時髦，他們創造出一種住在卡美洛王國（Camelot）【譯註】的意象，美國人也迫切想把他們的形象套到自己身上。當約翰．甘迺迪在一九六三年十一月二十二日遭到刺殺時，整個世界都大爲震驚，美國原本的自信姿態也立刻因爲猜疑及自我懷疑而變得退縮。這個國家不只失去了他們的精神領袖和自我形象，還失去了一部分的純真。

甘迺迪的死讓沙林傑傷心欲絕，他非常尊敬這位總統，但內心對他抱有比敬重還更私密的感受：他覺得甘迺迪一家就像他的朋友。一九六二年春天，甘迺迪總統邀請他去白宮參加一場爲大眾作家舉辦的宴會。他本來打算接受邀請，之後卻又猶豫不決，因爲他才在幾個星期前拒絕了甘迺迪政府要求他為政府工作的提案。

一九六一年秋天，高登・李許（Gordon Lish）聯絡了沙林傑。李許是加州帕羅奧圖的行為研究室（Behavioral Research Laboratories）主任，負責語言學研究，而他的單位跟聯邦政府的經濟機會辦公室（Office of Economic Opportunity）有業務合作。李許想找沙林傑參與新成立的職業培訓（Job Corps）計畫，要他為失業的都會青年寫一篇打氣的文章。一九六二年二月，沙林傑致電回覆李許。根據李許所說，沙林傑聽起來戒心很重，態度遲疑；他解釋自己只會寫考菲爾德家族和格拉斯家族的故事，或許不是為職業培訓計畫寫文章的好人選。「噢，老天，就算這樣也無妨，寫你能寫的就好。」李許這樣回答他。「你找我只是因為我有名而已。」沙林傑提出指控，「不、不、不，」李許反駁，「是因為你知道怎麼跟孩子說話。」沙林傑沉默了一會兒，接著令人吃驚地坦承。「不，我沒辦法，」他說，「我甚至不知道怎麼跟自己的孩子說話【註一】。」

因此，收到白宮邀請的沙林傑，抱持著觀望態度。受邀是一種榮耀，但他怕一旦參加了這種場合，就會再次被迫為政府服務。他或許能在電話中拒絕高登・李許，但要是總統當面邀請他，要推辭可就不容易了。他之所以遲疑，還有其他原因。白宮晚宴的場面勢必鋪張，流行時尚是現場焦點，因此也會擠滿各家媒體，而大家的目光都會集中在他身上。此外，晚宴可能會要求沙林傑正式發言，甚至可能頒個什麼獎給他。簡而言之，那個場面包括了他多年來抗拒且敬而遠之的一切。

譯註：卡美洛王國（Camelot）是傳說中的亞瑟王建立的王國，有座金碧輝煌且堅不可摧的巨大城堡。

但甘迺迪一家人可不好拒絕。由於始終沒有得到回覆，賈桂琳．甘迺迪（Jacqueline Kennedy）試著親自說服這位作者。就在那年春天，沙林傑在科尼什家中的電話響起，接電話的是克萊兒。根據興奮偷聽的佩姬表示，第一夫人表達了對沙林傑才華的敬佩之情，也希望沙林傑夫妻能參加晚宴。克萊兒附和著對方的話，之後趕忙叫丈夫來接電話。沙林傑發現電話另一頭是賈桂琳．甘迺迪時一定很驚訝，當賈姬（Jackie）懇求他前來時，他幾乎沒說什麼，但最後仍沒有屈服於她傳奇性的動人魅力。沙林傑實在無法忍受這樣一個必須不停受人檢視，並讓大家得以自我耽溺的夜晚，也不想參與自己在作品中譴責的各種活動，畢竟這樣實在太「虛僞」了。

克萊兒和佩姬大概永遠都無法原諒他，畢竟她們因此錯過了去卡美洛王國一遊的機會。沙林傑或許也永遠無法原諒自己。一九六三年十一月的最後一週，沙林傑就跟大部分美國人一樣大受打擊，他沉默地坐在電視機前，看著爲甘迺迪總統哀弔的送葬隊伍在眼前延展開來。就在他看著送葬行列往阿靈頓公墓（Arlington National Cemetery）前進時，眼前出現了自從戰爭結束後就一直讓他難以忘懷的熟悉場面：一排排軍人隨著陰鬱的送葬曲踏步行進，他們護送著一具鋪著國旗的棺木，旁邊還有匹沒有騎士的馬，象徵軍中倒下的兄弟。這些畫面讓沙林傑不自覺地憶起戰爭的一切。過去的痛苦回憶及眼前的憂傷場面，讓他啜泣起來。佩姬在將近四十年後回憶這個場面時仍非常震撼，因爲「我一生只看過一次父親哭泣」。

□

根據我們目前所知，一九六四年的沙林傑，同時進行著兩個寫作計畫：一個是格拉斯家族系列的新故事，標題爲〈哈普沃茲16，1924〉，另一個則是爲惠特・博奈即將出版的一部合集寫導讀，這篇文字也將成爲兩人關係的墓誌銘。博奈計畫集結《故事》雜誌上由不同作者發表的五十五個短篇，並打算在一九六五年出版這部命名爲《故事慶典：說了三十三年的故事》（*Story Jubilee: 33 Years of Story*）的合集。他又找了沙林傑，希望他同意讓其中一篇故事收錄在合集中，沙林傑再次拒絕了他的要求，而博奈大概也不怎麼驚訝。不過，沙林傑主動表示要爲選集寫導讀。這篇新寫的文字能滿足博奈的願望，讓這部合集跟沙林傑扯上關係，而沙林傑也能藉此確保舊作不被收錄進去。博奈非常感激地同意了，沙林傑也在一九六四年斷斷續續寫著這篇導讀。當寫完這篇五百五十字的導讀之後，沙林傑立刻寄給了故事出版社。

沙林傑在這篇導讀中，寫了博奈上課時談到福克納的場景，這個一九三九年的關鍵事件，讓沙林傑學會了作家寫作時必須待在幕後的重要性，也讓他懂得尊重讀者。考量到兩人多年來的敵意，

註一：我們必須謹慎看待高登・李許針對一九六二年跟沙林傑通話內容的描述。因為他是在超過三十年後才將此事告訴作家保羅・亞歷山大（Paul Alexander），而李許也不是僅和沙林傑交手過這一次。一九七三年，李許擔任《君子》雜誌編輯時，曾寫了一篇標題為〈為了梅鐸——但無法保證〉（For Rupert–with No Promises）的故事，其中刻意模仿了沙林傑的寫作風格。他把這篇故事匿名發表在《君子》上。由於大家普遍認為作者就是沙林傑，這篇故事造成了極大的轟動。等李許終於承認這是他玩的把戲時，整件事早已鬧上報紙頭版。盛怒的沙林傑透過桃樂絲・歐汀寫信去把他罵了一頓，表示這個詐欺行為「荒唐又可鄙」。但李許仍沒有絲毫悔意。

那篇向博奈致敬的文字可說是異常感人，甚至可能是他想和過往恩師兼友人和解的嘗試。不過，這篇文字雖然動人，卻不符合原本爲選集規劃的導讀，也不是博奈想要的內容，所以拒絕了這篇文字。「這篇序文太令人難爲情了，」他向沙林傑解釋，「因爲內容主要是關於我，還有我們在哥倫比亞課堂上的事，跟選集內的五十名作者沒什麼關係，我實在不好意思收錄進去。」

沙林傑的反應一定是不可置信又受傷，他當初想必是以寬宏大量的心情寫了這篇文章。他已經十八年不願意交任何作品給惠特．博奈，如今終於給了一篇，卻遭到輕蔑的拒絕，彷彿他還是個剛起步的年輕新手。至於博奈，自從《麥田捕手》出版以來，他就一直是個被沙林傑輕視的邊緣人，而且多次被這位學生拒絕，這次終於掌握了最終的決定權。這個事件摧毀了兩人可能合好的任何機會，而當時兩人都還沒意識到當中的諷刺之處：一九三九年的博奈，是第一個退回沙林傑作品的人，而這次他退回去的，則是沙林傑最後一次可能發表的作品。

惠特．博奈改變了沙林傑的一生，且可能不只一次。沙林傑在對他致敬的文字中，描述了這位老師的教學技巧，以及對文學的熱愛。比起沙林傑的小說，這是一篇揭露最多個人資訊的自傳性文字。博奈在沙林傑眼前移除了自我，並藉此移除了沙林傑對福克納的期許，也就是移除學生時期的沙林傑望向威廉．福克納的想像世界之際，各種阻隔他視線的人生及文學概念。透過這種方式，博奈強迫沙林傑以新的眼光去看待福克納——而且是專屬於沙林傑的獨特眼光。這是沙林傑一生都在處理的課題，並隨著事業的推進而愈顯艱難。若沒有博奈爲他上了有關福克納的這一課，沙林傑就不會有那些向「親愛的沉默讀者」或「讀一步算一步」的人表達感激的獻詞。

沙林傑「爲合集寫導論」的事件，沒有因爲博奈的退稿而結束。博奈於一九七二年過世，三年之後，他的遺孀海莉（Hallie）將這篇文章以跋的形式收錄在《小說作者指南》（*Fiction Writer's Handbook*）當中，並將標題改爲〈向惠特・博奈〉致敬。這仍是沙林傑至今唯一認可發表的非虛構文字。這篇文章曾爲他帶來傷痛，但一九七五年發表時，反而更深刻地呈現出沙林傑對這位前恩師所抱持的情感及敬重。

□

一九六四年夏季尾聲，沙林傑和八歲的佩姬一起去了紐約。他本來就常帶孩子去紐約，若不是去拜訪他們的祖父母，就是去見他在《紐約客》的「家人」。不過，沙林傑小心翼翼地向佩姬表示這次比較特別，因爲他們要去問威廉・肖恩是否願意擔任佩姬的教父（之前是已故的樂恩德・韓德擔任她的教父）。

沙林傑非常重視這個傳統。自從韓德於三年前過世後，佩姬已住院三次（一次是在一九六三年夏天，另一次是在冬天）。此外，他和克萊兒的婚姻狀況也每況愈下，他現在幾乎都獨自住在車庫上面的小公寓裡。再加上之前才遭到惠特・博奈冷漠相待，他也急著想透過這次的要求表達對肖恩的敬重。

抵達紐約的沙林傑和佩姬，沒有直接去西四十三街與肖恩見面。，因爲他還有另外一件事必須先處理。於是父女兩人一起走去中央公園。接著，如同Ｊ・Ｄ・沙林傑一直以來的人生，他在此創造了一個如同凱旋得勝的超寫實片刻：他把女兒抱上中央公園內色彩繽紛的旋轉木馬上，然後愉悅地望著她騎在馬上轉呀轉。

□

一九六〇年代初的美國人，大多透過報紙及雜誌了解時事及各方看法。不過，甘迺迪遇刺事件證明電視有吸引大批觀眾的能力；到了一九六〇年代末，相較電視報導，報紙及雜誌的影響力已失色不少。大眾的胃口斷斷續續地從紙媒轉移到電視媒體。在紐約這個報紙媒體數量極多的地方，遭遇的變動程度可說非常劇烈。像《紐約郵報》、《紐約先驅論壇報》、《紐約時報》，還有《華爾街日報》（*Wall Street Journal*）等，都在搶奪不停減少的讀者，並因此進入比拚銷售量的戰國時代。

一九六三年，爲了復甦疲軟的銷售數字，《紐約先驅論壇報》進行了全面性的重整。他們對週日發行的副刊雜誌《今日生活》（*Today's Living*）進行了改組，而新的規劃完全在模仿、挑戰紐約最具代表性及名聲的文學雜誌《紐約客》。透過大膽地將這份雜誌改名爲《紐約》，等於直接向沙林傑的文學家族宣戰，而那可是其他報紙媒體完全不敢做的事。

一開始，肖恩和《紐約客》都沒把這樣的挑釁當一回事。不過，這份刊物找來了湯姆．沃爾夫（Tom Wolfe）和吉米．布雷斯林（Jimmy Breslin）兩位出色的人才。令人意外的是，《紐約客》的競爭對手很快就發展得非常成功。到了一九六四年底，威廉．肖恩和他的團隊才開始透過編輯評論對《紐約先驅論壇報》進行反擊，但卻也提高了與對手競爭的風險。而對手的無情完全超越《紐約客》這群仕紳所能應付的程度。

湯姆．沃爾夫決定直擊《紐約客》的要害。威廉．肖恩對許多事物都有恐懼症，怪癖又多，保護隱私的偏執程度幾乎跟J．D．沙林傑一樣出名，卻沒有任何報導提過這些事。沃爾夫不但決定以「肖恩」爲主題寫一系列側寫，以及兩篇針對他管理風格及個人習慣的諷刺詩文，還爲了逗弄他，私下致電表示要訪問肖恩。肖恩對沃爾夫打算做的事感到難堪，所以指示認識的所有人都不能再跟《紐約先驅論壇報》來往。

沃爾夫第一篇有關肖恩的文章，在預定發行的前四天印刷完成。爲了吸引肖恩回文論戰，他在印完的二十四小時內，就將其中一份「側寫」送到了這位編輯的桌上。這篇標題爲〈迷你木乃伊！四十三街喪屍王國統治者的眞實故事〉的文章中，充斥著八卦小報上會出現的各種過度瘋鬧特質，也是肖恩最害怕的特質。歇斯底里的肖恩，寫信給《紐約先驅論壇報》的發行人約翰・黑伊・「賈克」・惠特尼（John Hay "Jock" Whitney），懇求他阻止這篇文章刊出。「這已經不只是毀謗而已，」他斥責，「這根本是人格謀殺。寫下這篇文章的人讓《紐約先驅論壇報》徹底名聲掃地。」

曾任英國大使的惠特尼，把肖恩的來信拿給沃爾夫及布雷斯林看時，其實還不太確定接下來要怎麼做。不過兩名記者一看到信就興奮極了。他們毫不猶豫地致電《時代》及《新聞週刊》雜誌，把信件內容讀給他們聽，接著又自行詮釋了信件內容，宣稱偉大的《紐約客》非常害怕沃爾夫寫的系列故事，威脅要提告以阻止他們刊登文章。結果，〈迷你木乃伊！四十三街喪屍王國統治者的眞實故事〉在一九六五年四月十一日刊登在《紐約》雜誌上時，由於伴隨著文章所發生的各種風波，使得雜誌銷量比之前翻高了好幾倍【註】。

肖恩不是唯一寄信向惠特尼抗議這篇文章的人，約翰・厄普代克、E・B・懷特、穆瑞爾・史巴克（Muriel Spark）等人也都寫信幫肖恩說話，也表達了他們對這篇文章的厭惡。在這些寄給惠特尼的信件當中，沒有一封比J・D・沙林傑的信獲得更多的關注，他和肖恩的關係最緊密，而且最能理解被媒體操弄及中傷的感受。「若是刊出這種談論威廉．肖恩但內容不正確、只有準大學程度、嘻皮笑臉，又毫無寬慰精神的惡毒文章，」沙林傑在信件開頭如此寫道，「《紐約先驅論壇報》，尤其是你本人的名聲，永遠都不可能有任何值得尊敬或推崇之處了。」

對沙林傑而言，受人尊敬及推崇是非常重要的人格特質，這種信念不但已經深深銘刻在他的個性之中，也絕對會被他用來衡量自己及周遭他人的屬性。他不但要求自己成爲有責任感及教養之人，也用同樣的標準期待他人，因此，每當遭受粗魯、不誠實的對待，他都會感到意外、受傷。他的人生中有許多事都超越他的掌控，但他從未放棄以高標準要求所有人舉止合宜。盡責及高尚的品德讓他撐過了戰爭，當時他強行將自己的感受壓在心底，一直到確保被釋放、不會傷害到任何人爲止。社交上的失言——因爲上台講課而滋生的自大，以及晚宴上時不時出現的虛僞表現——讓他難爲情到無法自已。就連沙林傑那些內容最嚴厲批判、最表達不以爲然看法的信件中，都仍嚴守著他從未想過要放棄的基本禮儀。他最會因爲他人的粗心而受傷，包括冷血無感的批判、違反承諾的友人，還有對他說謊的孩子。

回到《紐約先驅論壇報》事件，沙林傑和他的朋友威廉．肖恩都搞錯重點了。那個事件的重點不在於能否受人敬重或推崇，而是銷量、宣傳，以及錢——也就是沙林傑最厭惡的一切。事實上，整個世界已逐漸遠離責任感、高尚品德，以及追求體面等這些價值觀。一九六五年，大家口頭上還很願意支持這些價值觀，但日常生活中已很難看到眞正實踐的人。沙林傑對《紐約先驅論壇報》的指責，是爲好友挺身而出的高尚作爲，而且這位朋友的純眞及行爲端正確實無可非議。但他的做法無法說服惠特尼、布雷斯林或沃爾夫，對他們而言，這樣的情懷太過抽象，也太老舊。美國社會正進入一個變動劇烈、價值觀也大幅改變的年代。在這樣一個年代，最能獲得成功的類型就是湯姆．沃爾夫及吉米．布雷斯林這類敢於打擊過往指標性人物的角色。對於身爲指標性人物的J．D．沙林傑，這是一個不屬於他的世界，因爲形塑他人格的教養及各種高尚價值觀，會在這樣一個世界中遭受質疑，甚至直接被剷除。

不過，在一九六四年，至少在工作上有件令他滿意的事。他和圖章出版公司簽的平裝本《麥田捕手》合約到期，拒絕續約的沙林傑，把版權賣給班坦出版公司。他一如既往地對新出版社提出一大堆規定，這次還額外要求親自設計封面。班坦出版公司同意了，沙林傑於是寄去一份非常簡樸的設計，上頭只放了書名和他的名字。他還指定了鉛字字樣，包括所需的精確尺寸及字隙大小，甚至還爲了預定使用在封面上的顏色寄了樣本過去。最後這個版本的《麥田捕手》是一整片褐紅色，書名及作者名的顏色則是介於黃色與橘色之間，沙林傑名字中的「J」和「D」，使用的也是不同鉛字體。

直到今日，沙林傑的設計可被認爲是美國文學史上最令人喜愛、珍藏的書籍裝幀設計。由於樸實無華又簡潔，沒有任何其他書能像班坦出版社的《麥田捕手》一樣，光看一眼就能讓人湧上眾多回憶，或者直接心跳漏拍。班坦出版社也承認這是成功的設計，於是之後的二十七年，直到版權轉

註：《紐約先驅論壇報》後來確實消失了，但沃爾夫以威廉．肖恩為主題寫的文章，卻讓布雷斯林、沃爾夫及《紐約》雜誌一直生存至今。

移到利特爾布朗出版公司的一九九一年爲止，班坦出版社沒有進行過任何修改。

□

早在一九六五年一月，《紐約客》就爲沙林傑的下一部作品預留了一整期的雜誌刊登空間，事後證明，那也是沙林傑最後一次公開發表的作品：那是另一個格拉斯家族的系列故事，總長二萬八千字，標題爲〈哈普沃茲16，1924〉。在《紐約客》內部的檔案紀錄中，罕見地沒出現編輯部針對這部中篇小說的意見回饋，也沒有提及最後威廉·肖恩是如何接受了這份稿件【註】。很可能就跟〈西摩：小傳〉一樣，〈哈普沃茲16，1924〉應該也是掠過了編輯部的審閱過程，直接由威廉·肖恩強勢決定刊出。沙林傑的作品愈來愈不正統，而肖恩也愈來愈習慣冒險刊出這類作品。過去經驗也證明這些都是值得冒的風險，而且能帶來利潤。就算〈哈普沃茲16，1924〉這篇古怪的作品讓肖恩產生疑慮，但他還是能用過去的正面經驗來說服自己。同樣的，就算雜誌社其他人意識到這部作品結構古怪，也懶得再出言表示反對，畢竟過去的例子證明提出這類指責並不明智，更何況，沙林傑是肖恩最好的朋友，不但最近爲他挺身而出，他的孩子還是肖恩的教子，任何《紐約客》的職員若去攻擊他的作品，都是非常不長眼的行爲。一九九七年，威廉·麥克斯威爾在接受一場廣播訪談時，被問及《紐約客》內部當初對這篇作品的評價。「我寧可不談這件事，其實，」他迴避話題，「我一直都是沙林傑的朋友，也希望之後繼續當他的朋友，而他真的很不希望別人談論這件事，所以我想還是別談吧。」就各方面而言，《紐約客》很可能是以既成事實的心態接受了沙林傑的〈哈普沃茲16，1924〉，而那根本不是個需要辯論的話題。

〈哈普沃茲16，1924〉的開頭是巴迪．格拉斯向讀者喊話的序言。時間是一九六五年五月二十八日星期五。巴迪就跟當時的沙林傑一樣四十六歲。自從他寫下〈西摩：小傳〉之後，已過了六年時間，而他哥哥也已經自殺十七年。巴迪剛收到一封母親貝西的來信，拆開後發現一封西摩在一九二四年時寫給家人的信。這封信的寄件地址是緬因州西門．哈普沃茲營地（Camp Simon Hapworth）的醫務室，西摩和巴迪當年去那裡參加夏令營，年紀分別是七歲和五歲。巴迪解釋自己從未看過這封信，也會爲了讓讀者了解內容而全文抄錄。他之前覺得書寫〈西摩：小傳〉是他的使命，而基於同樣的責任感，他決定向讀者分享這封四十一年前寫的信。

打從這封信的一開始，讀者就知道西摩不是個尋常的孩子。就算是因爲前一個故事而理解西摩個性的人，這次也會對他的語彙及跟家長說話的方式感到驚訝。他提到弟弟時，說他是個「高尚、

註：根據能從《紐約客》拿到的檔案資料顯示，一直到葛斯．羅巴諾過世及《祖伊》於一九五七年發表後沒多久為止，其中有許多沙林傑和編輯團隊的通信內容。不過，當沙林傑開始主要和威廉．肖恩合作（後來甚至只跟威廉．肖恩合作）後，這類通信內容就從檔案中消失了。無論是沙林傑主動要求，還是因為兩人不愛受到外人仔細檢視，因此才刻意不透過通信討論，總之，關於故事創作過程如此缺乏檔案紀錄的異常現象，應該是有人蓄意為之的結果。

難以捉摸，又滑稽的傢伙。」並解釋這樣的巴迪老是「在忙其他事」，還說西摩對此「總是感到有趣又憂傷」。這樣的語言讓讀者覺得矯情、賣弄、相當假清高——尤其還是出自一個七歲孩童之手。爲了平衡這種印象，沙林傑很快讓西摩承認自己和巴迪都想家想得「快死翹翹了」。這兩種說話語氣的差異，不只讓讀者難以適應，也顯示出在整部中篇小說當中，西摩一直在成人的感受力及孩童的反應之間切換。〈哈普沃茲16，1924〉中沒有什麼是絕對的。就算文本提出許多顯而易見的結論，讀者也總能在故事中找到足以質疑那些結論的陳述。沙林傑在故事的第二段間接總結了這篇故事的多變特性，當中西摩表示一直在讀的某本英文作文書「有時是無價之寶，有時又是純然的垃圾」。

西摩這一大封信似乎是分段寫出來的，描述在哈普沃茲營地發生的事。他因爲腳受傷而躺在醫務室（「被迫臥床休息」），因此有時間寫長信，並藉此思索自己在營地的定位，以及和上帝、指導員、其他營友，還有家族成員之間的關係。

根據西摩所說，格拉斯兄弟似乎無法融入這個夏令營團隊。他們只有三個朋友：第一位是懷有身孕的快樂太太，她是營地總指導員的妻子；第二位是約翰．卡博（John Kolb），他被描述爲和善又大無畏的傢伙；最後一位是會尿床的葛里菲斯．哈摩史密斯（Griffith Hammersmith），他就像道影子，格拉斯兄弟走到哪他就跟到哪，而哈摩史密斯那位有錢又矯情的母親，在發現他們是自己兒子最好的朋友時，大感失望。西摩對家人抱怨，營隊中大多數的男孩本來可以是「誠實善良的人」，但在此地的朋友包圍下，放棄了內心良善。他將這些結黨結派的行爲跟更廣大的世界類比，痛心地表示，哈普沃茲營地「就跟這座悲慘星球上的其他地方一樣：模仿就是人們的口號，獲取名聲就是人們最大的野心。」事實上，對於這位七歲的詩人兼聖人而言，哈普沃茲營地就是整個世界的縮影。

儘管宣稱他和巴迪盡可能和營友們好好相處，但志趣不同的兩種人也難免擦槍走火。他們因爲沒有跟其他人一起活動而惹上麻煩——他們沒有在討論會上唱歌，也沒有花時間根據營隊規則擺放個人物品，反而自己溜去冥想、閱讀及寫作——西摩令人震驚地在十六天內寫出了二十五首詩，而巴迪也令人讚嘆地寫了六個短篇小說。

因此，就像〈充滿保齡球的海洋〉中的霍爾頓・考菲爾德一樣，西摩坦承他和弟弟被其他營友流放了。一開始，讀者自然會同情這兩個被同儕排擠的兄弟，不過他們很快就會發現這對兄弟之所以難以融入，不是因爲其他人的無情，也不是因爲西摩的纖細情感或高超智慧。西摩承認他對精神層面不成熟的人沒有耐性，所以情況也就愈來愈清楚：分明是他和巴迪高高在上的態度讓他人難以接近。其他營友年紀較輕，西摩試圖對此表現出寬容態度，但仍無情地批評指導員，也坦承因爲他們的愚笨，每天都很想拿鏟子打他們的頭作爲懲罰。作爲一個已受啓蒙的上帝追隨者，而且是才剛能爲自己的行爲負責的年紀，這樣的話語實在令人震驚，而且完全無法讓讀者喜歡他。

最能說明西摩有多麼厭惡他人的例子，就是讓他被放逐到醫務室的事件。就在西摩寫信之前的那個早上，快樂先生帶領整個營隊進行了採野草莓的郊遊行程。西摩和巴迪跟其他男孩擠上一台老舊的馬車之後，走了「好幾英哩」，就爲了尋找一片合適的採果地。前一天剛下過大雨，馬車很快就陷在泥濘的道路上。由於車子動彈不得，孩子們被迫協助把車從泥巴裡推出來。就在車子突然被往前推動之際，一小片尖銳的金屬在西摩大腿上劃開了兩英吋的傷口。快樂先生立刻騎著摩托車把西摩送到營隊醫務室，西摩沿途都在對他連珠炮地謾罵，威脅要是他這隻跳踢踏舞的腿必須截肢的話，一定會提告。

西摩在醫務室縫了十一針，但由於對剛剛的情緒失控感到羞愧而拒絕上麻藥。他壓制疼痛的能力看似了不起，但由於他曾五次提起自己在寫信時無法控制地痛哭，導致這種能力似乎也不再那麼令人印象深刻。他或許能支配自己的痛楚，但心理上的痛苦仍徹底掌控了他。

西摩還特別向母親告解，表示他被快樂太太吸引，面對這個比自己年長十五歲、已婚，還懷孕的女人，他說她有「相當完美的雙腿、腳踝、風騷的奶子」，還有「非常活跳、可愛的屁股」。西摩這種早熟的情慾，就算沒讓讀者震驚，應該也是信中最讓人不舒服的部分，但他還是花了很長的篇幅描述自己著迷於快樂太太時的各種情慾反應。讀者即便沒有因爲七歲西摩的情慾覺醒而瞠目結舌（他身上的純眞特質本來就所剩不多，此刻更是消失殆盡），也一定會厭惡他找母親進行這段對話，而她也勢必因爲兒子沉醉於此而感到驚駭。

讀者已經從過去的故事得知西摩對家族造成的影響。他不停給予的教誨形塑了弗蘭妮和祖伊的個性，而他的作品也在他死後持續指導著巴迪。不過，是透過〈哈普沃茲16，1924〉，讀者才意識到西摩其實是個多麼跋扈的人。他全面支配了他的家人，就算不在場時也仍在指導、命令他們的日常生活該怎麼過。他建議母親用天生嗓音來唱歌，還建議父親雷斯隱藏自己的澳洲口音。關於他母親打算從歌舞雜技團退休的事，他給出「無庸置疑的最終定論」，並利用他預知未來的能力，警告母親至少等到十月再退休。他要求布布好好練習讀寫技巧，也要訓練自己的規矩和禮儀。對於雙胞胎華特（Walt）和威克（Waker），西摩堅持要他們每天練習踢踏舞，如果眞的不想練習（他們顯然以「只有三歲」作爲不練習的藉口，但西摩覺得這藉口「擺明了就是廢話」），他要求兩人至少每天要穿踢踏舞鞋兩個小時。接著又補充表示威克應該練習他的雜耍技巧。

西摩接著以漫長的篇幅列出爲數驚人的書名，要他們把這些書從圖書館借出來後幫他寄過去。他會在提起每部書的書名及作者時，評論一下它們的優點，再長篇大論地談到那些書的特色跟反映出的人生哲學。沙林傑自己也喜歡用這種方式討論文學，而西摩的喜好幾乎跟他的創造者如出一轍，也不怎麼令人驚訝。西摩所列出的書單長到驚人，就算他有辦法在一個夏天內把書讀完，他可憐的父母也絕沒辦法幫他搞來所有的書。

西摩的書單或許是整部中篇小說裡最搪塞讀者的部分，因爲看起來完全沒必要。不過他將所愛的書籍及作者點名出來，不完全只是爲了列出必讀書單，也是爲了從中談及世界中存在的美好事物。

西摩的信件內容愈寫愈深入內心，到了最後完全只向上帝喊話。他打從一開始就不停地談到有關精神生活的主題，最後向上帝喊話也是理所當然的發展。在一個重要的橋段中，西摩談到了約翰・班揚（John Bunyan），以及班揚的經典作品《天路歷程》（*The Pilgrim's Progress*）。他自承之前因爲不同意他絕對虔誠的姿態而低估了班揚。爲了解釋自己的宗教哲學，西摩引了聖經中耶穌的話，「所以，你們要完全，像你們的天父完全一樣。」

完美（flawless）是種世俗概念，完全（perfection）則是種神聖狀態。儘管世間充滿了飢荒及孩子的死亡，上帝仍是完全的【註】。班揚譴責某些人類的行徑過於軟弱，而西摩則解釋那是因爲人類無法了解上帝本質及其創造的影響有多深遠。他反駁班揚的論點，認爲他太過於嚴厲，也相信人類行為的所有面向都出自上帝旨意，並作結指出，那些被社會認定為極具缺陷的特質，很可能都是上帝不可預知的計畫之一，因而都是完全的。

西摩接著要求父母寄一隻兔子玩偶來，因為巴迪原本的那隻，在前來營地的火車上搞丟了。相對於那張無休無止的書單，他的弟弟在離家時需要的似乎是填充動物玩偶的慰藉。這個要求在讀者看來非常奇怪。若西摩是在故事的開頭作出這項要求，讀者並不會意外，但到了故事尾聲，讀者對兩個孩子的看法已有所改變，此時一個五歲孩子想要娃娃的渴望反而顯得不合時宜。

我們再次確認，〈哈普沃茲16，1924〉中沒有任何論點是完全穩固的，所有觀點都語帶保留，就連西摩對上帝的看法也一樣。儘管他聲稱對耶穌基督抱持著「全面性」的愛，但也質疑以上帝的智慧竟會容許新約奇蹟發生，因為他認為這類事件沒有在今日發生，只會讓人心生懷疑，也促進了無神論的推展。不過到了最後，他仍是屈服於未可知的上帝意志，並奉獻自己的生命服侍上帝。

就許多方面而言，〈哈普沃茲16，1924〉是沙林傑生涯中的一個合理進程，也是他在精神旅程中的一個階段。西摩對營隊指導員及其他營友作出非常嚴厲的批判，讓人聯想起〈弗蘭妮〉中的弗蘭妮，她也是在精神層面展現出了非常嚴苛的態度。格拉斯兄弟無法跟其他營友建立關係，是因為他們彼此的價值觀差異甚大，也讓人聯想到他們的弟弟祖伊也曾提出類似的抱怨，認為他跟弗蘭妮之所以成為怪胎，就是因為兒時成長在過於宗教虔誠的環境中。西摩在營隊中對成年人的指責，或許會讓人想到《麥田捕手》中霍爾頓．考菲爾德的叛逆行徑，但西摩跟沙林傑之前的角色有一種關鍵性的差異：西摩的許多起心動念都非常神聖，不像霍爾頓為了尋求解脫而有一定程度的妥協，他也沒有將身邊的任何人想成「胖女士」。在哈普沃茲營地，西摩還在學習泰迪．麥亞道的認命，以及巴迪在〈抬高屋梁，木匠們〉中明白不該有差別心的教訓。

我們可以明顯看出，一九六五年的沙林傑仍沉迷於人性中的二元性。正如他其他的創作一樣，〈哈普沃茲16，1924〉檢視了人類的二元性，以及精神與物質力量之間的衝突。沙林傑顯然已經得出結論，他認爲即便是最受啓蒙、最有天賦的人類，都無法了解上帝的計畫，而且也得接受上帝的意志。事實上，對〈哈普沃茲16，1924〉中的西摩而言，儘管他不理解上帝爲何會創造看似矛盾的本質——有時是無價之寶，有時又是純然的垃圾——卻仍然因此更爲敬重上帝，因爲這一切迫使他毫無疑問地接受了上帝的意志。「我的上帝，」西摩宣布，「祢讓我難以忘懷，感謝上帝！我比以往更愛祢！我搖擺不定的服事精神永遠任祢差遣。」

營地醫務室成爲西摩・格拉斯面臨的某種試煉，他在這裡思索著自己本質中的二元性，並在權衡利弊後，考慮究竟是要融入傳統世界，還是要放棄這個世界後獨自踏上那條更接近上帝之路。西摩擁有一個天才成年人的心智，以及早已開悟的瑜伽行者精神，但卻都被困在一個七歲男孩的體內；無論他之前轉世過幾次，他身爲孩童的經驗畢竟有限。「這些差異令人難爲情，其中存在的巨大鴻溝實在令人厭倦至極，」他痛苦地表示，「同時擁有兩種身分實在太討厭、太令人煩心了。」

註：西摩為了說明這個例子，指出年幼孩童的死去只是「表面上看來」太早發生，顯示他以宿命論的心態全面接受上帝的意志，同時他也相信這樣的孩子是在經歷重生而非死亡。大家都知道沙林傑曾宣稱自己不相信「死亡」這個概念。

在〈哈普沃茲16，1924〉中，西摩成爲二元性的化身，努力想要處理天性中各處存在的兩個面向，其中包括成年人／孩童、精神／肉體，還有神聖／俗人的種種對立。

□

〈哈普沃茲16，1924〉在一九六五年六月十九日發表於《紐約客》，而那在沙林傑的寫作生涯中就是一場災難。讀者不只需要讀過先前的故事，熟悉西摩和巴迪的個性，還得跟沙林傑一樣愛這些角色，才有辦法讀這部中篇小說。即便符合這些先決條件，也得先接受八十一頁的長信懲罰，而且這封信矯情、無法讓人信服，讀來又累人。西摩自己也承認情況如此，他意識到：「我正在毫無節制地造成你們的負擔，你們所有人，無論是爸媽還是孩子，都得讀我這封冗長、無趣的信，當中滿溢著我矯揉做作的語言及思緒。」這句承載著小說最大眞相的話，其實應該寫在開頭，卻不幸到了信件中段才出現。那年六月，有好幾千名讀者買了《紐約客》，每個人都期待能讀到這位大師級作家剛出爐的作品，卻很少有人讀到最後一行。等到西摩那句有點難爲情的自白出現在文中時，大多數讀者早已把雜誌闔上。

沙林傑這次倒是沒受到評論者的嘲諷，大家反而因爲迷惘而選擇沉默。這篇作品直接被忽視，而這或許比大受攻擊還讓沙林傑困擾。《時代》雜誌確實刊登了一篇不看好的評論，但也只是塞在「人物」欄位中的一個段落。有些評論者甚至已經懶得攻擊這位知名作家了，反正不管說什麼，都會被他看不起。又有些評論家覺得光是〈哈普沃茲16，1924〉的存在，就已清楚說明沙林傑不知道該如何寫作了。他們透過忽視這部作品來打發這位作家。珍內特・麥爾康姆（Janet Malcolm）

在《紐約客書評報》上的〈還沙林傑公道〉（Justice to J. D. Salinger）指出，〈哈普沃茲16，1924〉「似乎證實了評論界的普遍共識：沙林傑『正走向無從避免的毀滅』。」不過也很有可能的是，許多評論家就跟讀者一樣，純粹是被這篇小說的文字打敗，因此無法評論一篇沒讀完的作品。而評論界對這篇故事的沉默詭異，又妥切地預示了接下來即將發生的事：作者本身的徹底沉默。

自從那時候開始，有關〈哈普沃茲16，1924〉的疑問，就一直困擾著沙林傑的書迷。難道他是故意將這個作品當作告別作嗎？爲什麼〈哈普沃茲16，1924〉這麼難讀？這個故事讓大家不禁懷疑，在〈西摩：小傳〉決定跟專業讀者保持距離之後，沙林傑爲何又用一個徹底難以消化的故事，任由一般讀者對他抱持的情感悄悄溜走？

〈哈普沃茲16，1924〉中有許多橋段，都被認定是在向讀者溫柔告別。第一段是西摩建議母親對於退休一事保留多一點選項。另外兩個比較不容易被人注意到的段落，則展現了沙林傑故事中少見的精妙創意。在其中一個段落中，西摩提到一個預見未來的異象。他表示自己看見了一九六五年的巴迪，而當中描繪出的正是J．D．沙林傑的樣貌，不過這個看似沙林傑的人，就跟巴迪一樣老了不少，不但頭髮灰白，手上還佈滿突出的靜脈血管。他坐在工作室內的打字機前，身邊搭配著書架跟天光。他很快樂。「他年輕時的夢想完全實現了！」西摩宣稱，「若這是我在人生中留下的最後畫面，我絕無異議。」透過這種奇特的方式，沙林傑最後一次出現在讀者面前，也成爲沙林傑與他們道別的畫面。他終於移除了籠罩在自己身上的神祕薄紗，但那也是「最後的畫面」。

另一個段落最好是放在沙林傑整體作品的脈絡中理解。在〈哈普沃茲16，1924〉的結尾，沙林傑將筆下最後一個角色介紹給大家：一名推薦西摩去讀詩人奧塔卡．布雷茲納（Otakar Březina）作品的捷克女子。西摩記得她長相俊美，身穿「莊重、昂貴的衣飾，但有一手有趣、動人又骯髒的指甲」。打從二十五年前的故事〈年輕人〉開始，沙林傑的角色只要精心打理自己的指甲，就象徵他們以自我爲中心的虛僞特質，這是沙林傑寫作生涯中少數意涵一致的象徵。而就在這篇我們事後得知爲告別作的作品中，沙林傑總算寫了一個不在意自己指甲的角色，並藉此強調她的美德。「上帝保佑那些身穿有品味的昂貴衣飾，卻擁有動人的骯髒指甲的女士們。」西摩打從心底呼喊出聲。

由於這些段落，再加上〈哈普沃茲16，1924〉改變了讀者的認知，將西摩所有令人喜愛的特質拿掉，更讓許多讀者將其視爲沙林傑的最後手筆。許多人相信J．D．沙林傑是透過〈哈普沃茲16，1924〉完成了化身爲筆下角色的過程·他就此成爲了西摩．格拉斯。他把〈哈普沃茲16，1924〉當作子彈，結束了自己的文學生涯——巴迪．格拉斯也曾如此描述西摩——此外，他也藉此任由「所有愛護他的家人孤立無援」。把沙林傑引退的原因歸咎於〈哈普沃茲16，1924〉很容易，是個方便的詮釋，但機率實在不高。沒有任何跡象顯示沙林傑打算把〈哈普沃茲16，1924〉當作最後的作品，而且他又是個如此頑固的作者，絕不會只因爲寫壞一個故事就放棄寫作。「一切都不至於該死，一切也不至於完蛋。」西摩說，「就算令人憤怒地看似完蛋了，也只是需要花時間讓人重振旗鼓，再次回頭檢視這一切。」一九六六年，儘管〈哈普沃茲16，1924〉得到的迴響冷淡，沙林傑仍進一步鞏固了和利特爾布朗出版公司之間的關係，還正式同意推出新作。事實上，沙林傑曾在一九六六年十月向友人麥可．米歇爾表示已完成新的長篇小說，而且還不只一部，是兩部。

或許到了一九六五年，沙林傑確實因自己的角色及固有的寫作癖性而「陷入困境」。或許在環境相對隱蔽的科尼什住了十二年，與各種滋養他創造力的各種人物及體驗分開後，他的創作靈感的確開始難產，筆下作品呈現的面向也因此受到限制。〈哈普沃茲16，1924〉無疑是他文學生涯中最差勁的作品之一，尤其他更為冒險的寫作手法也導致了這樣必然的結果。失去了《紐約客》對他的約束之後，這個故事讓人回想起冗長又漫無目的的〈倒轉森林〉或〈孩童梯隊〉。但在讀完〈哈普沃茲16，1924〉後就認為沙林傑已江郎才盡，不但是小看沙林傑，也低估了創造力本身的韌性及適應性。應該說，沙林傑遲早會在美國鄉村的孤獨生活中，找到跟紐約忙碌街道上一樣豐沛的靈感。

19 — 沉默的詩學

J．D．沙林傑身爲作家的公眾生活，隨著〈哈普沃茲16，1924〉畫下句點。他在之後的數十年持續書寫，但沒有發表任何作品，在一整個世代始終保持靜默。對沙林傑而言，他的新人生非常寧靜，他以寫作來禱告，還能避開自尊心過高的罪孽。對外界而言，沙林傑是因爲遭遇挫折而隱退，無論他怎麼要大家放過他，許多人仍堅持自行爲他留下的神祕空缺補上各種說法。事後證明，沙林傑的沉默造成了雙面刃效果：大眾自一九五〇年代以來對他的迷戀，讓他的傳奇在無人能敵的狀況下持續壯大，讓他的名字成爲美國民眾心中的「隱士」代名詞——有點像是某種都市傳說——然而大眾對這個人本身的興趣，也完全超越了對他作品的欣賞。

我們對沙林傑的後半生缺乏任何資訊，而這種現象具有一定程度的詩學正義（poetic justice）。沙林傑始終相信讀者該把注意力放在他的作品上，至於跟他出版或發表作品無關的資訊，全是他私領域的事。不過，在一九六五年之後，發生了幾個導致他的寫作事業傳奇化的事件，而這些事件也反映出他對創作的感受，以及決定完全退出大眾的檢視目光。

□

沙林傑和克萊兒．道格拉斯的婚姻，在一九六七年正式畫下句點，其實兩人的實質婚姻關係早已結束多年。一九六六年夏天，克萊兒開始在附近新罕布夏州的克萊蒙特看醫生，她向醫生表示有「神經緊張、失眠，還有體重下降」的問題。醫生無法就這些症狀找出生理性原因，在分析了克萊兒的私人生活後，判斷她所患有的障礙是「婚姻不睦」。得到這項診斷之後，克萊兒很快雇用了一名當地律師，於九月九日在蘇立文郡立高等法院訴請離婚。

克萊兒提出的指控大多沒有可議之處。她指出沙林傑已經「很長一段時間」拒絕與她溝通，這個說法直指他固執己見的工作習慣，而他表現「冷漠」的殺傷力已足以「對她的健康造成危害，就連理性都危在旦夕」。這份申請書中還指出他已經「宣稱不再愛她，也沒有想維繫這段婚姻的意願」。比起沙林傑長期的缺席，最後這段控訴更是促使他們離婚的最主要原因，更何況這個情況已經維持了很長一段時間。不過，這段控訴的說法，會讓人以爲克萊兒在沙林傑作出這段冷漠宣言時大感震驚，而實情絕非如此。

沙林傑在一九六六年買下隔壁的農場，之後覺得車庫上方的公寓太小，所以又爲自己在小屋對面的土地上蓋了棟房子。新建築中有一間大書房，於是他把「碉堡」中的所有家具及物件——包括那台歷史意義重大的打字機和「汽車座椅王座」——都搬進了新屋子。克萊兒和孩子仍待在小屋中，而沙林傑搬到新屋的舉動，代表兩人的婚姻終結已是既成事實。

克萊兒訴請離婚的四個星期之後，沙林傑帶佩姬跟馬修去了紐約一趟，表面上是爲了前往離家二百五十英哩之處看牙醫。他們住在紐約中城的德雷克酒店。在床上看書的沙林傑，受到隔壁床的兩個孩子吸引。他在一個星期後提起這段回憶時，口氣仍然驚奇不已，顯然非常迷戀自己的兩個孩子。「我眞的很愛坐在床上……望著同房的他們睡在我旁邊的身體，」他回憶著，「重點是，我眞想去哪裡都帶著他們。」

離婚的過程讓沙林傑感到難熬。此外，他的處境也因爲顯然不願和親友談論此事而變得更糟。他就跟一九五七年和前妻分開時一樣，想要無視問題的存在，或許還希望一切衝突能自行解決或直接消失。不過，這次沙林傑被迫承認已經無法挽回妻子，也開始面對現實，不過失去孩子的可能性還是讓他難以忍受。

法院在一九六七年九月十三日批准了離婚申請，十月三日生效。克萊兒得到了孩子的監護權，沙林傑則擁有探視權。他被規定一年要支付八千美金的贍養費，而且還要支付孩子就讀私立學校及大學的費用。那棟小屋也被判給克萊兒，包括原本九十英畝的地產，附帶條款是若打算出售，必須先讓沙林傑選擇是否要重新購回。沙林傑手中剩下的只有一九六六年購入的土地、吉普車，還有後來新蓋的房子。

乍看之下，這個決議幾乎奪走了沙林傑多年努力而來的大半資產。不過，若克萊兒沒得到小屋和土地的話，很難想像她在離婚後還會繼續待在科尼什。她非常可能跑到紐約或其他更遠的地方，當然也會把孩子帶走。但即便達成了這樣的協議，在此地感覺像囚犯的克萊兒，竟然又在科尼什待了這麼多年，仍然令人感到不可思議。

因此，離婚後的沙林傑，幾乎是過著跟原本沒什麼不同的生活，只是現在的他和克萊兒成了鄰居。之前他是從寫作碉堡或車庫樓上的公寓走到小屋去拜訪克萊兒，而現在唯一的差異就是變成從道路對面的新房前去拜訪。最重要的是，兩人在離婚過程中都好好地保護了孩子。無論兩人之間如何針鋒相對，都盡可能不讓孩子受到影響，於是對佩姬和馬修而言，生活幾乎是完全沒有改變。兩人還是很常能見到父母。克萊兒非常寵愛他們，會讓他們去上騎馬及網球課（沙林傑總是嘲笑這些課程，但還是同意了），而沙林傑則會教他們打棒球和一種鄉村版本的彎球（stoop ball），兩者都是他在童年時期經常參與的活動。孩子們還是會去參加夏令營，每年也仍會去佛羅里達度假。沙林傑繼續去紐約拜訪父母，或是去《紐約客》拜訪朋友，每次也至少會有一個孩子陪著去。一九六八年，他總算是兌現了十一年前對克萊兒的承諾，去了英格蘭和蘇格蘭旅行，只不過這次隨同前往的只有佩姬和馬修【註】。

□

沙林傑仍持續獻身於寫作，就算是在他的發表意願凋零之際也是如此。楚門．卡波提之後表示，在〈哈普沃茲16，1924〉刊出之後，沙林傑仍試圖在《紐約客》上刊登故事；他告訴約翰．厄普代克，說他偶然聽見威廉．肖恩在電話中退了沙林傑的稿件。卡波提宣稱，肖恩和沙林傑說話時雙眼泛淚，表示自己已被雜誌放棄了。厄普代克拒絕相信這個說法，並明確警告卡波提不該散布這種不可靠的說詞。一直到一九七二年，情況才變得明確，沙林傑已經不再抱持發表任何作品的野心。就在那一年，他把利特爾布朗出版公司付給他的預付金全數歸還，還加上百分之五的利息，終

註：這趟旅行顯示沙林傑和克萊兒在離婚後仍能針對孩子的事進行良好溝通。畢竟之前的協議中明定雙方不能在沒有對方允許下帶著孩子出國，就算出國也不能超過十天。

止了這份合約。在此同時，他也變得更執著於保護隱私，不但拒絕將作品收入合集的許多邀約，就算答應了，也持續掌控過程中的每個細節。這些都是他一直以來的行事風格，不過其中發生了幾個事件，讓他的執念變得更為偏執。

一九六七年接近尾聲之際，誰也沒想到惠特．博奈竟又聯繫了沙林傑和他的經紀人。這位編輯正在為一本新書集結作品，是本私人性質的選集，書名為《這是我的最佳表現》（*This Is My Best*）。就跟之前許多次一樣，博奈問沙林傑是否願意貢獻一篇作品。博奈願意提出這種自取其辱的要求，實在令人難以置信，尤其他之前出選集時還回絕了沙林傑為他寫的導讀。此時沙林傑已對他失去所有耐性，也對他不停要他提供故事感到不耐。一九六八年一月，他拒絕了博奈，而且說法一點也不委婉，幾乎是痛斥說：「我手上的所有小說，無論是發表的還是未發表的，都不想被收錄在這部選集內。」接著他又指責博奈的冥頑不靈。「我們之前已經為了這件事來回過好多次了。」他氣到不行。然而惠特．博奈不是唯一死纏爛打的人，沙林傑早已收過無數邀約，不是要求收錄他的故事，就是要採訪他，或者希望他釋出作品改編為電影或舞台劇的權利。通常沙林傑都會讓桃樂絲．歐汀代表他拒絕，而她拒絕的語氣也愈來愈堅定。「我們絕不可能將沙林傑的作品授權收錄於任何選集中，」她在一九七二年警告休斯．麥西，「我很抱歉，但情況就是如此。」

更令他沮喪的是一九六八年發生的一件事。德州大學的校長哈利．蘭森（Harry Ransom）為了跟普林斯頓、耶魯，和哈佛大學圖書館的豐沛館藏較勁，致力於提升自己圖書館的品質，於是希望搜集到足夠的珍本及手稿。為了拿到這些珍品，蘭森使用了一些非常具有爭議性的方式。他的對手是富有的常春藤大學，藏品都相當古老、優秀，蘭森卻是想辦法於在世作家未允許的情況下，取得跟他們相關的文件。他雇用了一名在「珍本書及手稿買賣圈」的紐約經紀人，名字叫作路伊．大衛．菲爾德曼（Lew David Feldman），要他去拍賣場及舊物資產拍賣會上尋找獵物，或者到處打聽哪裡有好貨足以成為蘭森的戰利品。根據資訊指出，菲爾德曼是來自布魯克林的生意人，某天突然轉行作高檔文化的生意，他在麥迪遜大道開了一間辦事處，招牌上的名字是充滿異國情調但意味不明的「迪夫之家」（House of El Dieff）。一九六七年，菲爾德曼想辦法弄來了一批為數可觀的沙林傑手稿，其中包括超過四十封沙林傑寫給伊莉莎白．莫瑞的信件。他把這批收藏賣給蘭森，於是這批手稿及信件在一九六八年成為德州大學的館藏。驚恐的沙林傑立刻採取行動，針對公眾檢閱蘭森手上這批文件的權限進行限制，尤其是他寫給莫瑞的私人信件。

蘭森事件帶來了非常致命的後果。因為害怕被人糟蹋，沙林傑決心確保他與別人的通信不會再次落入藏家手中，於是要求桃樂絲．歐汀銷毀自己曾寄給她的每封信，而那可是自一九四一年以來的珍貴紀錄。歐汀盡責地同意了，並在一九七〇年銷毀了超過五百封信件，等於清除了兩人近一輩子的往來軌跡，導致文學史上出現了或許難以填補的許多裂隙。沙林傑很可能同時對親友作出了類似要求。另外也全數消失的還包括他和威廉．肖恩的通信，此外也從未有人看過沙林傑寫過最重要的一批信件：他頻繁寫給家裡的信件，尤其是寫給母親的信件。

一九七〇年之後，沙林傑在桃樂絲．歐汀的強力協助下，將所有過去或現在所有透露私人資訊的可能性扼殺殆盡。不過，沙林傑如此執著於維護隱私的行為，只帶來反效果。他不但沒有從大眾的記憶中消失，反而因為避世變得更有名。無論是否蓄意，每次他為了避開大眾的檢視眼光而採取行動，都只會讓他的傳奇變得更加吸引人。「我知道我被視為那種古怪又冷淡的人，」沙林傑承認，「我也為這樣的態度付出代價。」

美國社會到了一九七〇年已動盪了好些，無數城市都經歷了極具毀滅性的種族暴動，越戰更是讓社會兩極化，各種衝突幾乎已成為街上常見的風景。種族、性別和世代間的衝突，定義了這個年代。在這樣敵我分明的氛圍中，若沙林傑發表作品會獲得什麼樣的評價，實在令人玩味。這是一個看重行動的年代，這些行動相較於任何軟性的沉思或幽微啟示，往往顯得魯莽，甚至暴力。我們很難想像這個時代的讀者會有耐心去閱讀因為旋轉木馬而出現的柔情頓悟，或是聆聽一個極度開悟的孩子對自己說教。

不過，《麥田捕手》的名氣卻歷久不衰，也因此流傳到了下一個世代。這一代年輕人以極度存疑的眼光檢視父母，他們抱怨「體制」的程度之激烈，就跟霍爾頓面對成年人的妥協及虛偽時所抱持的態度一樣。此外，沙林傑個人所抱持的價值觀儘管在十年前看來古怪，此刻卻特別受到年輕世代的熱烈支持。這個世代為了追求簡樸而展開了短暫的「回歸土地」行動，數以千計的年輕人試圖回到美國鄉村，過著在公社中一起工作的生活。人們開始對有機食物及全人治療【譯註】產生興趣，同時伴隨興起的還有環境意識。禪宗及各種印度哲學變得風行，為了處理人生每個時刻所蘊含的不確定性，社會上也開始吹起靈性探索風潮。對於擁抱這些流行的人而言，沙林傑彷彿某種先知，而他在幾年前看似奇特的生活風格，現在卻似乎成為實踐「真誠」的方式。而沙林傑對這一切的反應一如既往：他只希望大家別來煩他。

儘管沙林傑沒再出版任何作品，他的日常生活仍以既定的節奏在運作。他每天很早起床，冥想後吃簡便早餐，然後回書房寫作。他非常喜歡園藝，也對有機食物及順勢療法產生強烈興趣。他仰賴《紐約客》追蹤時事，也一直維繫著跟威廉．麥克斯威爾及威廉．肖恩之間的友誼。他還是持續研讀東方哲學，也一直跟自我實現協會，以及紐約的羅摩克里希那—辨喜中心有所來往。

沙林傑的既定行程包括每次去紐約就要去哥譚書市（Gotham Book Mart）朝聖。這個機構自一九二〇年以來就存在於紐約，許多知名作家都曾前去造訪。沙林傑在此獲得的招呼總是很冷淡，這點讓他耳目一新。沙林傑和哥壇書市的創辦人法蘭西斯．史地羅夫（Frances Steloff）都喜好東方哲學，因此逐漸變得親近。安卓亞斯．布朗（Andreas Brown）在史地羅夫之後接手哥壇書市，沙林傑也跟布朗親近起來【註一】。

一九七四年的沙林傑，已有十一年沒有出版小說，也已經九年沒有發表作品。在外界看來，這位作家顯然已決定遁隱至沉默之中，很可能再也不會出版任何作品。許多書迷都爲此感到沮喪。由於沒有新作可期待，爲了滿足渴望，他們開始將注意力轉向他在《紐約客》之前的作品。但這些作品從未收錄進任何出版品，其中大多數只能在一九四〇年代的雜誌上找到，例如《柯利爾》、《君子》，或是《星期六晚郵報》。讀者必須一篇篇各自回頭去找，又很少有圖書館收藏全部的這些雜

譯註：全人治療（holistic remedy/medicine）是一種顧及身心靈及情緒的整體醫療方式。

註一：布朗後來曾跟保羅．亞歷山大（Paul Alexander）描述沙林傑某次造訪高壇書市的場景。他說沙林傑跟兒子馬修一起走進來，當時十歲的馬修立刻衝向漫畫區，沙林傑則消失在宗教區。據布朗表示，馬修有個反戴棒球帽的迷人小習慣，而這個戴法還要好幾年後才會成為時尚風潮。

誌。就算找到雜誌，沙林傑寫的故事也還在（很多都缺了那幾頁，因爲「個人收藏」的原因遭撕下），頁面通常也都破爛或褪色了。於是在一九七四年，沙林傑書迷中有一群人決定背叛他們的偶像，爲了塡補沙林傑的沉默，他們將他未收錄在任何選集中的故事集結起來。這些人找到了從〈年輕人〉到〈藍調旋律〉的二十一個短篇小說，將文字翻錄下來後裝訂成盜版書。這部標題爲《J．D．沙林傑未收錄之短篇小說全集》（*The Complete Uncollected Short Stories of J. D. Salinger*）的盜版書，分爲上下兩冊，總共印了大約二萬五千部後，兜售至舊金山、芝加哥和紐約。當一名被布朗描述爲「嬉皮樣、高知識分子類型的」年輕人在哥壇書市出現，試圖兜售其中幾部盜版書時，布朗立刻聯繫了沙林傑。

對沙林傑而言，保護他的作品及隱私已經成爲一份全職工作。他和歐汀總能敏銳地察覺任何可能威脅隱私的跡象，或者被沙林傑認定爲侵害著作權的可能性。一年之前，他才因爲高登．李許在《君子》雜誌上模仿他的寫作風格發表了〈爲了梅鐸——但無法保證〉而大爲震怒。這是一個連作品最細微面向都要全面掌控的作家，對於作品是否發表或該如何呈現，他也希望自己是唯一能作主的人。他之前已多次阻止《紐約客》時期之前的作品刊出，此時發現這部盜版書，更是大感憤怒。他聯繫了桃樂絲．歐汀，而她則雇用了一名律師。

儘管生氣，沙林傑應該還是希望盡可能不走法律途徑，因爲一旦上了法庭，就會驚動媒體。全國的所有報紙及雜誌都會爭相報導，就想知道這名隱居的作家自從一九六五年之後都在做些（或沒在做些）什麼。這種場面對沙林傑而言，一定非常難熬。桃樂絲．歐汀認爲有上法院之外的方法。若是印行這些盜版書的人知道沙林傑阻止其散布的決心有多堅定，或許就會自行收手。那麼，沙林傑就能不用走入法庭，也能阻止他的早期作品擴散。歐汀聯絡了《紐約時報》，解釋了目前的狀況，《紐約時報》於是要求訪問沙林傑。因此，在一九七四年十月的最後一個星期，沙林傑做了對他來說非常需要勇氣的一件事：他致電《紐約時報》的通訊記者雷希．佛斯柏（Lacey Fosburgh），同意接受採訪。

令人驚訝的是，《紐約時報》爲沙林傑做的訪談，是他至今爲止最眞情流露、也最讓人有所省思的一場訪談。他一開始表示自己只打算在電話上談個一分鐘，之後卻講了三十分鐘。在佛斯柏聽來，沙林傑「有時溫暖、迷人，有時卻不安又充滿戒心」。他承認自己仍在寫作，但也表示沒打算出版。「不出版這件事爲我帶來美好的寧靜，」他說，「眞的很平靜。對我來說，出版就是對隱私的嚴重侵犯。我喜歡寫作，也熱愛寫作。但我只爲了自己而寫，爲了我的愉悅而寫【註】。」

沙林傑也詳細闡述了對過往作品的看法，解釋他特別保護這些作品，也決心任由其中許多作品逐漸凋亡。他認爲這些作品是他的個人財產，就像抽屜裡的襪子。「有些故事，也就是我的財產，被偷走了，」他解釋，「有些人盜用了它們。這是非法的行動。這樣做並不公平。感覺就像是有人從你的衣櫃裡直接取走了一件你非常喜歡的外套。」

註：沙林傑口中的「對我來說，出版就是對隱私的嚴重侵犯」是非常厲害的見解，暗示他持續將人生中的各種細節及角色鑲嵌在故事中。沙林傑不只是為自己而寫，寫的其實也就是自己，而且累積起來所揭露的內容，已經多到跟外界分享會不自在的程度。

當然，沙林傑之所以聯絡佛斯柏，不是為了通知外界自己一九六五年以來做了哪些事，或者分享自己對出版或衣物遭竊的感受。他打這通電話是為了威脅印行《J．D．沙林傑未收錄之短篇小說全集》的人。他表示自己已經提起訴訟，但其實是希望可以因此不用眞的上法院。佛斯柏的文章出現在十一月三日的《紐約時報》頭版，她在其中據實報導指出，沙林傑已在聯邦地區法院針對「約翰．葛林柏格（John Greenberg）」提起民事訴訟（那是用來指稱盜版書商的化名），另外也告了其他十七間膽敢販售此書的較大型書店。他指控葛林柏格侵害了自己的著作權，並表示尋求二十五萬美金的賠償，也特別強調書店只要每賣一部盜版書，就必須支付四千五百到九千美金不等的罰款。「眞的非常令人惱怒，」沙林傑坦承，「我眞的很為此心煩。」

正如沙林傑之前接受的幾次訪談或發表意見時一樣，這篇文章中也有一小部分的發言不怎麼眞誠。他無視自己曾在多年前想要出版《年輕人》選集的意圖（當時佛斯柏和讀者當然不知道），宣稱從未有過將早年故事集結成書的念頭。「那些故事是我多年之前寫的，」他指出，「我從未想過要拿它們來出版。我希望它們能在時間到了之後自然消亡。我不是想要掩藏年輕時笨拙的手筆，只是不認為它們值得出版。」

《紐約時報》的這篇文章達到了沙林傑預期的效果。法院發了禁制令，禁止任何人散布或銷售這部盜版書。於是，此書的印行隨之中止，神祕的「約翰．葛林柏格」消失無蹤，沙林傑也撤銷了告訴。這整個事件讓眾人對沙林傑留下了非常自私自利的印象，甚至覺得他是個壞心眼的人。一場論戰隨之展開，大家開始討論一旦作品發表之後，無論作者本人如何看待作品，是否眞有權抹去其留存於讀者面前的痕跡。

不過一九七四年時，最讓沙林傑憂心的，不是盜版書事件。他在那年失去了雙親。三月時，索羅門．沙林傑去世，三個月之後，米莉安也跟著過世。

□

一九八〇年十二月八日，一場悲劇在《麥田捕手》這部作品上留下了永恆的污點，之後的許多年，沙林傑的書迷都因此常被認定爲有精神不穩定問題。

披頭四樂團成員約翰．藍儂、他的妻子小野洋子，還有兒子尙恩住在達科塔公寓，那是一棟可以俯瞰中央公園西側的高級建築。十二月八日晚上，當他們走進達科塔公寓時，有一名精神失常的二十五歲男子馬克．大衛．查普曼（Mark David Chapman），對約翰．藍儂近距離發射了四枚空尖彈，導致他的死亡。這名槍手接著冷靜地坐在人行道上，從口袋裡掏出一本《麥田捕手》，彷彿什麼事都沒發生地開始閱讀。

世界都爲此感到震撼。那是個與約翰．藍儂感覺緊密相連的世代，他毫無意義的死亡，讓每個人彷彿都受到侵害。隨著現場的細節逐漸浮現，查普曼勢必會以精神錯亂作爲抗辯。他宣稱腦中有個聲音要他殺了藍儂。不過他爲自己辯護的最主要說詞更爲精巧，也對全世界的沙林傑書迷造成了令人心寒的效應：他把自己的罪行怪在《麥田捕手》頭上。

查普曼是從夏威夷前往紐約犯下這起謀殺案。一抵達紐約，他就跑去書店買了一本《麥田捕手》。他已讀過這本書很多遍，並深信自己就是當代的霍爾頓．考菲爾德。查普曼帶著這本書走遍了霍爾頓在小說中去過的所有地方。他和穿著綠色洋裝的妓女談話，去了中央公園動物園，還造訪了園中的湖和旋轉木馬。他還眞的問了警察：中央公園的鴨子冬天去哪裡了。然後他去了達科塔公寓，警察趕到現場逮捕他時，他正心滿意足地讀著手上的書。他們拿走他手上的書，逮捕拘留了他，然後在那本小說中發現了一段令人不安的題詞：「這就是我的宣言。霍爾頓．考菲爾德，麥田捕手。」

在遲至二〇〇六年的一場訪談中，查普曼始終堅稱他會殺掉約翰．藍儂，是受到沙林傑小說的影響。他一下子表示覺得自己就是霍爾頓．考菲爾德，一下子又說他害怕藍儂會宣稱自己是新的麥田捕手，一下子又說他殺了這名音樂家是爲了拯救他不至於墮落至虛僞深淵。查普曼在放棄以精神失常來抗辯後直接認罪。他被判無期徒刑，最低刑期二十年，目前也還在阿蒂卡州立監獄（Attica State Prison）服刑。

馬克．大衛．查普曼以最扭曲的方式詮釋了沙林傑的作品。不幸的是，之後許多年間，沙林傑的書迷都因此遭到質疑，彷彿欣賞沙林傑的作品就代表一個人的心智狀態不穩。一九八一年三月三十日，在藍儂遭殺害後不到四個月，又有人試圖奪取美國總統隆納．雷根的性命。一位名叫約翰．辛克利二世（John Hinckley, Jr.）的精神變態，爲了吸引演員茱蒂．佛斯特的注意，向雷根總統、其新聞祕書以及保鑣開槍。當警察去搜查他在華盛頓的旅館房間時，發現他帶了十本書，其中有一本莎士比亞的作品、一本探討以精神失常作爲抗辯的著作，另外還有《麥田捕手》。由於藍儂事件才剛發生沒多久，媒體立刻拿警方發現沙林傑小說一事大作文章，開始有人針對這些犯罪事件進行奇怪的揣測。有人認爲藍儂的死跟雷根的槍擊案背後有一場複雜的陰謀，幾乎讓人聯想到小說《戰略迷魂》（*The Manchurian Candidate*）中的情節。部分刊物及文章似乎開始鼓吹一種想法：

美國政府中有一些神祕機構，非常邪惡地利用《麥田捕手》來下達謀殺令。這個荒誕的想法，在一九九七年隨著電影《絕命大反擊》（*Conspiracy Theory*）起死回生，片中那名被制約的殺手，就無法控制地買了好幾百本《麥田捕手》。

□

沙林傑希望不受打擾的要求總是不被媒體當一回事，他似乎對此完全無法理解。由於他強制不讓外界接近，創造出的神祕氛圍更是吸引了報刊雜誌對他窮追不捨；即便他已退休，受到關注的程度還是跟攀至巔峰的一九六一年同樣熱烈。在眾多揭露沙林傑的「內幕」消息中，最知名的或許是一九八一年七月二十四日的一篇訪談；這篇少見的訪談，刊登在極受歡迎的文學雜誌《巴黎評論》（*Paris Review*）上，標題是〈我去年夏天做的事〉（What I Did Last Summer），負責這篇文章的編輯是喬治·普林頓（George Plimpton），撰稿人是貝蒂·埃皮斯（Betty Eppes）。

埃皮斯是透過一些小手段得到「訪談」機會。根據文中指出，沙林傑在文瑟爾市的郵局讀到一封短信，埃皮斯在信中表示自己是個失意的小說家，只希望能跟這位偉大的作家見上一面，而且絕對會尊重他的隱私，因此受騙的沙林傑跟她見了一面。沙林傑確實有跟埃皮斯見面，但沒有回答很多問題，因此，埃皮斯只能在文中寫滿有關沙林傑保持沉默的細節，以及她在訪談期間如何努力不讓沙林傑發現隱藏的錄音機跟相機。她的確問了一個重要問題：女人在美國夢之中的定位。沙林傑似乎對她的喪志感到不可置信，因此做出了非常熱烈的回應。「美國夢屬於每一個美國人，」他大表不滿，「女人也是美國人，美國夢當然也屬於妳們。繼續努力，想要就去爭取。」而缺乏記者直覺的埃皮斯，卻立刻不耐地轉移了話題：

過了一陣子，我開始思考沙林傑到底有沒有要結束這個話題，我個人是不介意他閉嘴，因爲錄音機已經快要錄完了，結束的「嗶」聲就要響起。

根據埃皮斯的報導，沙林傑後來發起脾氣。她宣稱是因爲兩人在文瑟爾市的停車場碰面時，有位路過的當地人以爲是可以找沙林傑閒聊的時機，因此把沙林傑搞得很不開心。這確實不是沒有可能，但也有可能是沙林傑發現了埃皮斯搞的把戲才勃然大怒。

〈我去年夏天做的事〉就各方面而言，都處理得很不嚴謹，導致讀者一面倒地同情起文中表現得既耐心又害羞的沙林傑。文章刊出後三十年，貝蒂．埃皮斯表示非常懊悔參與這件事，並指控文章內容大多是編輯普林頓加油添醋而來。普林頓確實是個惡名昭彰的傢伙，總爲了追求雜誌賣點而胡作非爲。無論誰該爲這篇文章負責，該文確實爲未來的記者及史學家幫了倒忙。埃皮斯是最後一個訪問到沙林傑的人，此後他再也沒有對外說過自己的私事，或公開分享過任何觀點。

□

約翰．藍儂遭謀殺後的那幾年，沙林傑更堅定地過著與世隔絕的生活，彷彿實現了大眾長期以來對他的想像。沙林傑很清楚這件事，也爲此愈感憂傷，但最後還是決定將一切認定爲宿命。

沙林傑在一九八一年到一九八五年之間常陷入暴躁的抑鬱情緒中，他跟霍爾頓一樣，將這種狀況稱為「憂鬱情懷」（the blues）。就連他的吠檀多信仰也似乎無法緩和這種情緒。為了另尋慰藉，沙林傑開始在抽象的精神領域中漫無目的地探索，他承認「地處遙遠及遠東的一些玩意兒」讓他著迷。在這些龐雜的嘗試中，他研究得最深入的應該是占星學。

沙林傑在一九七〇年代寫了一個故事，其中有個角色就跟占星學有關。他為了這篇作品作了一些占星學研究，並如同這個角色般迷上了占星學。他不但成為一名占星學愛好者，還能熟練地畫出每個人的星圖。親友得知他那陣子關注的主題後，都要求他幫忙畫出星圖，而沙林傑也發現自己就像在火車上玩填字遊戲一樣，隨手就能幫每個人畫出來。沙林傑對占星學的著迷，很快就成為一種隨手可得的娛樂，但他的抑鬱傾向依然存在，內心的怨恨也仍在滋長。

就連對季節的看法，似乎也反映了沙林傑逐漸避世的傾向。他之前自己蓋房子，就是希望讓房子「有充足的陽光」，但現在的他卻宣稱討厭夏天。因為他的書迷最有可能在夏天時跑到他家附近窺探，在車道及草皮上留下胎痕證據。之前的他總陶醉在新罕布夏的秋天當中，讚嘆那個時節奔放的色彩，以及令人神清氣爽的涼意，但如今連秋天都令他沮喪。他渴求冬天到來，因為只有冬天的凍雪和泥巴，才能讓他覺得家是一座堡壘，能制止那些不受歡迎的書迷、朝聖者和記者。

無論季節為何，即便身處自己的大本營，沙林傑也偶爾得忍受陌生人的存在。他多年前曾在自己的房子加蓋L形側翼，新闢了浴室、臥房，和供他寫作的書房（後來這間書房也用來收藏沙林傑未發表的手稿）。持續好幾個月的施工，幾乎要逼瘋沙林傑。他語帶憎恨地抱怨工人群聚在他的土地上，不但侵占了他的隱私，還讓他無法工作。因此到了一九八一年春天，沙林傑認為需要在屋旁蓋一間新的小柴房時，光是想到要再次遇到工人們到處閒蕩的情況，就令他感到難以忍受。後來他雇了一個很小的工人團隊，要求他們在一星期內完成這間簡單的建物，但沙林傑還是為此痛苦不已。他認為這些「槌子跟電動工具使用者」，就像外星人入侵，也坦承因為這份痛苦而深感耗弱。

沙林傑也會嘗試探索科尼什以外的世界，不過通常只願意進行短程旅行，次數也愈來愈少。一九八一年六月，他興高采烈地去了紐約，那是一個相當少見的例子。他回來之後向一位朋友自豪地表示，雖然感到辛苦但仍「享受當下」。他還在那年夏天開了二百五十八英哩的車去鱈魚角拜訪朋友，儘管他不喜歡長途開車，隔天早上還是為了返回科尼什而駕車上路。一九八二年五月，他去佛羅里達州跟演員伊蓮・喬伊斯（Elain Joyce）見面，之前兩人已通信了幾個月。不過那趟旅行算是例外，沙林傑的出遊通常不是為了跟友人見面，大多跟一九八一年去波士頓的一日遊差不多：他那次去看了畢沙羅的畫展，但拒絕跟離展覽不遠的一位朋友見面。對他來說，與其度過一個尷尬的下午，還是用信件致歉比較安全。

到了一九八四年夏天，沙林傑已完全選擇遠離所有人。佩姬當時在牛津大學讀研究所，沙林傑決定前去給她一個驚喜。他沒通知佩姬就直接搭機去了英格蘭，在倫敦的一家旅館訂了房間，然後打電話到學校找女兒，但未得到回應。原來佩姬利用課堂的空檔出國玩了。沙林傑在倫敦還認識很多人，本來也計畫拜訪他們，可此刻卻覺得無法再拿起電話聯絡任何人。結果沙林傑整個星期就獨自坐在旅館房間內，盯著電話，努力想鼓起勇氣撥號卻仍是失敗。「我沒辦法提出合理的解釋，」他之後承認，「這些年來，我就是覺得無法進行任何一般或私人的對話，也不想跟人來往。」佩姬回到英格蘭時，沙林傑已準備要搭機回家，所以兩人只來得及吃一頓午餐。不過，這頓飯的時間已足以讓佩姬意識到父親的改變：「跟我之前認識的爹地相比，他似乎變得更虛弱無力。」

沙林傑一直都不太喜歡不請自來的信件。這些年來，他面對信件的情緒已經從擔憂、嘲弄，又轉變為恐懼。到了一九八三年，儘管歐汀已做過篩選，也已丟掉大多來信，他仍無法面對經紀人轉來的信件。在沙林傑的想像中，這些信大多「別有所圖」，不是希望得到某些好處，就是要建議他繼續出版作品。每當從文瑟爾市郵局取信回家——這是他始終不願意放棄的一種儀式——就任由那些未拆封的信堆在桌上，有時候一堆就是好幾星期。信件堆得愈高，他就愈害怕，直到最後，光是看到那場面，都能讓他身心癱瘓，並表示這些信已把他與生俱來的最後一丁點良善抹消殆盡。

約翰．藍儂遭到謀殺之後，沙林傑對書迷來信的疑慮並不能說不理性，但沒過多久，他不只忽視書迷寄來的信，就連親友的來信也置之不理。他的大部分人際關係都是透過信件維繫，其中包括許多培養多年的重要情誼。寫信也已成為他和姊姊、威廉．麥克斯威爾、約翰．基南，還有麥可．米歇爾維繫關係的主要方式，而他對信件的恐懼開始讓這些關係陷入危機。

到了一九八五年，沙林傑已將內心的恐懼及自願接受的孤獨處境合理化了。他在過去五年已逐漸不再回信給麥可．米歇爾，此時則向他解釋了這麼做的原因。沙林傑對漠視友人的行徑沒什麼悔意，反而頑固地主張了自己的寫作哲學，並針對這段三十八年的友誼提出警告，表示此後只能投注最低限度的心力。沙林傑堅稱他的工作——現在他將其稱為「任務」——需要犧牲私人生活，而他無力抗拒這樣的安排。一直以來，入侵他世界的一切只帶來磨難，不過根據他的解釋，他仍打算在這種處境下努力寫作，他要隨著小說走入一個新境地，而這趟探索旅程讓他「無法承受絕妙友誼帶來的美好樂趣」。

沙林傑在一九六五年之後就拒絕分享作品，他的寫作從那時候開始就只能算是私下的消遣。不過，他仍固執地將自己與外界隔絕的選擇合理化，表示那是為了天職而付出的代價、為藝術做的犧牲。事實是，現在的沙林傑已對這種孤絕處境感到自在，眞正受創的只有其他持續跟他往來的人。沙林傑不再因為他的犧牲而受到任何衝擊，就米歇爾的例子而言，眞正需要想辦法放下珍視多年友情的人，就只有米歇爾而已。

□

到了一九八〇年代中期，沙林傑已沉默了二十年。他決定不再出版作品，但無法阻止別人書寫他。書市上總是出現有關沙林傑的書籍，而他無法掌控這些書的內容。菲德力克・關恩（Frederick Gwynn）在一九五八年出版了《J・D・沙林傑的小說》（*The Fiction of J. D. Salinger*），華倫・法蘭區的《J・D・沙林傑》隨之在一九六一年出版，而一九六二年出現的則是威廉・比爾徹（William Belcher）和詹姆斯・李（James Lee）的《J・D・沙林傑及評論者》（*J. D. Salinger and the Critics*）。隔年，以沙林傑為主題的書更如潮水般湧現，其中包括唐諾・菲恩為他製作的研究書目提要，另外還有馬文・雷瑟（Marvin Laser）和伊哈布・哈桑（Ihab Hassan）的著作。之後數年間，詹姆斯・E・米勒（James E. Miller）、詹姆斯・倫奎斯特（James Lundquist）和哈羅德・布魯姆（Harold Bloom）都加入了這個行列。一直到一九八〇年代中期，以沙林傑為主題的出版品已有好幾十本，足以在作者本人繼續保持沉默的情況下，將他的作品維繫在公眾意識中。

這些書都是針對沙林傑作品的評析，他們也為了支持各自的詮釋觀點而大量引用沙林傑的作品內容，尤其是《麥田捕手》。由於這些都是關於文學分析的學術作品，沙林傑無從干涉其內容。不過除了包括沙林傑的生日、服役經歷，還有出版著作年份日期的粗略生平年表之外，仍未有人嘗試爲這位作家寫一本深度傳記。一九八二年，W．P．金瑟拉（W. P. Kinsella）推出了他的暢銷作品《無鞋喬》（*Shoeless Joe*），當中的主角就是J．D．沙林傑。儘管沙林傑在金瑟拉的小說中暢所欲言，《無鞋喬》畢竟還是一部虛構小說，而之所以寫出這個名爲沙林傑的角色，也不是爲了以文學角度描述這位作家。

一九八六年五月，沙林傑從桃樂絲．歐汀手上拿到一個包裹，其中是一本未經他本人允許的傳記校樣，書名是《J．D．沙林傑：寫作的一生》（*J. D. Salinger: A Writing Life*）。這份書稿的作者是伊恩．漢彌爾頓，是一位知名的英國編輯、傳記作者，以及詩人，這次受到藍燈書屋的委託，來破解沙林傑謎樣的公眾形象。沙林傑把這份書稿從頭到尾翻閱了一遍，其中包括他之前從未公諸於世的私生活細節，還慷慨地從他的私人信件中節錄了許多段落。

自從德州大學的蘭森中心在一九六八年取得了沙林傑寫給伊莉莎白．莫瑞的信件後，沙林傑就已成功銷毀他在歐柏公司及《紐約客》（比較沒有那麼徹底）檔案中的大部分私人通信。不過他無法拿回曾經寄給惠特．博奈的信件。普林斯頓大學在一九六五年收購了《故事》出版公司的檔案資料，其中就有沙林傑跟曾是恩師的博奈的私人通信。漢彌爾頓找到了這些信件，於是將其跟蘭森中心的信件一起使用在這本書裡。

就跟之前無數記者一樣，漢彌爾頓也試圖訪問沙林傑的朋友、鄰居，以及和他在工作上有來往的人。他想方設法找到了沙林傑在烏爾辛納斯學院和福吉谷軍事學院的同學，請求他們分享相關看法及過往回憶。他曾寫信給歐柏經紀公司，但沒有得到回覆。他還寫信給紐約電話簿上所有姓氏爲沙林傑的人，就希望能剛好碰上跟J・D・沙林傑有親戚關係的人。他從未前往科尼什，也認爲直接跟沙林傑聯絡沒有用處。事實上，他對待沙林傑的態度，就像在處理一位過世許久的名人。漢彌爾頓是這麼想的：「他在任何實際生活層面都不存在，其實就跟死了沒兩樣。」儘管他寫成的書完全稱不上對沙林傑抱持同理心，卻還是希望獲得沙林傑的認可，他寫道：「我寧可相信他可能會喜歡我的書。」

早在收到校樣的前幾個月，沙林傑就已經聽說漢彌爾頓在做的事了。他的姊姊多莉絲的聯絡方式有被列在電話簿上，因此一收到漢彌爾頓的信，就通知了弟弟。沙林傑早就經歷過幾次類似事件，所以跟之前面對《時代》及《新聞週刊》時採取了同樣的處理方式：他聯絡了友人，像是威廉・費森及約翰・基南，指示他們別理會漢彌爾頓的要求。他接著直接寫信給漢彌爾頓，針對這個計畫以及他用來拼湊自己人生的方式，表達了強烈不滿。他指控漢彌爾頓及藍燈書屋侵犯了他的隱私，彷彿他是「疑似進行犯罪活動」的嫌犯，尤其對漢彌爾頓透過電話簿騷擾他的家人感到憤慨。信件最後，沙林傑也承認，若他們一意孤行，他也無法阻止漢彌爾頓及藍燈書屋打算推出傳記的計畫，但他清楚表明自己對此事的不悅，並強調這讓他感到受傷。「我在這僅有的一生當中，已承受了所有的生吞活剝，隱私受侵犯的程度也到了極限。」他說。

漢彌爾頓也回信給沙林傑，針對侵擾家人一事表示歉意。爲了嘗試安撫沙林傑的情緒，他保證這部傳記只想對他獻上欽佩之意，而且寫到〈哈普沃茲16，1924〉發表的一九六五年就結束了。沙林傑不爲所動。一九八六年五月二十五日，漢彌爾頓和藍燈書屋收到來自沙林傑律師的信件，要求所有未曾集結出版的信件內容都必須從書中移除。藍燈書屋於是指示漢彌爾頓減少直接引用自沙林傑通信的內容，結果就是那年九月出現的第二版校樣，漢彌爾頓將許多原本引用自信件的內容全用自己的話重說了一遍。他們又將新版的校樣寄給沙林傑。看到自己經由說過的話被展示在大家面前，沙林傑仍然無法接受，更何況，他認爲這些重述過的話根本誤解了他的意思。他把漢彌爾頓做的這些改變稱爲「做樣子」，然後在一九八六年十月三日正式對《J·D·沙林傑：寫作的一生》申請禁制令。

沙林傑必須爲了這件官司上法庭作證，也表示得去紐約一趟。藍燈書屋希望這些麻煩能讓沙林傑放棄尋求法律幫助。不過，十月十日當天，沙林傑和他的律師瑪西亞·保羅（Marcia Paul）來到曼哈頓的漢姆斯利大樓，並一起進到薩特利·史帝芬斯（Satterlee Stephens）的法律辦公室內，而坐在他們對面的是伊恩·漢彌爾頓和藍燈書屋的律師羅伯特·卡勒吉（Robert Callagy）。

六十七歲的沙林傑，看起來健康狀況很好。他的衣著打理得一絲不苟，舉手投足間散發出卡勒吉口中的「貴族氣息」。不過他表面上的練達是爲了隱藏心底的沮喪及眞正的感受。他的雙手在桌下無法克制地不停顫抖，他的律師從頭到尾都必須緊握著他的手。

卡勒吉連珠炮似地提出了一連串問題，希望透過這種節奏打擊沙林傑的決心。沙林傑一如往常地不愛搭理，偶爾還想在作答時加入一些冷嘲熱諷的幽默，但卡勒吉完全不予理會。他用一大堆問題對沙林傑發動密集攻擊。《麥田捕手》那年總共賣了多少冊？超過四十萬冊。沙林傑的年收入多少？大約十萬美金。他在一九六五年之後還有繼續寫作嗎？有。這些作品在過去二十年來有發表嗎？沒有。

卡勒吉接著拿出沙林傑以前寫的一封信，漢彌爾頓有將其中的內容引用在書中。沙林傑認得這封信嗎？是寫給誰的？何時寫的？能說出裡面的內容嗎？其中最關鍵的句子有哪些【註】？卡勒吉每拿出一封信，就會把這些問題重新問過一輪，而這些信件有將近一百封。這次作證時間長達六個小時。對沙林傑而言實在是一場漫長的折磨。

漢彌爾頓在地方法院打贏了官司，但沙林傑決定上訴。一九八七年一月二十九日，美國上訴法院的第二巡迴審判庭推翻了地方法院的判決，做出了有利沙林傑的判決。法院判定漢彌爾頓可以報導沙林傑私人信件的內容及語調，但若想出版，就必須移除書中直接引自信件內容及跟原文相近的重寫段落。藍燈書屋嘗試挑戰上訴法院的判決，所以這個案件又到了最高法院，但最高法院拒絕審理，此舉本質上就是支持對沙林傑有利的判決。直到今天，沙林傑對上藍燈書屋的案例仍被視為美國著作權法的基石之一，也是全國法律系學生必須研讀的案例。但事實上，追究此事的沙林傑最後只傷到了自己。一九八七年，漢彌爾頓仍出版了那本傳記，內容跟第二版校樣相比變動不大。他將本書重新命名為《尋找J．D．沙林傑》（*In Search of J. D. Salinger*），還把他跟沙林傑打官司的過程寫進書中。到了最後，這部傳記的內容不但跟之前基本上相同，描寫主人翁的語氣還多了一絲怨憎。就連《紐約時報》都表示：「沙林傑先生還不如就讓他們引用信件內容，也好過被寫成一個心懷惡意的人。」

那場官司上了新聞頭條，也讓《尋找J．D．沙林傑》的銷量因此翻高了好幾倍。有人問伊恩．漢彌爾頓下一個想寫的對象是誰，他表示自己還不確定，但「沒有死個一百年以上的傢伙，我應該就不想寫了」。

□

事後證明，沙林傑為了保護隱私透過法律途徑做出的威脅，都無法縮減大眾著迷於他的人生及隱居生活的程度。他不但完全沒有被遺忘，還成為美國最有名的低調人士。他成了活生生的傳奇，而且比起他創作的作品，更是因為他建立的形象，或至少說是大家覺得他建立的形象。他算是保全了他的品格，也讓自己內在那個年輕的沙林傑不被糟蹋，但圍繞著他而發展出的神話，看來已完全超出了他的掌控。許多謠言及奇怪的故事都以他為主題在世間流竄，而他的沉默及不出言反駁甚至助長了這些神話。

許多書迷都無法接受沙林傑不再出版作品，因此開始尋找風格與他相近的作者，暗自希望沙林傑會用假名發表。一九七六年，《蘇活週報》（*SoHo Weekly News*）刊登了一篇文章宣稱湯瑪斯．品瓊（Thomas Pynchon）其實就是沙林傑。很多人也開始相信這個說法。品瓊跟沙林傑一樣非常重視隱私，尤其討厭被人拍照。他在一九七三年寫了出色的《萬有引力之虹》（*Gravity's Rainbow*），當中有許多不同的敘事聲腔，而沙林傑的書迷認為其中一個角色的聲腔跟沙林傑驚人地相似。即便品瓊本人已經現身過許多次，證明自己真的不是沙林傑，《蘇活週報》也為他們搞錯這件事而致歉，

註：當沙林傑被問及他在戰前及戰爭期間寫的信件時，他會用第三人稱的「那個男孩」描述自己，解釋時會說「那個男孩」寫信的對象是誰，或者「那個男孩」想表達的意思又是什麼。漢彌爾頓的律師覺得這種指稱自己的方式很怪，彷彿年輕時的他跟現在的他完全是不同的人。

但許多沙林傑的書迷還是很難放下這個執念。一九九一年，利特爾布朗出版公司推出了沙林傑舊作的新版書，由於在一片空白的書封上出現了一道彩虹，導致品瓊就是沙林傑的理論再次死灰復燃。

許多沙林傑的神話都源自眞實發生的事件。沙林傑的戰時同袍約翰·基南在一九八二年退休時，沙林傑參加了他的送別晚宴。接著立刻有一篇報導指出，沙林傑在晚宴上說自己完成了一部有關二次大戰的小說。這個說法的來源不明，但就算沙林傑確實爲了向基南致敬而說了一些話，也不太可能在這種場合搶朋友的鋒頭，宣布跟自己寫作生涯有關的事項。

環繞著沙林傑晚年生活而發展出的傳奇當中，最吸引人的或許就是他退休後所寫的作品。他無疑在一九六五年後持續寫作，創造出數量驚人的新作品，但他總是用一種幾乎完全保密的方式工作。他的寫作成爲一個徹底隔絕的私密世界，而他就在這個世界中禱告。就連他還在出版作品時，也沒人看過他進行中的手稿。他從未在晚餐時談起正在進行的故事或角色，也不會跟親友討論情節的推進。沙林傑的作品只屬於他一個人，他的寫作生活中沒有其他人，只有寫作以外的生活才會與他人共享。他的女兒甚至沒意識到父親是作家，直到她去上學，老師才（既驚訝又覺得有趣地）告訴她，她的父親是個知名作家。佩姬之前完全不知道，即便在知道後，直到成年之前，也沒讀過父親的作品。她不是在父親的工作室讀到〈一個在法國的男孩〉或〈哈普沃茲16，1924〉，而是必須自己從國會圖書館把這些故事找出來看。因此，雖然很少有人（還不知道有沒有人）眞正見過沙林傑晚年的作品，坊間仍流傳很多關於這些新作的故事。大部分說法都強調這些作品被收在一個巨大的地窖中，偶爾會有人將這個地窖描述得跟普通房間一樣大，還至少有一個傳言指出他已將作品埋進自家土地的某處。而最爲人帶來希望的說法，是說作家都已根據這些珍貴故事的狀態標上代號：

未完成、檢閱中，準備好發表。

□

一九九六年，經過三十年的沉默之後，沙林傑決定推出〈哈普沃茲16，1924〉的精裝版，這個新聞也立刻傳遍整個文壇。據說他完全沒理那些大型出版社，反而將這部中篇小說授權給一家小型出版社。這家名爲紅門蘭出版社（Orchises Press）的公司，位於維吉尼亞州的亞歷山卓市（Alexandria）。〈哈普沃茲16，1924〉的文本當時已很難取得，眾家評論者只能開始瘋狂搜尋原本，畢竟現在就算找得到一九六五年的那期《紐約客》，當中印了沙林傑故事的頁面也幾乎都被裁切掉了。紅門蘭出版社宣布暫定於一九九七年一月推出〈哈普沃茲16，1924〉，但是一月到來時書籍仍未推出，出版社跟沙林傑也沒對此做出任何說明。事實上，出版日期在一九九七年初之前就已延期過三次，沙林傑的書迷也因此累積了一定程度的焦慮。

不過因爲多次延期，評論者更有時間找到這部中篇小說的文本，接著這些評論就輪番在報章雜誌上刊出，結果就是出現大量的宣傳訊息及評論文章，完全是這部中篇小說之前發表時想避免的場面。這些文章出現於《華盛頓郵報》（*The Washington Post*）、《紐約新聞日報》（*New York Newsday*）、《芝加哥論壇報》（*Chicago Tribune*），以及《新聞週刊》、《時代》及《君子》雜誌。ＣＮＮ和其他媒體機構也報導了此書即將出版的新聞。就連《週六夜現場》（*Saturday Night Live*）都透過諧擬新聞報導的形式，開了沙林傑的玩笑。週六夜現場的記者報導指出，沙林傑在被問及爲何多年後才推出這部作品時，回答是「從我家的草皮滾出去」。

在比深夜喜劇節目的諧擬橋段更嚴肅的評論中，最典型的一篇於一九九七年二月二十日出現在《紐約時報書評報》上，《時代》雜誌的評論者角谷美智子在這篇文章中指出這部作品「乏味、脫離現實，而且令人難過的是，就是一篇完全沒有魅力的故事」。她指控沙林傑爲了討好之前批評西摩的人，重新塑造了西摩的性格，只爲了反駁他們認爲西摩的神聖狀態不夠眞實的指控。角谷爲〈哈普沃茲16，1924〉的角色塑造、情節、結構及潛藏的主旨感到惋惜。她之所以寫出這麼一篇嚴苛的評論，不是因爲看不起沙林傑或他的才華，而是經過了非常縝密的思考。角谷做了充足的準備工作，拿出的評論就跟多年前的約翰·厄普代克一樣對沙林傑表達了充分敬意——但也同樣毫不留情。角谷在隔年因爲「評論寫作」獲得普立茲獎，她對〈哈普沃茲16，1924〉抱持的悲觀態度似乎也因此獲得認證；而這部中篇小說精裝本也落入了出版遙遙無期的靈薄獄【註】。那年二月，當記者嘗試聯絡紅門蘭出版社，希望獲得他們的說法時，卻只收到一段錄音訊息，而這仍是我們直到今日所擁有的，最後一段幾乎等同於沙林傑打破沉默的話語：

> 我們是紅門蘭出版社。〈哈普沃茲16，1924〉的出版工作有所延誤。我們還無法提供確切的出版資訊，也爲這種不確定的情勢及造成的混亂深感抱歉。

這個事件在沙林傑書迷心中留下了陰影，十二年後，當眾家網路書店又重演了當年的假動作之後，書迷內心的陰影更是揮之不去。紅門蘭出版社的老闆羅傑·拉斯貝瑞（Roger Lathbury）將出版失敗的結果怪在自己身上。他和沙林傑針對將〈哈普沃茲16，1924〉重新包裝上市一事進行了周詳的討論，兩人還在華盛頓特區的國家美術館的訪客餐廳見了面，不過之後拉斯貝瑞無意間將出版消息走漏給媒體，沙林傑的反應可想而知。他不再打算出書，這場交易也就失敗了。不過，即便拉斯貝瑞把責任扛在自己身上，這件事造成的效應卻不僅止於交易破裂。沙林傑之所以想出〈哈普沃茲16，1924〉，或許不是基於文學考量，而是想要掌控自己的作品。一九九七年，沙林傑在法律上擁有自己所有的故事及出版品，唯一值得注意的例外就是〈哈普沃茲16，1924〉，當時的他還跟《紐約客》共同分享這個故事的版權。不過，若他將此故事以書籍形式出版，就會被認定爲新作品，也就會受到比一九六五年發表時更爲嚴格定義的著作權法保護。

□

一九九〇年代晚期的沙林傑已將近八十歲，除了耳聾的情況愈來愈嚴重，又有點駝背之外，身體狀態可說很健康。他的頭髮早在幾年前就從漆黑變得雪白，但雙眼仍像在烏爾辛納斯學院讓年輕女性著迷時一樣，保有一種陰暗而強烈的魅力。他的孩子早已長大，也展開了自己的事業。

註：〈哈普沃茲16，1924〉推出精裝本的風聲幽魂不散，接著又在二〇〇七年時冒了出來，當時出版日期預定是在二〇〇九年的一月，也就是在沙林傑的九十歲生日之後。可以想見讀者和評論家都對這個說法抱持著懷疑態度。不過這的事件確實讓大眾對紅門蘭出版社起了興趣，二〇〇七年時，這間出版社已靠出版多部詩選而累積了名聲，沙林傑可說是背後的最大功臣。

一九七九年，克萊兒把小屋賣給沙林傑，也把九十英畝土地中的大半還給前夫，之後就從科尼什搬到西岸展開全新的人生【註】。回顧沙林傑的這一生，曾有數量驚人的女性被他吸引，但他很少做出明智的選擇。烏娜·歐尼爾代表的正是他在女人身上既鄙視又渴望的一切。他跟希薇亞·維爾特的婚姻也是魯莽之下的決定。至於克萊兒·道格拉斯，則是一個和沙林傑同樣容易陷入憂鬱情緒的對象。沙林傑在和克萊兒離婚後，曾和幾個女人約會過，但仍持續做出糟糕的決定。而一九九八年的一個糟糕決定，讓他陷入難以擺脫的困境，甚至還被展示在大眾眼前。

一九七二年四月，沙林傑在《紐約時代雜誌》（*New York Times Magazine*）上讀到一篇標題為〈十八歲的人生回顧〉（An Eighteen-Year-Old Looks Back on Life）的文章，作者是名為喬伊斯·梅納（Joyce Maynard）的大學生。這篇文章引起沙林傑的興趣，當然，這位作家也是因為雜誌封面上的照片而被這位端莊的作者吸引。他寫信給梅納表達愛慕之意。兩人通信一陣子之後，梅納就發現自己已經在科尼什和沙林傑同居，跟一個比她大上三十五歲的人交往，而且對方各方面的經驗都比自己豐厚太多。沙林傑當然深受梅納吸引，但與她來往的過程也非常謹慎。兩人的關係不到一年就徹底瓦解，梅納回家跟父母同住，也認定自己被一個男人無情拋棄。

一九九八年，梅納出版了回憶錄《世界中的家》（*At Home in the World*），當中描述了她和沙林傑這段二十六年前的關係。這本書中充滿譴責，將沙林傑描述成一個冷漠又愛操弄人的傢伙，還在純眞女孩最容易受影響的階段占她們便宜。這本書得到的評論不一，背後的出書動機也立刻受到質疑，不過讀者仍狂喜又熱切地鑽研書中的每個細節。一九九九年六月二十三日，梅納把她和沙林傑於一九七二年的通信拿去拍賣，這十四封信在蘇富比拍賣會上以約二十萬美金賣出，但一切卻以令人驚訝的結尾作收。買下信件的軟體創業家彼得・諾頓（Peter Norton）表示，他買下這批信件是爲了保護沙林傑的隱私。他表示願意主動將這些信件歸還給作者，若沙林傑認爲銷毀比較好的話也會照做。從那時開始，這批信件就一直收在諾頓的保險箱中，當中的內容未曾被揭露。

沙林傑在一九九二年時再婚。非常諷刺的是，他和這位未來新娘是在科尼什的農產拍賣會上相遇，讓人聯想到傳說中他父母相遇的場景。她是一位名叫科琳・歐尼爾（Colleen O'Neill）的當地女性，職業是護士，平日非常會縫拼布被子，脾氣好又端莊。人們很快就開始看到兩人一起頻繁在鎮上走動，他們通常挽著手一起去購物，或者在文瑟爾市的餐廳用餐。由於他們沒有正式宣布結婚，無法確知兩人的實際關係爲何，就連沙林傑的許多鄰居也都不清楚。更令情況不明的是，科琳出生於一九五九年六月，比沙林傑年輕四十歲，確實是不太可能成爲他伴侶的年紀。

□

沙林傑的房子在一九九二年十二月初發生火災，儘管周遭幾座小鎮都派了消防隊前來，火勢仍失去控制。記者都想知道是誰的房子燒了起來，所以消防車後方還跟著眾家的新聞採訪車。沙林傑

註：克萊兒令人敬佩地讓自己浴火重生。到了一九八〇年代中期時，她已經拿到心理學的博士學位，搬到加州，也在那裡成功展開了自己的事業。克萊兒寫了好幾本書，也持續在演講及教書。她從未利用她和沙林傑的婚姻來獲取好處。

和科琳本來站在屋前草皮上看著房子遭大火吞噬，但大批記者圍上來嘗試進行採訪，這對伴侶只好匆匆離去。這個事件成了全國新聞，所有主要報紙都描述了當記者接近時，這位與世隔絕的作家是如何為了拒絕受訪而逃之夭夭。這些報紙也將科琳描述為他的妻子，並強調她比沙林傑年輕不少。這場火沒燒到書房，手稿也未受波及，因此，沙林傑針對當晚的描述沒提到記者，也沒擔心他的房子及那些傳家寶物。讓沙林傑煩心的是他的兩隻狗，他養了兩隻義大利靈緹犬，當時因為恐懼而衝進樹林，沙林傑只想知道牠們過得好不好。

他很快就將堡壘循著原本的模樣重建。一九九二年的這場火導致外界不請自來，但隨著年紀變大的他很少出門後，入侵事件也就不再那麼頻繁出現。科尼什的居民仍忠誠地保護著他的隱私，也讓他的庇護所更牢不可破。科尼什甚至有了一個傳統——甚至可說是種娛樂活動——只要有人問起沙林傑家該怎麼走，居民都會故意引導他們走錯路。只要有潛在的入侵者問起沙林傑，當地人都會說沒聽過他的消息。許多人因此被引導入樹林深處，最後發現走上的是一條曲折蜿蜒的死路，又或是走到村中最不受歡迎居民家的車道上。科尼什的人很喜歡這種消遣活動，正如他們也喜歡私底下分享有關沙林傑的逸事，比如他們會有些嘲弄地說這位老作家在熟食櫃台時，是如何怒氣沖沖地要求幫他買的薩拉米香腸切片（要薄到能透光），又或是某年他忘了萬聖節即將到來，最後只好難為情地用鉛筆取代糖果發給孩子。這類花招及小故事，團結了鎮民的情感，但他們的投入背後也有非常實際的原因。科尼什因為代表了沙林傑的生活方式而成為「隱居所」的同義詞，而當地居民也非常樂意享受此現象帶來的好處。人們推崇此地為有錢人避世的理想地點，房地產價格隨之飆升。

20 行過麥田

沙林傑的早期故事眞的在技術上有所突破，我仍希望他能平安度過這個階段【譯註】。

——約翰・厄普代克，1966

二〇一〇年元旦，J・D・沙林傑滿九十一歲。在他前一年的九十歲生日當天，許多刊物及網站都熱情提起了這個値得紀念的日子，而這通常是好萊塢名流才有的待遇。但若仔細檢視他們的慶賀內容，就能看出有些完全不是眞心致敬，而是在惱怒地指責這位膽敢蔑視常理的作家。許多人利用這個機會譴責他拒絕出版的作爲，另外還有一些媒體重新評論了〈哈普沃茲16，1924〉，彷彿所有人都還活在一九六五年。儘管每篇文章中的怨恨程度不一，但幾乎都在行文間表現出了強烈情感，顯示沙林傑傳奇仍足以煽動起人們的高昂情緒。

雖然說不上是既殘酷又諷刺，但這些文章中最詭異的地方，或許就是他們所描述的作家都還

譯註：約翰・厄普代克指的是能度過寫作格拉斯家族故事的這個階段。

是他三十二歲的樣子，也就是《麥田捕手》封底的那張照片。事實上，沙林傑已經感受到衰老帶給他的影響。他的心智反應仍然很快，但因爲身形逐漸瘦弱而常常需要靠拐杖行走，在戰爭期間受損的聽覺也幾乎已經退化至全聾。不過，九十歲的沙林傑非常確信接下來的生活能過得平靜，也不用面對任何衝突。他其實也對此採取了必要措施。爲了降低地產上的爭議，他幾乎把二〇〇八年的時間都拿來理清個人的法律及財務相關事宜。七月二十四日，爲了確保沒有人能單憑一己之力全面掌控他的作品，而且就算在死後也能確保作品相關收益能妥切地支付給正確的人，他正式成立了J・D・沙林傑文學信託基金會（J. D. Salinger Literary Trust）。接著，沙林傑展延了其中一些故事的著作權，並在十月十五日那天將三十九部已發表作品的著作權送存至基金會。

□

沙林傑對寧靜生活的盼望在二〇〇九年五月十四日那天破滅了。他在那天得知有一本宣稱是《麥田捕手》續集的著作即將出版。關於這本書的消息，先是出現在英國《衛報》，接著很快透過網路出現在美國的新聞中。這個宣布讓人們壓抑多年的渴望重新騷動，很多人都希望他能以推出這部經典小說的續集來結束多年的隱居生活。爲了搜尋有關續集的資訊，人們找到了即將出版續集的公司尼可文本出版社（Nicotext）的網站，那是一間瑞典公司，接著找到的是這家出版社的分支機構發條鳥出版（Windupbird Publishing）。不過網站內容不但沒有提供解答，反而更啓人疑竇。這部作品的標題爲《六十年後：行過麥田》（*60 Years Later: Coming Through the Rye*），當時在英國已經可以買到，但美國要到九月才會出版。網站上針對小說情節的描述非常曖昧不明，卻又令人熟悉。本書講的是一位七十六歲男人經歷的種種旅程，這位C先生在逃離退休後的住處之後，來到曼哈頓的街道上漫遊，基本上就跟幾十年前的霍爾頓．考菲爾德離開學校跑到紐約街道上晃蕩的情節如出一轍。就算有些潛在讀者沒意識到其中的對照性，《六十年後：行過麥田》也沒忘記號稱自己是「接續了最受喜愛的經典小說之一」的作品。

關於這部出版品的作者資訊，更是含糊不清，只列出一個「約翰．大衛．加利福尼亞」（John David California）的假名。作者簡介中表示他之前擔任掘墓人，也曾是一位鐵人三項運動員，而初次跟沙林傑小說相遇是在「柬埔寨鄉下一間廢棄的小木屋中」。在讀完這段作者簡介之後，若是還有人盼望此書跟沙林傑有關，那麼在看了這家出版社於網站列出的出版書目，發現其中都是笑話書、性學辭典，和快速翻頁的色情小說之後，應該連最後一絲希望都會被捻熄。

媒體在查證過這個網站後，開始懷疑整個事件是場騙局，因此，《六十年後：行過麥田》的作者被迫揭露自己的眞實身分。原來這位約翰．大衛．加利福尼亞就是瑞典作家菲德烈克．寇丁（Fredrik Colting），他是尼可文本出版社及發條鳥出版的創辦人兼老闆。寇丁在《星期日電訊報》（*Sunday Telegram*）的一篇文章中呼籲大家認眞看待自己的作品。「這不是騙局，」他的語氣非常莊重，「我們不擔心有什麼法律問題。我們認爲《六十年後：行過麥田》是一個非常具有原創性的故事，而且可以和《麥田捕手》進行對話。」

大家都知道沙林傑特別喜歡打官司──尤其遇到跟《麥田捕手》及霍爾頓．考菲爾德有關的事更是如此──而寇丁提起法律問題後，更讓人覺得媒體之前的懷疑有理：寇丁其實就是想引誘沙林傑來告他，希望藉此爲小說打出知名度。在此同時，他似乎也眞心被發生的一切嚇壞了，對於此事引發的反應又是迷惘又是震驚。他之前只在瑞典出版了一些沒什麼名氣的書，每本書的內容都魯莽又無禮，寫這本「續集」時似乎也不清楚許多人還對《麥田捕手》抱持著難以割捨的情感。「我沒打算要造成騷動、讓人不開心，或者想利用沙林傑的名氣快速成名，」他抗議，「我只是想寫一本好書，而且是一本帶有新意的好書。」

「新意」正是這個事件中最主要的爭議點。歐柏公司中長年和沙林傑合作的經紀人菲利絲·威斯伯格（Phyllis Westberg）取得一本寇丁的著作，她保證會代表沙林傑仔細檢視內容，以確認是否有不至於侵犯沙林傑著作權的足夠創意，但結果可想而知【註】。將這部續集與沙林傑的原版故事對照後，威斯伯格發現許多場景跟事件都驚人地相似，霍爾頓的說話方式及精神狀態也跟一九五一年時差不多。其他角色基本上也沒什麼改變，只是因為年老而更顯可悲（霍爾頓再也無法控制自己的膀胱，菲比則深陷毒癮）。《六十年後：行過麥田》和《麥田捕手》之間確實有一個主要差異，那或許也是威斯伯格認定最致命的一項差異。隨著越往結尾讀，她竟然讀到了「沙林傑」這個角色。在一個會讓讀者聯想到瑪麗·雪萊的故事單元中，霍爾頓來到科尼什與他的創造者面對面，而這位創造者則為了殺掉霍爾頓而喚醒了文學這隻「野獸」。五月底，威斯伯格已經完成了她的評估工作，也諮詢了沙林傑的意見。之後接受《電訊報》詢問時，他們的回應不令人意外地非常堅定——「這件事已經交給律師處理了。」她表示。

□

二〇〇九年六月一日，律師代表J·D·沙林傑及J·D·沙林傑文學信託基金會在紐約南區提起訴訟。原告律師希望能針對《六十年後：行過麥田》提起臨時禁制令。沙林傑認爲這本續集徹底侵害了他的著作權，因此提告希望能阻止此書在美國出版及散布。他在提交起訴狀時沒有現身，也沒在之後的訴訟程序中出現。負責代表他的是威斯伯格跟他的律師瑪西亞・保羅，二十二年前也是這位律師打贏了他跟伊恩・漢彌爾頓之間的官司。

六月八日早上開始了正式聆訊，負責審理此案的法官是黛博拉・貝慈（Deborah Batts），她是聯邦法院中的資深法官。沙林傑的團隊打從一開始就指控《六十年後：行過麥田》是「一部衍生作品」，當中使用的素材大多竊取自《麥田捕手》，所以應該因爲侵犯沙林傑的著作權而禁止出版。爲了這樣的看法作結時，他們做出了一個暴露出核心爭議的大膽宣言：「爲《麥田捕手》書寫續集，以及使用霍爾頓・考菲爾德這個角色的權利都屬於沙林傑，而且只屬於他一人，而他已經決心選擇不行使這樣的權利。」

寇丁的律師團召集人是愛德華・羅森索（Edward Rosenthal），他們不再將《六十年後：行過麥田》定位爲續集，而是將這部書視爲一部「戲謔仿作」，並認爲此作有權受到憲法第一修正案的保護，就算考量沙林傑著作權的利益，此作仍在公平使用原則下具有可辯護空間。他們攻擊沙林傑宣

註：桃樂絲・歐汀一直擔任沙林傑的經紀人，直到一九九〇年因中風被迫退休為止。之後在歐柏公司接手她工作的是菲利絲・威斯伯格，沙林傑也成為她的客户。沙林傑跟歐汀建立了五十七年的友情，對她抱持的情感從未動搖。她在一九九七年過世。

稱自己擁有霍爾頓這個角色的說法，認爲這個說法「引發了最根本性的爭議」。「若是法院允許原告律師讓霍爾頓．考菲爾德這類文學性角色受到保護，」他們指出，「小說就等於在時光中永遠凍結了。」

貝慈法官還必須考量除了霍爾頓這個角色以外的議題，最重要的是《六十年後：行過麥田》中的「轉化」程度是否足以免除其侵害沙林傑著作權的疑慮。寇丁的律師堅稱跟沙林傑的原作相比，這本小說針對文本進行的延伸工作，足以使其被視爲一本獨立著作，但沙林傑的律師表示寇丁的作爲「分明就是打劫」，他們做了一張很長的清單，列出兩部小說的相似之處，甚至堅稱霍爾頓的說話方式應該受到保護。

不過，要是寇丁這方能說服法官相信《六十年後：行過麥田》中有針對《麥田捕手》提出精確且足夠的評註，確屬戲謔仿作，那麼，貝慈法官的確傾向賦予他大量從《麥田捕手》借用文本的自由。寇丁的律師指出霍爾頓去找沙林傑的橋段，就是在評註作者與角色之間的關係。這個論點成爲他們的主要辯詞，但後續是否有再提供其他足夠的評註例證，來合理化寇丁從《麥田捕手》借用的素材量，我們至今仍不清楚。

若寇丁可能在哪一點占優勢，應該就是法官最後考慮的那個問題：《六十年後：行過麥田》是否會對沙林傑未來作品的行銷造成影響？沙林傑的團隊主張，若沙林傑眞打算出《麥田捕手》的續集，《六十年後：行過麥田》的發行會降低大眾購買眞正續集的意願，這是任何作家都可能遇上的問題。不過，很少有人期待九十歲的沙林傑還會出版任何作品，而說寇丁做的事會讓讀者不想買《麥田捕手》也沒有道理可言。

對媒體而言，這場官司不過就是令人昏昏欲睡的場邊花絮。儘管沙林傑沒有現身，也沒有親自發表任何意見，焦點還是在沙林傑身上。爲了降低法院要求沙林傑出席的可能，菲利絲・威斯伯格刻意送上了一份宣誓書，希望法官能接受她擔任作家的代理人。威斯伯格還爲此公開指出，現在已經完全聽不見的沙林傑，必須仰賴他人才能行動，而且目前正因爲摔到髖骨而在復健中心治療。媒體立刻緊抓住這項資訊不放，再也沒人追逐那個沒得炒作的「衍生性作品」。新聞頭條都在強調這位年邁作家儘管耳聾又身體衰弱，但仍在頑強地與命運搏鬥。

□

《麥田捕手》的結尾可以用很多方式解讀，讀者必須不停地回頭思索。故事結束時，霍爾頓的立場被刻意寫得曖昧不明，好讓讀者爲了完成這趟閱讀之旅而代入自己的疑慮、志向，以及不滿。

就在媒體聚焦於沙林傑的健康問題時，讀者的回饋卻有了完全不一樣的光景。無論是報紙還是網路上，我們愈來愈常看到人們在社論或評論文章中回憶初次閱讀《麥田捕手》的場景，以及霍爾頓・考菲爾德對年輕時的他們代表的意義。每段回憶中都存在一個霍爾頓，但沒有任何兩個霍爾頓是一樣的。每個版本的霍爾頓都被呈現得栩栩如生，只屬於描述的那個人，霍爾頓的形象也隨著每個人的版本而有所不同。其中有個男人寫道，他在青少年時期，只能跟霍爾頓產生共鳴，也是靠著這個角色撐過非常艱困的時期。另外有人表示他非常崇拜霍爾頓的叛逆精神，讀大學時總是帶著沙林傑的小說。還有些回憶充滿了纖細情思，例如有名女性回憶自己初次迷戀上的對象就是霍爾頓・考菲爾德，而就在她寫下這些文字時，內心那個年輕女孩仍能感受到當時的情感。然而，誰眞正擁有霍爾頓·考菲爾德?在這場官司之後，這個角色又會面臨什麼樣的命運?很少人覺得菲德烈克·寇丁的作爲值得尊敬，但讀者已覺得霍爾頓是自己的一部分，也是組成他們自我形象的元素之一，因此，當沙林傑宣稱擁有霍爾頓時，有些人開始對他感到幻滅。

□

七月一日，黛博拉·貝慈法官做出判決，認定這是一部未獲授權的《麥田捕手》續集，而非戲謔仿作，因此發布禁制令，不讓《六十年後：行過麥田》在美國發行。她判沙林傑這方獲勝，不但認定霍爾頓·考菲爾德這個角色確實受到著作權保護，也認定寇丁的小說是「衍生性作品」而非「戲謔仿作」。她進一步判定《六十年後：行過麥田》的「轉化」程度沒有辯方宣稱的那麼高，認爲一旦從原作借用的素材愈多，成品的創新程度就愈低。

貝慈法官做出判決大多是基於法條，但背後的意圖則不僅限於法律層面。她堅持自己是在保護沙林傑當初設計這部小說的完整性，並藉此試圖爲讀者的權利辯護。「作家的藝術觀點，」她主張，「包括將角色故事中一定程度的元素及面向，留待讀者自由發揮他們的想像力。」

這場官司的核心爭議在於霍爾頓·考菲爾德這個以文字刻畫出的虛擬角色，究竟是否受到沙林傑所擁有的《麥田捕手》著作權保護。霍爾頓跟其他知名的影像、藝術作品、商標和電影角色不同，並不存在任何物理性的實體。不過，即便只是透過沙林傑的文本，他還是一個具有指標性的人物。事實上，法院的判決等於是認定霍爾頓具有可識別性，因此就跟任何知名的影像或藝術品一樣，適用著作權保護。「霍爾頓·考菲爾德透過文字描繪出的樣貌非常清楚，」法院判決指出，

「那是一幅由文字形塑出的肖像畫。」

寇丁在審判過程中變得愈來愈目中無人，此時更是質疑貝慈法官的判決。「若沒有激怒任何人，就表示你沒做好，」他解釋，「當然，無論過去或現在，《麥田捕手》都是一部偉大的作品，但福特T型車也是。我認爲有能力逗趣地使用一部金屬老車完成一些足以回應新時代的新把戲，就是所謂的創意。」

審判之後，寇丁的網站上已看不到有關「續集」的說法，反而有個紅底白字的標籤被貼在《六十年後：行過麥田》的書封上：「在美國遭禁！」

□

在《麥田捕手》中，霍爾頓的憂煩心緒總會因爲想到自然史博物館而舒緩不少，館中那些永遠不會改變的仿眞模型令他安心。他回想著那些在玻璃櫥櫃裡的展品，它們完美、安全地凍結於時光中，永遠不會變老。他記得有一些印第安人的動作停在生火的過程中，有些愛斯基摩人永遠在釣魚，另外還有懸在高處不動的飛鳥。「所有事物都維持著原本樣貌，」他開心地回顧這一切，「沒有任何人不同。唯一可能有所不同的，就只有你。」

自從一九五一年起，沙林傑就已經陸續拒絕不同藝術領域的人試圖改編霍爾頓這個角色，包括伊力·卡山、比利·懷德，和史蒂芬·史匹柏。二〇〇三年，BBC計畫將《麥田捕手》影視化，於是沙林傑威脅說要提出告訴。他也持續與試圖在書封上使用「霍爾頓」形象的人對抗。

透過呈現在讀者面前的霍爾頓，沙林傑渴望的或許是留下一個充滿仿眞人偶的懸置世界，就像是沙林傑透過玻璃櫥窗，忌妒又敬畏地往內凝視著自己的創造物，迫切地希望一切保持完全不變。「霍爾頓．考菲爾德就是這樣了，」沙林傑在一九八〇年時告訴貝蒂．埃皮斯，「霍爾頓．考菲爾德只是時光中凍結不變的一個片刻。」

□

寇丁立刻提起上訴，此案後來交由第二巡迴上訴法院審理。七月二十三日，愛德華．羅森索代表寇丁提交了一份陳述書，當中的論點比交給下級法院的更細緻。他仍堅持認為《六十年後：行過麥田》是一部戲謔仿作，而且沒有侵害沙林傑的著作權，此外，他新提出的訴求表示，願意針對《六十年後：行過麥田》從《麥田捕手》中借用的素材進行賠償。人在瑞典家中的寇丁，仍然抱持期待，但態度變得愈來愈認命。「我希望我們能贏，」他忖度著，「不只是為我的書打贏這場官司，這本書反正已經完了，我也不會為它往後的命運哭泣，但為了那些可能還會攻擊其他書的貪婪禿鷹，我希望能贏。我瞧不起他們。」

寇丁在八月七日星期五感到士氣大振，因為那天上訴法院收到一份意見陳述書，當中的論點支持他的立場，並要求法院推翻對沙林傑有利的判決。這份文件由美國的四大媒體龍頭聯合提出，包括紐約時報公司、美聯社、甘尼特傳播（Gannett Company），還有論壇傳媒（Tribune Company）。這份陳述書措辭尖銳，沒有任何委婉保留之處，當中宣稱六月一日「禁止」寇丁的書上市的判決，分明就是違反了憲法第一條修正案，表示此案中「唯一受到危害的，只有這位隱居作家無法得償所願而受損的自尊」。

沙林傑的辯護律師在八月十三日提出抗辯，一一針對寇丁及意見陳述書進行反擊。瑪西亞・保羅於其中詳細闡述了下級法院的意見，表示這部依法禁賣的《麥田捕手》續集，侵犯了沙林傑的著作權。她接著指控寇丁和這些媒體大亨的行為，是意圖透過「提出法律上的全面性改變，以及為臨時禁制令設下全新標準」，來為之後的方便開啓先例。保羅的論據非常縝密，也確實相當有力，不過難以彌補媒體大亨集體站在沙林傑對立面所帶來的傷害。

對於沙林傑及他的律師團隊而言，這份意見陳述書令他們心寒。這份陳述書改變了媒體描述這個案件的方式，他們開始指控這位作者試圖查禁這本書的作為，只會讓讀者聯想到《麥田捕手》幾十年來曾受到的不公平限制——基本上就是在說沙林傑是個虛偽的人。對沙林傑而言，這份陳述書還潛藏了更險惡的威脅，亦即這四家媒體公司，在全美掌控了數百家報紙、雜誌、廣播和電視台，另外還擁有無數網站，具有超大的輿論影響力。若沙林傑在上訴法院獲勝，這些公司未來或許會為了報復而攻擊他遺留下來的作品。

□

上訴法院在九月三日針對此案進行聆訊，但沒有作出判決。沙林傑的九十一歲生日到來時，法院也沒有作出判決的跡象。任何結果都會對美國的著作權法造成深遠的影響，但對沙林傑而言，結論已經很清楚了。無論最後法院裁決為何，他都已經失去掌控霍爾頓・考菲爾德的能力，現在也只能勉強確保其他作品的完整性。媒體對此事的反應完全在預期之內。由於很清楚這位作家不會反擊，而他們也已厭倦了他的論點，因此開始針對他提出各式各樣的不滿，不但要求他停止訴訟，還指控他打算爲了保護一己利益犧牲憲法第一修正案。

沙林傑或許雇用了打贏伊恩·漢彌爾頓那場官司的同一位律師，之前也是在同一個聯邦法院贏了那場訴訟，但整個世界在一九八七年後有了巨大的改變——而且似乎遠大於他可以理解的程度。那本續集在歐洲出版時不受美國著作權法的限制，因此也能透過網路賣到全世界。所以，無論法院作出什麼樣的結論，任何國家的任何人只要有寄件地址，就能透過電腦買到《六十年後：行過麥田》。上訴法院的判決不可能逆轉這種情勢。

其實，當時的沙林傑早已無法掌控霍爾頓了——不是因爲審判、剽竊或誰的魯莽作爲，而是因爲網路——不過就更深層的意義而言，比法庭訴訟或枯燥法條更關鍵的是，他其實從未擁有過這個角色，他的角色本就不是能被拿來討價還價的商品。早在很久之前，霍爾頓就已跟讀者的生命交纏在一起，他屬於那些崇拜他的反叛者、那些從他身上汲取力量的邊緣人，還有那些迷戀他的年輕女孩。正因對沙林傑筆下角色抱持情感，使得他們對於那些拒絕理解霍爾頓其實屬於他們的作家心存憤恨。霍爾頓是讀者的財產，每當有讀者翻開一本《麥田捕手》，就又重新創造出一個獨特的他。

□

電影《夢幻成眞》（*Field of Dreams*）中有個知名場景，演員詹姆斯·厄爾·瓊斯（James Earl Jones）走進一片其中充滿亡魂的蔓生玉米田，當時瓊斯演的角色知道自己即將走入死亡，但不害怕，反而露出孩子般的微笑。作爲這個場景參考的文字版本，出現在一九八二年的小說《無鞋喬》中，作者是W·P·金瑟拉。在金瑟拉的小說中，瓊恩演的角色其實就是沙林傑，不過電影中的名字改成了特倫斯．曼恩（Terence Mann）。《無鞋喬》最後一章的標題是「J．D．沙林傑的狂喜時刻」，而在小說中，走入玉米田與過去回憶以及筆下角色合爲一體的，就是沙林傑。

二○○九年春天進行了髖部手術後，沙林傑回到熟悉的家及妻子身邊，之後身體也恢復得很好。他和科琳多年來幾乎每週都會進行短程旅行，爲的是去佛蒙特州哈特蘭（Hartland）小鎮參加在公理教會舉辦的烤牛肉大會。當沙林傑又重拾這個習慣，而且即便是天氣很冷的月份也仍排除萬難前往時，身體狀況看來已經是完全痊癒了。九十一歲生日時，家人深信他還能陪伴他們好些年。不過隨著一月接近尾聲，沙林傑的健康狀況卻逐漸下滑。他的身體似乎沒有任何疼痛問題，但功能卻緩慢下降。二○一○年一月二十七日星期四晚間，J．D．沙林傑過世了。

一月二十八日，沙林傑的經紀人宣布了這個消息，並公布了由他兒子馬修代表家人所寫的一份聲明。威斯伯格發表了一段非常傑出的宣言，基本上等同於沙林傑對這個世界的遺言：

> 沙林傑曾說過，他身處這個世界，但不屬於這個世界。他的身體死去，但他的家人希望他身邊仍有所愛之人常伴左右，無論他們是宗教或歷史人物、他的友人，又或者是虛構的角色。

沙林傑身處這個世界，但不屬於這個世界，這是幾十年來早已清楚不過的事實。這句話引用自聖經，若換作其他作家這麼說或許顯得浮誇，但對沙林傑而言卻是非常自然的選擇。他只是說出實情，而且也不會有人質疑他是因爲自負才這麼說。沙林傑家人提供的說法是對他的稱頌。他們之所以相信他已跟所愛之人聚首，是在呼應他長年以來透過寫作傳遞的信念。這簡單的幾行字，藉由將他小說中的角色、還有過往友人的靈魂，與他長年以來渴望認識的宗教及歷史人物畫上等號，可說爲沙林傑本人構築出他値得擁有的豐饒畫面。

因爲沙林傑的過世，世界的心跳以少見的方式漏跳了一拍。儘管他年事已高，又堅持遠離人事，但社會似乎仍因爲失去他而不知所措。各家媒體生產出大量的致敬及表彰文字，那似乎是打從五十年前海明威過世後就未曾有作家享受過的盛況。就連恰巧整整一年前過世的約翰・厄普代克，所得到的也只是眾人漫不經心的道別。厄普代克的死就跟大部分作家一樣，被媒體視爲一個文壇事件，但沙林傑已經成爲美國文化的一部分，他堅持隱居的選擇讓他成爲一個非常吸引人又幾近神祕的人物，在此同時，他又透過霍爾頓・考菲爾德及《麥田捕手》持續觸動著所有小人物的生命。

J・D・沙林傑是獨一無二的存在，很多人都從他高尚的反叛姿態中獲得慰藉；又有些人知道自己的青春殘跡早已消逝無蹤，但光想到J・D・沙林傑仍屹立不搖就備感安慰。因此大家在他死去後立刻驚駭地意識到，像他這樣所有個性都無比獨特的人，很可能再也見不到了；他這樣的人竟然就這樣絕種了。

網路上充滿各種相關訊息。他的死訊發布後幾個小時內，就已有數千個部落格及網站刊出了致敬文章。許多作者和出版商都發言見證沙林傑對他們造成的影響，包括史蒂芬・金、喬伊斯・卡羅爾・歐茨（Joyce Carol Oates），還有《紐約客》和利特爾布朗出版公司的全體員工。威廉・肖恩長年的伴侶莉莉安・羅斯（Lillian Ross）是沙林傑孩子的教母，她也爲此打破了多年沉默，稱讚了他作爲一名友人所具有的種種美德。她也分享了一系列沙林傑和她兒子艾利克（Erik）在幼童時期的合照——那些作家和孩子開心笑鬧的場景具有魔力，也讓人聯想到沙林傑筆下的許多故事。

電視台在資訊很少的狀況下，盡可能推出了記錄作家生平的長篇報導，其中主要聚焦於《麥田捕手》歷久不衰的影響力。公共電視台找了一大批學者來探討沙林傑長年以來對大眾產生的吸引力，也分析他所留下的遺緒。這似乎是個跨足各領域的事件，無論是八卦新聞節目還是學術廣播公司，沙林傑都是受歡迎的主題。

沙林傑的過世是美國所有報紙的頭條新聞，而且也幾乎擴及了全世界的媒體。《紐約時報》儘管曾在前一年提出反對他的陳述書，此時仍刊登了一篇很長的致敬文章。報紙近期以來首次在頭版刊登了令人印象深刻的黑白照片，那是一張很少人見過的照片，當中的主角是一九六一年的沙林傑和威廉・麥克斯威爾。《時代》雜誌除了用封面故事宣布了作家的死訊，還用了一個跨頁表達了眞誠的悼念：我們失去了一個最受喜愛的美國之子，而《時代》雜誌不是唯一這麼做的媒體。現在我們都清楚知道，使用這麼大手筆的篇幅，是為了國家級的損失而哀悼，而在當時可是全美及全世界的媒體都作了類似舉動。

不幸的是，這波突然爆發的沙林傑狂熱，也導致一些過去的古怪傳言跟錯誤資訊重出江湖。有媒體再次指出沙林傑的母親在愛爾蘭出生，甚至有人說是在蘇格蘭出生，有人說他總是迷戀青少女，還有人堅稱他有愛吃冷凍青豆的習慣。沙林傑才剛過世，跟這位作家有關的照片及影片就紛紛出土，全都是人們在他生前藏著不敢分享的影像。他的短篇小說也突然在沒有出書的情況下重新出現，這是沙林傑生前絕不會允許的行為。《君子》雜誌重登了〈這個三明治沒有美乃滋〉和〈破碎故事之心〉，而《紐約客》則提供網路讀者下載沙林傑的「紀念合集」，也就是他曾在此刊登過的十二個短篇小說。

最引起大家興趣的話題，當然是據稱沙林傑自一九六五年以來一直在創作的神祕作品，而他藏在保險箱內的祕密文學作品也成爲各方猜測的焦點，許多媒體甚至推測他已至少完成十五部長篇小說。就連史蒂芬・金都表示，關於沙林傑多年來累積的大作，這個世界或許終於有機會得知其眞相。整個文壇都在屏息等待著。

不過此時的科尼什沒有任何動靜。沙林傑已經過世四天，儘管持續有紀念他的文章出現在媒體上，然而自從威斯伯格宣布死訊之後，外界就沒再從他家人口中得知任何消息。就連在宣布死訊的當時，威斯伯格也是要求大家如同尊重沙林傑隱私般尊重他的家人。因此，沒有人知道沙林傑下葬或火化的時間、地點或方式，關於他的遺囑內容及保險箱裡的精彩內容，外界自然也是一無所知。

二月一日，爲了向沙林傑致敬，美國官方將他的肖像交由史密森尼學會（Smithsonian Institution），放在國家肖像藝廊中公開展示。沙林傑生前絕不可能接受這樣的推崇，但眾人壓抑了半世紀的敬重之情，此刻終於能恣意表達出來。

這些源源不絕的悼念舉動，讓人感到諷刺。沙林傑生前就不想受人關注，死後應該也不想理會這些爲了紀念他所賦予的榮耀。不過，他的死至少對大眾產生了一個正面影響，而且他本人也會爲此眞心感到滿意。爲了紀念他，人們重新開始閱讀並享受他的作品，而且人數前所未有。沙林傑過世後兩天內，《麥田捕手》的銷量爬上了全國暢銷書排行榜的第五名——只比一九五一年時的最佳成績低了一個名次。全球最大的網路書城Amazon.com不只賣光了庫存的《麥田捕手》，就連《九個故事》、《弗蘭妮及祖伊》及《抬高屋梁，木匠們和西摩：小傳》也銷售一空，只好坦承暫時無法供貨。全美的沙林傑作品全數售罄。

沙林傑被以家人認爲適合的方式安息主懷之際，一個了不起的事件正在發生，並在透過一連串渺小、獨立事件累積之後，成爲足以讓其他紀念行動都相形失色的大規模事件。網路上開始出現一般人即興拍攝的家庭電影式短片，一開始出現的速度很慢，但頻率愈來愈高。一開始只有一個人，是個不在乎自己在攝影機前樣貌的勇敢靈魂，也不介意自己的長相或頭髮是否好看。數百段類似的影片在一天之內湧現，兩天內就有了上千段。拍攝影片的全是普通人——大多是年輕人——他們自在地對著鏡頭說話，完全不在乎是有數百萬人看到他們的影片，還是一個人都沒有。他們談的是沙林傑，是沙林傑對他們的意義，以及他所帶給他們的影響。他們無法克制地覺得必須告訴這個世界：他的寫作觸動了他們的生命，他們會想念他。

接著彷彿是串通好一樣，或者是基於一種集體直覺，每段影片中的人都自發性地做了同樣的事——他們都在鏡頭前拿起了一本書開始朗誦。他們讀《弗蘭妮及祖伊》，他們讀〈西摩：小傳〉，他們讀《九個故事》，但他們最常讀的還是《麥田捕手》。這一切的結果令人目眩神迷：數百位讀者同時朗讀出霍爾頓・考菲爾德的話語。他們的聲音通常因哽咽而粗啞，有時又因爲激動而高昂，但總是感慨萬千，而且所有人都隱約知道：他／她並不孤單。

□

若我們選擇檢視——甚至是評判——J・D・沙林傑的一生，首先得承擔的義務是去檢視他生命中各種複雜的面向：我們必須認清他是一個英勇的士兵，是一個失敗的丈夫，也是一個爲了保護自己而選擇隱居，因此收起自己創造力的人。

我們將他推崇爲地位極高的偶像，但這個身而爲人的角色中有一些特質，迫使我們必須將他降回凡間。面對崇拜的對象，我們總是堅持把他們的美德稱頌到超越現實，但若對我們強迫他擁有的崇高地位感到不滿，又覺得有必要把他拉下來，或許我們心中總有摧毀偶像的本能，而也是這樣的特性讓我們總是渴望找到值得仰望的對象。

或許至少曾有段時間，沙林傑將自己視爲美國的預言家，一個在都會野地中呼喊的先知。今日他因自己的短暫見證被眾人銘記，但仍因爲沒有繼續見證而受到苛責，彷彿他賦予世界的還不夠彌補他所造成的虧欠。透過一種如同他故事中溫和頓悟般、近乎神祕的方式，時間的流逝或許能讓大家明白，沙林傑早已完成他身爲作家的責任，甚至是他作爲先知的天職，剩下的義務在我們身上。唯有如此，沙林傑的故事才能繼續說下去，從作者說到讀者，從讀者說到故事完成。藉由檢視J・D・沙林傑的一生，包含看到其中所有的憂傷及不完美，我們透過故事傳達出來的訊息得到了全新的能量，並因此得以重新評估自己的人生，理清我們的人際連結，同時權衡正直對我們的意義。

《沙林傑》完

致謝詞

我對以下機構及個人提供的友善合作及無價支持表示感激：

普林斯頓大學，燧石圖書館的善本書及特藏部門：《故事》雜誌及故事出版社的檔案資料／歐柏經紀公司的檔案資料／伊恩．漢彌爾頓的工作文件／厄尼斯特．海明威相關收藏

紐約公共圖書館，手稿及檔案部門：《紐約客》檔案資料／查爾斯．韓森．陶恩相關文件（1891-1948）

哈利．蘭森人文研究中心，德州大學奧斯汀分校：J．D．沙林傑相關收藏

摩根圖書博物館：J．D．沙林傑和E．麥可．米歇爾的相關收藏

布林茅爾學院特藏：凱瑟琳．中士．懷特相關文件

《紐約時報》

聖地牙哥歷史協會

我的家人

麥克．雅內羅

喬瑟夫．亞爾芳德烈及其家人

布林・費森
W・P・金瑟拉
傑哥思・慕蕭
笛可蘭・齊利
傑爾・寇歐
安迪・霍里斯

另外特別感謝我在藍燈書屋的編輯蘇珊娜・波特和班傑明・史坦伯格。對於啓動本書計畫且始終堅忍不拔的英國編輯馬克・哈金森，我同樣致上謝意。

J.D. Salinger
A LIFE

沙林傑 / 肯尼斯．斯拉文斯基(Kenneth Slawenski)著 ; 葉佳怡 譯. --
初版. -- 臺北市 : 蓋亞文化, 2021.09
面； 公分 -- (Gem ; 2)
譯自 : J. D. Salinger: A Life
ISBN 978-986-319-565-8(平裝)

1.沙林傑(Salinger, J. D.) 2.作家 3.傳記

785.28 110004801

Gem 002

沙林傑

作　　者　肯尼斯．斯拉文斯基（Kenneth Slawenski）
譯　　者　葉佳怡
封面插畫　Severus Lian
封面設計　莊謹銘
責任編輯　盧韻亘
總 編 輯　沈育如
發 行 人　陳常智
出 版 社　蓋亞文化有限公司
地址：台北市 103 承德路二段 75 巷 35 號 1 樓
電話：02-2558-5438　傳真：02-2558-5439
電子信箱：gaea@gaeabooks.com.tw
投稿信箱：editor@gaeabooks.com.tw
郵撥帳號 19769541　戶名：蓋亞文化有限公司
法律顧問　宇達經貿法律事務所
總 經 銷　聯合發行股份有限公司
地址：新北市新店區寶橋路二三五巷六弄六號二樓
電話：02-2917-8022　傳真：02-2915-6275
港澳地區　一代匯集
地址：九龍旺角塘尾道 64 號龍駒企業大廈 10 樓 B&D 室
電話：+852-2783-8102　傳真：+852-2396-0050
初版一刷　2021年09月
定　　價　新台幣599元
Published and Printed in Taiwan

ISBN／978-986-319-565-8